Burgenland
Kärnten
Niederösterreich
Oberösterreich
Salzburg
Steiermark
Tirol
Vorarlberg

BAUERNLEBEN AUSGABE 2023

GÜLTIG BIS 31.03.2024

Übernachten Sie kostenlos auf Bauernhöfen und Weingütern. Kaufen Sie regionale Produkte und Lebensmittel direkt ab Hof. 520 bäuerliche Gastgeber freuen sich auf Ihren Besuch.

BAUERNLEBEN

nach einer Idee von France Passion

BAUERNLEBEN in ÖSTERREICH

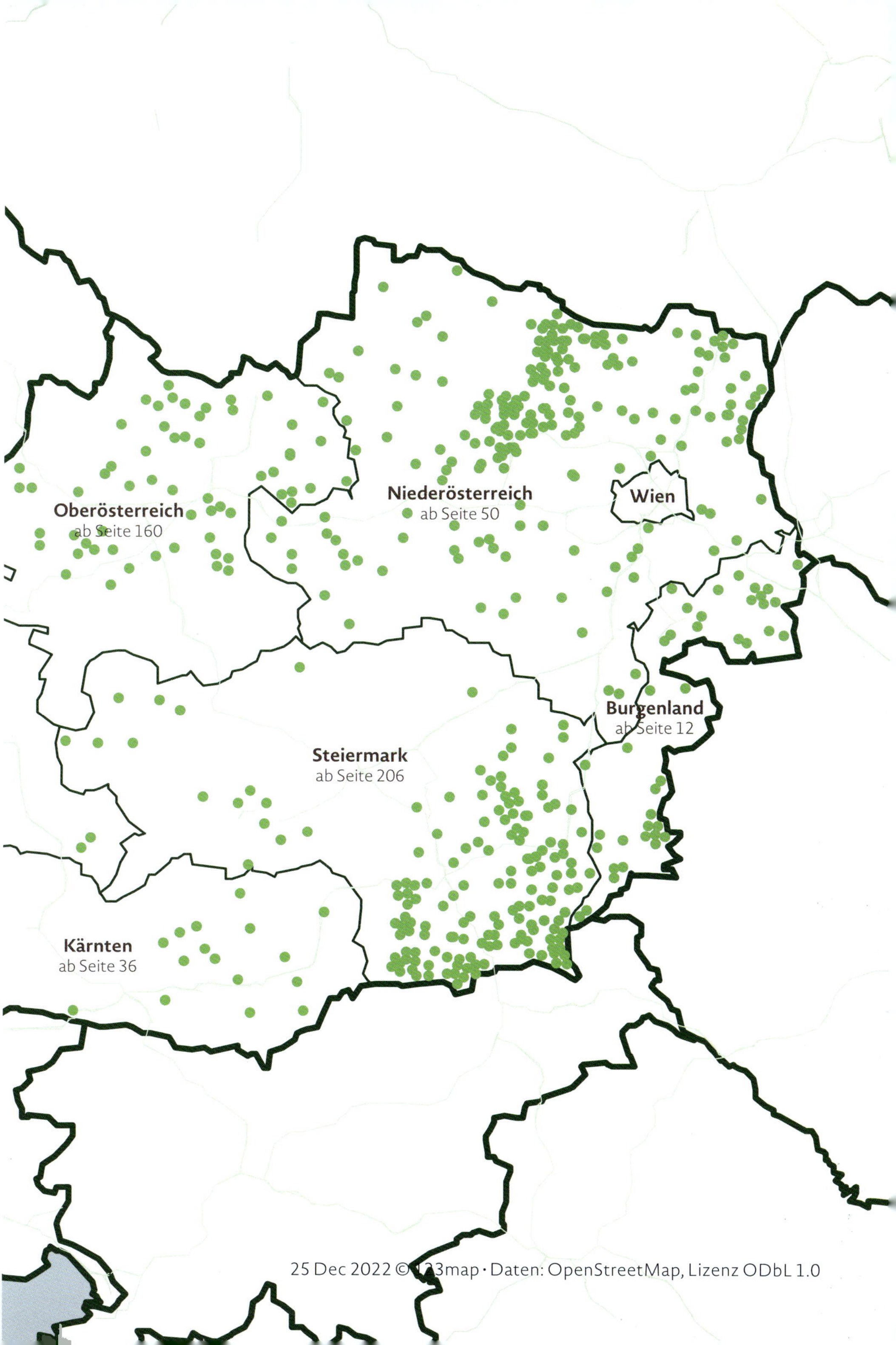
Oberösterreich
ab Seite 160
Niederösterreich
ab Seite 50
Wien
Burgenland
ab Seite 12
Steiermark
ab Seite 206
Kärnten
ab Seite 36
25 Dec 2022 © 123map · Daten: OpenStreetMap, Lizenz ODbL 1.0

Herzlich willkommen bei BAUERNLEBEN!

Mit BAUERNLEBEN 2023 halten Sie die bereits dritte Auflage in Ihren Händen. Als ich im Jahr 2020 mit dem Stellplatzführer startete, war mir eigentlich gar nicht bewußt, welch großartiges Konzept wir umsetzen.

So war ich letztes Jahr selbst unterwegs und besuchte einige BAUERNLEBEN-Gastgeber. Man zeigte mir Tierstallungen, Wein- und Obstgärten und ich verkostete unter anderem Schnäpse, Wein, Honig und verschiedene Kürbiskernprodukte. Die Reise von Hof zu Hof gestaltete sich zu einer Genussreise und ich war beeindruckt, welche köstlichen, handgemachten Lebensmittel unsere Gastgeber produzieren. Neben dem Genuss war jede Begegnung eine Bereicherung.

Das Konzept von BAUERNLEBEN verdanken wir den Franzosen, die die Idee unter dem Namen France Passion in die Welt brachten. So sind in Frankreich seit bereits 30 Jahren Wohnmobilfahrer gern gesehene Gäste auf Bauernhöfen und Weingütern. Und mittlerweile heißen Bäuerinnen und Bauern in 10 europäischen Ländern Wohnmobilisten herzlich willkommen.

BAUERNLEBEN ist stolz darauf, das österreichische Mitglied der Fédération Européenne de la Formule Invitations (FEFI), dem Zusammenschluss der europäischen Anbieter zu sein. Mit uns beteiligen sich Frankreich, Deutschland, Spanien, Großbritannien, Dänemark, Norwegen, Schweden, die Schweiz und Italien am Netzwerk.

Unser Konzept vereint naturnahes Campen und regionales Einkaufen direkt beim Produzenten. BAUERNLEBEN schafft neue Begegnungen und neues Verständnis für die Lebensmittelproduktion und die Arbeit unserer Landwirte und Winzer.

Vielen herzlichen Dank an dieser Stelle an die gastgebenden Bäuerinnen und Bauern. Sie sind die Grundlage für BAUERNLEBEN. Ohne sie gäbe es diesen Stellplatzführer nicht.

Was ist in diesem Jahr neu? In der aktuellen Ausgabe sind 28 neue, spannende Gastgeber gelistet. Andere haben sich entschieden, keine Gäste mehr zu empfangen und wurden aus dem Verzeichnis entfernt. Über 140 Bauernhöfe bieten nun einen WC-Zugang für Gäste an, somit können ab heuer auch FahrerInnen von nicht autarken Reisemobilen BAUERNLEBEN 2023 nutzen.

Natürlich wurde auch die BAUERNLEBEN-App weiterentwickelt. Über 60 Entsorgungsstationen werden in der aktuellen Version angezeigt. Mit der neuen Feedback-Funktion können Sie uns Rückmeldungen und Fotos zu den Betrieben senden.

Fahren Sie los – es gibt viel zu entdecken!

Ich wünsche Ihnen schöne Erlebnisse, kulinarische Genüsse und unvergessliche Aufenthalte mit BAUERNLEBEN.

Mit freundlichen Grüßen

Franz Roitner, Geschäftsführer

So funktioniert BAUERNLEBEN

BAUERNLEBEN 2023 ermöglicht Ihnen den Aufenthalt von bis zu 24 Stunden auf 520 Bauernhöfen und Weingütern in ganz Österreich bis zum 31. März 2024.

Dem Buch beigelegt sind eine Vignette für das Auto und eine Kundenkarte. Kleben Sie die Vignette an die Innenseite Ihrer Windschutzscheibe und ergänzen Sie Ihre persönlichen Daten auf der Kundenkarte.

Alle im Buch gelisteten Betriebe heißen Wohnmobile herzlich willkommen. Zu den meisten Höfen können Sie auch mit dem Wohnwagen anreisen. Diese Betriebe sind mit einem Wohnwagen-Symbol gekennzeichnet. Das Übernachten in Zelten ist nicht erlaubt.

Die Bauernhöfe und Weingüter stellen grundsätzlich kein WC und keine Waschmöglichkeiten zur Verfügung. Respektieren Sie bitte die Privatsphäre der Gastgeber und fragen Sie nicht nach einer Nutzungsmöglichkeit von Sanitäranlagen.

Rund 25% der Betrieben bieten jedoch ein 24 Stunden zugängliches WC an. Diese sind mit einem WC-Symbol im Buch und in der App gekennzeichnet. Wenn Sie ohne eigener Toilette unterwegs sind, dann können Sie nur auf diesen Betrieben übernachten.

Bei vielen Betrieben können Sie gegen eine geringe Gebühr Wasser nachfüllen, Strom und/oder W-LAN nutzen oder Ihren Müll entsorgen.

Beachten Sie die entsprechenden Symbole im Buch und klären Sie gleich bei Ihrer Ankunft die Nutzungsmöglichkeiten und die Kosten ab. Trotzdem kann es vorkommen, dass der Gebrauch aus verschiedenen Gründen eingeschränkt oder nicht möglich ist. Haben Sie Verständnis. Es besteht kein Anspruch auf die mit den Symbolen gekennzeichneten Dienstleistungen.

Wählen Sie Ihr Wunschziel aus und kontaktieren Sie die genannte Ansprechperson frühestens 24 Stunden vor der geplanten Anreise per Telefon. Ohne Anmeldung ist keine Anreise möglich. Plätze können nicht längerfristig vorab reserviert werden.

Wenn Sie Interesse an angegebenen Aktivitäten oder einer angebotenen Bewirtung haben, klären Sie dies gleich bei Ihrem Anruf ab. Haben Sie Verständnis, wenn der gewünschte Service am Tag Ihrer geplanten Anreise – aus welchen Gründen auch immer – nicht angeboten werden kann.

Sollten sich Ihre Reisepläne kurzfristig ändern und Sie können bei dem angemeldeten Betrieb nicht anreisen, so geben Sie bitte umgehend per Telefon Bescheid. Ihr Gastgeber wartet ansonsten vergeblich auf Sie.

Stellen Sie sich bei der Ankunft am Hof mit Verweis auf BAUERNLEBEN mit Ihrer Kundenkarte vor. Sie sind hier Gast und haben die Möglichkeit, auf besonderen Plätzen zu übernachten. Halten Sie sich an die Anweisungen Ihrer Gastgeber und akzeptieren Sie deren Regeln.

Zeigen Sie Interesse an den vor Ort produzierten Produkten und Lebensmitteln. Ihre Gastgeber freuen sich über den Einkauf. Es besteht keine Kaufverpflichtung.

Es kann vorkommen, dass nicht alle in diesem Buch angeführten Produkte verfügbar sind. Haben Sie Verständnis, wenn ein Gastgeber einmal keine Zeit für Sie hat. Sie sind auf Urlaub, die Bäuerinnen und Bauern nicht.

Berücksichtigen Sie während des Aufenthalts die „Goldenen Regeln", die Sie auf den nächsten Seiten und auf der Umschlagseite am Ende des Buches finden.

Es ist keine Selbstverständlichkeit, auf einem Bauernhof oder Weingut übernachten zu dürfen. Zeigen Sie Respekt und bedanken Sie sich bei Ihren Gastgebern.

Nur so können wir BAUERNLEBEN auch in Zukunft anbieten.

VIELEN DANK

KAFFEE + KUCHEN
HÜPFBURG
PUPPENTHEATER 16.00
GETRÄNKE
ZELTPLATZ
KINDERPARADIES
TOILETTE
VORLESEECKE

DIE GOLDENEN REGELN

1. Für die Nutzung der BAUERNLEBEN Stellplätze benötigen Sie die aktuell gültige Ausgabe.

2. Melden Sie sich frühestens 24 Stunden vor der Anreise telefonisch mit Verweis auf BAUERNLEBEN beim Gastgeber an. Reisen Sie niemals ohne Anmeldung an.

3. Es gibt kein Anrecht auf einen Stellplatz. Akzeptieren Sie, wenn Gastgeber aus besonderen Gründen keine Gäste empfangen können.

4. Falls Sie Ihren Aufenthalt kurzfristig absagen müssen, melden Sie sich bitte beim Gastgeber telefonisch ab.

5. Respektieren Sie die angegebenen Regeln bzgl. Anreisezeit, Erlaubnis von Hunden, Schließzeiten usw.

6. Stellen Sie sich bei Ihrer Ankunft persönlich mit Ihrer BAUERNLEBEN Kundenkarte 2023 vor. Ohne aktuell gültiger Kundenkarte dürfen Sie die Stellplätze nicht nutzen.

7. Nutzen Sie die einmalige Gelegenheit, Produkte Ihres Gastgebers kennenzulernen. Bedanken Sie sich für die Gastfreundschaft mit einem Einkauf. Es gibt keine Kaufverpflichtung.

8. Akzeptieren Sie, wenn Ihr Gastgeber keine Zeit für Sie hat. Sie sind im Urlaub, Ihr Gastgeber jedoch nicht.

9. Parken Sie Ihr Fahrzeug ausschließlich auf dem zugewiesenen Platz.

10. Bietet der Hof besondere Serviceleistungen an, dann nutzen Sie diese erst nach Rücksprache und Zahlung einer etwaigen Nutzungsgebühr.

11. Sie sind auf keinem Campingplatz. Zünden Sie niemals ein Lagerfeuer an und verwenden Sie keinen Griller.

12. Haben Sie keine eigene Toilette im Fahrzeug, nutzen Sie ausschließlich die Höfe mit WC-Zugang. Diese sind mit einem eigenen Symbol gekennzeichnet.

13. Betreten Sie keine Privat- und Betriebsgebäude und füttern Sie keine Tiere am Hof.

14. Vermeiden Sie jede Art von Lärm.

15. Akzeptieren Sie alle Regeln des Hofs. Bei Nichtbeachtung ist der Gastgeber berechtigt, Sie zur Abreise aufzufordern.

16. Bleiben Sie maximal 24 Stunden auf einem Hof. Verhandeln Sie mit dem Gastgeber keine längeren Aufenthalte.

17. Hinterlassen Sie keine Spuren und nehmen Sie Ihren gesamten Müll mit.

18. Bedanken Sie sich vor Abreise bei Ihrem Gastgeber persönlich oder hinterlassen Sie eine kurze schriftliche Nachricht.

FEFI – FÉDÉRATION EUROPÉENNE DE LA FORMULE INVITATIONS

Unter dem Namen FEFI sind europäische Verlage vereinigt, die das Einladungskonzept von France Passion in verschiedenen Ländern anbieten. Als Erfinder und Vorreiter ermöglicht France Passion Wohnmobilfahrern schon seit 1993 die wahrscheinlich authentischste Form ein Land zu bereisen.

Was ist „la formule invitations“?

- Auf exklusiven Stellplätzen und privaten Flächen stehen
- Regionale Produzenten und ländliche Gasthäuser kennenlernen
- Mit der nationalen Jahresvignette 24 Stunden kostenfrei zu Gast sein
- Frische und Genuss direkt ab Hof einkaufen

Was will FEFI?

So wie Reisende einfach Landesgrenzen überqueren, möchte es auch die Einladungs-formel für Wohnmobilfahrer tun. Wir wollen Ihnen zeigen, wie unkompliziert es ist nach dieser Formel in ganz Europa zu reisen und laden Sie ein persönliche Herzlichkeit und kulinarische Vielfalt auch bei unseren Freunden zu erfahren.

Genießen Sie die Gastfreundschaft und das Landleben in ganz Europa ...

FRANKREICH
www.france-passion.com

DEUTSCHLAND
www.landvergnuegen.com

GROSSBRITANNIEN, IRLAND
www.britstops.com

SPANIEN
www.espana-discovery.es

SCHWEIZ
www.swissterroir.ch

SCHWEDEN
www.swedestops.se

DÄNEMARK
www.pintrip.eu

ÖSTERREICH
www.bauernleben.at

NORWEGEN
www.nortrip.no

ITALIEN
www.agricamper-italia.com

WWW.FEFI.EU

BURGENLAND

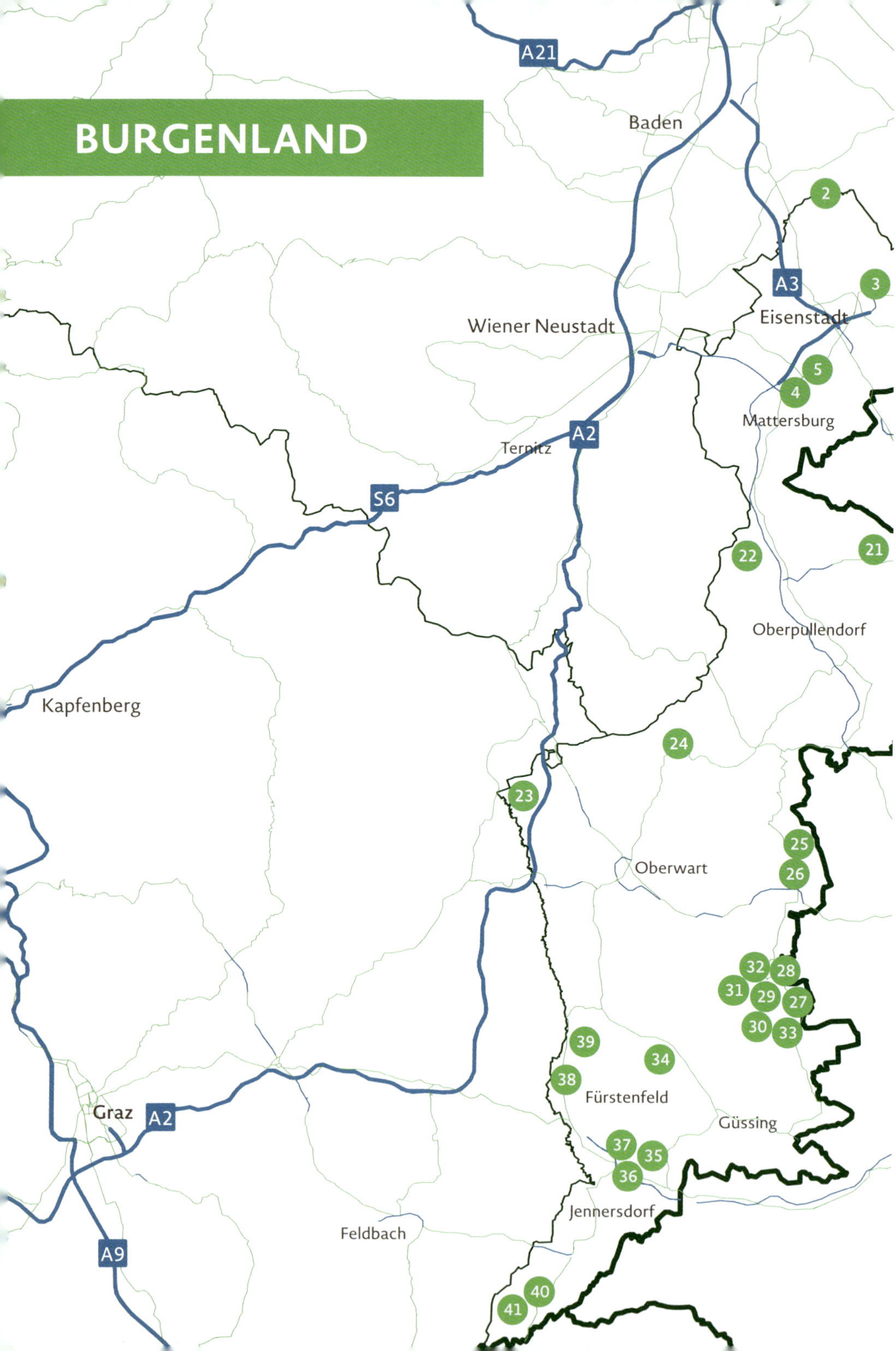
A21
Baden
2
A3
3
Eisenstadt
Wiener Neustadt
5
4
Mattersburg
A2
Ternitz
S6
22
21
Oberpullendorf
Kapfenberg
24
23
25
Oberwart
26
32
28
31
29
27
30
33
39
34
38
Fürstenfeld
Graz
A2
Güssing
37
35
36
Jennersdorf
Feldbach
A9
40
41

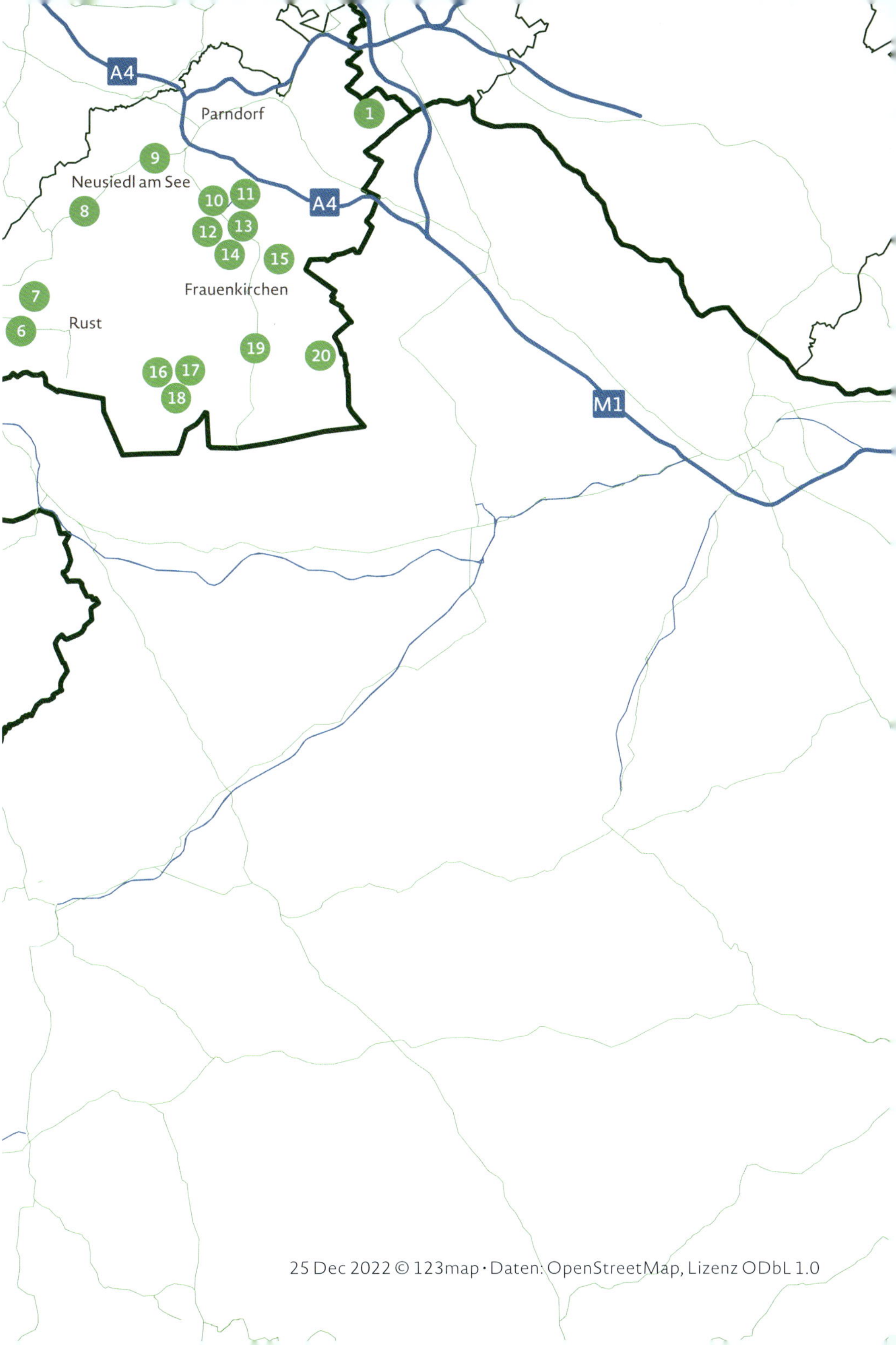
A4
Parndorf
1
9
Neusiedl am See
10
11
A4
8
12
13
14
15
7
Frauenkirchen
6
Rust
19
20
16
17
18
M1
25 Dec 2022 © 123map · Daten: OpenStreetMap, Lizenz ODbL 1.0

1 WEINGUT ROTH + WESTWINDBRAUEREI
www.rothwein.at

Obere Hauptstraße 43
2423 Deutsch Jahrndorf

48°00'48.8"N 17°06'12.0"E

ANMELDUNG:
Julia Roth
0650/8536633

Wir sind ein kleines Bio-Weingut und haben eine Brauerei am Hof. Wir haben uns bewusst entschieden, ein überschaubarer Betrieb zu bleiben. So können wir das tun, was wir wirklich wollen. Zum Beispiel stehen wir gerne im Frühling und Sommer zwischen unseren Schafen in den Weinbergen. Im Herbst ernten wir die Arbeit des Jahres, keltern die Trauben und leben im Rhythmus der Natur.

Aufenthalt: maximal 24 Stunden
Anreise bis: 20 Uhr
Geschlossen: Weihnachtsferien, 1. bis 25. August
Ab-Hof-Verkauf: Donnerstag von 16 - 20 Uhr, Selbstbedienungsautomat 0 - 24 Uhr
Produkte: Bio-Welschriesling, Bio-Weißburgunder, Bio-Chardonnay, Bio-Rosé, Bio-Zweigelt lieblich, Bio-Zweigelt Klassik, Bio-Weißburgunder Selektion, Bio-Weißburgunder Natural, Bio-Bier, Hülsenfrüchte, Öle, Kräutersalze
Aktivitäten: Führung im Weinkeller sowie in der Brauerei mit anschließender Verkostung
Umgebung: Skulpturenpark am Dreiländereck, Nationalpark Neusiedler See, Carnuntum,
Hinweis: Anreise über Obere Hauptstraße 43 - beim Haus vorne vorbei fahren, die nächste Gasse rechts, dann gleich wieder rechts. Unser Betrieb befindet sich hinterm Haus.

2 WEINGUT GEORG TSCHANK
www.weingut-tschank.at

Untere Hauptstraße 19
2443 Leithaprodersdorf

47°56'23.7"N 16°28'44.7"E

ANMELDUNG:
Georg Tschank
0676/7468883

Wir sind ein kleiner, feiner Familienbetrieb, der sich seit Generationen dem Weinbau widmet. Unsere Weine bauen wir mit großer Sorgfalt aus. Alle unsere Produkte sind selbst gemacht und werden nach besten ökonomischen und ökologischen Richtlinien erzeugt. Zu unseren Weinverkostungen bieten wir unseren Gästen selbst gemachtes Brot und Aufstriche an. Wir freuen uns auf euren Besuch.

Aufenthalt: maximal 24 Stunden
Geschlossen: Sonntag
Ab-Hof-Verkauf: Montag bis Freitag von 8 - 20 Uhr, Samstag von 8 - 18 Uhr, Sonntag von 9 - 12 Uhr
Produkte: Grüner Veltliner, Welschriesling, Sauvignon Blanc, Sämling 88, Chardonnay, Rosé, Zweigelt, Blaufränkisch, Cuvée, Frizzante, Spätlese, Kernöl, Marmelade, Kirschen im Sommer, Sturm und Nüsse im Herbst
Bewirtung: Frühstück und Abendessen nach Voranmeldung
Aktivitäten: Kellerführung, Weinverkostung mit Jause
Umgebung: Leitha Radwanderweg, Heimatmuseum Rother Hof in Pottendorf, Eisenstadt, Baden bei Wien, Ausflug zum Neusiedler See

3 WEINGUT HANS MOSER
www.hans-moser.at

St. Georgener Hauptstraße 13
7000 Eisenstadt

47°51‘14.0“N 16°33‘03.3“E

ANMELDUNG:
Hans Moser
02682/66607

Unser Weinbaubetrieb ist in einem typisch burgenländischen Streckhof mit Fasskeller, Flaschenlager und Presshaus untergebracht. Wir arbeiten im Einklang mit der Natur und berücksichtigen die Wetterbedingungen und klimatischen Gegebenheiten, um zum richtigen Zeitpunkt die richtigen Arbeiten im Weingarten zu verrichten. Unser Verkostungsraum bietet ein einladendes Ambiente.

Aufenthalt: maximal 24 Stunden
Anreise bis: 19 Uhr
Ab-Hof-Verkauf: geöffnet nach Vereinbarung
Produkte: Welschriesling, Gemischter Satz, Harys (weißgepresster Syrah), Sauvignon Blanc, Chardonnay, Zweigelt, Blaufränkisch, Cabernet Sauvignon, Merlot, Spätlese, Ausbruch, Frizzante, Sekt, Hefebrand, Tresterbrand, V.S.O.P. Weinbrand
Aktivitäten: Verkostung unserer Weine, Führung durch den Weingarten und zum Naturdenkmal der Veltliner-Urrebe, der „St. Georgener Rebe“
Umgebung: Schloss Esterházy, Schlosspark Eisenstadt, Landesmuseum Burgenland in Eisenstadt, Haydnkirche mit Haydnmausoleum, Opernfestspiele in St.Margarethen

4 BIOHOF NEUBERGER
www.biohof-neuberger.at

Bachzeile 40
7023 Pöttelsdorf

47°45‘09.8“N 16°26‘24.3“E

ANMELDUNG:
Petra u. Heinz Neuberger
0699/10287887

Unser Haus liegt mitten im schönen Blumendorf Pöttelsdorf. Unsere Familie lebt im Kreislauf der Natur und wir möchten dies auch gerne an unsere Gäste weitergeben. Lassen Sie sich von unseren hauseigenen Spezialitäten wie Vollkornbrot, Saft, Wein, Marmeladen, Honig und vielen weiteren Produkten verwöhnen. Unser Haus ist der perfekte Ausgangspunkt, um das Burgenland kennenzulernen.

Aufenthalt: maximal 24 Stunden
Anreise bis: 21 Uhr
Ab-Hof-Verkauf: geöffnet bei Bedarf
Produkte: Weißwein, Rotwein, Rosé, Traubensaft, Birnensaft, Holunderblütensaft, Strohwein, Brot, Marmeladen, Obst nach Saison, Verjus
Aktivitäten: Weinverkostung, Weinlese (August, September)
Umgebung: Pöttelsdorf liegt inmitten der Blaufränkisch Weinrieden, direkt am Burgenland Radweg und einer Vielzahl an Nordic Walking Strecken. Touren zum Kogelberg mit Fernsicht oder zu den Rohrbacher Teichenwiesen mit ihren verschiedenen Vogelarten

5 WEINGUT MIGSICH
www.migsich.at

Kleine Zeile 66
7042 Antau

47°46'20.9"N 16°28'06.2"E

ANMELDUNG:
Mario Migsich
02687/62253

P2 10m >3,5t

Die Brüder Erich und Mario führen den Familienbetrieb Migsich in Antau, der 1965 gegründet wurde. Das Weingut steht für Zweigelt, Blaufränkisch und Rosé-Weine, die auf den Urmeerböden der Ried Herrschaftsfelder wachsen. Für die Weinherstellung gilt: höchste Qualität ist Pflicht, nicht Kür. Herkunft und Sortentypizität haben ganz klar Priorität.

Aufenthalt: maximal 24 Stunden
Ab-Hof-Verkauf: Montag bis Freitag von 9 - 17 Uhr, Samstag von 9 - 13 Uhr
Produkte: Welschriesling, Gemischter Satz, Grüner Veltliner, Sauvignon Blanc, Chardonnay, Blaufränkisch, Blauer Zweigelt, Merlot, Grüner Veltliner Sekt, Rosé Frizzante, Traubensaft, Weingeschenke, Magnumflaschen mit eigenem Logo
Aktivitäten: Weinverkostung, Kellerführung
Umgebung: Neusiedler See, Opernfestspiele St. Margarethen, Seefestspiele Mörbisch, Schloss Esterházy, Landeshauptstadt Eisenstadt, Burg Forchtenstein

6 WEINGUT WIND
www.weingut-wind.at

Reitschulgasse 13
7062 St. Margarethen

47°47'57.4"N 16°36'14.8"E

ANMELDUNG:
Gerti u. Hermann Wind
02680/2762

P2 10m >3,5t

Wir sind bekannt für Top-Weine mit ausgezeichnetem Preis-Leistungs-Verhältnis. Die Vielfalt des Burgenlandes in einem Weinglas erschmecken Sie bei einer Weinpräsentation in unserem gemütlichen Kostraum. Charme und Schmäh zeichnen bei uns Weine und Winzer aus! Der Stellplatz für das Wohnmobil befindet sich unweit des Weinguts im Hausgarten in ebener Ruhelage. Sie haben einen Blick auf das Ruster Hügelland und den Sonnenuntergang am Schneeberg.

Aufenthalt: maximal 24 Stunden
Anreise bis: 17 Uhr
Geschlossen: 15. November bis 15. März
Ab-Hof-Verkauf: Montag bis Samstag von 9 - 18 Uhr, Sonn- und Feiertage nach Vereinbarung
Produkte: Welschriesling, Grüner Veltliner, Gelber Muskateller, Weißburgunder, Chardonnay, Rivaner, Muskat Ottonel, Rosé, Zweigelt, Blaufränkisch, Merlot, Blauburger, Spätlese, Beerenauslese, Traubensaft
Aktivitäten: Weinverkostung nach Vereinbarung
Umgebung: Badeteich in St. Margarethen, Familypark St. Margarethen, Ausflug nach Rust, Neusiedler See, Kultursommer im Burgenland

7 REMUSHOF

www.remushof.at

Untere Lerchengasse 15
7064 Oslip

47°49'57.2"N 16°37'22.2"E

ANMELDUNG:
DI Dorothea Jagschitz
0664/4328320

Wir leben Wein ist der Grundsatz des Remushofs. Ein Großteil unserer Weingärten befindet sich auf den Hängen und am Plateau des Ruster Hügellandes und profitiert von der Nähe zum Neusiedler See. Der Werdegang des Weines kann von der Weinlese bis zu geführten Degustationen in idyllischer Atmosphäre des Sandsteingewölbekellers beobachtet werden. Jeder kann die großartigen Weine und die burgenländische Gastfreundschaft miterleben.

Aufenthalt: maximal 24 Stunden
Anreise bis: 18 Uhr
Geschlossen: September bis Februar
Ab-Hof-Verkauf: jederzeit nach telefonischer Voranmeldung möglich
Produkte: Grüner Veltliner, Welschriesling, Sauvignon Blanc, Gelber Muskateller, Chardonnay, Neuburger, Pinot Blanc, Zweigelt, Blaufränkisch, Cuvée, Frizzante, Sekt, Traubensaft
Aktivitäten: Weinverkostungen, Weingartenwanderung, Kellerführung
Umgebung: Familypark St. Margarethen, Neusiedler See, Schloss Esterházy in Eisenstadt, Haydnkirche mit Haydnmausoleum

8 BIODYNAMISCHES WEINGUT BRAUNSTEIN

www.weingut-braunstein.at

Hauptgasse 18
7083 Purbach am Neusiedler See

47°54'49.9"N 16°41'39.6"E

ANMELDUNG:
Birgit Braunstein
02683/5913

Weine gelten für uns als Vermittler von Freude und Genuss. Terroirweine sind kein Modetrend - sie werden nicht neu erfunden. Im Gegenteil: sie werden gelebt. Mit viel Freude und Engagement arbeiten wir an diesem Lebenstraum. Nachhaltigkeit ist bei der 400-jährigen Geschichte unseres Weinguts eine gelebte Philosophie und daher für uns selbstverständlich. Unser Ziel ist es lebendigen Boden, gesunde Pflanzen und trinkfreudige Weine zu produzieren. Lebe Freude!

Aufenthalt: maximal 24 Stunden
Anreise bis: 17 Uhr
Geschlossen: Sonntag, Dezember bis März
Ab-Hof-Verkauf: geöffnet bei Bedarf
Produkte: Ab-Hof-Laden mit biodynamischen Wein, Honig, Kirschprodukte
Bewirtung: im Restaurant Braunstein
Aktivitäten: mit Voranmeldung: Weinprobe und Weingutsführung, Picknick
Umgebung: historische Kellergasse, Stadtpfarrkirche zum Hl. Nikolaus, Solarwarmbad mit Erlebnisrutsche, Kirschblüten-Radwanderweg, Wandern durch die Weinberge

9 KIRCHBERGHOF & BUSCHENSCHANK

www.kirchberghof.at

Eisenstädterstraße 6
7093 Jois

47°57'50.7"N 16°47'39.5"E

ANMELDUNG:
Julia Rittsteuer
0660/4052260

Wir sind ein Familienbetrieb im wunderschönen Jois. Dank der Zusammenarbeit von drei Generationen bleibt unser Betrieb traditionell und bekommt durch jugendliche Gedanken frischen Wind. Seit 2010 schätzen und lieben wir unsere Buschenschank. Wir bieten eine Kombination aus traditionellen, regionalen Schmankerln und neuen Kreationen an. Bei uns gibt es auch vegane, vegetarische und glutenfreie Speisen.

Aufenthalt: maximal 24 Stunden
Anreise bis: 18 Uhr
Ab-Hof-Verkauf: täglich gegen telefonische Ankündigung unter 0676/725953
Produkte: Bio-Wein, Sekt, Frizzante, Traubensaft, Verjus, Brände, Liköre, Honig
Bewirtung: Rittschis Buschenschank ist von März bis Dezember geöffnet, die genauen Zeiten entnehmen Sie bitte unserer Webseite
Aktivitäten: Verkostungen unserer Produkte, Weingartenpicknick, Betriebsführung
Umgebung: Wanderrouten im Leithagebirge, Museum Jois, Exkursionen im Nationalpark Neusiedler See, Bootsverleih am See, Kirschblütenradweg, Neusiedler See Radweg

10 WEINGUT FRIEDRICH

www.weinbau-friedrich.at

Untere Hauptstraße 44
7121 Weiden am See

47°55'26.2"N 16°52'17.7"E

ANMELDUNG:
Elfriede Friedrich
02167/7241

„Weniger ist oft mehr" lautet unser Motto. Daher haben wir uns am Weingut bewusst für Ertragsreduzierung entschieden, denn naturnahes Bewirtschaften bringt Trauben von bester Qualität hervor. Wir verzichten auf Bewässerung und lassen unsere Rebstöcke in die Tiefe wurzeln, um die Mineralik in unseren Weinen zu betonen. Handverlesene Trauben, schonende Verarbeitung, saubere Kellerwirtschaft und die Leidenschaft der gesamten Familie sind unsere besten Ingredienzen.

Aufenthalt: maximal 24 Stunden
Ab-Hof-Verkauf: Samstag von 10 - 18 Uhr, zusätzlich bei Bedarf
Produkte: Welschriesling, Scheurebe, Weißer Burgunder, Sauvignon Blanc, Chardonnay, Grauer Burgunder, Rosé, St. Laurent, Cabernet Sauvignon, Cuvée, Blauer Zweigelt, Spätlese, Beerenauslese
Aktivitäten: Weinverkostung
Umgebung: Seebad Weiden, Bootsverleih beim Seebad, Wiesenwanderweg Weiden, Weinwanderweg Weiden, Nationalpark Neusiedler See – Seewinkel

11 WEINGUT WENZL-KAST

www.weingut-wenzl-kast.at

Hochäcker 7
7122 Gols

47°54'20.3"N 16°55'24.8"E

ANMELDUNG:
Kerstin Wenzl
0676/843763320

Das pannonische Klima um den Neusiedler See wird von unserer Familie bereits in dritter Generation genutzt, um ausgezeichnete Weine zu keltern. Unser Wein lässt sich am besten in geselliger Runde genießen, egal ob bei Verkostungen in unserem Weingut oder zu Hause mit Freunden und Familie. In unserem breiten Weinspektrum ist für jeden Weinliebhaber etwas dabei.

Aufenthalt: maximal 24 Stunden
Ab-Hof-Verkauf: geöffnet bei Bedarf
Produkte: Grüner Veltliner, Welschriesling, Neuburger, Chardonnay, Zweigelt, St. Laurent, Blaufränkisch, Heideboden, Roséwein, Scheurebe, Sauvignon Blanc, Weißburgunder, Frizzante, Traubensaft, Süßweine
Aktivitäten: Weinverkostung mit Kellerführung
Umgebung: Weinweg Gols, Nationalpark Neusiedler See, Weinkulturhaus Gols, Erwin Moser Museum, St. Martins Therme, Pannonia Brauerei Gols, Dorfmuseum Mönchhof

12 GOLSER GRAMMEL BOSCHA

www.grammel-boscha.at

Hofrat Achs Weg 15
7122 Gols

47°53'39.5"N 16°53'57.5"E

ANMELDUNG:
Katja Lehner
02173/21306

Wir sind ein junger Familienbetrieb im Herzen des Seewinkels im Burgenland. Unser Heurigen-Restaurant haben wir 2016 eröffnet, dort bieten wir saisonale und regionale Schmankerl an. Vom Grammelknödel bis zum Kümmelbraten, auf unserer Speisekarte finden Sie alles, was Ihr Schlemmerherz begehrt. Neben unserem Heurigen führen wir einen kleinen Hofladen, wo wir unsere eigenen Bio-Weine und regionale Köstlichkeiten anbieten.

Aufenthalt: maximal 24 Stunden
Anreise bis: 18 Uhr
Ab-Hof-Verkauf: geöffnet bei Bedarf
Produkte: Weine aus eigener Bio-Produktion, Chili-Delikatessen, Honig, eingelegtes Gemüse, Edelbrände, Öle, Marmeladen und Fruchtaufstriche
Bewirtung: Mittagessen, Abendessen; Öffnungszeiten siehe Webseite
Aktivitäten: Weinverkostung, Betriebsbesichtigung, Gelegenheit als Winzer mitzuarbeiten
Umgebung: Freibad im Ort, Dorfmuseum Mönchhof, Basilika Frauenkirchen, Strandbad Podersdorf, Nationalpark Neusiedler See, St. Martinstherme Frauenkirchen
Hinweis: Von Mitte Dezember bis Mitte Jänner ist unser Gastronomiebetrieb geschlossen.

13 LEHNERS BIOWEINGUT

www.bioweingutlehner.at

Rebstöcklplatz 1
7122 Gols

47°53'43.0"N 16°54'26.9"E

ANMELDUNG:
Sigrid Lehner
0664/1129176

Wir folgen den Richtlinien von Demeter Österreich und arbeiten biodynamisch. So entstehen Weine, ausbalanciert und harmonisch, die erzählen können, woher sie stammen. Diese Weine und verschiedene Heurigenschmankerl, klassisch, aber auch vegetarisch und vegan, alles in Bioqualität, alles vom Produzenten, gibt es beim BioBuschenSchank zum Kennenlernen.

Aufenthalt:	maximal 24 Stunden
Anreise bis:	20 Uhr
Geschlossen:	Dienstag, Mittwoch ganzjährig, Donnerstag von Oktober bis März; Winterruhe von Mitte Dezember bis Mitte Februar
Ab-Hof-Verkauf:	Freitag bis Montag ab 16 Uhr, von April bis September auch am Donnerstag
Produkte:	Weine in Bio- und Demeterqualität: weiß, rosé und rot; Frizzante in weiß und rosé; Weinraritäten, Liköre, Brände, Traubenkernöle und -pulver, selbstgemachte Marmeladen, Chutneys und was man sonst noch einrexen kann
Bewirtung:	im Rahmen der Buschenschank
Aktivitäten:	Weinverkostung und Betriebsführung nach Voranmeldung
Umgebung:	Weinkulturhaus Gols, Privatbrauerei Gols, WeinWeg Gols, Tiki Taka Alpaka Gols

14 WEINGUT RIEPL

www.weingut-riepl.at

Schulgasse 4
7122 Gols

47°53'56.2"N 16°54'18.1"E

ANMELDUNG:
Christine Riepl
0676/9066323

Auf dem Weingut produzieren wir Qualitätsweine, die wir ab Hof zum Verkosten und Einkaufen anbieten. Jeden Freitag gibt es ofenfrisches Bauernbrot. Ein freundlicher Labrador wohnt bei uns am Hof. Der Standplatz befindet sich beim Wirtschaftsraum eines landwirtschaftlichen Betriebes. Wir bitten um Verständnis, dass täglich gearbeitet und auch mit Traktoren gefahren wird.

Aufenthalt:	maximal 24 Stunden
Anreise bis:	18 Uhr
Geschlossen:	Dezember bis Februar
Ab-Hof-Verkauf:	geöffnet bei Bedarf
Produkte:	Chardonnay, Blaufränkisch, Grüner Veltliner, Merlot, Spätlese Traminer, St. Laurent, Weißburgunder, Welschriesling, Zweigelt, Delikatessen aus eigenem Garten
Aktivitäten:	Weinverkostung
Umgebung:	Weinkulturhaus in Gols, Erwin Moser Museum, Golser Martiniloben im November, Golser Volksfest im August, Führung in der Brauerei Gols, Schloss Halbturn
Hinweis:	mittelstarke Einfahrtsneigung

15 ETL WINE AND SPIRITS

www.weingut-etl.at

Erzherzog Friedrich Straße 54
7131 Halbturn

47°52'05.9"N 16°58'20.4"E

ANMELDUNG:
Josef Etl
0699/11353068

Wir sind ein Familienbetrieb und kultivieren unsere Weingärten nach kontrollierter, integrierter Produktion. Bei uns werden die Trauben zu trockenen sowie zu süßen Weißweinen vinifiziert. In unserem Keller entwickeln sich ausdrucksstarke Weine durch eine schonende Traubenverarbeitung. Unsere Weißweine lagern wir nach der Gärung in Tanks, die Rotweine reifen in großen und kleinen Holzfässern (Barrique). Neben Wein produzieren wir seit 2013 den Heathland Whisky und verschiedene Ginsorten.

Aufenthalt: maximal 24 Stunden
Ab-Hof-Verkauf: geöffnet bei Bedarf
Produkte: Weine (Weißweine, Rotweine und Süßweine), Heathland Gin, Heathland Whisky, Marillenbrand, Birnenbrand, Quittenbrand, Weinbrand, Traubensaft, Rebstockpatenschaften
Aktivitäten: Verkostung unserer Produkte, Weingartenführungen
Umgebung: Schloss Halbturn, Dorfmuseum Mönchhof, St. Martins Therme, Basilika in Frauenkirchen, Radfahren am Neusiedler See, Bootsverleih in Neusiedl

16 WEINGUT GALUMBO

www.galumbo.at

Obere Hauptstraße 67
7142 Illmitz

47°45'36.3"N 16°47'51.8"E

ANMELDUNG:
Heidi Galumbo
0676/6197262

„Zum Wein zu reisen" und damit auch ein bestimmtes Lebensgefühl zu genießen, dieses Erlebnis bieten wir in unserem modernen Weingut mit kommentierter Weinverkostung und Weinwanderung an. Sie als Gast lernen über die Herstellung des Weines, werden Weinexperte und können zu Hause mit Ihrem Wissen brillieren. Wir werden Ihnen ganz besondere Wein-Erinnerungen schaffen.

Aufenthalt: maximal 24 Stunden
Ab-Hof-Verkauf: geöffnet bei Bedarf
Produkte: frische, fruchtige Weißweine wie Grüner Veltliner, Welschriesling, Chardonnay und Pinot Gris; gehaltvolle Rotweine wie Zweigelt, Merlot und Blaufränkisch; sonnengereifte Süßweine, Frizzante, Schaumwein, Traubensaft, Likör, Illmitzer Feuerwasser
Bewirtung: Frühstückskorb, Abendessen von Donnerstag bis Sonntag
Aktivitäten: Weinverkostungen, Hofführungen, Weinwanderung
Umgebung: Neusiedler See, St. Martins Therme, Fahrradausflüge in der Umgebung von Illmitz, Kutschenfahrten, Exkursionen im Nationalpark, Dorfmuseum Mönchhof

17 BIODYN WEINHOF HAIDER

www.weingut-haider.at

Storchenplatz 1
7143 Apetlon

47°44'45.7"N 16°50'07.2"E

ANMELDUNG:
Eva Maria Haider
02175/2210

P1 >3,5t

Unser BioDyn Weinhof liegt am Rande des Nationalparks Neusiedler See - Seewinkel. Unsere Trauben werden Jahr für Jahr sorgfältig von Hand gelesen und unter Anwendung moderner kellertechnischer Verfahren veredelt. Die Erfahrung des Winzers trägt bei einem sensiblen Umgang dazu bei, erlesene Weine herzustellen. Zusätzlich beleben Hühner, Tauben und eine Herde freundlicher Ziegen unseren Hof.

Aufenthalt: maximal 24 Stunden
Anreise bis: 15 Uhr
Geschlossen: Weihnachtsferien
Ab-Hof-Verkauf: Selbstbedienungsautomat
Produkte: Wein, Ziegenmilch, Eier, Käse, Joghurt
Umgebung: Kulturwanderung durch Apetlon, Apetloner Badesee, St. Martins Therme, Exkursionen im Nationalpark Neusiedler See - Seewinkel, Kutschenfahrten, Radweg Lange Lacke

18 WEINGUT KRACHER

www.seppkracher.at

Wasserzeile 55-57
7143 Apetlon

47°44'38.3"N 16°49'40.6"E

ANMELDUNG:
Sabine Kracher
0664/2032944

P3 10m >3,5t

Unser Weingut liegt am Rande des Nationalparks Neusiedler See - Seewinkel und wird bereits in der 4. Generation geführt. Seit 12 Jahren vermieten wir auch barrierefreie, rollstuhltaugliche Ferienwohnungen. Beliebt bei unseren Gästen sind die dokumentierten Weinverkostungen, die wir auch gerne mit einer Weinjause anbieten.

Aufenthalt: maximal 24 Stunden
Anreise bis: 20 Uhr
Ab-Hof-Verkauf: geöffnet bei Bedarf
Produkte: Weine in Qualitäts- und Prädikatsstufen, Frizzante weiß und rosé, roter und weißer Traubensaft
Aktivitäten: Weinverkostung gegen Gebühr
Umgebung: Radfahren, Schwimmen im Neusiedler See, Wanderungen und Exkursionen im Nationalpark

19 MICHLITS-STADLMANN

www.weingut-stadlmann.com

P2 | 10m | >3,5t | WC

Hauptstraße 12
7161 St. Andrä am Zicksee

47°46'59.9"N 16°56'17.9"E

ANMELDUNG:
Franz Stadlmann
0664/2536498

Direkt am Zicksee und in unmittelbarer Nähe des Neusiedler Sees liegt St. Andrä. Hier sind wir daheim. Mit 300 Sonnentagen im Jahr finden die Reben unseres Weingutes auf Schotter- und Sandböden die besten Bedingungen vor. Mit viel Fingerspitzengefühl und moderner Kellertechnik bearbeiten wir ausschließlich von Hand gelesenes Traubenmaterial zu besonderen Weinen.

Aufenthalt: maximal 24 Stunden
Ab-Hof-Verkauf: Montag bis Samstag von 9 - 18 Uhr
Produkte: Welschriesling, Grüner Veltliner, Weißburgunder, Sauvignon Blanc, Muskat Ottonel, Cuvée, Zweigelt Rosé, Zweigelt, Neusiedler See DAC, Blaufränkisch, St. Laurent, Cabernet Sauvignon, Shiraz, Merlot, Traminer, Frizzante, Traubensaft, Spezialitätenbrände
Aktivitäten: Weinverkostung
Umgebung: Seebad Zicksee, Lackenradweg, Hansagradweg, Kulturradweg, St. Martins Therme, Natur-Exkursionen im Nationalpark Neusiedler See - Seewinkel

20 KLEIN WEIN

www.klein-wein.at

P2 | >3,5t

Baumhöhäcker 10
7163 Andau

47°46'42.0"N 17°02'13.2"E

ANMELDUNG:
Jacqueline Klein
0664/75124505

Gegründet im Jahr 2010 bewirtschaften wir heute rund 40 ha Weingärten, auf denen die Basis für unsere opulenten Rotweine gedeiht. Ganze 80 Prozent unserer Weine sind tiefgründige rote. Das ist vor allem dem Terroir zuzuschreiben, das für gehaltvolle Rotweine wie gemacht erscheint, aber auch ein bisschen unserer großen Liebe zum Zweigelt, die Hauptsorte des Weinguts. Alle Weine, vom Zweigelt bis zum Merlot, werden traditionell in hochwertigen Barriquefässern ausgebaut.

Aufenthalt: maximal 24 Stunden
Anreise bis: 17 Uhr
Geschlossen: Sonntag; September bis 15. Oktober
Ab-Hof-Verkauf: Montag bis Freitag von 8 - 12 und 13 - 17 Uhr, Samstag von 9 - 12 und 13 - 17 Uhr
Produkte: Welschriesling, Gelber Muskateller, Chardonnay, Sauvignon Blanc, Zweigelt, Merlot, Cabernet Sauvignon, Syrah, Traubensaft
Aktivitäten: Weinverkostung
Umgebung: Aussichtsplattform Andreasberg, Wassersport Neusiedler See, Basilika Frauenkirchen, Schloss Halbturn, Dorfmuseum Mönchhof

21 PENSION SUNNSEITN

www.pension-sunnseitn.at

Herrengasse 43
7311 Neckenmarkt

47°36‘03.9“N 16°32‘56.8“E

ANMELDUNG:
Irene Patronovits
0664/4101309

Mit viel Liebe zur Natur bewirtschaften wir 5 ha Weingärten im schönen Blaufränkischland, im Herzen des Sonnenlandes Burgenland gelegen. In unserem Hofladen bieten wir selbstgemachte Produkte an. Ob Aktiv-Urlaub oder einfach nur die Seele baumeln lassen - hier fühlen Sie sich wohl!

Aufenthalt: maximal 24 Stunden
Anreise bis: 19 Uhr
Ab-Hof-Verkauf: geöffnet bei Bedarf
Produkte: selbstgebackenes Brot, Eier, Fische, Wein
Bewirtung: Frühstück, Abendessen nach Voranmeldung
Umgebung: Fahnenschwinger Weinbaumuseum, Kultobjekt in Haschendorf, Draisinentour, Rotwein-Radweg, Liszt-Radweg, WeinStein-Weg

22 MÜHLENGUT PINGITZER

Waldmühle 1
7332 Kobersdorf

47°35‘40.1“N 16°22‘06.2“E

ANMELDUNG:
Ing. Norbert Pingitzer
0660/2662404
0664/3291081

Mitten im Naturpark Landseer Berge befindet sich eine historische Mühle mit gewaltigem Wasserrad. Im romantischen Streuobstgarten stehen zwei eingerichtete Zirkuswagen, die für Rad- und Motorradfahrer oder Begleiter von Wohnmobilbesuchern mietbar sind.

Aufenthalt: maximal 24 Stunden
Ab-Hof-Verkauf: geöffnet bei Bedarf
Produkte: Forellen geräuchert oder fangfrisch für Selbstzubereitung aus dem eigenen Teich; verschiedene Rot- und Weißweine, Rosé-Frizzante, Uhudler und Uhudler-Frizzante; Kernöl, Spezialitäten von Rind und Schwein, Marmeladen, Bio-Eier, Gewürze
Aktivitäten: Führung durch die historische Mühle mit anschließender Weinverkostung im kühlen Steingewölbekeller (dzt. € 10 pro Person), Lagerfeuer-Scheibtruhe inklusive Holz (dzt. € 9), temporäre Kunstausstellung am Dachboden und im Garten, Lesung aus den Büchern des Mühlenbesitzers
Umgebung: Schlossspiele Kobersdorf, Naturpark Badesee Kobersdorf, Quelle im Elisabethpark, Naturpark Landseer Berge, Heimathaus Kobersdorf

23 HEURIGEN-STADL EHRENHÖFER

www.heurigen-stadl.at

Neustift an der Lafnitz 34
7423 Pinkafeld

47°22'00.3"N 16°02'35.5"E

ANMELDUNG:
Gerald Ehrenhöfer
0664/4316003

Der Heurigen-Stadl steht für gutes Essen, Trinken und eine große Gaudi. Die Produkte, die wir im Heurigen anbieten, stammen überwiegend aus dem eigenen Hofladen oder werden von regionalen Produzenten zugekauft. Wir legen großen Wert auf Qualität. Viele Gäste feiern bei uns einen besonderen Tag, andere wiederum machen einen Ausflug und schätzen unsere Freizeitangebote. Was sie alle gemeinsam haben? Sie verlassen uns mit einem Lächeln und kommen gerne wieder!

Aufenthalt:	maximal 24 Stunden
Anreise bis:	20 Uhr
Ab-Hof-Verkauf:	Montag, Mittwoch bis Freitag von 7:30 - 14 Uhr und 16 - 23 Uhr, Samstag, Sonntag von 7:30 - 23 Uhr
Produkte:	Frischfleisch, Grill-Spezialitäten, Würstel, Leberkäse, Aufstriche, Bauernbrot, Eier, Gemüse nach Saison, Honig, Kürbiskernöl, Teigwaren, Uhudler, Schnäpse
Bewirtung:	Frühstück, Mittagessen, Abendessen
Aktivitäten:	Produktverkostungen, Picknickkörbe auf Vorbestellung, Brunch bis 13 Uhr, E-Bike-Verleih im Haus
Umgebung:	Schloss Batthyány, Stadt-, Tuchmacher- und Feuerwehrmuseum Pinkafeld

24 ZEISELHOF

An der Kalteneckerstraße 7
7434 Stuben

47°24'53.1"N 16°16'17.3"E

ANMELDUNG:
Eva Cizkova
0676/7225229

Wer bei uns ankommt, erfreut sich an der wunderschönen Aussicht, die an manchen Tagen bis zum Neusiedlersee und ins Voralpenland reicht. Unsere Hühner und Schafe freuen sich auf Besuch. Die Eier von unseren Sulmtalerhühnern schmecken besonders gut. Nach Absprache ist ein Lagerfeuer am Stellplatz möglich.

Aufenthalt:	maximal 24 Stunden
Ab-Hof-Verkauf:	geöffnet bei Bedarf
Produkte:	Sulmtaler Eier
Umgebung:	Aussichtswarte Hochneukirchen, Felsenmuseum Bernstein, Friedensburg Schlaining, Baumwipfelweg Althodis, Therme Bad Tatzmannsdorf

25 WEINGUT KOCH

www.koch-weine.at

Mitterbergweg
7471 Rechnitz

47°18'51.4"N 16°27'12.4"E

ANMELDUNG:
Dietlinde u.
Reinhard Koch
0664/4215308

Unser traditionelles Weingut baut auf dem Wissen von drei Generationen auf. Kellermeister Reinhard übernahm die Tradition des Weinmachens von seinem Vater, Kurse und Praktika ebneten den Weg zum Qualitätsweinbau. Mit ihrem kulinarischen Gespür verwöhnt Dietlinde in der familieneigenen Buschenschank. Dort können Gäste in gemütlicher Atmosphäre die hausgemachten Spezialitäten verkosten.

Aufenthalt:	maximal 24 Stunden
Anreise bis:	16 Uhr
Geschlossen:	November bis April
Ab-Hof-Verkauf:	geöffnet bei Bedarf
Produkte:	Welschriesling, Sauvignon Blanc, Rivaner, Gelber Muskateller, Blaufränkisch, Pinot Noir, Zweigelt, Uhudler, Uhudler Frizzante, Marillenbrand, Traubenbrand, Birnenbrand, Gin, Nusslikör, Uhudlerlikör, Pfirsichlikör, Weichsellikör uvm.
Bewirtung:	Abendessen nach Voranmeldung
Aktivitäten:	Betriebsführung mit Wein- und Schnapsverkostung
Umgebung:	Aussichtswarte am Geschriebenstein, GeschriebenSTEINweg, Jagdlehrpfad

26 WEINGUT STRAKA

www.weinbau-straka.at

Bahnhofstraße 15
7471 Rechnitz

47°18'05.9"N 16°26'36.6"E

ANMELDUNG:
Thomas Straka
0664/2016396

Unser Bioweingut ist an den südlichen Hängen des Günser Gebirges, den höchsten Bergen des Burgenlandes, gelegen. Unsere puristischen und herkunftsorientierten Weine zeigen die Einzigartigkeit unseres Gebietes. Gerne nehmen wir uns Zeit und verkosten mit Ihnen unser Portfolio.

Aufenthalt:	maximal 24 Stunden
Anreise bis:	20 Uhr
Ab-Hof-Verkauf:	geöffnet bei Bedarf
Produkte:	Weißburgunder, Welschriesling, Blaufränkisch, Riesling, Chardonnay, Traubensaft, Weinessig
Bewirtung:	Buschenschank; Mittagessen und Abendessen nach Voranmeldung
Aktivitäten:	Weinverkostung
Umgebung:	Badesee in ca. 2 km Entfernung, Radtouren in der Umgebung, Wandern auf den Geschriebenstein, Baumwipfelweg Althodis, Burg Schlaining, Therme Bad Tatzmannsdorf

27 WEINGUT GERALD UNGER
www.geraldunger.at

Kapellenstraße 15
7474 Deutsch Schützen

47°10‘00.6“N 16°27‘05.8“E

ANMELDUNG:
Gerald Unger
0664/9334048

Unser Betrieb liegt in Deutsch Schützen, im Herzen der burgenländischen Weinidylle. Auf 6 ha Rebfläche vinifizieren wir Weine mit viel Ausdruck und noch mehr Charakter. Dank gesunder Böden und liebevoller, perfekter Weingartenarbeit, sowie dem Einfluss des speziellen Mikroklimas, gelingt es uns Jahr für Jahr, außergewöhnliche Weine zu produzieren.

Aufenthalt: maximal 24 Stunden
Anreise bis: 17 Uhr
Ab-Hof-Verkauf: geöffnet bei Bedarf
Produkte: Welschriesling, Weißburgunder, Grüner Veltliner, Gemischter Satz, Uhudler, Uhudler Frizzante, Zweigelt, Blaufränkisch, Merlot, Cabernet Sauvignon, diverse Edelbrände, Traubensaft
Aktivitäten: Weinverkostung
Umgebung: Museum für Holz und Handwerk, Wanderungen und Radwege in der Umgebung, Ausflug nach Ungarn, Alte Hofmühle in Güssing, Aussichtsplattform Weinblick

28 WACHTERWEIN
www.wachterwein.at

Kapellenstraße 48
7474 Deutsch Schützen

47°09‘56.7“N 16°27‘12.6“E

ANMELDUNG:
David Wachter
0680/3338129

Wir sind ein Familien-Weinbaubetrieb mit rund 6 ha Rebfläche. Der Blaufränkische ist die Leitsorte unseres Betriebes. Er gedeiht besonders gehaltvoll auf mineralischen Lehmböden. Unser Paradewein trägt den Namen „Donum“, übersetzt bedeutet der Name „das Geschenk“. Wir sehen die Traube als Gabe der Natur. Für uns ist es sowohl Herausforderung als auch Motivation im Kreislauf der Natur mitarbeiten zu können.

Aufenthalt: maximal 24 Stunden
Ab-Hof-Verkauf: geöffnet bei Bedarf
Produkte: Welschriesling, Weißburgunder, Sämling 88, Grüner Veltliner Reserve, Beerenauslese, Frizzante Rosé, Rosé, Blaufränkisch, Blauburger, Zweigelt, Merlot, Cuvée, Cabernet Sauvignon
Aktivitäten: Weinverkostung
Umgebung: Museum für Holz und Handwerk in St. Kathrein, Aussichtsplattform Weinblick, viele Wanderwege, Burg Güssing, Burgenländisches Auswanderermuseum in Güssing, Kunst im Garten in Rauchwart

29 WEINGUT WALLNER

www.wallnerwein.at

Oberer Weinweg 41
7474 Deutsch Schützen

47°10‘09.3“N 16°25‘17.8“E

ANMELDUNG:
Manuela Wallner
0664/1814294

Unsere Familie hat sich seit vier Generationen dem Ausbau charakteristischer Rotweine verschrieben. Zuhause sind wir in Deutsch Schützen, dem Zentrum des Südburgenlands. Schonende Kellerarbeit prägen die typische Handschrift des Weinguts. Unser Wahlspruch: Guter Wein muss Persönlichkeit haben.

Aufenthalt: maximal 24 Stunden
Ab-Hof-Verkauf: geöffnet bei Bedarf
Produkte: Welschriesling, Weißburgunder, Blaufränkisch „vin gris“, Gemischter Satz, Grüner Veltliner Alte Reben, Goldmuskateller, Müller Thurgau Auslese, Frizzante (Blaufränkisch Rosé), Uhudler-Frizzante, Rosé vom Merlot, Zweigelt, Blaufränkisch Eisenberg DAC, Blaufränkisch Eisenberg DAC Reserve, Weinberg Cuvée (BF/ZW/SL), Kentaur, Namenlos, Tresterbrand im Holzfass gereift
Bewirtung: Buschenschank, Öffnungszeiten siehe Webseite
Aktivitäten: Weinverkostung
Umgebung: Aussichtsplattform Weinblick, Burg Güssing, Wanderwege in der Umgebung

30 WEINGUT SCHÜTZENHOF

www.weingut-schuetzenhof.at

Winzerstraße 41
7474 Deutsch Schützen

47°10‘01.1“N 16°25‘45.8“E

ANMELDUNG:
Kristina Faulhammer-Jelic
0664/75107273

Die Region vor unserer Haustür ist das Südburgenland, unser Berg heißt Eisenberg. Hier kommen wir her, hier gehören wir hin – Herkunft, Ursprung, Heimat. Bodenständig. Erdverbunden. Natürlich. So sind wir als Familie, als Team, so fühlen wir und so gedeihen auch unsere Reben und Weine. Werft einen Blick auf uns und unser Weingut – von oben, von unten, von außen, von innen, von ganz nah.

Aufenthalt: maximal 24 Stunden
Anreise bis: 16 Uhr
Geschlossen: Sonntag
Ab-Hof-Verkauf: geöffnet bei Bedarf
Produkte: Blaufränkisch, Rotburger, Cuvée, Traubensaft, Apfelsaft, Wermut, Gin
Aktivitäten: Weinverkostung dzt. € 15, Wäschewaschen pro Waschgang dzt. € 8
Umgebung: Weinmuseum Moschendorf, Museum für Holz und Handwerk, Wanderungen und Radwege in der Umgebung, Grenzerfahrungsweg Bildein, Alte Hofmühle in Güssing

31 WEINGUT POLCZER

www.polczer.at

Gartengasse 20
7474 Eisenberg an der Pinka

47°10'48.5"N 16°25'20.9"E

ANMELDUNG:
Regine Polczer
0664/8117586

Die Geschichte des Weingut Polczer reicht zurück bis ins Jahr 1912. Johann Wachter gründete das Weingut mit einer kleinen Rebschule und einem Weingarten. Heute ist das Weingut in Eisenberg, in der Weinidylle Südburgenland, dem kleinsten Weinbaugebiet Österreichs, Garant für Weine ausgezeichneter Güte. Zwei Dinge stehen besonders im Vordergrund: Qualität & Einzigartigkeit.

Aufenthalt:	maximal 24 Stunden
Anreise bis:	17 Uhr
Ab-Hof-Verkauf:	geöffnet bei Bedarf
Produkte:	Blaufränkisch, Cuvée Reihburg, Cuvée Ferrum, Welschriesling, Traubensaft
Aktivitäten:	Weinverkostungen
Umgebung:	Weinblick Aussichtsplattform, Weinmuseum Moschendorf, Baumwipfelweg Althodis, Burg Schlaining, zahlreiche Wanderwege

32 BIO-WEINGUT REIGER

www.reiger.cc

Untere Kellergasse 1
7474 Eisenberg an der Pinka

47°11'30.1"N 16°24'35.0"E

ANMELDUNG:
Martin Reiger
0664/1206352

Unser Weingut Reiger ist ein traditionsreicher Familienbetrieb inmitten der Weinidylle Südburgenland. Schon seit vier Generationen betreiben wir Weinbau. Seit 2009 stellen wir Bio-Weine her. Zu den traditionellen Qualitätsweinrebsorten haben sich in den letzten Jahren auch einige pilzwiderstandsfähige Rebsorten (PIWI) hinzugesellt.

Aufenthalt:	maximal 24 Stunden
Ab-Hof-Verkauf:	geöffnet bei Bedarf
Produkte:	fruchtig volle Rotweine, Barrique-Weine, spritzige Weißweine, Uhudler, Uhudler Frizzante, Muskat Frizzante, Schnaps
Bewirtung:	Frühstück auf Anfrage
Aktivitäten:	Weinverkostung, Schnapsverkostung, Kellerführung
Umgebung:	Museum für Holz und Handwerk, St. Martin Kirche, Aussichtsplattform Weinblick, viele Wanderwege wie „Wandern in der Weinidylle" und „Deutsch Schützen Weinberg - Csaterberg"

33 MÜLLNER BIO-WEINGUT

www.muellner-bioweingut.at

Hauptstraße 37
7521 Bildein

47°08'00.2"N 16°27'51.6"E

ANMELDUNG:
Gerhard Müllner
0664/2340846

Hinter Müllners Weine steht Müllners Familie: Die Arbeit im Weingarten gerät zum Familienausflug, und das nicht nur, wenn gerade Weinlese angesagt ist. Das kleine feine Weingut wird in biologischer Wirtschaftsweise betrieben. Denn was in unberührter Natur wächst wissen auch Weinkenner zu würdigen. Mitten in der Ortschaft hat sich Familie Müllner ihr Weinrefugium geschaffen. Ein eigener Trakt beherbergt die Weinerzeugung. In modernen Edelstahltanks warten die guten Tropfen ihre Reife ab. Daneben, in der gemütlichen Stube, wird dann mit Gästen und Freunden über Gott und die Welt und natürlich auch über den Wein geplaudert.

Aufenthalt: maximal 24 Stunden
Anreise bis: 18 Uhr
Ab-Hof-Verkauf: geöffnet bei Bedarf
Produkte: Gemischter Satz, Natural Wine, Muskateller Perlwein, Zweigelt, Blaufränkisch, Traubensaft
Aktivitäten: Weinverkostung
Umgebung: Grenzerfahrungsweg, burgenländisches Geschichte(n)haus, WeinKulturHaus, Weinarchiv, picture on festival

34 POMS FARM

Gamischdorf 23
7535 St. Michael im Burgenland

47°06'42.0"N 16°14'48.7"E

ANMELDUNG:
Ingrid u. Roland Poms
0676/5516636

Unser Hof liegt im sonnenverwöhnten, hügeligen Südburgenland. Von unserer Anhöhe haben Sie eine schöne Aussicht nach Osten und Westen und genießen malerische Sonnenauf- und Sonnenuntergänge. Der vielseitige Betrieb bietet Produkte aus eigener Erzeugung, direkten Kontakt mit Tieren (Pferde, Schafe, Kaninchen, Katzen, Hühner) und auf Wunsch die Möglichkeit zur Mitarbeit.

Aufenthalt: maximal 24 Stunden
Anreise bis: 20 Uhr
Geschlossen: Samstag; November bis Februar
Ab-Hof-Verkauf: geöffnet bei Bedarf
Produkte: Honig aus eigener Imkerei, Lammfleisch sowie Jausenwürste, Bratwürste und Salami (jeweils vom Schaf) aus eigener Produktion, frische Hühnereier, Obst je nach Saison (Äpfel, Zwetschken, Kirschen, Uhudler-Trauben), Walnüsse, Apfelsaft, Traubensaft, Gartengemüse
Aktivitäten: Produktverkostung, Hofführung, Reiten, Streichelzoo, Steckerlbrot
Umgebung: Apfel-Radweg, Therme Stegersbach, Golfplatz Stegersbach, Burg Güssing, Schwimmen im Naturteich Rauchwart, Naturpool Poandl Gamischdorf

35 UHUDLERWEINBAU FAMILIE PFEIFFER
www.uhudler-pfeiffer.at

Am Hochkogel 12
7562 Eltendorf

47°00'50.7"N 16°13'26.6"E

ANMELDUNG:
Reinhild und
Ing. Josef Pfeiffer
0664/1146490
0680/4431782

Wer Ruhe sucht und sich an einem idyllischen Ort erholen möchte, findet bei uns dazu die Gelegenheit. Wo, wenn nicht im Uhudlerviertel am Hochkogel von Eltendorf, können Sie den originalen Uhudler verkosten und Ihre Seele unter der Weinlaube baumeln lassen. Unser Betrieb liegt etwa einen Kilometer vom Kellerviertel entfernt und hier können Sie gerne weitere Informationen über unsere gebietsspezifische Rarität einholen. Wir freuen uns auf Sie!

Aufenthalt: maximal 24 Stunden
Ab-Hof-Verkauf: Selbstbedienung und ab Hof nach Voranmeldung
Produkte: roter und weißer Uhudler, Uhudlerperle
Aktivitäten: Produktverkostung nach Voranmeldung
Umgebung: Thermen in der Umgebung: Stegersbach, Loipersdorf, Bad Blumau, Bad Waltersdorf, Bad Gleichenberg; Uhudler-Kunstwanderweg, Uhudlerviertel-Rundwanderweg

36 UHUDLER-WEINBAU FAMILIE TAUCHER
www.derlandwirt.at

Siedlungsstraße 25
7562 Eltendorf

47°00'15.2"N 16°12'22.8"E

ANMELDUNG:
Josef Taucher
03325/2673

Wir haben einen landwirtschaftlichen Betrieb mit Schwerpunkt Uhudler-Weinbau, Kürbis, Kürbiskernöl und Streuobst. Die meisten unserer Produkte werden aus der Uhudlertraube und dem steirischen Ölkürbis gewonnen. In unserem Warenangebot finden Sie Uhudlerweine, Traubensaft, Kürbiskernöl, Marmeladen, Edelbrände und Knabberkerne. Unsere Produkte können in der Verkosterstube genossen werden.

Aufenthalt: maximal 24 Stunden
Anreise bis: 18 Uhr
Ab-Hof-Verkauf: Montag bis Samstag von 10 - 19 Uhr und nach Vereinbarung
Produkte: Uhudler rot, Uhudler weiß, Uhudler Frizzante, Traubensaft, Apfelsaft, Kürbiskernöl, Marmeladen, Edelbrände und Knabberkerne
Aktivitäten: Produktverkostungen nach Voranmeldung möglich. Keller- & Weingartenführung inkl. Uhudler-Verkosterpaket bestehend aus 6 Flaschen Uhudler, dazu kleine Häppchen, Urkunde über die erfolgreiche Teilnahme, Dauer ca. 2 Stunden, buchbar ab 4 Personen, Preis pro Person: dzt. € 59
Umgebung: Uhudler-Kunstwanderweg, Bauernmuseum Jennersdorf, Burg Güssing

37 KÄFERBERGHOF

www.kaeferberghof.com

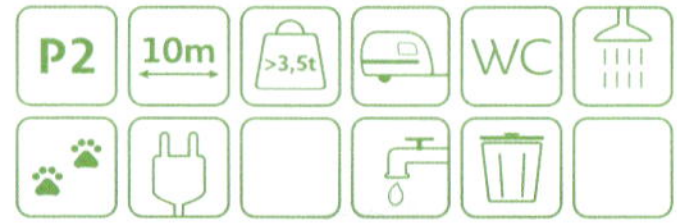

Käferbergstraße 2
7562 Zahling

47°01‘21.3“N 16°13‘11.1“E

ANMELDUNG:
Apollonia Moik
0664/6483832

Wir sind eine Jungfamilie und haben einen charmanten Dreikanthof, der sich noch mitten in der Belebungsphase (Sanierung) befindet. Unser Hof befindet sich in ruhiger Lage auf einer kleinen Anhöhe mit Aussichtsmöglichkeiten. Unsere Stellplätze sind angrenzend zur Streuobstwiese und der Ziegen- bzw. Schafweide.

Aufenthalt: maximal 24 Stunden
Ab-Hof-Verkauf: geöffnet bei Bedarf
Produkte: Apfelsaft (naturtrüb, ungespritzt), verschiedene selbstgemachte Fruchtaufstriche, bunte Hühnereier von freilaufenden Hühnern, Wein und Hecken-Champus (aus dem Familienbetrieb der Schwester)
Aktivitäten: Produktverkostung, Hofführung mit Vorstellung unseres Projektes, Ziegenwanderung mit unseren Ziegen, Kräuterwanderung
Umgebung: Reiterhof, Naturbadesee Königsdorf, Freilichtmuseum Gerersdorf, Burg Güssing, Tobajer Kogel

38 BIOHOF FREUDENBERG

www.biohof-freudenberg.at

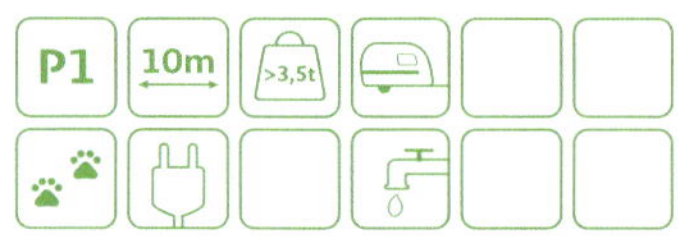

Obere Marktstraße 33
7572 Deutsch Kaltenbrunn

47°05‘30.6“N 16°06‘15.2“E

ANMELDUNG:
Hannah Freudenberg
0699/15168422

Der Biohof Freudenberg liegt im sonnigen Südburgenland. Wir sind umgeben von Radwegen, Buschenschanken und zahlreichen Thermen. Unter alten Streuobstwiesenbäumen weiden unsere sehr zutraulichen Kärntner Brillenschafe, die sich - wie auch unsere barfußlaufenden Freilandhühner - immer über Besucher freuen. Auch Hund und Katze sind vertreten, womit die Bauernhofbesatzung komplett wäre.

Aufenthalt: maximal 24 Stunden
Anreise bis: 20 Uhr
Ab-Hof-Verkauf: geöffnet bei Bedarf
Produkte: Apfelsaft, Eier, verschiedene Teesorten, Liköre, Marmeladen, gelegentlich Fleisch und Brot
Aktivitäten: unsere Lagerfeuerstelle kann gerne genutzt werden
Umgebung: Badesee Rauchwart, Kräuterdorf Söchau, Therme Stegersbach, Therme Bad Blumau, Therme Bad Waltersdorf, Wanderungen, Radfahren, Freibad Fürstenfeld, Schlossbad Burgau, Naturbadeteich Königsdorf, Therme Loipersdorf

39 BAUERNHOF POPP

Langer Berg 16
7572 Rohrbrunn

47°07'42.0"N 16°07'27.0"E

ANMELDUNG:
Daniela u. Hermann Popp
0680/1122018

Wir haben eine Landwirtschaft in leichter Höhenlage in der südburgenländischen Thermenregion mit einem wunderbaren Rundumausblick auf den Wechsel, den Schöckel, die Riegersburg sowie die Burg Güssing. Der Hof liegt in einem großen Obstgarten mit Streuobstwiese. Unser Hof ist Ausgangspunkt für viele Sport- und Freizeitaktivitäten.

Aufenthalt:	maximal 24 Stunden
Anreise bis:	18 Uhr
Umgebung:	Thermen, Museen, Golfen, Tierpark, Klettergarten, 3D-Bogenschießen, Burgen, Radwege, Reiten, Kanufahrten, Besuch der Thermenhauptstadt Fürstenfeld

40 WEINHOF ZIEGER

www.weinziegartig.at

Altenhof 14
8385 Neuhaus am Klausenbach

46°52'08.7"N 16°02'51.7"E

ANMELDUNG:
Martin Zieger
0664/7803538

Einzellagen mit einer Hangneigung zwischen 25 - 40 %, über 2.000 Sonnenstunden, gewissenhafte Handarbeit im Weingarten und der respektvolle Umgang mit der Natur sind Grundsteine für unsere ausdrucksvollen und finessenreichen Weine. Unsere Weingartenfläche besteht aus derzeit 30.000 Rebstöcken. Sauvignon Blanc, Muskateller, Weißburgunder, Uhudler und viele andere Weinsorten laden zum Verkosten ein.

Aufenthalt:	maximal 24 Stunden
Anreise bis:	20 Uhr
Ab-Hof-Verkauf:	geöffnet bei Bedarf
Produkte:	reichhaltiges Weinsortiment über Klassik, Lagen und holzfassgelagerte Weine, Uhudlerprodukte, Frizzante, Kürbiskernöl, Essige, Natursäfte, Edelbrände
Bewirtung:	Abendessen nach Voranmeldung
Aktivitäten:	kommentierte Weinverkostung
Umgebung:	Kanutouren auf dem Fluss Raab, verschiedene Themenwege in den umliegenden Gemeinden, gekennzeichnete Radwege für Jung und Alt, Kindermärchenwald, Dreiländereck Österreich-Slowenien-Ungarn

41 OBSTBAU PILZ

pilz-hermann-obstbau.business.site

Steinleiten 7
8385 Neuhaus am Klausenbach

46°52'09.7"N 16°02'23.3"E

ANMELDUNG:
Renate u. Hermann Pilz
0664/8795262
0664/1762831

Unser Obstbaubetrieb liegt im südlichsten Zipfel des Burgenlandes im Neuhauser Hügelland. Der Hof steht auf einem Hügel und ist 500 Meter von der Hauptstraße entfernt. Hier genießen wir völlige Ruhe mitten in der Natur und man kann den Singvögeln morgens entspannt zuhören. Unsere Anbaufläche beträgt rund 2 ha und wir ernten bis zu 8 verschiedene Apfelsorten pro Jahr.

Aufenthalt:	maximal 24 Stunden
Anreise bis:	20 Uhr
Geschlossen:	November bis Mitte März
Ab-Hof-Verkauf:	geöffnet bei Bedarf
Produkte:	8 verschiedene Apfelsorten, Zwetschken, Pfirsiche, Birnen, Apfelsaft, Pfirsichnektar, Uhudlertraubensaft, Edelbrände, Liköre
Aktivitäten:	Verkostung von Schnäpsen und Säften möglich
Umgebung:	Freibad im Ort, Märchenwald Mühlgraben, Themenwanderungen, Radwanderwege, Straussenhof Donner, Schloss Tabor mit Opernaufführungen, Therme Loipersdorf, Therme Bad Gleichenberg

...für die schönste Zeit im Leben!

KÄRNTEN

Schladming
Bad Gastein
A10
Heiligenblut
Obervellach
Gmünd
Lienz
A10
Millstatt
Spittal an der Drau
A10
60
59
Kötschach
Hermagor
58
57
A2
A23

A9
S36
Knittelfeld
Bad Sankt Leonhard im Lavanttal
50
51
Gurk
48
47
49
Wolfsberg
56
Sankt Veit an der Glan
55
Feldkirchen in Kärnten
54
44
53
42
43
Villach
Sankt Kanzian am Klopeiner See
Klagenfurt
52
45
46
A11
Ferlach
A2
25 Dec 2022 © 123map · Daten: OpenStreetMap, Lizenz ODbL 1.0

42 SILLEHOF

Sillebrücke 1
9064 Magdalensberg

46°39‘57.2“N 14°26‘11.8“E

ANMELDUNG:
Stefan Karnitschnig
0650/4411321

Wir führen einen Bio-Bauernhof mit Hühner-und Pferdezucht mitten im Grünen mit dem Schwerpunkt in der Direktvermarktung der am Hof angebauten Getreidesorten und Ölfrüchte. Diese werden natürlich auch direkt vor Ort für den Endkunden veredelt. Am Hof selbst kann man die Ruhe und Abgeschiedenheit genießen, während man nicht weit von Klopeiner See, Wörthersee bzw. Klagenfurt entfernt ist.

Aufenthalt:	maximal 24 Stunden
Anreise bis:	19 Uhr
Geschlossen:	22. Dezember bis 6. Jänner
Ab-Hof-Verkauf:	geöffnet bei Bedarf
Produkte:	verschiedene Speiseöle, Mehle, Grieße, Brot, Gebäck, Süßgebäck, Knabberkerne, Fruchtaufstriche, Liköre, Apfelsaft und Sirupe
Aktivitäten:	Produktverkostungen und Hofführungen sind nach vorheriger Absprache möglich
Umgebung:	Archäologischer Park Magdalensberg, Burg Hochosterwitz, Freilichtmuseum Maria Saal, Schloss Ottmanach, Längsee, Museum in Sankt Veit, Zeitgöttin von Taggenbrunn

43 AB-HOF-VERKAUF MORAK

Reifnitz 1
9100 Völkermarkt

46°39‘15.0“N 14°42‘41.9“E

ANMELDUNG:
Gabriele Morak
0664/3351604

Unser Hof liegt mitten im Grünen in einer ruhigen Umgebung nur 10 Minuten von Völkermarkt entfernt. Unsere Produkte stellen wir selbst her und verkaufen diese im Ab-Hof-Laden.

Aufenthalt:	maximal 24 Stunden
Anreise bis:	18 Uhr
Ab-Hof-Verkauf:	Montag bis Freitag von 8 - 19 Uhr, Samstag von 8 - 13 Uhr
Produkte:	Sonnenblumenöl, Kürbiskernöl, Schinkenspeck, Bauchspeck, Ossocollo, Karreespeck, Trockenwurst, luftgetrockene Würste, Salami, Polnische, Leberstreichwurst, Leberknödel, Schweinefleisch, Grammelfett
Aktivitäten:	Der Stellplatz befindet sich vis-a-vis eines Lamageheges.
Umgebung:	Stadtrundgang und Museumsbesuch in Völkermarkt, Stadtwanderweg Völkermarkt, Heunburgtheater, 18 Minuten bis zum Klopeiner See

44 BIO HOF TSCHERNIGLAU
www.diexerbiene.at

Grafenbach 1
9103 Diex

46°44'12.8"N 14°39'35.8"E

ANMELDUNG:
Andrea Sneditz
0664/2222137

Wir sind zuhause auf einem 1.200 Meter hoch gelegenen Bio-Hof mit bester Aussicht auf die Saualpe und Koralpe sowie ins gesamte Lavanttal. Wir haben 7.200 im Freiland lebende Legehennen, Angusrinder, Reitpferde sowie ein paar Schafe, Hunde und Katzen. Honigbienen runden unsere Arbeit am Hof ab.

Aufenthalt: maximal 24 Stunden
Anreise bis: 21 Uhr
Ab-Hof-Verkauf: geöffnet bei Bedarf
Produkte: Honig, Honigschnaps, Honigwein, Honiglippenbalsam, Honigessig, Propolistropfen, Eier, Nudeln, Rindfleisch
Aktivitäten: Hofführung, Lamawanderung, Streichelzoo
Umgebung: Tropfsteinhöhlen in Griffen und Eisenkappel, Burg Hochosterwitz bei St. Veit, viele Wanderwege, zahlreiche Rad- und Mountainbike-Touren

45 RATUNJAKHOF
www.plassnig.at

Abriach 1
9132 Gallizien

46°33'19.2"N 14°29'29.5"E

ANMELDUNG:
Andrea Plaßnig
0650/6013072

Unser Hof liegt fernab von jeglichem Lärm. In der Früh werden Sie nur von unserem Hahn geweckt. Wir sind Direktvermarkter unserer hofeigenen Produkte und führen den Familienbetrieb im Nebenerwerb. Mit uns leben Kühe, Schweine, Hasen, Hühner, Fische, Bienen und bieten so einen unverfälschten Einblick in das Leben am Bauernhof.

Aufenthalt: maximal 24 Stunden
Ab-Hof-Verkauf: Montag bis Samstag von 8 - 18 Uhr, Sonntag nach Anfrage
Produkte: Salami, Speck, Schinkenspeck, Würstel, Hühner- und Putenfrischfleisch nach Saison, Schnaps, Liköre, Most, Apfelsaft, Kartoffeln, Brot nur am Freitag
Bewirtung: Frühstück nach Voranmeldung
Aktivitäten: Produktverkostung, Mithilfe im Stall, Kinderspielplatz, Pool, Tischtennis
Umgebung: Wanderungen in der Umgebung, Wildensteiner Wasserfall, Linsendorfer See, Klopeiner See

46 BIOHOF TSCHAITSCHMANN

Pirkdorf 3
9143 St. Michael ob Bleiburg

46°33‘37.9“N 14°44‘25.6“E

ANMELDUNG:
Klaus Tschaitschmann
0664/6202723

Unser Hof liegt im schönen Jauntal in Kärnten nahe der slowenischen Grenze. Seit 2010 bewirtschaften wir den Schotter-Hof in biologischer Wirtschaftsweise. Bio-Schweinezucht und Pferdehaltung sind die zwei Hauptstandbeine unseres Betriebs. Wir erzeugen unser Futter zur 100 Prozent selbst und können somit eine geschlossene Kreislaufwirtschaft betreiben. Alles rund ums Bio-Schwein und noch viele andere gute Sachen in Bio-Qualität gibt es ab Hof in „Pepi‘s Hofladen“.

Aufenthalt: maximal 24 Stunden
Anreise bis: 17 Uhr
Ab-Hof-Verkauf: Selbstbedienungsautomat 0 - 24 Uhr
Produkte: alles vom Bio-Schwein: Frischfleisch sowie Dauerwaren wie Bio-Salami, Bio-Speck, Bio-Käsekrainer; selbstgebackenes Bio-Bauernbrot, Bio-Marmeladen, Bio-Fruchtaufstriche, Bio-Kartoffeln, Bio-Ziegenmilch und Bio-Ziegenkäse
Aktivitäten: Hofführung
Umgebung: Geopark Karawanken, Schloss Bleiburg, Petzen Bergbahnen, Vogelpark Turnersee, Werner-Berg-Museum

47 EIERHOF ANDERLE

eierhof-anderle.awm.at

Poppenhof 3
9321 Kappel am Krappfeld

46°49‘55.5“N 14°29‘22.7“E

ANMELDUNG:
Franz Höfferer
0676/9299724

Am Eierhof erhalten Sie täglich frische Eier und das rund um die Uhr. 17.000 Hennen tummeln sich auf einer Freifläche von 10 Hektar. In unserer Selbstbedienungs-Eierhütte können Sie sich Ihre Eierration und noch viele weitere Produkte rund um die Uhr abholen.

Aufenthalt: maximal 24 Stunden
Anreise bis: 19 Uhr
Ab-Hof-Verkauf: Selbstbedienungs-Eierhütte von 0 - 24 Uhr
Produkte: Eier von Freilandhühnern, Nudeln, Kürbiskernöl, Milch, Brot, Marmeladen, Käse, Speck, Obst und Gemüse je nach Saison (Erdbeeren, Himbeeren, Brombeeren, Heidelbeeren, Erdäpfel)
Aktivitäten: Hofführungen, Spaziergänge, Picknickplätze am Waldesrand
Umgebung: Krappfelder Hochseilgarten, Burgenstadt Friesach, historischer Hauptplatz in St.Veit/Glan, Wandern und Radfahren in der Umgebung

48 LUCKY BUR

www.lucky-bur.jimdofree.com

Masternitzen 1
9342 Gurk

46°50‘20.7“N 14°14‘20.5“E

ANMELDUNG:
Silvana Köb
0660/2009202

In traumhafter Lage liegt unser kleiner Bergbauernhof auf 1.000 m Seehöhe. Wir haben eine wunderschöne Südhanglage mitten in den Wimitzer Bergen mit Blick auf die Julischen Alpen nach Slowenien und Italien. Ein kleines Naturparadies zum Wandern und Radfahren. Die asphaltierte Zufahrt führt bis zum Hof, der Stellplatz ist ein befestigter Naturstellplatz. Wir sind ein kleiner, gemischter Hof mit freilaufenden Tieren, die euch gerne mal begrüßen kommen am Stellplatz. Ankommen und einfach die Ruhe genießen.

Aufenthalt:	maximal 24 Stunden
Ab-Hof-Verkauf:	Selbstbedienungshütte 0 - 24 Uhr
Produkte:	Butter, Käse, Topfen, Wurst, Speck, Schinken, Getränke, Gebäck uvm.
Bewirtung:	Frühstück zMorgen, Jauseplatte zAbend
Aktivitäten:	Wander- und Radwege ab dem Hof
Umgebung:	Dom zu Gurk, Schloss Straßburg, Schloss Frauenstein, Schloss Albeck, Bio-Privatbrauerei Wimitz, Freibäder, Natursee Goggausee, Ski- und Freizeitgebiete
Hinweis:	Internet- und Satellitenempfang sind auf Grund der wunderschönen Lage nicht immer verfügbar. Unser Wasser ist reines Quellwasser.

49 HANEBAUER

www.hanebauer.at

Edling 4
9344 Weitensfeld

46°48‘53.5“N 14°09‘35.4“E

ANMELDUNG:
Johann Kraßnig
04265/622
0664/3709934

Unser Hof liegt auf 1.000 Meter Seehöhe in den Gurktaler Alpen mit einer perfekten Weitsicht bis zu den Karawanken. Bei uns wird die Direktvermarktung sehr groß geschrieben. Wir haben eine Buschenschank und einen 24-Stunden-Hofladen, wo alle erzeugten Produkte zum Verkauf angeboten werden.

Aufenthalt:	maximal 24 Stunden
Ab-Hof-Verkauf:	Selbstbedienungsautomat 0 - 24 Uhr
Produkte:	Speck in vielen Variationen (luftgeselcht und geräuchert), Salami, Geselchtes, Streichwurst, Eier und vieles mehr
Bewirtung:	Buschenschank, Öffnungszeiten siehe Webseite
Umgebung:	Goggausee, Zammelsberger Dichtersteine, Gurker Dom

50 GENUSSHOF VLG. KREUZER

www.topfen.at

P3 10m >3,5t

Schützenweg 2
9360 Friesach in Kärnten

46°56‘37.5“N 14°26‘19.7“E

ANMELDUNG:
Erich Krammer
0699/13100102
0699/13100104

In unserem kleinen aber feinen Bauernhof legen wir großen Wert auf die artgerechte Haltung unserer Tiere. Mit uns leben Masthühner, Legehühner in Freilandhaltung, Weidegänse und Wiesenschweine. Unsere Schweine leben das ganze Jahr und mind. 14 Monate auf unserer Weide.

Aufenthalt: maximal 24 Stunden
Ab-Hof-Verkauf: Selbstbedienungsladen mit mehr als 100 Eigenprodukten von 0 – 24 Uhr
Produkte: Freilandeier, Sirupe, Marmeladen, Speck von Wiesenschweinen, Aufstriche, Hauswürste, Apfelsaft, Most, Geflügel, Kärntner Kasnudeln, Schlickkrapferl, Kärntner Reindling, Apfelstrudel, Liköre und Brände
Bewirtung: nach Voranmeldung: Brotzeit (Bauernjause) ab 2 Personen
Aktivitäten: PanoramaSauna, BadeFass, Shuttleservice zur Haus-Alm auf die Grebenze, Brennholz für die Feuertonnen (gegen Gebühr); frei verfügbar: Ofen-Griller, kleiner Naturbadeteich, Solardusche
Umgebung: Friesach baut eine Burg, so wie damals im Mittelalter (komplett ohne Hilfsmittel)
Hinweis: Leinenpflicht für Hunde; Anreise ab 12 Uhr, Abreise spätestens bis 11 Uhr; Grau- und Fäkalentsorgung an der Station, keine Toilette

51 BIOHOF JÖRGLBAUER

www.joerglbauer.com

P2 10m WC

Hinterwölch 21
9413 St. Gertraud

46°52‘59.4“N 14°50‘34.3“E

ANMELDUNG:
Barbara und
Johannes Schwar
0676/3585009

Unser schöner idyllischer Bio-Hof liegt auf 870 Meter Seehöhe in der Marktgemeinde Frantschach-St. Gertraud im schönen Lavanttal. Genießt die herrliche Umgebung inmitten von Natur und direktem Blick auf unsere Weiden. Mit uns am Hof wohnen Rinder, Schafe, Hühner, zwei Esel, ein Hund und natürlich auch Katzen. Hofeigene Produkte können in unserem Bauernhofladen rund um die Uhr erworben werden.

Aufenthalt: maximal 24 Stunden
Anreise bis: 21 Uhr
Ab-Hof-Verkauf: Selbstbedienungs-Hofladen mit Barkassa
Produkte: Fertiggerichte aus Rindfleisch im Glas: Sauce Bolognese, Rinderstreich-Aufstrich, Chili con carne, Chili mild, Rindsgulasch; Fruchtaufstriche, Säfte und Sirupe, Seifen, saisonale Produkte; alle Produkte nach Verfügbarkeit
Aktivitäten: Hofführung nach vorheriger Anmeldung gegen Gebühr
Umgebung: Wasserlehrpfad, Poms-Wasserfall, Entenschnabel (Naturdenkmal in Kärnten)
Hinweis: Wir sind über mehrere Anreise-Wege erreichbar. Die Straßen sind asphaltiert, steigen teilweise stark an und beinhalten einige Serpentinen.

52 KRÄUTERLEI AM WÖRTHERSEE

krauterlei.business.site

P1

Fasanweg 12
9535 Schiefling am See

46°35‘57.6“N 14°05‘20.1“E

ANMELDUNG:
Mag. Anita Arneitz
0676/7278712

Seit über 120 Jahren wird der Betrieb von der Familie bewirtschaftet. Die kleine Land- und Forstwirtschaft Kräuterlei am Wörthersee hat sich auf Kräuterspezialitäten, Aromasprays, Raumdüfte, Hydrolate, Oxymel, Räucherstäbchen und Räucherwerk spezialisiert. Die revitalisierte Streuobstwiese mit Bienenwiese lädt zu einem Spaziergang ein und im eigenen Wald gibt es Möglichkeiten zum Waldbaden.

Aufenthalt: maximal 24 Stunden
Anreise bis: 19 Uhr
Ab-Hof-Verkauf: geöffnet bei Bedarf
Produkte: Kräutertee, Kräuteressig, Kräuteröl, Oxymel, Kräutersalz, Kräuter-Likör, DIY Kräuterlikör, DIY Wiesen-Gin, Chai Tee Sirup, Kräuterspray, Räucherwerk, Räucherstäbchen, Duftkerzen, Geschenkkörbe, Augenkissen mit Lavendel, Tannennadelsalz, Blumensamen-Geschenkkarten, Yogamattenspray, Yogabox
Aktivitäten: Kräuterführung, Seifen sieden, Verkostungen; Tee-, Räucher - und Duft-Workshop
Umgebung: Haus der Archäologie, Moorlehrpfad, Pyramidenkogel, Keltenwelt Frög
Hinweis: Schmale, kurvige Asphaltstraße; während Tauwetter Fahrverbot für über 3,5 t.

53 BURGWEIN GLANEGG

www.burg-wein-lassnig.at

P2

Mautbrücken 1
9555 Glanegg

46°43‘35.0“N 14°10‘56.8“E

ANMELDUNG:
Franz u. Alexander Laßnig
0676/5798892

Direkt unter der Burg Glanegg liegt der Heurigenbetrieb Meierei der Familie Laßnig. Hier werden die vor Ort gekelterten Weine sowie die selbstgemachte Jause angeboten. Die Meierei befindet sich inmitten des Weingartens und bietet einen herrlichen Blick ins Glantal. Das Ambiente ist urig, gemütlich und lädt zum Verweilen ein.

Aufenthalt: maximal 24 Stunden
Anreise bis: 16 Uhr
Geschlossen: Samstag bis Mittwoch; Mitte September bis Mitte Mai
Ab-Hof-Verkauf: Donnerstag und Freitag von 16 - 22 Uhr während der Buschenschank-Öffnungszeiten von Mitte Mai bis Mitte September
Produkte: Chardonnay, Weißburgunder, Sauvignon Blanc, Donauriesling, Blütenmuskateller, Zweigelt rosé und selbsterzeugte Jause
Bewirtung: Heurigenjause am Abend
Aktivitäten: Weinverkostung, Weingarten- und Kellerführung
Umgebung: Burgbesichtigung Glanegg, Bademöglichkeiten in Maltschach und im Urbansee
Hinweis: leichte Steigung, die letzten 400 Meter nur einspurig

54 WEINGUT MALTSCHNIG

www.weingut-maltschnig.at

Lebmach 1
9556 Liebenfels

46°45'02.1"N 14°18'32.3"E

ANMELDUNG:
Christina u. Christoph Maltschnig
0664/4303212
0650/6008189

Auf einer kleinen Anhöhe zwischen Lebmach und Rosenbichl versteckt sich das Weingut Maltschnig mit rund 2,5 ha Rebfläche, umrandet von den eigenen Äckern und etwas Wald. Inmitten dieses Paradieses können Sie ihren Blick über den Weingarten, weiter über das Glantal bis hin zu den Karawanken schweifen lassen. Neben einer großartigen Aussicht genießen Sie bei uns tolle Kärntner Weine zu einer guten Jause. Kinder sind herzlich willkommen und es gibt genug Platz zum Spielen und Toben.

Aufenthalt: maximal 24 Stunden
Ab-Hof-Verkauf: geöffnet bei Bedarf
Produkte: verschiedene Weißweine, Roséwein, Rotwein und Frizzante; selbst gemachte Säfte und Weinessig
Bewirtung: Buschenschank, Bewirtung mit kalten Speisen nach Voranmeldung
Aktivitäten: Besichtigung des Weingutes mit Weinverkostung
Umgebung: Badeseen in der Umgebung, Klettergarten Liebenfels, Abenteuer-Wasser-Weg
Hinweis: Wir haben eine asphaltierte Zufahrtsstraße. Einige Navis lotsen über einen Schotter/-Feldweg, diese Anweisungen bitte nicht befolgen.

55 SÖRGERWIRT HABERNIG

www.soergerwirt.at

Sörg 5
9556 Liebenfels

46°45'48.9"N 14°16'33.5"E

ANMELDUNG:
Thomas Habernig
0664/1367036

Unser auf Milchwirtschaft ausgelegter Bauernhof liegt im Zentrum von Sörg (Gemeinde Liebenfels), welcher als zweitsonnigster Ort von Kärnten bekannt ist. Unsere Großfamilie betreut das Gasthaus Sörgerwirt und die eigene Landwirtschaft im Vollerwerb. Sie finden vier verschiedene Kuhrassen sowie Schweine, Katzen, Hasen, Hühner auf unserem Hof vor. Unsere Haflinger Stute Isar und Haushund Jack freuen sich auf Besuch.

Aufenthalt: maximal 24 Stunden
Anreise bis: 18 Uhr
Ab-Hof-Verkauf: geöffnet bei Bedarf
Produkte: Milchprodukte wie Butter, Topfen, Käse, Joghurt; Jausenfleisch, Most, Apfelsaft, Fruchtsäfte aus dem Obst- und Kräutergarten
Bewirtung: Frühstück, Mittagessen, Abendessen nach Voranmeldung
Aktivitäten: Hofführung, wenn Interesse besteht. Unmittelbar in unserer Nähe gibt es den Sörger Wasserfall, einen Kinderspielplatz (bei der Volksschule), einen neu angelegten Kräutergarten und unsere Jurte, die sich bei unserem zweiten Stall befindet.
Umgebung: Klettergarten Liebenfels, Abenteuer-Wasserweg, Ruine Liebenfels

56 BIOHOF PROSSEGGER

Fuchsgruben 2
9560 Steuerberg

46°46'56.3"N 14°05'16.9"E

ANMELDUNG:
Martina u. Herwig Prossegger
0676/7387822

Unser Biohof Prossegger liegt im Gurktal. Wir sind ein Biobetrieb und erzeugen Bioprodukte. Bei uns wird Landwirtschaft gelebt. Gerne geben wir unseren Besuchern einen Einblick in unseren Arbeitsalltag.

Aufenthalt:	maximal 24 Stunden
Anreise bis:	19 Uhr
Ab-Hof-Verkauf:	geöffnet bei Bedarf
Produkte:	Bio-Roggenbrot, Milch, Joghurt, Butter, Käsebällchen
Aktivitäten:	Hofführung
Umgebung:	Goggausee, Bösensteiner Wasserfall, Burgruine Steuerberg, Schloss Albeck, Wandern in der Umgebung

57 KAISER-HOF

Hohenthurn 36
9602 Hohenthurn

46°33'26.8"N 13°39'23.0"E

ANMELDUNG:
Hildegard Bramberger
0664/5220779
04255/8509

Unser Hof auf 680 m Seehöhe ist sehr ruhig gelegen und bietet Aussicht auf das Dreiländereck Slowenien, Italien, Österreich. Wir liegen an der alten Römerstraße (jetzt mit Asphalt) bzw. am Marien-Pilgerweg. Wir sind Mitglied bei „Gutes vom Bauernhof" und produzieren für Sie mit Rohstoffen aus dem eigenen Garten. In der näheren Umgebung gibt es viele Möglichkeiten für Sport und Freizeit. Für Kinder gibt es viel Platz sich auszutoben.

Aufenthalt:	maximal 24 Stunden
Ab-Hof-Verkauf:	geöffnet bei Bedarf
Produkte:	Apfelsaft, Fruchtaufstriche, Honig und Fruchtdestillate, Obst und Früchte der Saison, Aronia zum Selberpflücken, Eier und Milch vom Nachbarn (Biohof)
Aktivitäten:	Produktverkostung; Wandern, Radfahren, Laufen, Langlaufen, mehrere Skipisten in der näheren Umgebung (gut geeignet für Anfänger)
Umgebung:	Naturpark Dobratsch, Villach, Tarvisio in Italien, Kranjska Gora in Slowenien
Hinweis:	ab November rechtzeitige Reservierung wegen Schneeräumung erforderlich

58 STRANIGER ALM

www.straniger-alm.at

Stranigeralpe 1
9633 Stranig

46°35‘43.8“N 13°08‘03.8“E

ANMELDUNG:
Klaus Kanzian
0650/3726174
0680/2220262

„Auf da Olm, do gibt‘s ka Sünd“, sagt ein allseits bekanntes Sprichwort, welches hier auf der Straniger-Alm in vollen Zügen ausgelebt werden kann. Lassen Sie sich von den kulinarischen Schmankerln aus der eigenen Produktion verwöhnen. Genießen Sie einen schönen Aufenthalt in einer atemberaubenden Naturlandschaft.

Aufenthalt: maximal 24 Stunden
Anreise bis: 18 Uhr
Geschlossen: November bis Mai
Ab-Hof-Verkauf: täglich von 8 - 19 Uhr
Produkte: verschiedene Käsesorten, Joghurt, Almbutter, Topfen, Speck, Salami, Verhackertes, Flieder- u. Holundersirup, Marmeladen, Honig, Kräutertees, Seife, Salben
Bewirtung: Frühstück, Mittagessen, Abendessen nach Voranmeldung
Aktivitäten: Käse-, Kräuter- und Naturkosmetikworkshops sowie Seifensieden, jeden Dienstag und Samstag Rundgang „Alm (er-)leben!“ um 15 Uhr, „Rent A Cow“, Geo-Trail rund um die Alm, sämtliche Aktivitäten nach Voranmeldung
Hinweis: Anreise über Schotterweg

59 BERGGASTHOF LAHNERHOF

www.lahnerhof.info

Obergail 8
9653 Liesing im Lesachtal

46°41‘19.6“N 12°47‘49.0“E

ANMELDUNG:
Familie Stabentheiner
04716/239

Wir sind ein kleiner Familienbetrieb und führen einen Gasthof mit angeschlossenem Bio-Bauernhof. Bei der Zubereitung unserer Speisen legen wir großen Wert auf Regionalität und Qualität. Neben dem hauseigenen Fleisch und den Milchprodukten verarbeiten wir nach Möglichkeit Produkte aus der näheren Umgebung.

Aufenthalt: maximal 24 Stunden
Geschlossen: im Winter
Ab-Hof-Verkauf: geöffnet bei Bedarf
Produkte: Brot, Butter, Milch, Topfen, Joghurt, Frischkäse
Bewirtung: Restaurant geöffnet von Mitte Mai bis Mitte Oktober; Frühstück nach Voranmeldung; für Mittag- und Abendessen keine Voranmeldung notwendig; Dienstag ist Ruhetag, Bewirtung nach Vereinbarung möglich
Aktivitäten: viele Wandermöglichkeiten ab unserem Hof, kleiner hauseigener Swimmingpool
Umgebung: Maria Luggau, Bienenlehrpfad, Geigenmuseum- und Schusterwerkstatt
Hinweis: Von Westen kommend biegen Sie nach St.Lorenzen rechts Richtung Obergail ab. Nach ca. 2 km kurvenreicher Straße sehen Sie rechter Hand unseren Gasthof.

60 GLADERHOF
www.gladerhof.at

Zwickenberg 49
9781 Oberdrauburg

46°46'10.4"N 12°57'29.3"E

ANMELDUNG:
Andrea Brandstätter
0676/7701449

Unser Hof befindet sich auf 1.200 Meter Seehöhe. Urlaub am Gladerhof bedeutet, hoch über den Wolken Natur und Brauchtum erleben, Kräuterwiesen entdecken und bei Abenteuerwanderungen in harmonischer Umgebung ausspannen. In unserem Ausflugsgasthaus sind wir stets bemüht, euch kulinarisch zu verwöhnen. Wir servieren Lammkoteletts, Kärntnernudel-Variationen, Knödel und diverse kalte Speisen.

Aufenthalt:	maximal 24 Stunden
Ab-Hof-Verkauf:	geöffnet bei Bedarf
Produkte:	Speck, Salami, Würstel, Lammfleisch, Hirschfleisch, Holzofenbrot, verschiedene Säfte und Fruchtaufstriche, Schnäpse und Liköre
Bewirtung:	Frühstück, Mittagessen, Abendessen
Aktivitäten:	Tiere füttern möglich, Saunabesuch nach Voranmeldung
Umgebung:	Erlebnisbad mit Wasserrutsche, Burg Hohenburg, Pirknerklamm, Frauenbach Wasserfall, Kräuterdorf Irschen, Erdpyramiden
Hinweis:	stärkere Steigung auf asphaltierter Bergstraße

Notizen:

NIEDERÖSTERREICH

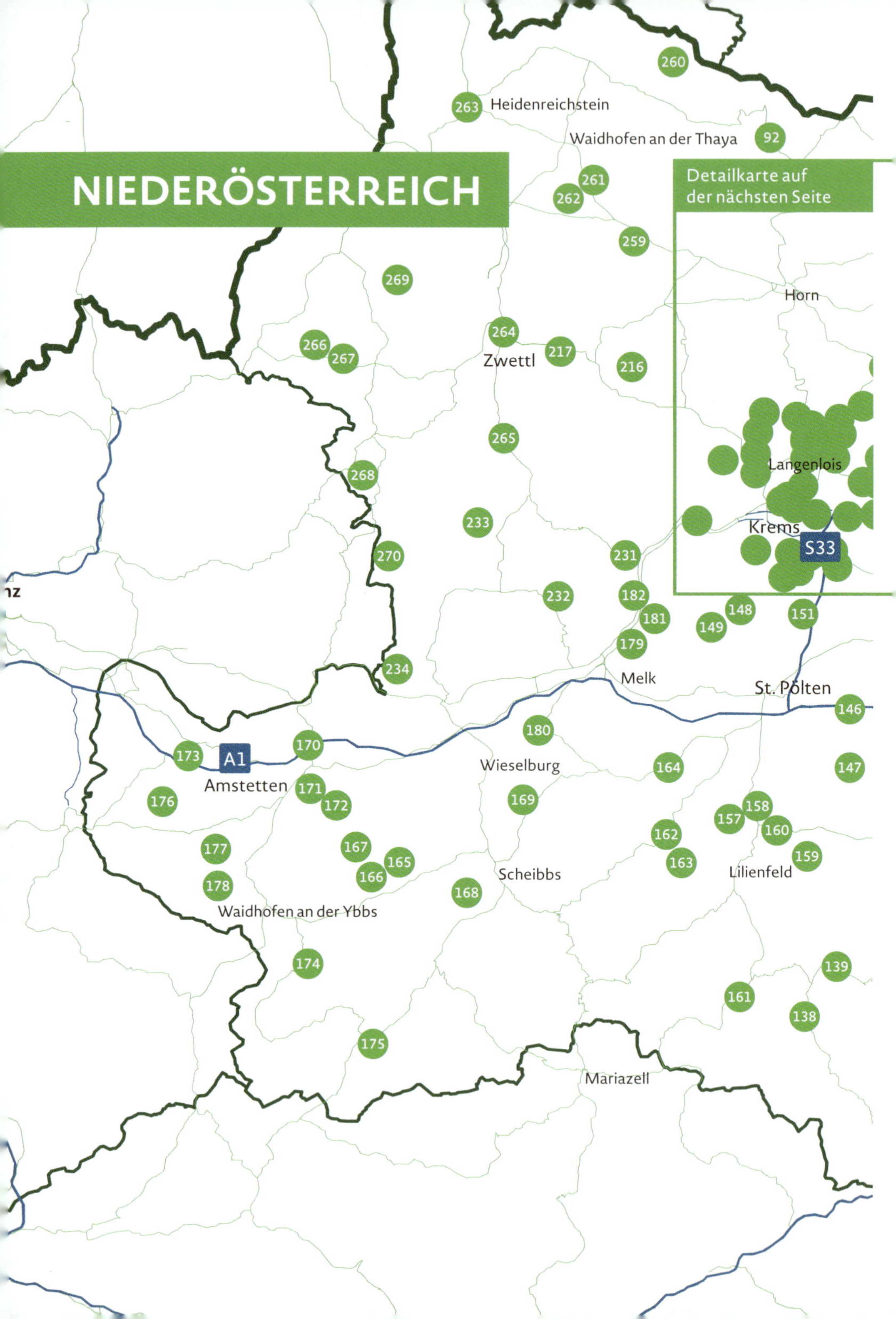

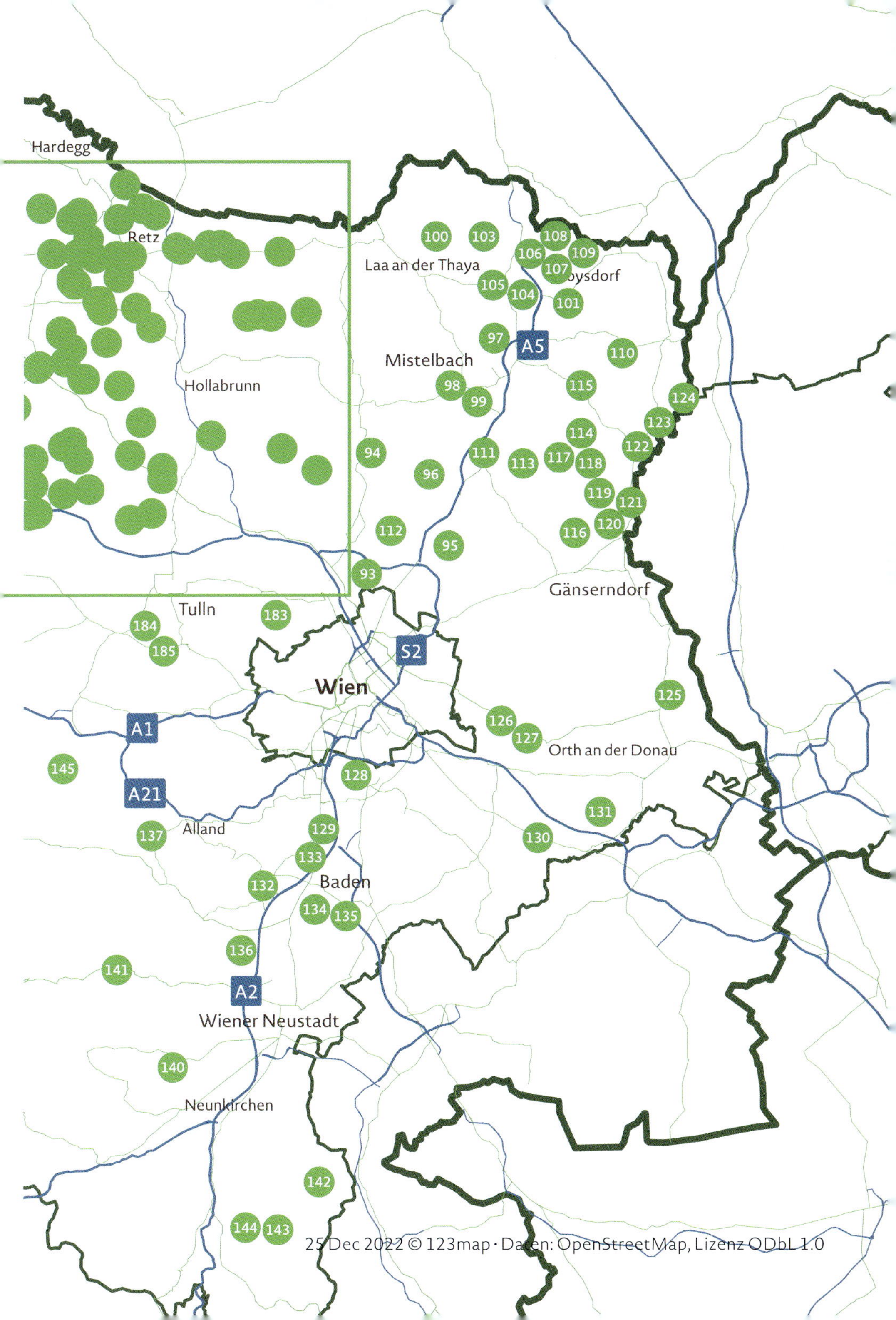
Hardegg
Retz
Hollabrunn
Laa an der Thaya
oysdorf
Mistelbach
Gänserndorf
Tulln
Wien
Orth an der Donau
Alland
Baden
Wiener Neustadt
Neunkirchen
A5
S2
A1
A21
A2
93 94 95 96 97 98 99 100 101 103 104 105 106 107 108 109 110 111 112 113 114 115 116 117 118 119 120 121 122 123 124 125 126 127 128 129 130 131 132 133 134 135 136 137 140 141 142 143 144 145 183 184 185
25 Dec 2022 © 123map · Daten: OpenStreetMap, Lizenz ODbL 1.0

Detailkarte

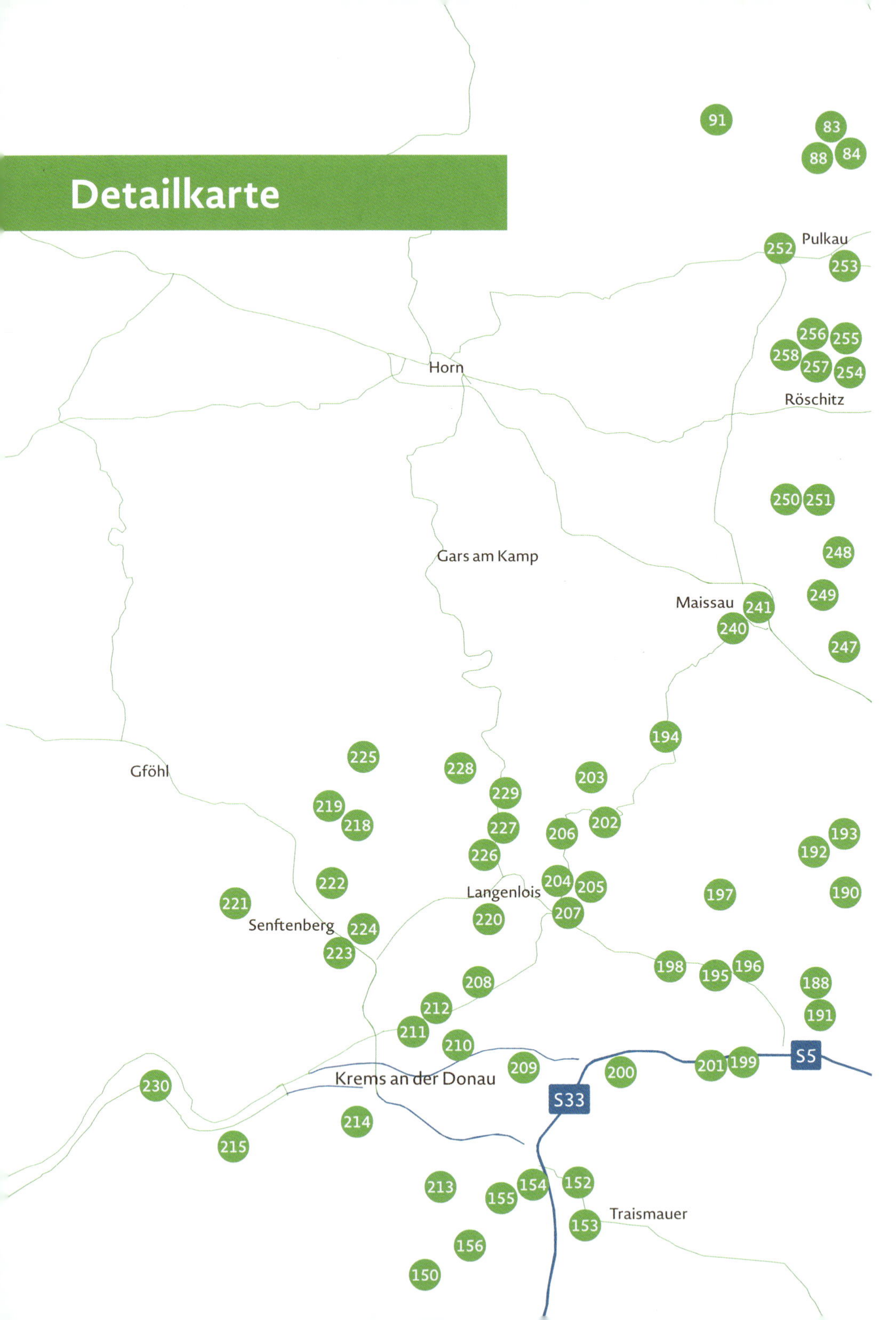

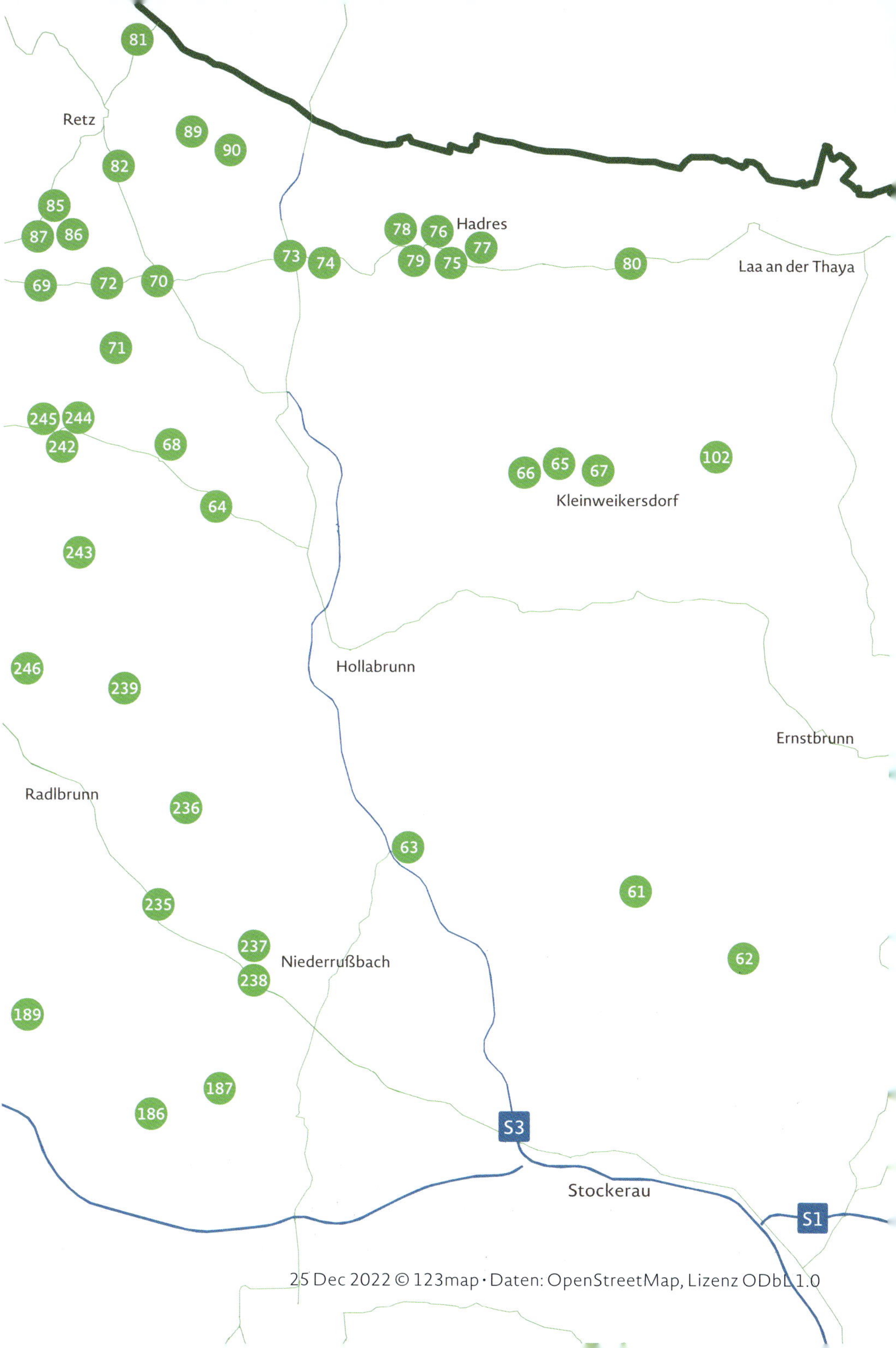
81
Retz
89
90
82
85
87
86
69
72
70
73
74
78
76
Hadres
77
79
75
80
Laa an der Thaya
71
245
244
242
68
66
65
67
102
Kleinweikersdorf
64
243
Hollabrunn
246
239
Ernstbrunn
Radlbrunn
236
63
61
235
237
Niederrußbach
62
238
189
187
186
S3
Stockerau
S1
25 Dec 2022 © 123map · Daten: OpenStreetMap, Lizenz ODbL 1.0

61 WEINVIERTLER ARCHEHOF

Roseldorf 26
2002 Großmugl

48°28'44.0"N 16°14'28.4"E

ANMELDUNG:
Thomas Hinterbuchinger
0660/5045003

Wir sind ein Archehof im Aufbau und sind in Großmugl in Niederösterreich zu Hause. Mit uns am Hof leben Hühner, Ziegen und Schafe. Wir verkaufen unsere selbst gemachten Produkte wie Nudeln, Säfte und Marmeladen ab Hof und zusätzlich auf Wochenmärkten in der Umgebung. Wir freuen uns auf euren Besuch.

Aufenthalt:	maximal 24 Stunden
Ab-Hof-Verkauf:	geöffnet bei Bedarf
Produkte:	Lammfleisch, Hühnerfleisch, Eier, Nudeln, Marmeladen, Salze
Umgebung:	Rad- und Wanderwege in der Umgebung, Grabmahl aus der Hallstattzeit, Schloss Steinabrunn, Planetenweg, Koliskowarte Hollabrunn

62 TRAUBENGARTEN WINKLER

www.traubengarten.at

Untere Hauptstraße 28
2004 Niederhollabrunn

48°27'16.5"N 16°17'58.1"E

ANMELDUNG:
Doris Winkler
0664/1006725

In unserem Traubengarten verbinden wir Altes mit Neuem, Genuss mit Geselligkeit, Ursprüngliches mit Ungewöhnlichem. Unser 150 Jahre altes Haus wurde 2012 behutsam renoviert. Es wurden 3 Gästezimmer sowie Gastraum mit Hofladen und Sommerbuschenschank im Innenhof geschaffen. Der Rastplatz im Weingarten lädt zur Einkehr ein und bietet einen wunderschönen Blick über den Weinweg zum Rohrwald und darüber hinaus.

Aufenthalt:	maximal 24 Stunden
Anreise bis:	20 Uhr
Geschlossen:	Sonntag; Weihnachtsferien
Ab-Hof-Verkauf:	geöffnet bei Bedarf
Produkte:	Wein, Traubensaft, Sirupe, Liköre, Fruchtaufstriche, Chutneys, Kräutersalze, Tafeltrauben im September und Oktober
Bewirtung:	Frühstück, Abendessen nach Voranmeldung
Aktivitäten:	im Sommer stehen Liegestühle zur Verfügung
Umgebung:	Wanderung zum 3 km entfernten Weingarten Rastplatzl, Fossilienwelt Stetten
Hinweis:	Zufahrt über Kirchenweg neben Hausnummer 10

63 WEINGUT BAUER
www.bauer-weine.at

Hauptplatz 9
2013 Göllersdorf

48°29'39.5"N 16°07'07.5"E

ANMELDUNG:
Martina Bauer
0664/4124701

Unser Weinbau- und Kellerbetrieb sowie Obstbaubetrieb liegt in Göllersdorf in Niederösterreich. Unsere Familie befasst sich seit vielen Jahren mit dem Weinbau. Unsere acht Hektar große Weinbaufläche befindet sich zur Gänze in Hanglage. Sie wird nach den Richtlinien des kontrollierten Weinbaus bewirtschaftet. Gewissenhafte Pflege des heranreifenden Weines in modernen Edelstahltanks und eine sorgfältige Abfüllung bürgen für die Qualität unserer Weine.

Aufenthalt: maximal 24 Stunden
Anreise bis: 16 Uhr
Geschlossen: Sonntag; Feiertage; Osterferien, Weihnachtsferien
Ab-Hof-Verkauf: Montag bis Samstag von 9 - 17 Uhr
Produkte: Weinviertel DAC Classic, Weinviertel DAC Exklusiv, Weißburgunder, Welschriesling, Weißer Riesling, Grüner Veltliner, Cuvée Rot, Blauburger, Zweigelt, Blauer Zweigelt, Marillenbrand, Williams Birnenbrand, Muskateller Brand, Asperlbrand, Tresterbrand, Marillenlikör, Rotweinlikör, Marillennektar, Birnensaft, Traubensaft
Aktivitäten: Weinverkostung
Umgebung: Schloss Steinabrunn, Alchemistenmuseum, Koliskowarte Hollabrunn

64 WEINGUT BIEGLMAYER
www.weingut-bieglmayer.at

Mittergrabern 39
2020 Mittergrabern

48°36'57.5"N 16°00'53.0"E

ANMELDUNG:
Christoph Bieglmayer
0676/6703358

Unser Familienbetrieb bewirtschaftet seit Generationen Äcker und Weingärten. Weil uns ein gesunder Boden und vitale Pflanzen schon immer wichtig waren, arbeiten wir nur biologisch. Die Sorte des Weinviertels, der Grüne Veltliner, wird als DAC und auch als kräftige Variante ausgebaut. Unsere Weine dürfen jahrgangsspezifische Unterschiede haben. Gerne begrüßen wir Sie zur Verkostung unserer Weine.

Aufenthalt: maximal 24 Stunden
Anreise bis: 21:30 Uhr
Geschlossen: Semesterferien, Weihnachtsferien
Ab-Hof-Verkauf: geöffnet bei Bedarf
Produkte: Weinviertel DAC, Riesling, Weißburgunder, Grüner Veltliner, Zweigelt, Frizzante
Aktivitäten: Weinverkostung
Umgebung: Kellergasse Schöngrabern, Romanische Kirche von Schöngrabern, Steinerne Bibel-Radweg, Traktorenmuseum Windpassing

65 WEINGUT WIMBERGER

www.wimberger.cc

Dorfstraße 15
2023 Kleinweikersdorf

48°37‘54.7“N 16°11‘59.4“E

ANMELDUNG:
Gottfried Wimberger
0664/4755027

Unser Weingut Wimberger liegt im nördlichen Weinviertel, nahe Mailberg. Bereits seit über 300 Jahren ist unsere Familie im Besitz von Weingärten und keltert diese zu hochqualitativen Weinen. Kehren Sie im architektonisch einzigartigen „Weinwohnzimmer“ ein und verkosten Sie mit uns die große Weinvielfalt.

Aufenthalt:	maximal 24 Stunden
Ab-Hof-Verkauf:	Montag bis Samstag von 7 - 20 Uhr, Sonntag von 9 - 18 Uhr
Produkte:	Grüner Veltliner, Welschriesling, Chardonnay, Sämling, Sauvignon Blanc, Muskateller, Riesling, Pinot Blanc, Zweigelt Rosé, Zweigelt, Blauburger, St. Laurent, Rathay, Merlot, Cabernet Sauvignon, Schaumweine, Apfelsaft, Pfirsichnektar, Kürbiskernöl
Aktivitäten:	Weinverkostung, Hofführung
Umgebung:	Kellergasse Dürnleis, Therme in Laa an der Thaya, Radfahren und Wandern

66 WEINGUT FAMILIE RAITH

www.weingut-raith.at

Nappersdorf 30
2023 Nappersdorf

48°37‘43.9“N 16°10‘58.7“E

ANMELDUNG:
Doris Raith
0650/2940825

Unser Weingut liegt im westlichen Weinviertel in Nappersdorf, nahe des bekannten Weinbauorts Mailberg. Der Betrieb besteht bereits in dritter Generation und wird von Doris und Franz geleitet. Neben dem Weinbau bewirtschaften wir Obstgärten und Felder. Die Früchte werden zu Säften und Edelbränden weiterverarbeitet. Aus den Kürbiskernen werden kulinarische Spezialitäten hergestellt.

Aufenthalt:	maximal 24 Stunden
Anreise bis:	20 Uhr
Ab-Hof-Verkauf:	geöffnet bei Bedarf, Selbstbedienungsautomat
Produkte:	Zweigelt, Roesler, Cuvée, Grüner Veltliner, Welschriesling, Sauvignon Blanc, Gelber Muskateller, Eiswein, Chardonnay, Frizzante, Traubensaft, Apfelsaft, Schnäpse, Kürbiskernöl, Pesto, Knabberkerne, Senf, Schmalz, Leberaufstrich und Eier
Aktivitäten:	Weinverkostung mit Kellerführung
Umgebung:	Bauernmuseum Kalladorf, historische Kellergassen in der näheren Umgebung, Wandern, Radfahren, Mountainbiken

67 BIO-WEINBAU MÜLLNER
www.bioweinbau-muellner.at

Dürnleis 47
2033 Kammersdorf

48°37'45.0"N 16°13'16.1"E

ANMELDUNG:
Wolfgang Müllner
0676/9558755

Unser Bio-Hof in Dürnleis im wunderschönen Weinviertel ist seit über 170 Jahren im Besitz der Familie. Als biologischer Winzerbetrieb werden hier Trauben zu duftig-fruchtigen Weißweinen und fruchtig-samtigen Rotweinen vinifiziert. Die Weine unseres Hauses reifen in den Rieden bei Dürnleis, Mailberg und Kleinweikersdorf. Qualität, Regionalität und Wertschätzung sind uns wichtig.

Aufenthalt: maximal 24 Stunden
Ab-Hof-Verkauf: Montag bis Sonntag von 8 - 19 Uhr
Produkte: Grüner Veltliner, Gemischter Satz, Weinviertel DAC, Chardonnay, Riesling, Gelber Muskateller, Frizzante, Zweigelt Rosé, Zweigelt, Blauburger, Pinot Noir, Merlot, Cabernet Sauvignon, Destillate, selbstgemachte Schmankerl
Bewirtung: Buschenschank, Abendessen nach Voranmeldung
Aktivitäten: Weinverkostung
Umgebung: Kellergasse Kammersdorf, Bauernmuseum Kalladorf, Koliskowarte Hollabrunn, Sitzendorfer Kellergasse in Hollabrunn, Weinstadt Retz

68 WEINBAU DÜRR
www.rundkeller-duerr.at

Großnondorf Kellergasse
2042 Großnondorf

48°38'16.1"N 15°59'20.5"E

ANMELDUNG:
Richard Dürr
0676/9370035

Herzlich willkommen in Großnondorf am Weinbaubetrieb der Familie Dürr! Unser Weinbaubetrieb liegt am Ende der malerischen Kellergasse von Großnondorf. Dort befindet sich auch der Stellplatz auf einer leichten Anhöhe gegenüber dem Weinkeller. In unserem einzigartigen Rundkeller können Sie nach Voranmeldung unsere Weine verkosten und natürlich auch käuflich erwerben.

Aufenthalt: maximal 24 Stunden
Anreise bis: 19 Uhr
Ab-Hof-Verkauf: geöffnet bei Bedarf
Produkte: Grüner Veltliner, Welschriesling, Gelber Muskateller, Blauer Zweigelt
Aktivitäten: Weinverkostung mit Betriebsführung gerne gegen Voranmeldung
Umgebung: DAC Radweg, Portugieser Radweg, Kellergasse Jetzelsdorf, Retzer Erlebniskeller, Altstadt Retz, Bauernmuseum Kalladorf, Krahuletzmuseum Eggenburg
Hinweis: Der Stellplatz liegt direkt in der Kellergasse Großnondorf bei unserem Weinkeller (siehe oben genannten GPS-Daten). Der Stellplatz befindet sich auf einer leichten Anhöhe. Um auf diese zu gelangen, muss eine kurze geschotterte Auffahrrampe überwunden werden. Danach ist genügend Platz zum Wenden und zum Abstellen.

69 WEINSTIMMIG DWORZAK

www.weinstimmig.at

Deinzendorf 115
2051 Deinzendorf

48°41'42.0"N 15°55'09.1"E

ANMELDUNG:
Familie Dworzak
02945/2246

Unser Weingut ist ein moderner Familienbetrieb in der Nähe von Retz im Weinviertel. Insgesamt haben wir 35 ha Weinbaufläche, die nachhaltig bewirtschaftet wird. In unserem Heurigenlokal können unsere Weine gemütlich verkostet werden. Begleitet wird die Verkostung von regionalen und saisonalen Schmankerln, die wir entweder auf der Sonnenterrasse oder in unserem Heurigenlokal servieren.

Aufenthalt: maximal 24 Stunden
Ab-Hof-Verkauf: täglich von 9 - 12 Uhr, zusätzlich während der Heurigenöffnungszeiten
Produkte: Grüner Veltliner, Weinviertel DAC, Welschriesling, Riesling, Rivaner, Sauvignon Blanc, Gelber Muskateller, Chardonnay, Eiswein, Rosé, Blauburger, Zweigelt, Frizzante, Frizzante Rosé
Bewirtung: Heuriger, Öffnungszeiten siehe Webseite
Aktivitäten: Weinverkostung, Kellerführung nach Voranmeldung möglich
Umgebung: Wanderung Veltliner Tour Zellerndorf, Kürbisfest Zellerndorf, Kellergassen-führungen Zellerndorf, Kalvarienberg Pillersdorf, Museum Steinzeitkeller, Retzer Erlebniskeller

70 WEIN:HIRSCH

www.weinhirsch.at

Watzelsdorf 78
2051 Watzelsdorf

48°41'47.4"N 15°58'56.3"E

ANMELDUNG:
Reinhard Hirsch
0660/1223576

Unser Weingut WEIN:HIRSCH liegt in Watzelsdorf, rund 7 km von Retz entfernt, im nördlichen Weinviertel und ist von sanften Hügeln umschlossen. Unser Familienbetrieb kombiniert das Wissen der vorigen Generationen mit dem neuesten Know-how. Unsere Anbaufläche beträgt knapp 25 ha und ist auf vier Rieden, die rund um den Ort angesiedelt sind, verteilt.

Aufenthalt: maximal 24 Stunden
Geschlossen: September bis April
Ab-Hof-Verkauf: geöffnet bei Bedarf
Produkte: Gelber Muskateller, Sauvignon Blanc, Welschriesling, Grüner Veltliner, Rosé, Zweigelt, Cuvée, Frizzante, Rosé Frizzante, Traubensaft weiß und rot
Aktivitäten: Weingartenwanderung und Kellerführung auf Anfrage. Eine kleine Wein-verkostung mit Jause kann auf Wunsch gerne organisiert werden.
Umgebung: Nationalpark Thayatal, Weinstadt Retz mit der Retzer Windmühle und dem größten Weinkeller Österreichs, Steinzeitkeller Museum Platt, Kellergasse Maulavern, Kalvarienberg Pillersdorf

71 BIOHOF HOLZSCHUH

www.biohof-holzschuh.at

Platt 190
2051 Zellerndorf

48°40‘22.5“N 15°57‘37.6“E

ANMELDUNG:
Martha Holzschuh
0650/2361666

Unser Bio-Weingut liegt inmitten sanfter Hügel. Begünstigt durch die geschützte Kessellage gedeihen in unseren Rieden fruchtige Weißweine, ebenso wie dichte gehaltvolle Rotweine. Lasst bei einer Kellergassenführung in gemütlicher Atmosphäre den Zauber der alten Presshäuser und Steinmauern auf euch einwirken. Nehmt euch Zeit um Weine zu verkosten, darüber zu philosophieren und eine urige Kellerjause zu genießen.

Aufenthalt:	maximal 24 Stunden
Anreise bis:	20 Uhr
Ab-Hof-Verkauf:	geöffnet bei Bedarf
Produkte:	Welschriesling, Grüner Veltliner, Weißburgunder, Sämling, Gelber Muskateller, Sauvignon Blanc, Chardonnay, Roter Traminer, Riesling, Donauveltliner, Rosé, Blauer Portugieser, Zweigelt, Neolithik (Cuvée), Roesler, Zweigelt im Eichenfass, Blauer Burgunder Traubensaft, Frizzante, Kürbiskernöl, Kürbiskerne
Bewirtung:	Winzerjause
Aktivitäten:	Kellergassenführung, Weinverkostung
Umgebung:	Veltlinertour, Kellergassenführungen, Kalvarienberg Pillersdorf, Retz

72 WINZERHOF SCHÖNHOFER

www.winzerhof-schoenhofer.at

Zellerndorf 128
2051 Zellerndorf

48°41‘44.8“N 15°57‘17.9“E

ANMELDUNG:
Cornelia Schönhofer
0664/73528287

Wir arbeiten mit viel Liebe und Sorgfalt auf unserem Hof, der seit 1871 in Familienbesitz ist. Unsere Reben stehen auf Lehm- und Lössböden. Die vielen Sonnenstunden im Sommer und die kühlen Winde im Herbst lassen unsere Trauben ideal reifen und prägen den Charakter unserer Weine. Buchen Sie eine Kellergassenführung in den Maulavern Kellergassen und erleben Sie unseren Weingenuss mit der Kellerkatze.

Aufenthalt:	maximal 24 Stunden
Ab-Hof-Verkauf:	geöffnet bei Bedarf
Produkte:	Grüner Veltliner, Riesling, Weinviertel DAC, Chardonnay, Weißburgunder, Grauer Burgunder, Zweigelt Rosé, Blauburger, Zweigelt, Merlot, Roesler, Zweigelt Reserve, Cabernet Merlot, Weinviertel DAC Senf, Kürbiskern-Senf, Chili-Senf, Honig-Senf
Bewirtung:	Frühstück nach Voranmeldung
Aktivitäten:	Weinverkostung mit Hauerjause, Kellerführung, Erlebnis Weinlese
Umgebung:	Wander- und Radwege in der Umgebung, Weinstadt Retz, Nationalpark Thayatal, Perlmutt Manufaktur in Felling, Heldenberg

73 WEINGUT NORBERT BAUER

www.bauer-wein.com

Jetzelsdorf 180
2053 Jetzelsdorf

48°42'20.0"N 16°03'35.8"E

ANMELDUNG:
Gisela Bauer
02944/2565

Seit 1721 betreiben wir das Weingut in Jetzelsdorf bereits in der 13. Generation. In der Rotweininsel Haugsdorf laden malerische Kellergassen, mystische Hohlwege und sonnige Weingärten zum Wandern, Radfahren und Erkunden des Weinviertels ein. Hier können Sie die idyllische Atmosphäre auf dem Weingut inmitten der fruchtbaren Landschaft und der prächtigen Weinberge so richtig genießen.

Aufenthalt:	maximal 24 Stunden
Anreise bis:	16 Uhr
Geschlossen:	Sonntag; 8. Dezember bis Ostern
Ab-Hof-Verkauf:	Montag bis Freitag von 8 - 12 Uhr, Samstag von 10 - 18 Uhr, sowie bei Bedarf
Produkte:	Blauburger, Blauer Portugieser, Blaufränkisch, Chardonnay, Grüner Veltliner, Gelber Muskateller, Eiswein, Riesling, St. Laurent, Sauvignon Blanc, Zweigelt, Rotweincuvée, Traubensaft, Kürbiskerne, Kürbiskernöl
Aktivitäten:	Weinverkostung inkl. Jause, Weinwandern zum Kellerstöckl inkl. Picknick
Umgebung:	Kellergasse Jetzelsdorf, Weinkirche, Nationalpark Thayatal, Ausflug nach Retz mit Erlebniskeller und Windmühle, Ausflug nach Znaim in Tschechien

74 WEINGUT SAILER

www.weingut-sailer.at

Auggenthal 58
2054 Haugsdorf

48°42'14.9"N 16°04'06.6"E

ANMELDUNG:
Monika Sailer
0650/3204569

Unser Presshaus mit Keller befindet sich südlich von Auggenthal am Kellerberg und ist umgeben von Wein- und Naturgärten mit heimischen Bäumen und Sträuchern. Hier können Sie bei einem Glas Wein die Seele baumeln lassen. Auch die Kinder fühlen sich sehr wohl bei uns in Auggenthal, gibt es doch neben den Schafen und Hühnern einiges mehr zu entdecken am Kellerberg.

Aufenthalt:	maximal 24 Stunden
Anreise bis:	20 Uhr
Geschlossen:	Sonntag; Oktober bis April
Ab-Hof-Verkauf:	geöffnet bei Bedarf
Produkte:	Grüner Veltliner, Gemischter Satz, Sauvignon Blanc, Chardonnay, Neuburger, Sankt Laurent Rosé, Blauer Portugieser, Cabernet Sauvignon, Auslese, Likörwein, Traubensaft rot und weiß, Kürbiskernöl, Kürbismarmelade
Aktivitäten:	Weinverkostung, Kellerbesichtigung
Umgebung:	Freibad in Haugsdorf, Weinstadt Retz mit Erlebniskeller und Windmühle, Kellergassenführungen, viele Wanderwege, Ausflug nach Znaim

75 WINZERHOF WALTNER

Hadres 69
2061 Hadres

48°42'30.4"N 16°08'17.0"E

ANMELDUNG:
Manfred Waltner
0664/1881696

In konventioneller Wirtschaftsweise bewirtschaften wir insgesamt 70 ha landwirtschaftliche Nutzfläche. Auf etwa zwei Drittel der Ackerfläche bauen wir Getreide an, auf den übrigen Feldern vorwiegend Zuckerrüben und Ölkürbis. Neben dem Ackerbau ist der Weinbau ein wichtiger Betriebszweig. Mit etwa 10 Prozent der Nutzfläche leistet unsere Familie seit vielen Jahren durch die naturschutzorientierte Pflege von Ackerbrachen einen wichtigen Beitrag zur Erhaltung der Tier- und Pflanzenwelt im Natura 2000 Gebiet.

Aufenthalt: maximal 24 Stunden
Anreise bis: 20 Uhr
Geschlossen: August
Aktivitäten: Kellergassenführung, Weingartenspaziergang
Umgebung: Kellergassenwanderung, Polt Radweg, Wein & Kultur Radweg, Portugieser Radweg, längste Kellergasse Europas, Freibad Seefeld-Kadolz, Ausflug nach Retz

76 WINZERHOF ERNST

www.rebveredelung.at

Hadres 8a
2061 Hadres

48°42'32.9"N 16°07'54.4"E

ANMELDUNG:
Michael Ernst
0664/3682934

Bei uns am Winzerhof werden sämtliche Produktionsprozesse ausschließlich von der Winzerfamilie selbst getätigt. Der Fokus liegt in der Produktion hochklassiger Qualitätsweine. Eingebettet im Pulkautal, dort wo Ruhe und Entschleunigung fühlbar sind, kreieren wir auch unsere „POET"-Weinlinie. Die Inspiration hierzu stammt aus selbstverfassten Gedichten.

Aufenthalt: maximal 24 Stunden
Anreise bis: 19 Uhr
Ab-Hof-Verkauf: geöffnet bei Bedarf
Produkte: Weinviertel DAC, Blauburger, Chardonnay, Riesling, POET Weine, Frühroter Veltliner, Blauer Portugieser, Zweigelt, Rivaner
Aktivitäten: Kellerführung inkl. Vortrag selbstverfasster Gedichte des Winzers und „Poeten" Alfred Ernst, Weinverkostung im Kellerstüberl (bei Voranmeldung auch mit Jause möglich), zertifizierte Kellergassenführung in der längsten Kellergasse Europas
Umgebung: Kellergasse Hadres, Polt Radweg, Wein & Kultur Radweg, Freibad Seefeld-Kadolz
Hinweis: Der Stellplatz liegt ein Stück außerhalb der Ortschaft unterhalb eines kleinen Weingartens (GPS: 48°42'45.5"N 16°07'36.4"E).

77 KARIN PETZ WEINGUT

www.weingut-petz.at

Obritz 321a
2061 Hadres

48°41'59.9"N 16°09'35.3"E

ANMELDUNG:
Karin Petz
0664/73964707

Ihr findet uns in Obritz im Pulkautal im Weinviertel, in einer der schönsten Weinlandschaften - dort, wo das „Pfefferl" wächst. Das Weinviertel ist das größte österreichische Weinanbaugebiet und ist jedem Weinfreund ein Begriff. Unsere Weingärten befinden sich um Obritz, Hadres und Haugsdorf, an den sonnigen Berghängen des Pulkautals.

Aufenthalt: maximal 24 Stunden
Ab-Hof-Verkauf: geöffnet bei Bedarf
Produkte: Grüner Veltliner, Chardonnay, Sauvignon Blanc, Riesling, Gelber Muskateller, Merlot, Zweigelt, Blauer Portugieser
Aktivitäten: Weinverkostung, Traktorrundfahrten
Umgebung: längste Kellergasse Europas, grenzüberschreitende Radwege, Köllagossnmorkt im Pulkautal, Romantiktheater

78 WEINGUT KORNHERR

www.weingut-kornherr.com

Untermarkersdorf 32
2061 Untermarkersdorf

48°42'30.5"N 16°06'58.3"E

ANMELDUNG:
Bernd Kornherr
0699/17342776

Unsere Weinkellerei wurde 2017 neu errichtet. Neben der Kellerei befindet sich ein Heurigenlokal mit Blick auf die Ried Steinberg und auf weitläufige Felder. Unser Familienbetrieb in Untermarkersdorf produziert durch die naturnahe Bearbeitung aller Böden und Ausdünnung der Erntemenge ausgezeichnete Weine, die mit fruchtbetontem Aroma und ausgewogenem Charakter überzeugen. Durch das spezielle Kleinklima des Pulkautales erreichen unsere Trauben eine perfekte Reifung. Aufgrund unserer vielfältigen Auswahl an Weinsorten und der verschiedenen Charakteristika lässt sich bei uns für jeden das perfekte Tröpfchen Qualitätswein finden.

Aufenthalt: maximal 24 Stunden
Ab-Hof-Verkauf: geöffnet bei Bedarf
Produkte: Weinviertel DAC, Roter Veltliner, Sauvignon Blanc, Gelber Muskateller, Chardonnay, Rivaner, Riesling, Zweigelt, Merlot, Blauer Portugieser
Bewirtung: Abendessen nach Voranmeldung
Aktivitäten: Weinverkostung, Kellerführung
Umgebung: Romantik Theater, Polt Radweg, Advent Markt in Hadres, Weinbaumuseum Untermarkersdorf, Hadres mit der längsten Kellergasse Europas

BIO-WEINGUT HIMMELBAUER

79

www.weingut-himmelbauer.at

Untermarkersdorf 56
2061 Untermarkersdorf

48°42'26.2"N 16°07'08.1"E

ANMELDUNG:
Elisabeth Himmelbauer
02943/2350

Auf unserem Familienweingut haben drei Dinge höchste Priorität: die Natur, die Menschen und der Wein. Wir nehmen uns viel Zeit für unsere Gäste, spazieren mit ihnen durch die Kellergassen, wandern durch die Weingärten und geben unser Weinwissen gerne weiter. Lassen Sie bei einem Glas Wein die Seele baumeln und genießen Sie bei einer kleinen Jause regionale Spezialitäten.

Aufenthalt: maximal 24 Stunden
Anreise bis: vor Sonnenuntergang
Ab-Hof-Verkauf: nach telefonischer Vereinbarung
Produkte: Weinviertel DAC, Grüner Veltliner, G'mischter Satz, Messwein, Weißburgunder, Chardonnay, Roter Veltliner, Sinfonie für Clara, Pinot Noir Secco , AnnaRose, Blauer Portugieser, St. Laurent, Zweigelt, Merlot, Cabernet Sauvignon, Weingelee vom Weißburgunder, Frizzante, Traubensaft
Bewirtung: Jause nach Voranmeldung; im Juli und August ist unsere Buschenschank in der Kellergasse jeden Dienstag und Mittwoch ab 16 Uhr geöffnet
Aktivitäten: Grillplatz im Weingarten, Weinverkostung mit Jause, bitte um Voranmeldung
Umgebung: Kellergassen- und Poltführungen, Radwege, Freibäder in 4 km Entfernung

WEINBAU HOLZER

80

Zwingendorf 276
2063 Zwingendorf

48°42'10.2"N 16°14'15.6"E

ANMELDUNG:
Karin Holzer
0664/6578931
0664/5557821

Wir sind ein kleiner Familienbetrieb. Unser Ziel ist es, fruchtige, spritzige Weißweine und gehaltvolle Rotweine zu vinifizieren. Diese Weine spiegeln das authentische Weinviertel wider. Wir legen Wert auf eine naturnahe Bearbeitung der Weingärten mit einer aufwendigen, arbeitsintensiven Weingarten- und Traubenpflege. Zahlreiche Sonnenstunden und tiefgründige Lössböden unterstützen uns bei unserer Arbeit.

Aufenthalt: maximal 24 Stunden
Anreise bis: 20 Uhr
Ab-Hof-Verkauf: geöffnet bei Bedarf
Produkte: Grüner Veltliner, Welschriesling, Riesling, Chardonnay, Rosé, Zweigelt, St. Laurent, Blauburger, Roesler, Zweigelt gleich gepresst
Aktivitäten: Verkostung unserer Weine, Kellerführung, Weingartenbesichtigung
Umgebung: Kellergasse Zwingendorf, Glaubersalzböden, Dorfmuseum Zwingendorf, Therme Laa an der Thaya, Keltischer Baumkreis in Laa, Nachtwächterführung durch Laa
Hinweis: Die Stellplätze liegen bei unserem Weinkeller in der Kellergasse Jetzelsdorf. Nutzen Sie für die Anreise folgende GPS-Daten: 48°42'41.9"N 16°03'17.6"E.

81 WEINBAU HUMPEL

Waldstraße 16
2070 Oberretzbach

48°46‘58.0“N 15°58‘16.4“E

ANMELDUNG:
DI Brigitta Humpel
02942/2734

Wir führen einen kleinen Weinbaubetrieb, unser Schwerpunkt liegt derzeit allerdings auf Obst- und Gemüseanbau. Ab etwa Mitte Juli ernten wir Äpfel, Birnen, Paprika, Tomaten, Kürbis, Fisolen, Melanzani und Porree. Unser Hof liegt in absoluter Ruhelage, es ist praktisch kein Verkehr um unseren Betrieb.

Aufenthalt: maximal 24 Stunden
Geschlossen: Mitte Februar bis Mitte März
Ab-Hof-Verkauf: geöffnet bei Bedarf
Produkte: Wein (Viognier); im Sommer Tomaten, Fisolen, Zucchini, Porree, Paprika, Melanzani, Äpfel, Birnen
Aktivitäten: Produktverkostungen; Grillen ist möglich
Umgebung: Aussichtssteg beim Hl. Stein, Bahnhofsmuseum in Unterretzbach, Therme Laa, Therme Gmünd, Nationalpark Thayatal

82 BUSCHENSCHANK KRUSPEL

www.kruspel.at

Retzerstraße 8
2070 Unternalb

48°44‘14.1“N 15°57‘37.8“E

ANMELDUNG:
Christa Kruspel
02942/3231
0650/3231004

Wir sind ein Weinbaubetrieb mit Heurigen im Retzer Land. Unsere Weinbaufläche beträgt rund 4 ha. Unsere Weintrauben werden großteils handverlesen und schonend verarbeitet. Unsere Sorten sind der Weinviertel DAC, Grüner Veltliner, Welschriesling, Riesling, Sauvignon Blanc, Weißburgunder, Gelber Muskateller, Blauer Portugieser, Blauburger und Zweigelt. Seit 35 Jahren betreiben wir unsere Buschenschank in zweiter Generation.

Aufenthalt: maximal 24 Stunden
Anreise bis: 21 Uhr
Ab-Hof-Verkauf: geöffnet bei Bedarf
Produkte: Weinviertel DAC, Grüner Veltliner, Welschriesling, Riesling, Sauvignon Blanc, Weißburgunder, Gelber Muskateller, Blauer Portugieser, Blauburger, Zweigelt, Traubensaft
Bewirtung: Buschenschank, Öffnungzeiten siehe Webseite
Aktivitäten: Kinderspielplatz
Umgebung: Retzer Erlebniskeller, Windmühle Retz, Schloss Schrattenthal, Fahrradmuseum Retz, Parkbad Retz, Burg Hardegg

83 WEINGUT STUDENY
www.studeny.at

Obermarkersdorf 174
2073 Obermarkersdorf

48°44'41.6"N 15°53'39.8"E

ANMELDUNG:
Gertrud Greilinger
02942/8252

Unser Weingut liegt im nordwestlichen Weinviertel und gehört seit vielen Jahren zu den Qualitätsbetrieben der Region. Als Familienbetrieb in dritter Generation bewirtschaften wir 16 ha Weingärten am und rund um den klimatisch prägenden Manhartsberg. Wir verarbeiten ausschließlich Trauben aus den eigenen Weingärten, denn nur so können wir für Herkunft und Qualität der Weine persönlich einstehen.

Aufenthalt: maximal 24 Stunden
Anreise bis: 18 Uhr
Ab-Hof-Verkauf: geöffnet bei Bedarf
Produkte: Weinviertel DAC, Riesling, Gelber Muskateller, Rosé, Grüner Veltliner, Urgesteinriesling, Weißburgunder, Sauvignon Blanc, Blauer Portugieser, Roesler, Pinot Noir, Trockenbeerenauslese, Traubensaft
Aktivitäten: Weinverkostung, Weingartenführung nach Vereinbarung
Umgebung: Europawarte Waitzendorf, Schloss Schrattenthal, Weinstadt Retz mit Erlebniskeller und Windmühle, Nationalpark Thayatal

84 WEINGUT PUHR
www.weingutpuhr.at

Obermarkersdorf 41
2073 Schrattenthal

48°44'27.7"N 15°53'47.8"E

ANMELDUNG:
Viktoria Puhr
0660/5431584

Als Winzer verbringe ich viel Zeit im Keller bei meinen Weinen. Meine Frau Viktoria kümmert sich um die Kinder sowie die Büroarbeit und meine Eltern Poldi und Georg halten die Weingärten in Schuss. Alle ziehen an einem Strang, und das mit Erfolg, wie zahlreiche Auszeichnungen bestätigen. In unserer Buschenschank „Rosenauer Stüberl" servieren wir Ihnen mit Freude unsere ausgezeichneten Weine und hausgemachte Schmankerl. Beim Einkaufen achten wir auf Regionalität.

Aufenthalt: maximal 24 Stunden
Ab-Hof-Verkauf: jederzeit, Anruf genügt
Produkte: Puhrsecco, Rosé vom Zweigelt, Cuvée, Grüner Veltliner, Weinviertel DAC, Riesling, Sauvignon Blanc, Gelber Muskateller, Gewürztraminer, Weißburgunder, Neuburger, Chardonnay, Süßweine, St. Laurent, Zweigelt, Cabernet Sauvignon, Traubensaft rot oder weiß, Weinbrand, Tresterbrand, Marillenbrand
Bewirtung: Buschenschank, Öffnungszeiten siehe Webseite
Aktivitäten: Kellerführung durch den hunderte Jahre alten Keller, Weinverkostung
Umgebung: RadWanderWeg Urbanus, DAC Radroute, Schloss Schrattenthal
Hinweis: Für die Anreise einfach "Weingut Puhr" bei Google Maps eingeben.

85 WEINGUT HINDLER
www.weingut-hindler.at

Schrattenthal 13
2073 Schrattenthal

48°42‘56.2“N 15°54‘29.8“E

ANMELDUNG:
Rosi Hindler
0664/5000727

Die Weinviertler Lebensart ist im traditionsreichen Weingut Hindler zu spüren. Mit Pfiff und Charme präsentiert sich unser Weingut im typischen Weinviertler Kellergassen-Ensemble wie auch in unserem ausschließlich handgeernteten Weinrepertoire. Verkosten Sie unsere prämierten pfeffrigen Veltliner, handverlesene Raritäten alter Rebsorten sowie Zweigelt und Merlot.

Aufenthalt:	maximal 24 Stunden
Anreise bis:	16 Uhr
Ab-Hof-Verkauf:	Montag bis Samstag von 9 - 18 Uhr, Sonntag 9 - 12 Uhr
Produkte:	Welschriesling, Frühroter Veltliner, Gemischter Satz, Grüner Veltliner, Riesling, Sauvignon Blanc, Neuburger, Chardonnay, Rosé Classic, Blauer Portugieser, Blauburger, Zweigelt, Merlot, Traubensaft
Umgebung:	DAC Radroute, Marterlweg Waitzendorf, RadWanderWeg Urbanus, Europawarte, Naturdenkmal Zanitzer-Stein, Schloss Schrattenthal

86 WEINGUT POINTNER
www.weingut-pointner.at

Schrattenthal 39
2073 Schrattenthal

48°43‘01.2“N 15°54‘32.0“E

ANMELDUNG:
Karin Pointner
0664/1792747

Herzlich Willkommen bei uns am Weingut Pointner! Am Winzerhof leben, arbeiten und wirken Franz, Karin und Franz junior. 10 ha Weingartenfläche - an den Hängen des Manharts- und Kalvarienberg - werden von uns sorgsam und naturnah bewirtschaftet. Unsere gekelterten Weine dürfen Sie jederzeit verkosten. Besuchen Sie uns in unserem Keller.

Aufenthalt:	maximal 24 Stunden
Ab-Hof-Verkauf:	geöffnet bei Bedarf
Produkte:	Weinviertel DAC, Gemischter Satz, Riesling, Müller Thurgau , Frühroter Veltliner, Chardonnay, Sauvignon Blanc, Weißburgunder, Zweigelt, Merlot, Blauer Portugieser, Cuvée, Frizzante & Roséweine, Traubensäfte, Rotweinlikör und Traubenbrand
Aktivitäten:	Weinverkostung
Umgebung:	Schloss Schrattenthal mit spätgotischer Schlosskirche, Kellergasse im Stadtgraben, Europawarte Hl. Benedikt, schiefster Kirchturm Österreichs, Waitzendorfer Marterlweg

87 WEINGUT ZULL

www.zull.at

Schrattenthal 9
2073 Schrattenthal

48°42‘54.2“N 15°54‘27.5“E

ANMELDUNG:
Phillip Zull
02946/8217

Wir sind ein familiengeführtes Weingut in der kleinsten Weinstadt Österreichs in Schrattenthal. Hier im idyllischen Weinviertel an der Grenze zum Waldviertel und Tschechien lässt es sich herrlich entspannen. Mit einer Rebfläche von 20 Hektar ist unser Weingut klein und überschaubar. Aus Respekt vor der Natur bewirtschaften wir die Rebflächen unter konsequentem Verzicht von Herbiziden und Kunstdüngern.

Aufenthalt: maximal 24 Stunden
Geschlossen: Weihnachtsferien
Ab-Hof-Verkauf: geöffnet bei Bedarf
Produkte: Grüner Veltliner, Gemischter Satz, Riesling, Chardonnay, Rosé, Zweigelt, Pinot Noir, Cuvée, Beerenauslese, Trebernbrand, Veltlinerbrand
Aktivitäten: Weinverkostung, Betriebsführung
Umgebung: Sonnenwaldbad Pulkau, Drechslereimuseum Pulkau, Handels- und Gewerbemuseum Pulkau, Museum für bäuerliches Handwerk Rafing, 6 Städte Radweg, Wein & Kultur Radtour, diverse Wanderrouten, Weinstadt Retz (Windmühle, Erlebniskeller, Fahrradmuseum, Stadtmuseum), Nationalpark Thayatal

88 WEINGUT-WINZERSCHLÖSSL REDL

www.weingutredl.at

Waitzendorf 42
2073 Waitzendorf

48°44‘13.0“N 15°52‘45.8“E

ANMELDUNG:
Werner Redl
02946/8312

Unser Weingut liegt am Fuße des Manhartsberges im kleinen Weinort Waitzendorf. Tradition wird bei uns hoch geschrieben. So wurde unser Wohnhaus bereits Ende des 18. Jh. erbaut, Mitte des 19. Jh. vom K.u.K Hofjuwelier Köchert bewohnt und Anfang des 20. Jh. von unserer Familie übernommen und als Weingut nach und nach aufgebaut. Im traditionellen Gewölbekeller und in den Weingärten, die rund um Waitzendorf vorwiegend auf Lehm- und Lössböden liegen, wird alte Tradition mit moderner Technologie in Einklang gebracht.

Aufenthalt: maximal 24 Stunden
Anreise bis: 18 Uhr
Geschlossen: während der Weinernte und November bis März
Ab-Hof-Verkauf: geöffnet bei Bedarf
Produkte: Weinviertel DAC, Grüner Veltliner, Grüner Sylvaner, Gelber Muskateller, Chardonnay, Welschriesling, Riesling, Weißburgunder, Blauer Portugieser, Blauburger, Zweigelt, Merlot, Zweigelt Barrique, Roter Traubensaft, Frizzante
Aktivitäten: Weinverkostung, Hofführung nach Vereinbarung
Umgebung: Weinviertel DAC Radtour, Europawarte Waitzendorf, Marterlweg Waizendorf

89 WEINGUT ULLMER

www.weingut-ullmer.at

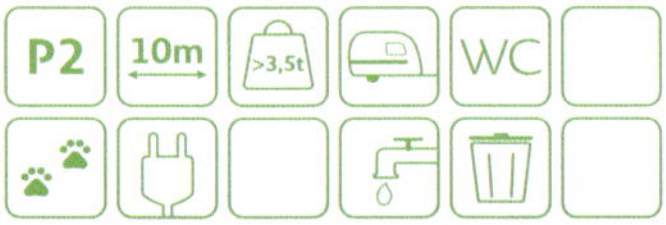

Sommerseite 4
2074 Kleinhöflein

48°44‘58.5“N 16°00‘02.2“E

ANMELDUNG:
Mario Ullmer
02942/2923
0699/12395180

Das Weingut Ullmer, ein Familienbetrieb mit jahrzehntelanger Weinbautradition, liegt im Weinviertel nahe der Weinstadt Retz. Die Ausläufer des Manhartsberges bieten Schutz und sorgen dafür, dass es hier wärmer ist als in weiter südlich gelegenen Weinorten. Dieses Mikroklima ist die Basis der sehr günstigen Wachstumsbedingungen für unverwechselbare Weiß- und Rotweine. Unser Weingut, durch Generationen geprägt und stets weiterentwickelt, verbindet heute Tradition mit neuen, modernen Impulsen.

Aufenthalt: maximal 24 Stunden
Ab-Hof-Verkauf: geöffnet bei Bedarf
Produkte: Weinviertel DAC, Gelber Muskateller, Welschriesling, Müller Thurgau, Roesler, Zweigelt, Frizzante
Aktivitäten: Weinverkostung
Umgebung: Rad- und Wanderwege durchs Retzer Land, Windmühle Retz, Erlebniskeller Retz, Ausflug nach Znaim, Stadtmuseum Retz, Nationalpark Thayatal

90 WEINGUT BREITENFELDER

www.weingut-breitenfelder.at

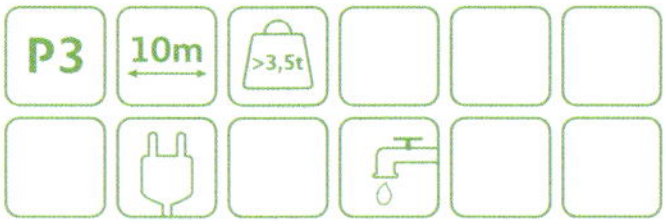

Kleinriedenthal 3
2074 Kleinriedenthal

48°44‘36.4“N 16°01‘18.0“E

ANMELDUNG:
Harald Breitenfelder
0676/3959112

Bei uns am Weingut Breitenfelder leben wir gepflegte Gastlichkeit mit großzügigen Genießerzimmern und feinen Weinen. Unser Weingut zählt zu den renommierten Weingütern der Region Retzer Land. Unser Markenzeichen sind charaktervolle Weine mit Finesse und Ausdruck. Unsere Breitenfelder-Weine sind bei Prämierungen regelmäßig unter den Besten und spiegeln so das hohe Niveau des Sortiments wider.

Aufenthalt: maximal 24 Stunden
Geschlossen: November bis März
Ab-Hof-Verkauf: geöffnet bei Bedarf
Produkte: Welschriesling, Gelber Muskateller, Grüner Veltliner, Weinviertel DAC, Riesling, Chardonnay, Pinot Blanc, Blauburger, Blauer Zweigelt, Cuvée, Gemischter Satz, Sekt, Frizzante, Traubensaft
Aktivitäten: Weinverkostung
Umgebung: gut ausgebautes Radwegenetz, gut beschilderte Wanderwege, Retz mit Besichtigung des großen Erlebniskellers und der Retzer Windmühle, Nationalpark Thayatal, Therme Laa

91 BIO-WEIN REINTHALER-WEINKUTSCHER
www.weinkutscher.at

Obermixnitz 7
2084 Weitersfeld

48°45'03.0"N 15°48'46.3"E

ANMELDUNG:
Stefan Reinthaler
0664/7687001

Unser Weinkutscher-Hof ist im idyllischen Übergang von Wald- auf Weinviertel zu finden. Bei uns wird Nachhaltigkeit groß geschrieben. In allen Bereichen unserer Landwirtschaft wird mit viel Liebe und Erfahrung gearbeitet. So produzieren wir für Sie hochqualitative Lebensmittel. Wir freuen uns darauf, Ihnen die Region bei einer unserer Kutschenfahrten näher zu bringen oder Sie auf einem unserer Heurigenabende vor Ort begrüßen zu dürfen.

Aufenthalt: maximal 24 Stunden
Geschlossen: Weihnachtsferien
Ab-Hof-Verkauf: geöffnet bei Bedarf
Produkte: Bio-Weine und Bio-Säfte, Dinkelreis, Likör, Schnaps, Frizzante
Bewirtung: Buschenschank, Öffnungszeiten siehe Webseite, Frühstück nach Voranmeldung
Aktivitäten: Bio-Weinverkostung, Erlebnis-Kutschenfahrten (auch mit Picknick im Freien) - bitte vorab Termin reservieren
Umgebung: Schloss Fronsburg, Damhirschgehege Fronsburg, Wallfahrtskirche Maria am Gebirge, Radwege in der Umgebung

92 FAMILIE BISCHINGER
www.bischinger.com

Pingendorf 13
2094 Pingendorf

48°49'02.7"N 15°37'26.1"E

ANMELDUNG:
Melissa Bischinger
0676/4009606

Vor etlichen Jahren hat sich der Ölkürbis als eine der wichtigsten Kulturen in unserer Fruchtfolge etabliert. Daher haben wir uns dazu entschlossen, nicht nur die Rohware nach hohen Qualitätsstandards zu produzieren, sondern diese zu hochwertigen Lebensmitteln weiterzuverarbeiten. Dadurch haben wir ein sehr schonend gepresstes Kürbiskernöl sowie Knabberkerne in unserem Sortiment.

Aufenthalt: maximal 24 Stunden
Anreise bis: 22 Uhr
Ab-Hof-Verkauf: täglich von 5 - 22 Uhr
Produkte: Vom eigenen Betrieb: Kürbiskernöl, Kürbiskerne natur und in vielen Geschmacksrichtungen, Gewürzsalze und Sirupe.
Von Partnerbetrieben: Milch, Milchprodukte, Fleisch- und Wurstwaren, Nudeln, Eier, Säfte, Marmeladen, Mehl und Backwaren, Kartoffeln, Zwiebeln uvm.
Umgebung: Bienenlehrpfad Langau, Kanuwandern im Thayatal, Nationalpark Thayatal, Fahrten mit dem Reblaus-Express, Strandbad Drosendorf

93 WEINGUT + BUSCHENSCHANK MOSER

www.heuriger-moser.at

Klein Engersdorfer Hauptstraße 82
2102 Bisamberg

48°20'17.3"N 16°22'57.4"E

ANMELDUNG:
Melanie Moser
0664/2065933

Unsere Familie ist seit 1789 in Klein Engersdorf ansässig und wir können auf eine lange Tradition im Weinbau zurückblicken. Da wir uns keinesfalls als letzte Generation verstehen, die Weinbau in den Weingärten betreibt, sind Bodenpflege und Pflanzenschutz von Schonung, Vorsorge und Umweltschutz geprägt. Lassen Sie sich durch unsere Liebe zum Wein begeistern und verbringen Sie gemütliche Stunden bei uns.

Aufenthalt:	maximal 24 Stunden
Anreise bis:	18 Uhr
Ab-Hof-Verkauf:	geöffnet bei Bedarf
Produkte:	Grüner Veltliner, Rheinriesling, Chardonnay, Muskateller, Gemischter Satz, Zweigelt, Merlot, Sekt, Prosecco
Bewirtung:	Buschenschank, Öffnungszeiten siehe Webseite
Aktivitäten:	Weinverkostung
Umgebung:	Burg Kreuzenstein, Fossilienwelt Stetten, Kellergasse Bisamberg, Radtour um den Bisamberg, LEMU - Langenzersdorf Museum

94 FERKELHOF + KUCHLKASTL

www.ferkelhof.at

Laaer Straße 2
2113 Wetzleinsdorf

48°28'28.5"N 16°22'52.3"E

ANMELDUNG:
Sonja Lehner
0699/10298137

Wir haben unseren Hof von den Eltern übernommen und tüfteln ständig an neuen Ideen. Wichtig ist uns die Beibehaltung der sogenannten Kreislaufwirtschaft. Wir halten Schweine, Gänse und Hühner. Auf unseren Äckern wachsen Hartweizen, Winterweizen, Sommergerste, Mais, Sonnenblumen, Raps, Zuckerrüben und Dinkel. In unseren Kuchlkastln finden Sie nicht nur Eier aus unserem mobilen Freiland-Legehennenstall, sondern auch diverse andere lukullische Schätze aus unserer Küche.

Aufenthalt:	maximal 24 Stunden
Ab-Hof-Verkauf:	Selbstbedienungsautomat
Produkte:	Eier, Kuchen, Kekse, Suppen, Gemüse, Frischfleisch von Huhn, Gans, Pute und Schwein, Knödel, Bolognese im Glas
Bewirtung:	Notfall-Abendessen: Erdäpfel mit Butter und Salz
Aktivitäten:	Hofführungen
Umgebung:	Burg Kreuzenstein, Wildpark Ernstbrunn, MAMUZ Schloss Asparn

95 WEINGUT MAUSER

www.mauser.at

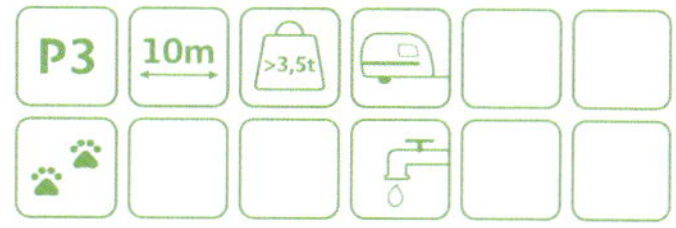

Hauptstraße 41
2120 Obersdorf

48°22'09.1"N 16°31'26.3"E

ANMELDUNG:
Thomas Mauser
0699/11725496

Im südlichen Weinviertel vinifizieren wir auf etwa 20 Hektar Weine mit Ausdruck und Stil. Gesunde, fruchtbare Böden und eine intakte Natur sind die Grundlage für die Weine. Alois legt im Weingarten die Basis für die Traubenqualität. Kellermeister Thomas vinifiziert diese zu Top-Weinen. Unser gemeinsames Ziel ist „TOP Weinqualität". Die zahlreichen Auszeichnungen bestätigen uns immer wieder.

Aufenthalt: maximal 24 Stunden
Ab-Hof-Verkauf: täglich von 8 - 20 Uhr kontaktlos beim Weinkühlschrank im Hof; persönlich (mit Weine probieren) jeden Samstagvormittag und gegen Voranmeldung
Produkte: Weißweine: Grüner Veltliner, Welschriesling, Pinot Blanc, Riesling, Chardonnay, Sauvignon Blanc, Muskateller; Rotweine: Zweigelt, Blauburger, Blaufränkisch, Merlot, Cabernet Sauvignon, St. Laurent, Rathay, Roesler; Eigenmarken: White Maus, Pink Maus, Red Maus, Topolone, Liebling; Sonstiges: Traubensaft Rot, Schaumwein LUIsecco Frizzante White und Pink, Magnumflaschen 1,5 l
Aktivitäten: Kellerführung mit Verkostung
Umgebung: Museumsdorf Niedersulz, Schloss Hof, Therme Laa, Fossilienwelt, Vino Versum

96 HEURIGER WEINGUT WINTER

www.weingut-winter.at

Kellergasse 2
2123 Hautzendorf

48°27'03.1"N 16°29'31.2"E

ANMELDUNG:
Renate Winter
0650/7675974

Wir sind ein konventionell geführter landwirtschaftlicher Betrieb mit Schwerpunkt Weinbau und Heuriger. Selbstverständlich können unsere Produkte vor Ort erworben werden. Während der Heurigen-Öffnungszeiten freuen wir uns, euch mit saisonalen Schmankerln und köstlichen Weinen verwöhnen zu dürfen. Wir bewirten euch in gemütlichen Stüberln und im schattigen Gastgarten.

Aufenthalt: maximal 24 Stunden
Anreise bis: 22 Uhr
Geschlossen: Weihnachten
Ab-Hof-Verkauf: geöffnet bei Bedarf
Produkte: Weißweine: Weinviertel DAC, Grüner Veltliner, Welschriesling, Müller Thurgau, Sämling, Sauvignon Blanc, Frühroter Veltliner, Riesling, Traminer, Chardonnay, Muskat Ottonel; Rotweine: Zweigelt, Blauburger; Rosé, Frizzante Rosé, Frizzante Grüner Veltliner, Frizzante Muskat Ottonel; Traubensäfte, Honig aus eigener Imkerei
Bewirtung: Buschenschank, Öffnungszeiten siehe Webseite
Umgebung: Weinviertler Bauerngarten Wolfpassing, Kreuttaler Aussichtsturm, Wandern

97 WEINBAU + BUSCHENSCHANK STROBL
www.weinbau-strobl.net

Oberort 78
2130 Eibesthal

48°36'13.1"N 16°36'08.1"E

ANMELDUNG:
Leopold Strobl
0664/73729480

Besuchen Sie unseren familiär geführten Biobauernhof mit Ackerbau, Weinbau, Buschenschank und Hofladen im wunderschönen Weinviertel. Von unseren Freilandschweinen veredeln wir Fleisch- und Wurstwaren, die Sie in unserer Buschenschank genießen können. Unsere Buschenschank ist an ca. 20 Wochenenden im Jahr geöffnet. Verschiedene hausgemachte Köstlichkeiten können in unserem Hofladen erworben werden.

Aufenthalt: maximal 24 Stunden
Ab-Hof-Verkauf: Dienstag von 16 - 19 Uhr, Samstag von 9 bis 12 Uhr
Produkte: Brot, Gebäck, Wein, Traubensaft, Wurst- und Selchwaren vom Freilandschwein, Teigwaren, Mehlspeisen, Marmeladen, Chutneys, eingelegtes Gemüse, Erdäpfel, Eier, saisonales Obst, Naturkosmetikprodukte und vieles mehr
Bewirtung: Buschenschank, Öffnungszeiten siehe Webseite
Aktivitäten: Spielplatz vorhanden, Buschenschank an 20 Wochenenden im Jahr geöffnet (Öffnungszeiten telefonisch erfragen)
Umgebung: Liechtenstein Schloss in Wilfersdorf, in Mistelbach: MAMUZ Museum, nitsch museum, Dionysos Panoramaweg

98 WEINGUT + HEURIGER SELTENHAMMER
www.seltenhammer-weine.at

Schlosszeile 13
2130 Paasdorf

48°32'38.6"N 16°32'41.2"E

ANMELDUNG:
Karin u. Thomas Seltenhammer
02572/2548

Seit vielen Generationen bemühen wir uns um guten Wein. Das Weinviertel, wo wir wohnen, birgt die notwendigen Voraussetzungen dafür. Mit der Erfahrung unserer Vorfahren bringen wir die beste Qualität in die Flaschen. In unserem Heurigenlokal bieten wir nicht nur unsere Weine an, sondern servieren Ihnen Heurigenspeisen, die für unsere Region typisch sind.

Aufenthalt: maximal 24 Stunden
Anreise bis: 19 Uhr
Geschlossen: während der Weinlese, Weihnachtsferien, Semesterferien
Ab-Hof-Verkauf: geöffnet bei Bedarf
Produkte: Weinviertel DAC, Gemischter Satz, Gelber Muskateller, Welschriesling, Grüner Veltliner
Bewirtung: Buschenschank, Öffnungszeiten siehe Webseite
Aktivitäten: Weinverkostung, Kellerführung, Weingartenführung
Umgebung: MAMUZ Mistelbach, Museumsdorf Niedersulz, Alpaka Farm, Kletterpark, Weinlandbad Mistelbach, Leiser Berge, Ernstbrunner Tiergarten

99 WEINGUT THÜRINGER

www.thueringer-wein.at

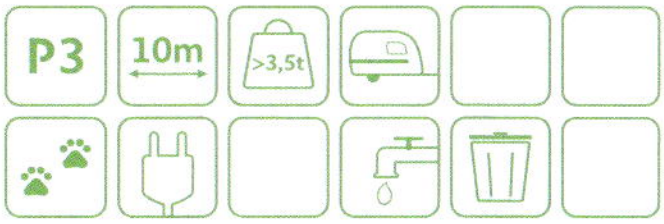

Schwemmzeile 76
2130 Paasdorf

48°32‘26.4“N 16°32‘54.1“E

ANMELDUNG:
Gerhard Thüringer
0676/6944701

Unserer Familie lebt und arbeitet seit mehreren Generationen in Paasdorf im Weinviertel. Gemeinsam streben wir auf knapp 8 Hektar Rebfläche Jahr für Jahr danach, Spitzenweine vom leichten, fruchtigen Klassiker, bis hin zur schweren, opulenten Reserve zu keltern. Zahlreiche Prämierungen bei nationalen sowie internationalen Blindverkostungen bestätigen unsere Arbeit. Angeschlossen an das Weingut ist eine kleinere, biologisch bewirtschaftete Landwirtschaft.

Aufenthalt: maximal 24 Stunden
Ab-Hof-Verkauf: geöffnet bei Bedarf
Produkte: Welschriesling, Weinviertel DAC, Gelber Muskateller, Rivaner, Weißburgunder, Gemischter Satz, Sauvignon Blanc, Frizzante, Zweigelt, Blauburger, Traubensaft, Eier, Kartoffeln, Speisekürbisse, Kürbiskernöl
Aktivitäten: geführte Weinverkostung
Umgebung: Wanderung zu den Leiser Bergen, Museumsdorf Niedersulz, Weinvierteldraisine, Kletterpark Ochys, 3D-Bogenparcours Neubau Kreuzstetten, MAMUZ Mistelbach, Liechtenstein Schloss Wilfersdorf

100 BIOHOF SCHMIDT

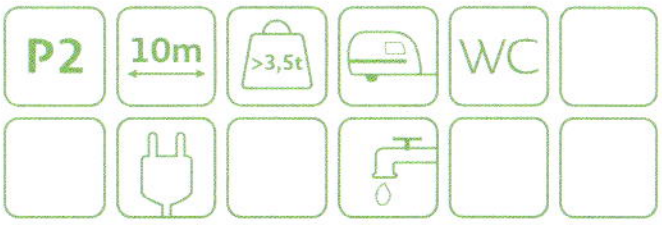

Zlaberner Straße 49
2135 Neudorf im Weinviertel

48°43‘10.8“N 16°30‘17.6“E

ANMELDUNG:
Sabine Schmidt
0699/17145267

Seit 1988 bewirtschaften wir unseren Hof nach den Richtlinien des organisch-biologischen Landbaues. 1997 sind wir vom Ortszentrum in Neudorf ausgesiedelt und haben uns am Ortsrand auf einem Hügel einen neuen Aussiedlerhof gebaut. Als Familienbetrieb bauen wir eine große Vielfalt an verschiedenen Kulturen an. Wir sind Vollerwerbsbauern und lieben unseren Beruf.

Aufenthalt: maximal 24 Stunden
Anreise bis: 20 Uhr
Geschlossen: Weihnachtsferien
Ab-Hof-Verkauf: geöffnet bei Bedarf
Produkte: verschiedene Getreidearten und Urgetreide, Mehl, Grieß, Flocken, Öl, Bohnen, Kichererbsen, Käferbohnen, Linsen, Buchweizen, Hirse, Amaranth, Gewürze wie Kümmel und Anis, Erdäpfel, Zwiebel, Rote Rüben, Karotten und vieles mehr
Umgebung: Radwege in der Umgebung, Therme Laa, Ruine Staatz, Ruine Falkenstein, Falkensteiner Weinlehrpfad
Hinweis: Anfahrt über Schotterstraße

101 WEINGUT SCHLIFELNER

Lundenburgerstraße 47
2143 Großkrut

48°38'39.6"N 16°43'48.5"E

ANMELDUNG:
Richard Schlifelner
0664/4880242

Wir betreiben eine regenerative Biolandwirtschaft und einen Weinbau. Wir pflanzen jedes Jahr Begrünungen, um die Nützlinge zu vermehren und um den Boden besser zu durchwurzeln. Artenvielfalt und Biodiversität sorgen für eine hohe Qualität unserer Weine. Neben unseren Weinen bieten wir auch Bio-Öle an.

Aufenthalt:	maximal 24 Stunden
Anreise bis:	19 Uhr
Ab-Hof-Verkauf:	geöffnet bei Bedarf
Produkte:	Grüner Veltliner, Welschriesling, Riesling, Weißburgunder, Müller Thurgau, St. Laurent, Blauburger, Zweigelt, Valentin Cuvée, Bio-Rapsöl
Aktivitäten:	Produktverkostung
Umgebung:	Kamp-Thaya-March-Radroute, Welschriesling-Weinradweg, Wartbergwarte, Kellerberg Großkrut, Erdstallmuseum, Schloss Poysbrunn

102 WEINBAU BÖCK

www.weinbauboeck.at

Patzmannsdorf 209
2153 Patzmannsdorf

48°38'02.7"N 16°17'06.7"E

ANMELDUNG:
Bettina Böck
0664/2142167

Unser Familienbetrieb ist seit 2007 im Weinbau tätig. Unser Weingarten befindet sich im nördlichen Weinviertel in der Thermenregion Land um Laa. Spezialisiert haben wir uns auf die Traubensorte Blauer Zweigelt. Das restliche Drittel bilden verschiedene weiße Trauben. Seit 2012 betreiben wir eine Buschenschank, die wir sechs bis acht Wochenenden im Jahr öffnen. Bei uns gibt es typische Heurigenschmankerl.

Aufenthalt:	maximal 24 Stunden
Anreise bis:	19 Uhr
Ab-Hof-Verkauf:	geöffnet bei Bedarf
Produkte:	Grüner Veltliner DAC, Gelber Muskateller, Riesling, Gemischter Satz, Sauvignon Blanc, Zweigelt und Merlot, Edelbrände, Säfte und Liköre
Bewirtung:	Abendessen nach Voranmeldung
Aktivitäten:	Weinkost und Betriebsführung
Umgebung:	Pfarrkirche Maria Himmelfahrt in Stronsdorf mit barocker Hirschenmadonna, Burgruine Falkenstein, Liechtenstein Schloss Wilfersdorf, nitsch museum in Mistelbach

103 WEINGUT TOR ZUR SONNE
www.torzursonne.at

Steinzeile 143
2162 Falkenstein

48°43‘09.7“N 16°35‘06.4“E

ANMELDUNG:
Helga Neustifter
0664/5599105

P2 | 10m | >3,5t

Pionier und Weinerspürer Reinhard, Künstlerin und Produktentwicklerin Helga und Juniorchef und Weinliebhaber Johannes geben dem Bioweingut Tor zur Sonne seinen Charme und seine eigene Ausstrahlung. Die ganzheitliche Lebenseinstellung lässt sich auch in den eigens entwickelten Essenzen aus hauseigenem Weintraubenbrand wahrnehmen.

Aufenthalt:	maximal 24 Stunden
Anreise bis:	20 Uhr
Ab-Hof-Verkauf:	geöffnet bei Bedarf
Produkte:	Perlwein Cuvée, Grüner Veltliner, Roter Muskateller, Riesling, Weißburgunder, Welschriesling, Sauvignon Blanc, Zweigelt, Traubensaft, Weintraubenbrand, Essenzen angereichert mit Kräuter und Gemüse, Lebensreisebücher, Weinsteinbilder, Kreisbilder, Acrylbilder
Umgebung:	Burgruine Falkenstein, Kellergasse „Oagossn“, Falkensteiner Weinlehrpfad, verschiedene Wanderwege, Wein-Kunst-Kultur Kellergassenfest

104 GUT KELLERSTÖCKL
www.gut-kellerstoeckl.at

Winterzeile 15
2170 Ketzelsdorf/Poysdorf

48°39‘07.0“N 16°39‘02.8“E

ANMELDUNG:
Horst Schuckert
0664/1318027

P2 | >3,5t

Das Gut Kellerstöckl wird seit mehreren Generationen in Ketzelsdorf betrieben. Unsere Lagen erstrecken sich über 25 ha in der Großgemeinde Poysdorf und diese werden naturverbunden bewirtschaftet. Unser Leitprinzip lautet „Qualität auf höchstem Niveau“. Deshalb arbeiten wir im Keller konsequent nach modernsten Maßstäben. Die Pressung gesunder Trauben erfolgt schonend - ein wesentlicher Faktor bei der Weinwerdung.

Aufenthalt:	maximal 24 Stunden
Anreise bis:	19 Uhr
Geschlossen:	Sonntag
Ab-Hof-Verkauf:	geöffnet bei Bedarf
Produkte:	Welschriesling, Grüner Veltliner, Riesling, Chardonnay, Muskateller, Frizzante, Trockenbeerenauslese, Zweigelt Rosé, Zweigelt, Blauburger, St. Laurent, Traubensaft weiß und rot, Marillennektar, Essig in den verschiedensten Variationen, verschiedene Marmeladen, Marillen nach Saison
Aktivitäten:	Sämtliche Produkte können gegen Voranmeldung verkostet werden
Umgebung:	Naturbadeteich Poysdorf, Wein-Erlebnis-Welt „Vino Versum“, Oldtimermuseum

105 WEINBAU WISSMANN

www.weinbau-wissmann.com

Bahnstraße 4
2170 Poysdorf

48°39‘50.6“N 16°37‘30.6“E

ANMELDUNG:
Corinna Anger-Wißmann
0664/5157451

Wir betreiben eine sehr kleine Privatpension am Stadtrand von Poysdorf. Unser kleiner familiär geführter Weinbau befindet sich in der Nachbarortschaft Klein Hadersdorf. Auf ca. 3,5 ha bauen wir verschiedene Weiß- und Rotweinsorten an. Poysdorf selbst ist der ideale Ausgangspunkt für Radtouren, Wanderungen und Ausflüge jeglicher Art.

Aufenthalt: maximal 24 Stunden
Anreise bis: 21 Uhr
Ab-Hof-Verkauf: geöffnet bei Bedarf
Produkte: Frizzante, Gelber Muskateller, Grüner Veltliner, Welschriesling, Weinviertel DAC, Riesling, Blauburger, Brände, selbst gemachte Marmeladen, Obst nach Verfügbarkeit
Bewirtung: Frühstück nach Voranmeldung, Abendessen im Gasthaus Schreiber direkt nebenan (Mittwoch bis Sonntag) – Reservierung empfohlen!
Umgebung: Vino Versum Poysdorf, Oldtimermuseum Poysdorf, Nostalgische Brennerei Poysdorf, Drei-Schwestern-Wanderweg, Schlumberger Sektwelt
Hinweis: Das Einfahrtstor ist ca. 3 Meter breit.

106 WEINGUT ZUR SCHLAFMÜTZE

Große Zeile 24
2171 Herrnbaumgarten

48°41‘42.5“N 16°40‘50.1“E

ANMELDUNG:
Hildegard u. Rudolf Parth
0664/73540073

Wir, Rudi und Hilde, betreiben einen Weinbaubetrieb mit Tradition und Blick in die Zukunft. Unsere Trauben gedeihen an den südlichsten Hängen des nördlichsten Weinviertels und werden mit viel Liebe und Engagement gekeltert, vinifiziert und in Flaschen gefüllt. So kann man die Qualität im Glas kosten und genießen.

Aufenthalt: maximal 24 Stunden
Anreise bis: 21 Uhr
Geschlossen: November bis März
Ab-Hof-Verkauf: geöffnet bei Bedarf
Produkte: Grüner Veltliner, Weinviertel DAC, Welschriesling, Müller Thurgau, Weißburgunder, Riesling, Chardonnay, Zweigelt, Blauburger, Trockenbeerenauslese, Frizzante weiß, Frizzante rosé; Traubensaft
Bewirtung: Frühstück und Abendessen nach Voranmeldung
Aktivitäten: Weinverkostung mit Jause, Gewölbekeller-Weinerlebnis
Umgebung: Kellergassen, Einzelsocken-Lehrpfad, Nonseum, Küchenmuseum, Labyrinthkeller Umschaid, Traktorrundfahrten, Greisslermuseum

107 WEINGUT BOHRN

www.weingut-bohrn.at

Hauptstraße 65
2171 Herrnbaumgarten

48°41‘49.3“N 16°41‘05.2“E

ANMELDUNG:
Aloisia Bohrn
0680/3108495

Unsere Weingärten hegen und pflegen wir das ganze Jahr mit viel Liebe in naturnaher Bewirtschaftungsweise. Die Trauben für unsere ausgezeichneten Weine stammen aus den südlichsten Hängen und werden bei optimaler Reife schonend gekeltert und mit viel Fingerspitzengefühl vinifiziert. Das Hauptaugenmerk bildet mit fast 70 Prozent der Weißwein, wobei der Grüne Veltliner unsere wichtigste Sorte ist.

Aufenthalt:	maximal 24 Stunden
Anreise bis:	22 Uhr
Ab-Hof-Verkauf:	geöffnet bei Bedarf
Produkte:	Grüner Veltliner, Welschriesling, Rivaner, Riesling, Chardonnay, Weißburgunder, Zweigelt, Merlot, Cabernet Sauvignon, Traubensaft, Marmelade, Honig
Bewirtung:	Frühstück nach Voranmeldung
Aktivitäten:	Weinverkostung, Kellerführung mit dem Kellermeister
Umgebung:	Nonseum, Küchenmuseum, Kellergassenführung, Badeteich Poysdorf, Schlumberger Sektwelt Poysdorf, Schaumühle Schrattenberg
Hinweis:	Fahrzeuglänge max. 8 Meter

108 SEKTKELLEREI CHRISTIAN MADL

www.madlsekt.at

Hauptstraße 57
2172 Schrattenberg

48°43‘42.4“N 16°42‘53.3“E

ANMELDUNG:
Christian Madl
0664/4225142

Seit nunmehr 30 Jahren bin ich auf die Sektherstellung spezialisiert. Das nordöstliche Weinviertel um Schrattenberg verfügt über einzigartige Voraussetzungen, um außergewöhnliche Sekte herzustellen. Unser Weingut umfasst 3 ha bestes Rebenland. Unsere Hauptsorten sind Welschriesling und Chardonnay. Im einzigartigen Sektkeller können ausgezeichnete Sekte und Weine verkostet werden.

Aufenthalt:	maximal 24 Stunden
Ab-Hof-Verkauf:	geöffnet bei Bedarf
Produkte:	zwei Sektlinien: Schretenperg-Sekt: 1 bis 2 Jahre auf der Hefe, von trocken bis halbtrocken (jung, frisch, fruchtig) und Madl-Sekt: 3 bis 8 Jahre auf der Hefe, von Brut Nature bis Trocken (elegant und langgereift); Sektschurz, Sektverschluss; Weinviertler Qualitätsweine Weiß & Rot
Aktivitäten:	Sektverkostungen mit Jause nach Absprache
Umgebung:	Barfußweg, Kellergassenweg, Radrundwanderweg, 4-Gemeinden Radweg, Vino Versum Poysdorf, Besichtigung der tschechischen Schlösser

109 WEINGUT IPSMILLER
www.ipsmiller.at

Hauptstraße 9
2172 Schrattenberg

48°43‘28.3“N 16°43‘13.2“E

ANMELDUNG:
Petra Ipsmiller
0664/4369613

Wir am Weingut Ipsmiller sind bereits in der 8. Generation mit der Vinifizierung von Rot- und Weißweinen erfolgreich. Von Generation zu Generation wurden das Wissen und das Handwerk aus gesunden, reifen Trauben, vollmundige und harmonische Weine zu keltern weitergegeben. Noch heute entstehen unsere Weine nach diesem Qualitätsrezept mit unserer Handschrift.

Aufenthalt:	maximal 24 Stunden
Anreise bis:	20 Uhr
Ab-Hof-Verkauf:	täglich von 8 - 16 Uhr und gegen Voranmeldung
Produkte:	Grüner Veltliner, Chardonnay, Welschriesling, Muskateller, Cuvée weiß, Frizzante, Rosé, Zweigelt, Merlot, Blaufränkisch, Cabernet Sauvignon, Traubensaft, Liköre
Bewirtung:	Frühstück, Mittagessen, Abendessen nach Voranmeldung
Aktivitäten:	Kellerführung, Weinverkostung, Weingartenführung
Umgebung:	grenzüberschreitender Barfußweg, Schaumühle Schrattenberg, Weinradwege, Vino Versum Poysdorf, Staatzer Berg und Burgruine Staatz, Liechtenstein Schloss Wilfersdorf

110 WEINGUT STOIBER
www.weinbau-stoiber.at

Hauptstraße 21
2182 Palterndorf

48°35‘18.3“N 16°49‘13.6“E

ANMELDUNG:
Andreas Stoiber
0664/4549220

Wir sind ein kleiner Familienbetrieb mit Schwerpunkt Weinbau. Unser Bauernhof liegt mitten im kleinen ziemlich ruhigen Palterndorf. Wir produzieren hochwertige Weine, die unter Voranmeldung jederzeit verkostet werden können. Besonders stolz sind wir auf unseren alten Weinkeller. Unsere Weine können dort ohne künstliche Kühlung bei optimaler Temperatur und Luftfeuchtigkeit reifen.

Aufenthalt:	maximal 24 Stunden
Anreise bis:	20 Uhr
Ab-Hof-Verkauf:	geöffnet bei Bedarf
Produkte:	Weinviertel DAC, Neuburger, Welschriesling, Riesling, Chardonnay, Frizzante, Winzersekt, Rosé, Blauer Portugieser, Zweigelt, Cabernet Sauvignon
Aktivitäten:	Kellerführung, Weinverkostung
Umgebung:	Kellergasse Dobermannsdorf, Wehrturm Palterndorf, Weinradweg Muskateller, Liechtenstein Schloss Wilfersdorf, Museumsdorf Niedersulz, Poysdorf

111 WEINGUT BUSCHENSCHANK ZICKL
www.zickl.at

Wienerstraße 10
2191 Gaweinstal

48°28'32.9"N 16°35'16.9"E

ANMELDUNG:
Wolfgang Zickl
0664/7653337

Wir sind ein typischer Weinviertler Winzerhof im Gaweinstal in Niederösterreich. Unsere Buschenschank hat fast das ganze Jahr über geöffnet. Alle unsere Speisen werden selbst verarbeitet und zubereitet, diese können auch ab Hof gekauft werden. Wir haben ein umfangreiches Weinsortiment. Unsere traumhaft schöne Weinlaube lädt zum Verweilen ein.

Aufenthalt:	maximal 24 Stunden
Anreise bis:	18 Uhr
Geschlossen:	Montag; Dezember, Jänner
Ab-Hof-Verkauf:	Dienstag bis Sonntag ab 16 Uhr
Produkte:	Wein, Frizzante, Traubensaft, Likör, Sturm, Speck, Schinken, Blunze, Presswurst, Surbraten, Schmalz, Wildspeck von Hirsch und Wildschwein, Wildschinken von Hirsch und Wildschwein, Wildwürste und Kochschinken vom Hirsch
Bewirtung:	Buschenschank, Abendessen nach Voranmeldung
Aktivitäten:	Weinverkostung, Kellerführung, Betriebsführung
Umgebung:	Museumsdorf Niedersulz, Weinvierteldraisine, Wildpark Ernstbrunn, MAMUZ Schloss Asparn/Zaya, Liechtenstein Schloss Wilfersdorf, Wanderwege

112 BIOHOF STICH
www.biohof-stich.at

Hauptstraße 32
2203 Manhartsbrunn

48°23'18.4"N 16°25'36.2"E

ANMELDUNG:
Sebastian Stich
0664/5881603

Wir sind ein biologisch wirtschaftender Betrieb mit Ackerbau, Weinbau, Obstbau, Hühnerhaltung und einem Selbstbedienungs-Hofladen. Unser Augenmerk liegt auf der nachhaltigen Erzeugung von Produkten wie Erdäpfeln, Zwiebeln, Fruchtsäften und Nektar, diversen Qualitätsweinen sowie Marillen. Zusätzlich verkaufen wir auch Eier von unseren Hühnern.

Aufenthalt:	maximal 24 Stunden
Ab-Hof-Verkauf:	Montag bis Freitag von 7 - 19 Uhr
Produkte:	Obst und Gemüse nach Saison, Eier, Säfte, Spirituosen, Wein, Marmeladen und diverse Sirupe
Aktivitäten:	Betriebsführungen sind nach Voranmeldung gerne möglich
Umgebung:	zahlreiche Rad- und Wanderwege in der Umgebung, Fossilienwelt Weinviertel, Badeteich Bisamberg, Kreuttaler Aussichtsturm

113 WINZERFAMILIE PFALZ

www.winzerfamilie-pfalz.at

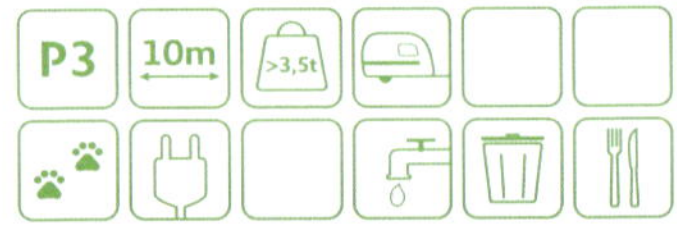

Parkstraße 22
2223 Hohenruppersdorf

48°27'45.0"N 16°39'12.2"E

ANMELDUNG:
Markus Pfalz
0677/61944854

Der Weinbaubetrieb ist seit 1828 im Familienbesitz. Wir achten besonders auf die Arbeiten im Weingarten, wie Begrünungsmanagement und bewusste Reduzierung der Erntemenge durch Ausbrechen von Trieben und Trauben. Denn Qualität wächst im Weingarten – nicht im Keller. Die Trauben werden mit voller Reife, fast ausschließlich händisch geerntet. Die Verarbeitung im Weinkeller erfolgt auf zwei Etagen im schonenden Gefälle. Wir legen ein besonderes Augenmerk auf Nachhaltigkeit, Sortenreinheit und beste Weinqualität.

Aufenthalt: maximal 24 Stunden
Geschlossen: Mitte September bis Anfang Oktober
Ab-Hof-Verkauf: geöffnet bei Bedarf
Produkte: Frizzante, Grüner Veltliner, Welschriesling, Weißburgunder, Sämling 88, Riesling, Muskat Ottonel, Welschriesling, Cuvée, Cuvée Barrique
Bewirtung: Abendessen nach Voranmeldung
Aktivitäten: Weinverkostung, Weingartenwanderung mit anschließender Weinverkostung, Kellerführung mit anschließender Verkostung
Umgebung: Wanderwege, Kellergasse Hohenruppersdorf, Baumkreis Veltlinerland

114 BIO-WEINGUT BERTHOLD

www.bioweingut-berthold.at

Mühlgasse 20
2225 Loidesthal

48°29'50.4"N 16°45'11.3"E

ANMELDUNG:
Alexandra Berthold
0664/1415855

Wir sind ein kleiner, familiärer Betrieb in Loidesthal, einer Katastralgemeinde von Zistersdorf. Unser Ziel ist es, den Menschen zu zeigen, wie wir uns mit dem Thema Wein auseinandersetzen. Neben dem Wein betreiben wir auch Ackerbau. Unsere Kunden aus dem ganzen Land genießen die Aromen der Region in Bio-Qualität, die wir mit viel Liebe hervorbringen. Auf Löss und Lehmboden unserer Weinhänge gedeihen acht Traubensorten.

Aufenthalt: maximal 24 Stunden
Anreise bis: 20 Uhr
Ab-Hof-Verkauf: Selbstbedienungsladen
Produkte: Grüner Veltliner, Weinviertel DAC, Welschriesling, Riesling, Muskat Ottonel, Chardonnay, Weißburgunder und Zweigelt
Aktivitäten: Weinverkostung
Umgebung: Museumsdorf Niedersulz, Erdstallführungen in Dürnkrut, Kanuverleih in Dürnkrut, Schloss Jedenspeigen, Sierndorfer Bründlkapelle, Mittelalterfest auf Schloss Jedenspeigen

115 BUSCHENSCHANK BÖSWIRTH

www.weingut-boeswirth.at

Windisch Baumgartner Straße 16
2225 Zistersdorf

48°33'00.2"N 16°45'07.1"E

ANMELDUNG:
Franz Böswirth
0664/3002276

Unsere Weingartenanlagen erstrecken sich südöstlich des Steinberges. Wir begannen 1992 mit der Auspflanzung von Rotweinsorten, da unser Sortiment bis dahin ausschließlich aus Weißweinen bestand. Mittlerweile betreiben wir eine Anbaufläche von 6,5 ha. Die neu errichtete Verarbeitungshalle und die Weinlagerhalle geben uns die Möglichkeit unsere Trauben nach neuester Technik zu verarbeiten und zu lagern.

Aufenthalt: maximal 24 Stunden
Ab-Hof-Verkauf: jederzeit nach telefonischer Vereinbarung und während der Buschenschank-Öffnungszeiten
Produkte: Frizzante, Gelber Muskateller, Weinviertel DAC, Pinot Blanc, Sauvignon Blanc, Welschriesling, Zweigelt, Zweigelt Barrique, Blauburger
Bewirtung: Buschenschank, Abendessen nach Voranmeldung
Aktivitäten: Weinverkostung
Umgebung: Stadtmuseum Zistersdorf, nitsch museum Mistelbach, Schlossmuseum Jedenspeigen, Weinradweg Muskateller, Baumkreis Veltlinerland

116 WEINGUT LACHINGER

www.lachinger-wein.at

Hauptstraße 18
2242 Prottes

48°23'05.3"N 16°44'22.9"E

ANMELDUNG:
Sabine Lachinger
02282/4700

Nach dem Motto „Wein erleben" bewirtschaften wir 10 ha Weingarten. Jedes neue Weinjahr stellt uns vor neue Herausforderungen. Entsprechend unserer Betriebsphilosophie keltern wir gebietstypische, aromareiche Weine auf hohem Niveau. In unserem Weinverarbeitungsbereich werden die Trauben und der Wein mit neuester Technik zu duftig, geschmacklich fruchtig spritzigen Weißweinen und fruchtig samtigen Rotweinen vinifiziert.

Aufenthalt: maximal 24 Stunden
Ab-Hof-Verkauf: Donnerstag von 9 - 12 Uhr und 15 - 19 Uhr, zusätzlich bei Bedarf
Produkte: Weißweine, Rotweine, Perlweine, Liköre, Tresterbrand, Traubenkernöl, Verjus, Traubensäfte, Fruchtaufstriche, Suppengewürz, Sirup, Honig
Bewirtung: Buschenschank
Aktivitäten: Weinverkostung, Betriebsführung
Umgebung: Erdöl-Lehrpfad, Traminer Radweg, Kanufahrten auf der March, Erlebnispark Gänserndorf, Weinviertel-Draisine, Marchfeld-Schlösser

117 WEINGUT WIESINGER

www.weingut-wiesinger.at

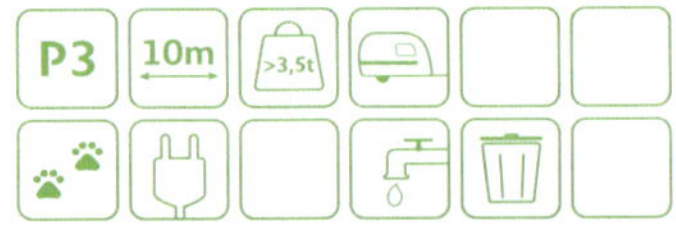

Hauptstraße 47
2244 Spannberg

48°27‘53.9“N 16°44‘01.1“E

ANMELDUNG:
Michael Wiesinger
0664/8713945

Seit 1959 bewirtschaftet die Familie Wiesinger den heute 4,5 ha an Rebflächen umfassenden Weinbaubetrieb. Durch naturnahen und umweltschonenden Weinbau werden höchste Qualitätsstufen erzielt. Die Begeisterung für Wein schmeckt man in jedem Schluck. Von fruchtig leicht über harmonisch süß bis hin zu körperreich gehaltvoll ist für jeden etwas dabei. Von liebevoll gepflegten Obstbäumen wird in mühevoller, entschleunigter Arbeit eine Vielzahl an Edelbränden hergestellt.

Aufenthalt: maximal 24 Stunden
Geschlossen: September, Oktober
Ab-Hof-Verkauf: geöffnet bei Bedarf
Produkte: Qualitätsweine wie Weinviertel DAC Grüner Veltliner, Welschriesling, Goldburger, Frühroter Veltliner, Riesling, Sämling 88, Chardonnay, Zweigelt, Roesler; weißer und roter Traubensaft; Edelbrände; Liköre
Aktivitäten: Weinverkostung, Kellerführung, Destillatverkostungen
Umgebung: Museumsdorf Niedersulz, Weinradwege, March-Thaya-Auen, Pilgerwege
Hinweis: Anreise erfolgt an oben genannte Adresse, der Stellplatz selbst befindet sich in der Stadtgasse hinter unserem Kellergebäude (48°28‘02.8“N 16°44‘00.3“E).

118 BIOWEINBAU FLANDORFER

www.flandorfer-identity.com

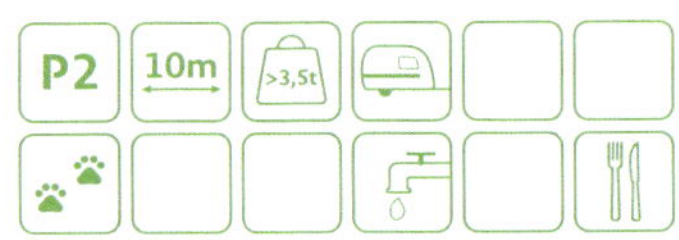

Am Bach 86
2244 Spannberg

48°27‘50.0“N 16°44‘51.1“E

ANMELDUNG:
Christian Flandorfer
0664/6421754

Im Jahr 2016 haben wir unseren Betrieb auf biodynamische Bewirtschaftung (Demeter) umgestellt. Somit dürfen wir keine Hefe und Hefezusätze verwenden. Alle Weine werden mittels Spontangärung produziert. Unsere Weine können 24 Stunden in unserem Selbstbedienungs-Pavillon gekauft werden. Zusätzlich zu unseren Weinen bieten wir dort regionale Bio-Spezialitäten an.

Aufenthalt: maximal 24 Stunden
Ab-Hof-Verkauf: Selbstbedienungs-Pavillon 0 - 24 Uhr
Produkte: Weine, Saft, Sirup, Eier, Gemüse, Speck, Aufstriche, Öle, eingelegtes Gemüse, Kräuter, Gewürze, Honig
Bewirtung: Abendessen nach Voranmeldung
Aktivitäten: Weinverkostung, Betriebsführung
Umgebung: Museumsdorf Niedersulz, Erlebnispark Gänserndorf, Eisenbahnmuseum Strasshof, Waldlehrpfad Zistersdorf, Erdställe Dürnkrut

119 WEINBAU SAUER ROMAN

www.weinbau-sauer.at

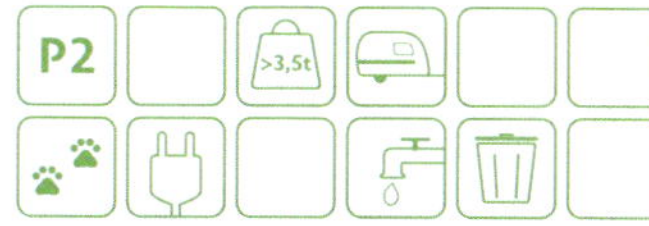

Hauptstraße 46 a
2251 Ebenthal

48°26'15.5"N 16°47'25.7"E

ANMELDUNG:
Roman Sauer
0664/4973734

Unser Hof liegt in Ebenthal im südlichen Weinviertel, nicht weit von der slowakischen Grenze entfernt. Wir sind ein gemischter Betrieb und bewirtschaften Felder und Weingärten. Unsere Rebfläche beträgt vier Hektar. Seit 2020 sind unsere Trauben biozertifiziert.

Aufenthalt: maximal 24 Stunden
Anreise bis: 21 Uhr
Ab-Hof-Verkauf: geöffnet bei Bedarf
Produkte: Welschriesling, Weißburgunder, Grüner Veltliner
Aktivitäten: Weinverkostung, Kellerführung und Weingartenführung gegen Voranmeldung
Umgebung: Spannberg Bauernmuseum mit Bauernlehrpfad, Bernsteinstraße, Muskateller-Radroute, Traminer-Radroute, Museumsdorf Niedersulz

120 WEINGUT KNASMÜLLNER

www.weinhauer.com

Hauptstraße 110
2252 Ollersdorf

48°23'41.5"N 16°48'04.7"E

ANMELDUNG:
Helmut Knasmüllner
0664/1629405

Wir sind ein traditioneller Weinbaubetrieb mit einer wunderschönen Anlage am Kellerberg in Ollersdorf. Unser Ort liegt 30 km nördlich von Wien in der Gemeinde Angern an der March.
Nach der Handlese von nur gesunden Trauben und kontrollierter Vergärung werden die Weine je nach Qualität im Holzfass oder Edelstahltank ausgebaut.

Aufenthalt: maximal 24 Stunden
Geschlossen: September, Oktober
Ab-Hof-Verkauf: geöffnet bei Bedarf
Produkte: Weinviertel DAC Grüner Veltliner, Welschriesling, Gelber Muskateller, Weißer Burgunder, Rheinriesling, Zweigelt, Rosé, Frizzante
Aktivitäten: Kellerführung, Weinverkostung
Umgebung: Museumsdorf Niedersulz, Schloss Dürnkrut, Eisenbahnmuseum Strasshof, Erlebnispark Gänserndorf, Nationalpark Donauauen, Ausflug nach Bratislava

121 WINZERHOF KÜSSLER

www.kuessler.at

Ebenthaler Straße 45
2262 Grub an der March

48°25'12.9"N 16°50'11.8"E

ANMELDUNG:
Verena Küssler
0664/8585598

Unsere Weine sind vielfach ausgezeichnet - eine Neuheit stellen die „singenden“ Weine dar. Neben unseren außergewöhnlichen Übernachtungsmöglichkeiten in den Weinfass-Suiten ist auch unser Winzerabend sehr beliebt. Er besteht aus einer Führung durch die Kellerei und einer Weinverkostung im 300 Jahre alten Kellergewölbe. Im Anschluss können Sie Heurigenschmankerl und Mehlspeisen genießen.

Aufenthalt: maximal 24 Stunden
Anreise bis: 22 Uhr
Ab-Hof-Verkauf: geöffnet bei Bedarf
Produkte: Grüner Veltliner, Welschriesling, Chardonnay, Gelber Muskateller, Zweigelt, Rosé, Frizzante, „Singende“ Weine
Bewirtung: Frühstück und Abendessen nach Voranmeldung
Aktivitäten: Winzerabend: bestehend aus einer Führung durch die Kellerei, Weinverkostung, Heurigenschmankerl; Wellness-Romantik inkl. Rotweinbaden; E-Bike-Verleih
Umgebung: Museumsdorf Niedersulz, Historischer Ölbohrturm in Prottes, Museum Stillfried, Muskateller-Radroute, Traminer-Radroute

122 WEINBAU FAMILIE MÜLLNER

www.wein-muellner.at

Berggasse 19
2264 Jedenspeigen

48°29'53.9"N 16°52'10.0"E

ANMELDUNG:
Michael Müllner
0650/5808653

Wir führen einen kleinen Familienbetrieb. Drei Generationen ziehen an einem Strang und keltern gemeinsam außergewöhnliche Weine. Jeder Wein trägt die persönliche Handschrift des Winzers. Wir setzen bei unseren Weinen voll auf Gebietstypizität. Die Weine bekommen die Zeit die sie brauchen und werden in verschiedenen Qualitätsstufen ausgebaut. Unsere Priorität ist, extraktreiche und fruchtige Weißweine mit Balance in Säure und Restzucker zu keltern.

Aufenthalt: maximal 24 Stunden
Ab-Hof-Verkauf: geöffnet bei Bedarf
Produkte: Frühroter Veltliner, Welschriesling, Grüner Veltliner Weinviertel DAC, Gewürztraminer
Bewirtung: Abendessen nach Voranmeldung
Umgebung: Schloss Jedenspeigen, Museumsdorf Niedersulz, Eisenbahnmuseum Strasshof, Erlebnispark Gänserndorf

123 HOF RENATE EDER

www.renateeder.at

Hauptstraße 44
2264 Sierndorf an der March

48°30'41.1"N 16°53'14.5"E

ANMELDUNG:
Renate Eder
0650/8963185

Auf unserem Hof beschäftigen wir uns mit Getreide, Kürbis, Zuckerrüben, Obst und Gemüse. Gerne können Sie mithelfen, wenn gerade etwas zu tun ist, wie zum Beispiel Obstpflücken oder Weintraubenlesen. Besonders beliebt sind unsere Kürbiskernspezialitäten. So bieten wir Kürbiskernöl, Kürbiskernlikör, Knabberkerne, Fruchtaufstriche und Pralinen an. In der Umgebung können Sie Carnuntum, Schloss Hof und das Museumsdorf Niedersulz besichtigen.

Aufenthalt: maximal 24 Stunden
Anreise bis: 21 Uhr
Ab-Hof-Verkauf: geöffnet bei Bedarf
Produkte: Saisonal: Marmeladen, Fruchtsäfte, Kernöl, Kürbislikör, Kürbispralinen, Salate, Kompotte, Chutneys; Frischware: Kartoffeln, Zwiebeln, Knoblauch und Speisekürbis sowie frisches Brot gegen Voranmeldung.
Bewirtung: Frühstück, Mittagessen, Abendessen nach Voranmeldung
Aktivitäten: Produktverkostung, Picknick im Weingarten
Umgebung: Radweg Sierndorf (35,5 km Länge), Museum Sierndorf, Schloss Jedenspeigen, Mittelalterfest in Jedenspeigen, Weinmuseum Familie Ernst

124 WEINGUT ZISSLER

www.zissler.at

Hauptstraße 49
2264 Sierndorf an der March

48°30'41.2"N 16°53'13.7"E

ANMELDUNG:
Karl Zißler
0699/10721686

Unser Weingut liegt im östlichen Weinviertel, ca. 50 km von Wien entfernt, nahe der Grenze zur Slowakei. Unser Betrieb wird seit über 100 Jahren als Familienbetrieb geführt und umfasst heute eine Rebfläche von rund 7 ha. Das Klima in unseren Rieden wird von Süden durch die pannonischen Klimaausläufer und von Osten durch den Steppenfluss March mit seiner Aulandschaft positiv beeinflusst.

Aufenthalt: maximal 24 Stunden
Ab-Hof-Verkauf: Selbstbedienungsautomat, zusätzlich geöffnet bei Bedarf
Produkte: Grüner Veltliner in verschiedenen Ausbaustufen, Welschriesling, Frühroter Veltliner, Riesling, Pinot Blanc, Gemischter Satz, Muskateller, Cuvée weiß, Zweigelt, Blauburger, Cabernet Sauvignon, Cuvée rot, Frizzante, roter Traubensaft
Aktivitäten: Betriebsbesichtigung mit Weinverkostung und Weinviertler Jause
Umgebung: Museum Sierndorf, Maria Bründl, Radroute Sierndorf (35km), Wanderungen durch die March-Auen, Museumsdorf Niedersulz
Hinweis: genaue Zufahrtsbeschreibung zum Hof erfolgt telefonisch

125 PFLANZENWERKSTATT GRAFENWEIDEN

www.pflanzenwerkstatt-grafenweiden.at

Grafenweiden 1
2292 Engelhartstetten

48°12'00.7"N 16°54'15.6"E

ANMELDUNG:
Fö. Ing. Johann Kiessling
0699/10535356

In unserem waldbäuerlichen Betrieb im Marchfeld gehen wir auf den Flächen einer mittelalterlichen Dorf-Wüstung mit Geflügel- und Pferdewirtschaft den historischen Wurzeln nach. Wir beschäftigen uns sowohl mit der Natur- als auch der Kulturlandschaft und bieten gemeinsam mit unseren Partnern Möglichkeiten des Lernens und Erfahrens an. Unser Motto lautet: AllesAußerGewöhnlich!

Aufenthalt:	maximal 24 Stunden
Anreise bis:	21 Uhr
Ab-Hof-Verkauf:	geöffnet bei Bedarf
Produkte:	je nach Saison - Obst, Waldkräuter, Waldfrüchte, Pilze, Säfte, Kräuter, Grillholzkohle, Federn, Geflügel, Eier u.v.a. mehr
Aktivitäten:	je nach Interesse sind naturwissenschaftliche Aktivitäten und Hofführung möglich
Umgebung:	Der March-Donau-Winkel bietet sowohl in seiner naturräumlichen Ausstattung als auch mit der Fülle an erhaltenen historischen Kulturzeugen (von Jungsteinzeit bis heute) ein besonderes Angebot an qualitätsvollen Destinationen und Sehenswürdigkeiten.
Hinweis:	Leinenpflicht für Hunde

126 RADLS GENUSSPARADIES

www.radls.at

Weihen Stephansplatz 7
2301 Probstdorf

48°10'18.6"N 16°36'53.6"E

ANMELDUNG:
Christian Radl
0650/9907210

Wir sind ein landwirtschaftlicher Familienbetrieb im Marchfeld, der sich auf die Produktion von schmackhaften, regionalen Lebensmitteln spezialisiert hat. Uns liegt es besonders am Herzen, dass die Konsumenten wissen was sie essen, woher es kommt und die Region mit ihren Spezialitäten wertschätzen.

Aufenthalt:	maximal 24 Stunden
Geschlossen:	Sonntag bis Donnerstag; Jänner, Februar
Ab-Hof-Verkauf:	Freitag von 13 - 18 Uhr, Samstag von 8 - 12 Uhr; Selbstbedienungsautomat 0 - 24 Uhr
Produkte:	Gemüse, Obst, Eier, Eis, Milch und Milchprodukte, Käse, Fleisch und Fleischprodukte, Honig, eingelegtes Gemüse, Säfte, Schnaps, Wein uvm.
Umgebung:	Nationalpark Donauauen, Nationalparkzentrum Schloss Orth, Wandern und Radfahren im Marchfeld, Schloss Eckartsau, Schloss Hof

127 HOFLADEN MAGOSCHITZ

www.solo-select.at

Kirchengasse 1
2304 Mannsdorf

48°09'10.3"N 16°39'34.5"E

ANMELDUNG:
Barbara Magoschitz
02212/2318

Wir haben einen Familienbetrieb, der sich auf die Produktion von Spargel spezialisiert hat. Im Herzen unseres Hofes befindet sich unser Hofladen, in dem wir regionale und saisonale Produkte aus der Region vermarkten. Wir kennen alle unsere Produzenten persönlich. Unser Ab-Hof-Verkauf hat bis auf Jänner und Februar das ganze Jahr über geöffnet. Im Dezember verkaufen wir auch Christbäume und Weihnachtsdekorationen.

Aufenthalt: maximal 24 Stunden
Anreise bis: 20 Uhr
Geschlossen: Jänner, Februar
Ab-Hof-Verkauf: täglich von 7:40 - 19 Uhr
Produkte: Spargel, regionales und saisonales Obst & Gemüse, Brot, Nudeln, Milchprodukte, Marmelade, Honig, Säfte, Fleisch & Fleischprodukte, Gewürze, Weine, Biere, Eingelegtes, Süßes und vieles mehr
Aktivitäten: 1x im Jahr Spargelfest
Umgebung: Donauauen zum Wandern und Schwimmen, Schloss Orth Nationalparkzentrum, Schloss Eckartsau, Schloss Hof

128 SCHRANK HEURIGER RESTAURANT

www.heuriger-schrank.at

Bachgasse 27
2332 Hennersdorf bei Wien

48°06'40.9"N 16°22'03.0"E

ANMELDUNG:
Andreas Schrank
02235/81525

Seit über 3 Generationen werden von uns um die 7 ha Weingärten bewirtschaftet. Unsere Rieden liegen in Gumpoldskirchen, Guntramsdorf und Bad Vöslau. Unsere Weine keltern wir ausschließlich aus eigenen Trauben und so konnten wir schon eine Vielzahl an Auszeichnungen erringen. Neben den Hauptsorten Grüner Veltliner, Neuburger und Weißburgunder sowie Zweigelt befinden sich auch Zierfandler, Riesling und einige Cuvées in unserem Sortiment.

Aufenthalt: maximal 24 Stunden
Anreise bis: 17 Uhr
Geschlossen: Montag, Dienstag, Mittwoch; Pfingsten, erste und zweite Augustwoche, Herbstferien, Weihnachtsferien
Ab-Hof-Verkauf: Donnerstag bis Sonntag von 11:30 - 21 Uhr, zusätzlich bei Bedarf
Produkte: Riesling, Neuburger, Weißburgunder, Zierfandler, Zweigelt, Rosé, Traubensaft
Bewirtung: Mittag- und Abendessen im Heurigen-Restaurant
Umgebung: Hennersdorfer Kulturpfad, Burg Liechtenstein, Weinbaumuseum Gumpoldskirchen, Seegrotte Hinterbrühl, Laxenburg

129 LAND- UND WEINGUT NOWAK

www.wein-nowak.at

Mühlgasse 2
2353 Guntramsdorf

48°02'42.5"N 16°18'48.2"E

ANMELDUNG:
Leopold Nowak
0664/3032802

Unser Betrieb ist 20 km von der Stadtmitte Wien entfernt. Wir bewirtschaften 15 ha Weingarten und 75 ha Felder. Auf unseren Feldern wachsen Zuckerrüben, Mais, Sonnenblumen, Durumweizen und Ölkürbisse. In unserem Heurigenlokal mit sonnigem Gastgarten verwöhnen wir unsere Gäste mit regionalen Spezialitäten und unseren Weinen.

Aufenthalt:	maximal 24 Stunden
Anreise bis:	17 Uhr
Geschlossen:	Jänner, Februar
Ab-Hof-Verkauf:	geöffnet bei Bedarf
Produkte:	Grüner Veltliner, Welschriesling, Rheinriesling, Sauvignon Blanc, Neuburger, Blauburger, Cabernet Sauvignon, Merlot, Auslese, Trockenbeerenauslese, Eiswein, Kürbiskernöl
Bewirtung:	Heuriger, Öffnungszeiten siehe Webseite
Aktivitäten:	Weinverkostung, Weingartenbesichtigung
Umgebung:	Baden bei Wien, Römertherme Baden, Schloss Laxenburg, Wanderungen im Wienerwald, Heimatmuseum Guntramsdorf

130 WEINGUT MUHR

www.weingutmuhr.at

Alte Bundesstraße 1
2463 Stixneusiedl

48°02'21.9"N 16°40'41.1"E

ANMELDUNG:
Emmerich Muhr
0699/12633703

Ich bewirtschafte das Weingut bereits in vierter Generation. Aus rund 9 ha Weingärten, alle an den Südhängen des Arbesthaler Hügellandes gelegen, werden regionstypische charaktervolle Weine gekeltert. Der Grundstein für beste Weine wird von mir bereits im Weingarten gelegt. Die Arbeiten übers Jahr wie Triebreduktion, Laubarbeit und Traubenminimierung sind dabei wichtige Komponenten.

Aufenthalt:	maximal 24 Stunden
Anreise bis:	20 Uhr
Ab-Hof-Verkauf:	geöffnet bei Bedarf
Produkte:	Grüner Veltliner, Welschriesling, Weißburgunder, Gelber Muskateller, Zweigelt, Sämling 88 Beerenauslese, Rosé, Gelber Muskateller Frizzante, Blaufränkisch, Cuvée rot
Aktivitäten:	Weinverkostung
Umgebung:	VIA.VINUM. Rundweg Stixneusiedl, Carnuntum, Neusiedler See, Erlebnis Harrachpark, Energieparkführungen Bruck/Leitha, Landwirtschaftsmuseum und Oldtimerausstellung Familie Jüly

131 WEINGUT PAYR

www.weingut-payr.at

Dorfstraße 18
2465 Höflein

48°04'05.9"N 16°47'10.5"E

ANMELDUNG:
Robert Payr
0664/2307535

Die Geschichte unseres Weinguts ist eine Geschichte über Heimat, Tradition und Verantwortung. Der Weinbau in unserem Heimatort Höflein reicht bis ins Jahr 1083 zurück. Heute bewirtschaften wir im respektvollen Umgang mit der Natur 12 ha Weingärten und haben uns auf die handwerkliche Herstellung von regionaltypischen Rot- und Weißweinen spezialisiert. Wir sind Mitgliedsbetrieb von Rubin Carnuntum und der Österreichischen Traditionsweingüter. Seit 2015 sind wir nachhaltig zertifiziert und seit 2020 ein Biobetrieb.

Aufenthalt: maximal 24 Stunden
Anreise bis: 16 Uhr
Ab-Hof-Verkauf: geöffnet bei Bedarf
Produkte: Chardonnay, Grüner Veltliner, Blaufränkisch, Zweigelt, Cuvée, Welschriesling, Sauvignon Blanc, Rosé, Blauer Portugieser, Rosé Brut, Classic Brut, Brände
Aktivitäten: Weinverkostung
Umgebung: Nationalpark Donauauen, Archäologiepark Carnuntum, Weinerlebnisweg Höflein, Höfleiner Bienenlehrpfad, Familienmuseum Leopold Höflein

132 WEINGUT UND HEURIGER STUDENY

Hauptstraße 80
2504 Sooss

47°59'03.9"N 16°12'44.6"E

ANMELDUNG:
Beate Köck
02252/87311

Unser Weingut mit Heurigen liegt in der Thermenregion zwischen Baden und Bad Vöslau. Wir, als Zuagraste aus dem Retzer Land, bewirtschaften dieses Weingut inkl. Heurigen seit 1996. Bei uns kommt nur das in die Flasche, was wir selbst das ganze Jahr gepflegt haben, denn nur so können wir gute Qualität garantieren.

Aufenthalt: maximal 24 Stunden
Anreise bis: 18 Uhr
Ab-Hof-Verkauf: geöffnet bei Bedarf
Produkte: Grüner Veltliner, Neuburger, Riesling, Welschriesling, Chardonnay, Weißburgunder, Gelber Muskateller, Gemischter Satz, Rosé, Blauburger, Blauer Portugieser spezial, Zweigelt Classic, St. Laurent, Roesler, Zweigelt Barrique, Furioso, Cabernet Sauvignon, Merlot, Muskatfrizzante, Rossecco, Traubensaft
Bewirtung: Frühstück, Mittagessen, Abendessen nach Voranmeldung
Aktivitäten: Weinverkostung
Umgebung: Baden bei Wien mit Römertherme und Strandbad, Arnulf Rainer Museum, Wandern und Radfahren in der Umgebung, viele Golfplätze

133 SCHAFLERHOF
www.schaflerhof.at

Josef-Ferschner-Straße 30
2514 Traiskirchen

48°00'59.0"N 16°17'31.2"E

ANMELDUNG:
Ing. Andreas Schafler
0699/15237800

Im Zentrum von Traiskirchen gelegen bewirtschafte ich ein modern geführtes Weingut mit angeschlossenem Buschenschankbetrieb (= Straußwirtschaft) und Wein-Verkostungsraum. Die Weingärten umfassen 5 ha Rebflächen, hauptsächlich bauen wir Weißweine aus. Der großzügige Parkplatz des Weingutes bietet ausreichend Platz für Wohnmobile jeder Größe.

Aufenthalt:	maximal 24 Stunden
Anreise bis:	22 Uhr
Ab-Hof-Verkauf:	geöffnet bei Bedarf
Produkte:	Welschriesling, Gemischter Satz, Grüner Veltliner, Gelber Muskateller, Zierfandler, Rotgipfler, Chardonnay, St. Laurent, Zweigelt, Cuvée, Süßweine, naturtrübe Traubensäfte, Essige und Edelbrände
Aktivitäten:	Produktverkostung gegen Gebühr
Umgebung:	Tramwaymuseum Traiskirchen, Museum Traiskirchen, Schlosspark Laxenburg, Beethovenhaus Baden, Arnulf Rainer Museum Baden

134 WEINGUT „IN DER MÜHLE"
www.tattendorf.at/muehle

Mühlgasse 8
2523 Tattendorf

47°57'23.4"N 16°17'59.4"E

ANMELDUNG:
Elfriede Dachauer
02253/81081

Wir haben einen Biobauernhof in einer alten Mühle mitten im Herzen von Tattendorf. Unsere Familie bewirtschaftet die Weingärten und Felder aus Überzeugung und mit viel Freude.
Im Hofladen bieten wir ein umfangreiches Angebot unserer selbst erzeugten Bio-Produkte an. Gerne kann man das Mühlenmuseum besichtigen. Ein Besuch bei den Galloway-Rindern und den Hühnern ist ebenfalls möglich.

Aufenthalt:	maximal 24 Stunden
Anreise bis:	19 Uhr
Ab-Hof-Verkauf:	Mittwoch von 8 - 11 Uhr und 16 - 19 Uhr, Freitag von 8 - 11 Uhr und 16 - 19 Uhr, Samstag von 8 - 14 Uhr
Produkte:	Wein, Traubensaft, Schnaps, Eier, Getreide und Mehl, Öle, Marmelade, Teigwaren, im Herbst Kürbis und Erdäpfel
Aktivitäten:	Besichtigung des Mühlenmuseums und des hofeigenen Kraftwerkes, Weinverkostung am „Tag der offenen Tür", Teilnahme am Großheurigen und am traditionellen Weinlesefest im Herbst, Schmankerl beim „Walk Around Tattendorf"
Umgebung:	Heuriger in nächster Umgebung, Kletterpark, St. Laurent Weinwanderweg

135 WEINGUT DOPLER

www.weingut-dopler.at

Pottendorferstraße 8
2523 Tattendorf

47°57'21.2"N 16°18'09.2"E

ANMELDUNG:
Sonja Dopler
02253/81266

Tauchen Sie ein in die Sortenvielfalt und hören Sie zu, was Ihnen der Wein über unsere Heimat erzählt. Unser Weingut liegt eingebettet in der Ebene der Thermenregion und ist Ausgangspunkt für viele Ausflugsmöglichkeiten und stimmungsvolle Heurigenbesuche. Bei uns können Sie Weine in gemütlicher Atmosphäre verkosten. Zusätzlich bieten wir Ihnen eine Vielfalt an originellen Geschenksideen rund um den Wein.

Aufenthalt: maximal 24 Stunden
Anreise bis: 16 Uhr
Geschlossen: Sonntag; Feiertage
Ab-Hof-Verkauf: Montag bis Freitag von 8 - 18 Uhr, Samstag von 9 - 15 Uhr
Produkte: verschiedene Weine, Traubensaft, Frizzante, Schokolade, Fruchtaufstriche, Traubenkernöl, Traubenkernmehl, Rotweinessig, Geschenkartikel
Aktivitäten: Kellerführung und Weinverkostung (inkl. Gebäck, Wasser und Wein) 10 Euro pro Person
Umgebung: Weinwanderweg, Kletterpark in Tattendorf, Beethovenhaus in Baden, Kurpark Baden, Römertherme Baden

136 AHORNHOF

www.ahornhof.at

Hernsteinerstraße 92
2551 Enzesfeld-Lindabrunn

47°54'42.5"N 16°10'22.9"E

ANMELDUNG:
Doris Maus
0650/4904096

Der Ahornhof in Lindabrunn liegt inmitten der Thermenregion in Niederösterreich, 30 Kilometer südlich von Wien. Unser Hof ist ein landwirtschaftlicher Betrieb mit Grünlandbewirtschaftung, Weinbau, Edelbrand-Erzeugung, Schafhaltung sowie Marillen-Obstbau. Des weiteren bieten wir Esel-Kutschfahrten und Esel-Reitspaziergänge für die ganze Familie an.

Aufenthalt: maximal 24 Stunden
Ab-Hof-Verkauf: geöffnet bei Bedarf
Produkte: Rot- und Weißwein, Edelbrand, Marmelade, Sirup, Eier, Obst, Lammfleisch (nur für kurze Zeit beim Schlachttermin)
Aktivitäten: Eselreiten und Eselkutschfahrten, Wein- und Edelbrandverkostung
Umgebung: Schloss Hernstein, Jubiläumswarte Berndorf, Thermalbad Bad Vöslau, Baden
Hinweis: Vorsicht: freilaufende Hühner! Deshalb Hunde bitte unbedingt an die Leine! Anreise: Im Navi Franz-Wöhrer Gasse eingeben, 2551 Enzesfeld-Lindabrunn. Von der Hernsteinerstraße in die Franz-Wöhrer Gasse einbiegen, dort den ersten Feldweg links hochfahren bis zum Eisentor Ahornhof. Gerade reinfahren bzw. anrufen, wenn das Tor nicht offen ist.

137 BIOSPHÄRENHOF NÖSTACH

Nöstach 56
2571 Altenmarkt

48°02'31.6"N 16°01'05.4"E

ANMELDUNG:
Maria Pelikan
02673/2630

Unser Hof wurde 1454 erstmals urkundlich erwähnt. Er liegt am Berg in wunderschöner unberührter Natur. Wir leben hier mit unseren vielen Tieren, züchten das vom Aussterben bedrohte Murbodnerrind in Mutterkuhhaltung und haben einen Pferdeeinstell- und Reitbetrieb.

Aufenthalt:	maximal 24 Stunden
Ab-Hof-Verkauf:	geöffnet bei Bedarf
Produkte:	Fruchtsäfte, Schnäpse, Liköre, Marmeladen, eingelegtes Gemüse
Bewirtung:	Frühstück, Mittagessen, Abendessen nach Voranmeldung
Umgebung:	Erlebnisweg Peilstein, Triesting-Gölsental-Radweg, Langlaufen im Winter, Kulturbahnhof, Mariazell im Wienerwald, Araburg, Holztrift Museum
Hinweis:	Hunde sind an der Leine zu führen; von der Bundesstraße führt ein befestigter Güterweg zum Hof

138 BIOHOF FAMILIE NIEL

Gegend 15
2662 Schwarzau

47°50'02.2"N 15°41'15.3"E

ANMELDUNG:
Peter Niel
02667/567

Wir sind ein Selbstversorgerhof mit Milchschafen und Milchziegen. Unser Hof liegt am Ende des Höllentals, das sich zwischen Rax und Schneeberg drängt. Um den Hof herum ist es allerdings hügelig. Aus der Milch unserer Schafe und Ziegen erzeugen wir 10 verschiedene Schaf- und Ziegenkäse-Sorten, die wir selbst ausliefern.

Aufenthalt:	maximal 24 Stunden
Anreise bis:	21 Uhr
Geschlossen:	November bis Februar
Ab-Hof-Verkauf:	geöffnet bei Bedarf
Produkte:	10 verschiedene Schaf- und Ziegenkäsesorten, Felle, Wolle
Aktivitäten:	Produktverkostung, Hofführung
Umgebung:	Naturpark Falkenstein, Wanderungen auf der Raxalpe, Schloss Reichenau an der Rax, Strandbad Edlach, Festspiele Reichenau
Hinweis:	Anfahrt über eine 2 km lange, gut befestigte und gut gepflegte Schotterstraße

139 GRIESHOF

www.grieshof.at

Zellenbach 1
2663 Rohr im Gebirge

47°53'30.2"N 15°44'42.1"E

ANMELDUNG:
Helene Sallmanshofer
0676/3568336

Wir bewirtschaften unseren Hof seit 1994 kontrolliert biologisch. Rund um unseren Hof leben Rinder, Enten und Gänse. Das Fleisch und die daraus erzeugten Produkte vermarkten wir ab Hof. Die Ochsen werden ca. 12 Wochen alt von Bio-Bauern aus der Umgebung zugekauft. Die Tiere werden in einem Laufstall gehalten, sie sind daher nie angebunden und sie können sich immer frei bewegen.

Aufenthalt:	maximal 24 Stunden
Anreise bis:	18 Uhr
Geschlossen:	Sonntag
Ab-Hof-Verkauf:	geöffnet bei Bedarf
Produkte:	Frischfleisch von Rind, Ente und Gans; verschiedene Würste, Pasteten, Aspik, Geselchtes und Geräuchertes
Umgebung:	2 Themenwege „Werkstatt, Wald und Wasser" und „Tümpfelweg", Führungen in Köhlerei-Betrieben auf Anfrage, Waldbauernmuseum in Gutenstein

140 JOHANNESBACHHOF

Am Johannesbach 43
2732 Würflach

47°46'36.8"N 16°03'22.7"E

ANMELDUNG:
Stefanie Huber
0699/11758151

Wir sind ein kleinstrukturierter Bio-Familienbetrieb. Wir züchten und halten Walliser Schwarznasenschafe, von denen wir Fleisch, Wolle und Felle erhalten. Auch einige Hühner und Kaninchen sowie Bienen wohnen mit uns am Hof. Wir verarbeiten unser Obst (v.a. Äpfel und Birnen, Kirschen, Weichseln, Zwetschken, Marillen, Weintrauben...) zu Obstsäften und -sirupen, Mus und Marmeladen.

Aufenthalt:	maximal 24 Stunden
Anreise bis:	20 Uhr
Geschlossen:	22. Dezember bis 4. Jänner
Ab-Hof-Verkauf:	geöffnet bei Bedarf
Produkte:	Lammfleisch, Rohwolle, Felle, Obst je nach Saison, Obstsäfte und -sirupe, Obstmus, Marmeladen, Eier, Honig
Aktivitäten:	Hofführung mit ausführlichen Erklärungen, gerne auch Mithilfe beim Füttern, Wässern, Schafe streicheln...
Umgebung:	Würflacher WellnessWelt, Johannesbachklamm, Skywalk Hohe Wand
Hinweis:	Manche Navis leiten falsch zur Tierklinik in Würflach, jedoch kommt man von dort nur per Fußweg zu uns. Daher Zufahrt über Ringelgasse!

141 WEISSENBERGER

Löschteichweg 2
2763 Neusiedl

47°53'17.5"N 15°57'36.1"E

ANMELDUNG:
Anton Weißenberger
0664/4012280

P3 10m >3,5t WC

Unser Forstbetrieb liegt im Zentrum von Neusiedl in der Gemeinde Waidmannsfeld. Der 120 ha große Wald besteht zu 80 Prozent aus Schwarzkiefern. Brennholz- und Hackguterzeugung sind unsere weiteren Standbeine, um den Biobetrieb in Vollerwerb weiterzuführen. Mosterzeugung, Heuverkauf und 3 bis 5 Kalbinnenaufzuchten ergänzen unsere Tätigkeiten.

Aufenthalt: maximal 24 Stunden
Ab-Hof-Verkauf: täglich von 8 - 20 Uhr
Produkte: Most herb/süß, Liköre, Heu, Stroh, Hackgut, Brennholz, Blochholz, Sondersortimente aus Schwarzkiefer
Bewirtung: Frühstück nach Voranmeldung
Umgebung: Freibad, Skywalk Hohe Wand, Höhlenmuseum, Gauermann Museum, Myrafälle, Stadttheater Berndorf, Aussichtswarte Guglzipf

142 BIOHOF PUCHEGGER

www.bioputen.at

Bauernhöfe 6
2802 Hochwolkersdorf

47°38'50.2"N 16°18'17.2"E

ANMELDUNG:
Ulrike Puchegger
0664/3956044

P2 10m >3,5t

Unser Hof liegt inmitten von sanften Hügeln in der malerischen Buckligen Welt im Südosten von Niederösterreich. Wir haben uns der Direktvermarktung unserer Bio-Puten und aller hofeigenen Bio-Produkte verschrieben, da wir größten Wert auf gesunde Lebensmittel in Bio-Qualität legen. Auf unseren biozertifizierten Ackerflächen widmen wir uns unter anderem dem Anbau von Urgetreidesorten, wie zum Beispiel Einkorn.

Aufenthalt: maximal 24 Stunden
Geschlossen: Weihnachten
Ab-Hof-Verkauf: geöffnet bei Bedarf
Produkte: Bio-Putenfleisch, Wurstprodukte aus Bio-Putenfleisch, Bio-Einkorn-Produkte (Mehl, Reis, Teigwaren), Bio-Apfelsaft, diverse Marmeladen, Bauernbrot (auf Vorbestellung), Obst und Gemüse nach saisonaler Verfügbarkeit
Aktivitäten: Hofführung
Umgebung: Waldlehrpfad Seebenstein, Wallfahrtskirche Maria Schnee, Therme Linsberg Asia, Burg Seebenstein, Burg Grimmenstein, Aussichtswarte Lanzenkirchen
Hinweis: Abstellplatz und 100 Meter der Zufahrt sind geschottert, problemlos befahrbar

143 MANDL'S ZIEGENHOF

www.ziegenhof.at

Pengersdorf 7
2813 Lichtenegg

47°35'31.1"N 16°12'57.8"E

ANMELDUNG:
Michael Mandl
0676/9444963

P3 | 10m | >3,5t | WC

Erleben Sie auf Mandl's Ziegenhof eine ganz besondere Auszeit mitten in der Buckligen Welt. Entdecken Sie im Ziegenpanorama Interessantes über die Ziegen und die Herstellung eines exquisiten Ziegenfrischkäsesortiments. Der Käse besteht aus der hofeigenen Bio-Ziegenmilch und ist im Hofladen erhältlich. Genießen Sie die Freiheit und die wundervolle Natur rund um den Ziegenhof. Ein Erlebnis für Jung und Alt!

Aufenthalt: maximal 24 Stunden
Anreise bis: 18 Uhr
Ab-Hof-Verkauf: Selbstbedienungsautomat mit Ziegenmilchprodukten und Getränken rund um die Uhr zugänglich; aktuelle Öffnungszeiten für Hofladen laut Webseite
Produkte: Bio-Ziegenkäsebällchen, Bio-Ziegenkäseröllchen, Bio-Ziegenmilch, Bio-Ziegenmilchjoghurt, Bio-Ziegenkäse nach Feta-Art aus eigener Produktion und viele weitere Produkte aus der Region und ganz Österreich.
Umgebung: Tut gut! Wanderweg (4,7 km), Tal der Mühlen, Wallfahrtskirche Maria Schnee, Wehrkirche Lichtenegg, Therme Linsberg Asia, Automobilmuseum Aspang

144 GENUSSHOF MANDL

Pregart 1
2842 Lichtenegg

47°35'39.5"N 16°10'47.8"E

ANMELDUNG:
Christian Mandl
0680/1217715

P2 | >3,5t

Wir bewirtschaften einen der kleinsten Bauernhöfe in Österreich und produzieren mit viel Handarbeit, Liebe und Leidenschaft Lebensmittel von höchster Qualität. Bei uns genießt ihr die herrliche Natur und Ruhe der Buckligen Welt inklusive Ausblick auf Hochwechsel, Rax und Schneeberg.

Aufenthalt: maximal 24 Stunden
Anreise bis: 19 Uhr
Ab-Hof-Verkauf: geöffnet bei Bedarf
Produkte: Ziegenkäsebällchen mit Kräuter, Chili, Kürbiskernen oder Walnuss; Honig, Apfelsaft, Fruchtmolke; Wiesenhendln; Weidegänse (ab November)
Umgebung: Eisgreissler in Krumbach, Museumsdorf in Krumbach, Ziegenhof Mandl in Lichtenegg, EVN Energieforschungspark, herrliche Rad- und Wanderwege

145 BIOGRÜNLANDHOF LACHER

Pyrath 6
3053 Laaben

48°07'05.3"N 15°52'02.9"E

ANMELDUNG:
Johannes Lacher
0680/1341829

Wir bewirtschaften einen Biogrünlandhof mit Rinder- und Hühnerhaltung. Unser Hof befindet sich mitten im Alpenvorland sowie im Herzen des Mostviertels. Die hohe Lage bietet bei Klarwetter Blick auf den Schneeberg. Abgesehen vom bäuerlichen Betrieb kann man bei uns in absoluter Ruhelage die Streuobstwiesen und Mischwälder genießen. Zu kaufen gibt es Most und Spezialhölzer für den Hobbybedarf, geschnitten im eigenen Kleinsägewerk.

Aufenthalt: maximal 24 Stunden
Ab-Hof-Verkauf: geöffnet bei Bedarf
Produkte: Most, Spezialhölzer für den Hobbybedarf
Umgebung: Freibad Neulengbach, Wienerwaldmuseum Eichgraben, Schloss Thalheim, Franz Schubert Museum Atzenbrugg, KulTOURpfad Neulengbach
Hinweis: eingeschränkte Befahrbarkeit im Winter

146 ACKERBAUBETRIEB SERLATH

www.serlis-wieseneier.at

Blindorf 1
3071 Böheimkirchen

48°10'59.4"N 15°45'58.5"E

ANMELDUNG:
Silvia u. Josef Serlath
0664/1743361

Wir haben einen Ackerbaubetrieb mit Hühnerfreilandhaltung in mobilen Hühnerställen. Unser Hof liegt am Fuße des Eichberges. Seit 2017 verkaufen wir in unserem Eierkammerl auch saisonales Gemüse in Selbstbedienung. In unserem Folientunnel wachsen verschiedene Tomatensorten, Paprika, Chilis und Schlangengurken. Im Freien wachsen Fisolen, Zucchinis, Feldgurken und Erdäpfel. Unser Gemüse wird mit Naturdünger versorgt und ist pestizidfrei.

Aufenthalt: maximal 24 Stunden
Anreise bis: 20 Uhr
Ab-Hof-Verkauf: Selbstbedienungsautomat
Produkte: Freilandeier, Tomaten, Paprika, Gurken, Zucchini, Chili, Kartoffeln
Umgebung: Art Room Würth Austria, Generationenpark Aufeld, Museum Niederösterreich in St. Pölten, Stift Herzogenburg, Wienerwaldmuseum Eichgraben

147 MAYER ELSBEERE
www.elsbeere.at

Mayerhöfen 1
3074 Michelbach

48°06‘59.2“N 15°45‘54.2“E

ANMELDUNG:
Jakob Mayer
0680/2373590

1301 wurde unser Hof erstmalig urkundlich erwähnt. Seit 1995 arbeiten wir in biologischer Art und Weise. Auf unseren Wiesen finden Sie einen großen Reichtum an Kräutern und Wildpflanzen sowie seltene Obstsorten. Diese Spezialitäten verarbeiten wir in unserem Betrieb. Alle vier im Haus lebenden Generationen tragen ihren Teil dazu bei, dass im „Haus der Elsbeere“ köstliche Produkte in den Regalen stehen und verkauft werden.

Aufenthalt: maximal 24 Stunden
Anreise bis: 22 Uhr
Ab-Hof-Verkauf: geöffnet bei Bedarf
Produkte: Dirndlbrand, Nagowitzbrand, Zwetschkenbrand, Apfelbrand, Asperlbrand, Birnenbrand, Kirschbrand, Kriecherlbrand, Weichsellikör, Elsbeerlikör, Nussschnaps, Elsbeerblütensirup, Elsbeerbrand, Elsbeerknospensalz, getrocknete Elsbeeren, Ofenholz, Smokerholz
Aktivitäten: Exkursion über die Elsbeere, Produktverkostung, Hofführung
Umgebung: Michelbacher Elsbeerwanderweg, Niederösterreichische Volkssternwarte, Bauern- und Handwerksmuseum Pieringer, Köhlerei Hochecker

148 BIOHOF STEIDL
www.biohof-steidl.at

Landersdorf 18
3124 Oberwölbing

48°18‘45.2“N 15°34‘32.6“E

ANMELDUNG:
Kerstin Steidl
0676/4417318

Wir sind ein kleiner Vielfalts-Bio-Betrieb am Rande des Dunkelsteinerwaldes im Bezirk St. Pölten. Wir produzieren Bio-Gemüse, halten Legehennen und vermahlen unser eigenes Getreide zu Mehl! Biologisch zu wirtschaften ist für uns selbstverständlich - seit 1994!

Aufenthalt: maximal 24 Stunden
Ab-Hof-Verkauf: Selbstbedienungsladen
Produkte: Bio-Mehl und Getreide (Roggen, Weizen & Dinkel), Bio-Eier, saisonales Bio-Gemüse, Bio-Marmelade, Bio-Schnaps
Bewirtung: Frühstück nach Voranmeldung
Aktivitäten: Gerne zeigen wir euch unseren Gemüseacker. Auch dürft ihr beim Eierabnehmen im mobilen Hühnerstall helfen.
Umgebung: Fleischereimuseum, Waldbad Oberwölbing, Fladnitztal Radroute, Erlebnisbad Herzogenburg, Heimatmuseum Inzersdorf

149 LANDWIRTSCHAFT RENNHOFER

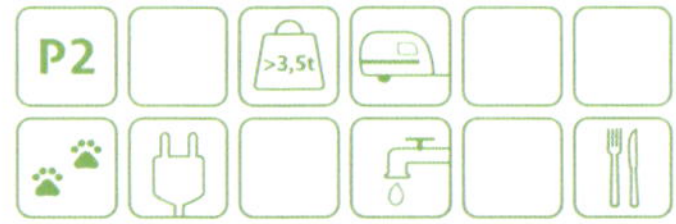

Ratzersdorf 1
3124 Oberwölbing

48°17'59.9"N 15°34'18.9"E

ANMELDUNG:
Thomas Rennhofer
0676/4547634

Unsere Familie betreibt eine konventionelle Landwirtschaft am Rande des Dunkelsteinerwaldes in der Marktgemeinde Wölbling. Alles was wir auf unseren Feldern anbauen und ernten, wird an unsere Rinder und Schweine verfüttert. Das Fleisch vom Hof wird dann zu Fleisch- und Wurstwaren weiter verarbeitet. Neben unseren Äckern bewirtschaften wir auch einige Weingärten. Die Trauben kommen in die Saft- und Weinproduktion.

Aufenthalt:	maximal 24 Stunden
Anreise bis:	19 Uhr
Geschlossen:	Weihnachtsferien
Ab-Hof-Verkauf:	geöffnet bei Bedarf
Produkte:	Geselchtes, Blutwurst, Schmalz, Leberpastete, Traubensaft weiß und rot, Apfelsaft klar und naturtrüb, Wein
Bewirtung:	Heuriger, Öffnungszeiten telefonisch erfragen
Aktivitäten:	Hofführung
Umgebung:	Wanderungen im Dunkelsteinerwald, Fladnitztal Radroute, Waldbad in Oberwölbling, Weinstraße Traisental, Benediktinerstift Göttweig, Burg Aggstein

150 WEINGUT STEYRER

www.weingut-steyrer.at

Pointweg 10
3125 Kuffern

48°19'42.8"N 15°39'12.6"E

ANMELDUNG:
Bernhard Steyrer
0664/3811399

Seit 1979 betreiben wir unser Weingut in dritter Generation. 1987 haben wir uns auf die Vinifizierung aromatischer, sortenreiner Weine spezialisiert. Wir stehen für Weine, die überzeugen: sauber in ihrer Stilistik, makellos in ihrer Struktur und aromatisch im Geschmack. Unser Weinkeller ist immer einen Besuch wert. Wir erwarten Sie in unserem großen Verkostungsraum.

Aufenthalt:	maximal 24 Stunden
Ab-Hof-Verkauf:	Dienstag und Freitag von 17 - 19 Uhr, zusätzlich bei Bedarf
Produkte:	große Auswahl an Qualitätsweinen, Frizzante, Likör & Brand, Fruchtsäfte, bemalte Flaschen
Aktivitäten:	Verkostung, Kellerführung, Weingartenrundgang
Umgebung:	Wallfahrtskapelle Maria Elend, Stift Herzogenburg, Naturbadeseen Traismauer, Wanderung zum Predigtstuhl

151 WEINGUT KHS
www.khs-weine.at

Wielandsthal 47
3130 Herzogenburg

48°17'52.7"N 15°40'57.3"E

ANMELDUNG:
Ing. Karl Heinz Schnabl
0699/16699665

Wir sind ein kleines, privates Weingut im Weinbaugebiet Traisental. Wir verarbeiten ausschließlich unsere eigenen Trauben und tätigen keine Zukäufe. Unsere Weinbaufläche beträgt ca. 4 ha, wobei 3 ha mit Weißweinsorten und der Rest mit Rotweinsorten bepflanzt ist. Wir konzentrieren uns auf die Vinifizierung von Qualitätsweinen.

Aufenthalt: maximal 24 Stunden
Anreise bis: 20 Uhr
Ab-Hof-Verkauf: geöffnet bei Bedarf
Produkte: Grüner Veltliner, Müller-Thurgau, Neuburger, Blauer Portugieser, Zweigelt, Zweigelt Barrique
Bewirtung: Frühstück auf Anfrage
Aktivitäten: Weinverkostung
Umgebung: Augustiner Chorherrenstift Herzogenburg, Hametner Bauernmuseum, Schloss Heiligenkreuz, Traisentalradweg, Traisentaler Weinrieden-Wanderweg

152 WEINGUT HAIMEL
www.weingut-haimel.at

St. Georgenergasse 5
3133 Traismauer

48°21'43.9"N 15°44'13.2"E

ANMELDUNG:
Andreas Heiss-Haimel
0664/8226477

Wir sind ein kleines, familiengeführtes Weingut. Zu finden sind wir im kleinen, aber feinen Traisental in Niederösterreich. Wir bewirtschaften 5 ha Weingarten, haben einen Heurigen und Gästezimmer. Wir legen Wert auf feine Weine und sind auf die Qualität und den Wiedererkennungswert unserer Weine sowie unserer Speisen im Heurigen fokussiert.

Aufenthalt: maximal 24 Stunden
Anreise bis: 18 Uhr
Ab-Hof-Verkauf: Freitag von 16 - 19 Uhr
Produkte: PIWI-Sorten, Grüner Veltliner, Gelber Muskateller, Sauvignon Blanc, Gewürztraminer, Pinot Noir, Blauer Zweigelt, Cuvée, Rosé, Traubensaft, Weinschokolade
Bewirtung: Frühstück nach Voranmeldung; Heuriger zu den Öffnungszeiten siehe Webseite
Umgebung: Naturseen Traismauer, Tullnerfeld-Radweg, Weinberg-Radwanderweg, verschiedene Rundwanderwege, Urzeitmuseum, Aussichtsplattform Korkenzieher
Hinweis: Bei schweren Fahrzeugen muss eine Umfahrung genutzt werden.

153 FALLER-WEIN

www.fallerwein.at

Venusbergerstraße 31
3133 Traismauer

48°20'48.8"N 15°44'30.4"E

ANMELDUNG:
Ing. Bernhard Faller
0664/5075000

Ich bin ein Winzer mit Herz und Leidenschaft. Die Basis meiner Weine sind frische, sonnengereifte Trauben, die aus nachhaltig und naturnah bewirtschafteten Gärten stammen. Ich arbeite streng nach alter Winzertradition. Meine Weine dürfen reifen und ruhen. Der ideale Ort dafür ist mein jahrhundertealter Natursandsteinkeller, 14 Meter unter den Weingärten des Venusbergs. Sehr gerne mache ich für euch eine Weinerlebnisverkostung.

Aufenthalt: maximal 24 Stunden
Ab-Hof-Verkauf: geöffnet bei Bedarf
Produkte: Cuvée, Zweigelt, Cabernet Sauvignon, Grüner Veltliner, Frühroter Veltliner, Blauer Portugieser, Neuburger, Traubensaft weiß, Traubensaft rot, naturtrüber Apfelsaft
Bewirtung: Frühstück nach Voranmeldung
Aktivitäten: Kellerführung, Weinverkostung, Erlebnisweinverkostung
Umgebung: WeinCoolTour Traismauer, Krippenspiel-Museum Traismauer, Naturbadeseen Traismauer, WeinBergSchmecken, Rundwanderweg Weinlehrpfad, Aussichtsplattform Korkenzieher

154 WINZERHAUS HANS SCHÖLLER

www.weinschoeller.at

Wagramerstraße 10
3133 Wagram ob der Traisen

48°21'42.3"N 15°42'44.3"E

ANMELDUNG:
Hans Schöller sen.
0664/1066766

Unsere Familie führt im größten Weinort des Weinbaugebietes Traisental – in Wagram ob der Traisen – einen Weinbaubetrieb. Wir produzieren prämierte Qualitätsweine, haben einen Heurigenbetrieb und bieten moderne Appartements an. Ein Großteil unserer Weingärten befindet sich am Wetterkreuzberg. Unsere Paradesorte ist der Grüne Veltliner, von dessen Qualität man sich bei einer Weinverkostung überzeugen lassen kann.

Aufenthalt: maximal 24 Stunden
Ab-Hof-Verkauf: Montag bis Samstag von 9 - 18 Uhr, Sonntag auf Anfrage
Produkte: Grüner Veltliner, Gelber Muskateller, Rivaner, Burgunder Cuvée, Riesling, PIWI Sorte Solaris und Muscaris, Roter Veltliner, Gelber Muskateller Frizzante, Rosé Frizzante, Nusslikör, Traubensaft (rot, weiß, rosé), Rotweine: Cuvée Lixi, Roesler, Merlot, Syrah, Cabernet Sauvignon
Aktivitäten: Weinverkostung
Umgebung: Kellergasse im Ort, Schloss Walpersdof, Naturseen Traismauer, Aussichtsplattform Korkenzieher, Wandern und Radfahren in der Umgebung, Urzeitmuseum

155 WEINHOF GILL

www.weinhof-gill.at

Neusiedler Straße 52
3134 Nußdorf

48°21'25.5"N 15°41'40.9"E

ANMELDUNG:
Johann Gill
0664/5171048

Wir sind ein Familienbetrieb aus dem Traisental und finden unsere Leidenschaft im Weinbau und dem dazugehörigen Heurigen. Seit 1995 machen wir es uns zur Aufgabe, Weine zu keltern, die unseren Kunden in positiver Erinnerung bleiben. Wir setzen sowohl auf altbewährte und traditionelle, als auch auf innovative Denkweisen. Diese Mischung hat sich als Grundlage bewährt, um Jahr für Jahr die schönen, neuen Herausforderungen zu bewältigen.

Aufenthalt: maximal 24 Stunden
Ab-Hof-Verkauf: geöffnet bei Bedarf
Produkte: Grüner Veltliner, Riesling, Gelber Muskateller, Sauvignon Blanc, Welschriesling, Roter Veltliner, Rosé, Zweigelt, St. Laurent, Marillenbrand, Birnenbrand, Zwetschkenbrand, Tresterbrand, Marillenlikör, Nusslikör
Bewirtung: Heuriger, Öffnungszeiten siehe Webseite
Aktivitäten: Produktverkostung, Hofführung
Umgebung: Urzeitmuseum, Wohnhöhle Reichersdorf, Parapluiberg, Wetterkreuz, Maria Elend, Weinriedenweg Traisental

156 WEINHOF CHRISTIAN DOCKNER

Theyerner Dorfstraße 5
3134 Theyern

48°20'23.3"N 15°40'40.3"E

ANMELDUNG:
Martina Dockner
0664/8312677

In der kleinen Ortschaft Theyern, dem ältesten Teil der Weinbaugemeinde Nussdorf im Traisental, liegt unser Weingut. Wir kultivieren einerseits zahlreiche Rebsorten, die in dieser Gegend üblich sind und zusätzlich neue Rebweinsorten wie Rathay und Roesler. Unsere Edelbrände (Marille, Zwetschke, Williamsbirne, Asperl, Holunder und viele mehr) sind bei den Kunden sehr beliebt.

Aufenthalt: maximal 24 Stunden
Ab-Hof-Verkauf: geöffnet bei Bedarf
Produkte: Qualitätsweine aus unserem Weingut, Obstsäfte, Edelbrände, Obst nach Saison wie Marillen, Äpfel und Zwetschken
Aktivitäten: Verkostungen
Umgebung: Benediktinerstift Göttweig, Urzeitmuseum Nußdorf ob der Traisen, Naturbadeseen Traismauer

157 SULZERMOST

www.sulzermost.at

Steubach 21
3153 Eschenau

48°03'42.4"N 15°34'06.7"E

ANMELDUNG:
Eva u. Sepp Sulzer
0664/9370551

Unser Bergbauernhof befindet sich im wunderschönen Mostviertel inmitten von Streuobstwiesen. Unser Hof liegt auf 500 Meter Seehöhe im Traisental direkt am Obstmostwanderweg. Seit den 80er Jahren erzeugen wir Most und Fruchtsäfte. Wir haben Hühner in Freilandhaltung, eine Obstverarbeitung und betreiben Kalbinnen-Mast mit dem AMA Gütesiegel. Unsere Kunden können die preisgekrönten Produkte direkt ab Hof beziehen.

Aufenthalt:	maximal 24 Stunden
Anreise bis:	18 Uhr
Geschlossen:	Sonntag
Ab-Hof-Verkauf:	Montag bis Samstag von 7 - 18 Uhr
Produkte:	Obstmost, Edelbrände, Eier, Honig, 12 verschiedene Säfte wie Apfel-Karotten-Saft, Apfelsaft
Aktivitäten:	Hof- und Presshausführung, Most-, Fruchtsaft- und Edelbrandverkostung
Umgebung:	Eschenauer Rundwanderweg, Mostobstwanderweg mit Besuch der Kaiserkogelhütte, Radweg, Dirndltal

158 MAUERHOF & LEHEN

www.mauerhof-lehen.at

Steubach 25
3153 Eschenau

48°03'27.2"N 15°35'41.9"E

ANMELDUNG:
Alexander Oswald
0650/5166615

Wir sind ein Bio-Bauernhof seit Beginn und sehr stolz darauf. Wir betreiben Mutter-Kuhhaltung und halten Weidegänse. Zusätzlich bieten wir selbstgebrannte Edelbrände an. Wir achten auf unseren Boden und pflegen alte Obstsorten und Kulturen. Die Erhaltung von Landschaftselementen wie Obstbaumgärten, Einzelbäume, Hecken und Raine sind für uns wichtig.

Aufenthalt:	maximal 24 Stunden
Ab-Hof-Verkauf:	geöffnet bei Bedarf
Produkte:	saisonal Jungrindfleisch und Weidegänse; Edelbrände: Zwetschke, Zwetschke in Eichenfass, Dirndlbrand, Birnenbrand
Aktivitäten:	Produktverkostung von Edelbränden
Umgebung:	Eschenauer Rundwanderweg, Heimatmuseum Lilienfeld, Burgruine Rabenstein, Ausflug nach St. Pölten
Hinweis:	Anfahrt zum Stellplatz über eine Schotterstraße

159 HIRZEHOF

www.holzmacher.at

Pfenningbach 22
3161 St. Veit

48°01'03.9"N 15°41'32.1"E

ANMELDUNG:
Bettina u. Thomas Zöchling
02763/3681
0664/5109634

Unser Hof liegt am Ursprung des Pfennigbachs in St. Veit auf 550 Meter Seehöhe im wunderschönen Alpenvorland Niederösterreichs. Der nächstgelegene Berg ist die Reisalpe mit etwa 1.300 Meter Seehöhe, die man von unserem Hof in etwa 2,5 Stunden erreicht. Wir bewirtschaften unseren Wald so naturnah und nachhaltig wie möglich. Es wird nur so viel Holz entnommen, wie nachwachsen kann, damit auch die nächste Generation bestes Bloch- und Brennholz ernten kann.

Aufenthalt: maximal 24 Stunden
Anreise bis: 20 Uhr
Geschlossen: Sonntag
Ab-Hof-Verkauf: geöffnet bei Bedarf
Produkte: Brennholz, Anzündholz, verschiedene saisonale Produkte
Aktivitäten: Hofführung
Umgebung: Botanisches und Geologisches Freilichtmuseum, Bergkirche St. Veit, Burgruine Rabenstein, Wanderung zur Reisalpe, Abenteuerland Pielachtal, Schleierwasserfall
Hinweis: auf Jagdzeiten achtgeben, Hunde im Wald an der Leine führen

160 PFERDEHOF PACHLER

www.pferdehof-pachler.at

Wiesenfeld 18
3161 St. Veit

48°02'49.3"N 15°38'25.0"E

ANMELDUNG:
Susanne Braun
0664/75004646

Was 1994 mit dem Bau von wenigen Boxen begann, wurde im Laufe der Zeit zu einer großen, professionellen Reitanlage. Unser idyllischer Pferdebauernhof lässt die Herzen von Pferdefreunden höher schlagen. Wo man auch hinschaut, blickt einem ein Pferdekopf entgegen. Besonders Mädchen lieben den Aufenthalt auf unserem Hof.

Aufenthalt: maximal 24 Stunden
Anreise bis: 19 Uhr
Geschlossen: November bis März
Bewirtung: Frühstück nach Voranmeldung
Aktivitäten: Reitstunden und Ponyreiten am Hof
Umgebung: Naturerlebnis-Wanderweg, St. Veiter Steingarten, Hochseilgarten, Langlaufloipe im Winter, Stift Lilienfeld

161 ROSENHOF

Hauptstraße 57
3193 St. Aegyd

47°51'22.9"N 15°34'33.1"E

ANMELDUNG:
Christiana Zöchling
0664/5973788

Unser Rosenhof bietet für Wohnmobile und Wohnwagen ein ruhiges Plätzchen. Unser Betrieb liegt am Ortsrand, umgeben von unseren schönen Bergen. Von der Ortsmitte sind wir etwa einen Kilometer entfernt. Wir befinden uns am Wiener Wallfahrerweg, dessen letzte Etappe vor Mariazell beginnt. Schön zu radeln ist es am Traisental-Radweg.

Aufenthalt:	maximal 24 Stunden
Ab-Hof-Verkauf:	geöffnet bei Bedarf
Produkte:	Säfte, Marmeladen, Schnäpse, Gemüse, Brot, Kompotte, Kräuter ...
Umgebung:	Wandern in der Umgebung, Ahornhof Wasserfälle, Kameltheater & Weißer Zoo, Mariazell, Traisental-Radweg, Heimatmuseum, Pfeifenmuseum, Langlaufen
Hinweis:	Wir akzeptieren nur Hunde, die familienfreundlich, kinderlieb und leise sind.

162 STEINSCHALERHOF

www.steinschaler.at

Warth 20
3203 Rabenstein

48°02'25.4"N 15°27'03.2"E

ANMELDUNG:
Dipl.-Ing. Johann Weiß
02722/2281

Wir verkaufen diverse Produkte von unserer gesunden Regionsfrucht Dirndl und hausgemachte Spezialitäten aus der Region. Wir betreiben auf 48.000 qm einen Natur- und Schaugarten. Aus dem Garten werden viele Kräuter sowie Obst und Gemüse eingekocht und verarbeitet. Der Hofladen mit den Produkten schließt an unser familiengeführtes Hotel und Restaurant an.

Aufenthalt:	maximal 24 Stunden
Anreise bis:	18 Uhr
Ab-Hof-Verkauf:	Montag bis Sonntag von 7 - 19 Uhr
Produkte:	Dirndlprodukte wie Marmelade, Chutney, Likör, Schnaps, Schokolade, Gelee, Ansatzschnaps; Gartenprodukte wie Salze, Zucker, Marmeladen, Chutney, Ansatzschnäpse und Honig
Bewirtung:	Frühstück, Mittagessen, Abendessen nach Voranmeldung
Umgebung:	Mariazellerbahn, Steinschaler Schaugarten, SkyWalk in Kirchberg an der Pielach, Schaumühle in Schwarzenbach, Schloss Kirchberg in Pielach, Drogerie Museum der Firma STYX in Ober-Grafendorf, Klettern in Frankenfels, Großer Pielachtaler Rundwanderweg

163 FUXSTEINER 1. DIRNDLMANUFAKTUR
www.fuxsteiner.at

Tradigistgegend 17
3204 Kirchberg an der Pielach

48°00‘45.9“N 15°28‘38.3“E

ANMELDUNG:
Josef Fuxsteiner
0664/8737392

Im Herzen des Dirndltals liegt unser idyllischer Bergbauernhof, die 1. Österreichische Dirndlmanufaktur. Unser Hof der 1. Pielachtaler Dirndlkönigin Melanie ist umringt von uralten über 500-jährigen Dirndlwildsträuchern. Deren gesunden, handverlesenen Dirndlwildfrüchte verarbeiten wir in unserer Manufaktur zu zahlreichen Spezialitäten wie Marmelade, Sirup, Essig und Edelbrand.

Aufenthalt: maximal 24 Stunden
Ab-Hof-Verkauf: Mittwoch bis Freitag von 8 - 12 Uhr und 14 - 17 Uhr, Samstag von 8 - 12 Uhr, zusätzlich bei Bedarf
Produkte: unterschiedliche Produkte aus der Wildobstfrucht Dirndl wie Marmeladen, Balsam-Essig, Edelbrand, Honig, Sirup, Senf, Gelee, Schokolade
Aktivitäten: Produktverkostung, Betriebsführung
Umgebung: Modellbahnmuseum, Skywalk mit Kirchberger Dirndlrunde, Kräuter Schaugarten, Pielachtaler Rundwanderweg, Dirndlwanderung durch Kirchberg, Wellness-Freibad, Pielachtalradweg
Hinweis: Hunde an der Leine sind herzlich willkommen

164 A-SISSY-HOF - TIERSCHUTZHOF
www.a-sissy-hof.eu

Hanau 1
3232 Bischofstetten

48°07‘06.8“N 15°27‘25.2“E

ANMELDUNG:
Elisabeth Kogler
0664/5223362

Wir sind ein Tierschutzhof, der als gemeinnütziger, eingetragener Verein bewirtschaftet wird. Der alte Hof wurde jahrelang in Eigenregie adaptiert. Bei uns leben Pferde, Hunde, Katzen, viele Enten und Hühner. Auf dem Grundstück finden auch heimische Natursträucher, Pflanzen und deren Bewohner ihren Lebensraum.

Aufenthalt: maximal 24 Stunden
Anreise bis: 22 Uhr
Aktivitäten: Hofführung
Umgebung: Tut gut! Wanderwege, Römerweg, Schloss Kreisbach, Abenteuerland Pielachtal, Burgruine Rabenstein, Ausflug nach St. Pölten

165 SCHÖNLEITEN

P3 >3,5t WC

Mitterberg 29
3263 Randegg

48°00‘32.0“N 14°59‘56.5“E

ANMELDUNG:
Johannes Halbartschlager
0677/63457367

Unser nachhaltig und traditionell bewirtschafteter Bergbauernhof liegt im Voralpenland in Niederösterreich. Wir führen viele alte Nutztierrassen (Ziegen, Schafe, Kühe, Gänse), die sich auf euren Besuch freuen.

Aufenthalt:	maximal 24 Stunden
Ab-Hof-Verkauf:	geöffnet bei Bedarf
Produkte:	Holzofenbrot, Butter, Frischkäse, Honig, Eier, Fleisch- und Wurstwaren
Bewirtung:	Frühstück nach Voranmeldung
Aktivitäten:	Produktverkostung, Hofführung
Umgebung:	Wandern, Radfahren, Erlaufschlucht, Basilika Sonntagberg, Lunzer See

166 BIO-MOST + SAFT ADELSBERGER

www.adelsberger-bio.at

P1 >3,5t

Puchberg 26
3263 Randegg

48°00‘15.5“N 14°56‘02.8“E

ANMELDUNG:
Leopoldine u. Adolf Adelsberger
0664/73194119

Wir bewirtschaften unseren Bergbauernhof in Randegg im kleinen Erlauftal organisch-biologisch im Vollerwerb. Unser wichtigstes Ziel ist es, gesunde und hochwertige Lebensmittel in biologischer Qualität zu erzeugen. Neben Mutterkuhhaltung, Imkerei und Waldwirtschaft ist die Obstverarbeitung seit 20 Jahren ein wesentliches Standbein. Äpfel und Birnen aus den Streuobstbeständen werden zu reinsortigen Qualitätsmosten verarbeitet.

Aufenthalt:	maximal 24 Stunden
Anreise bis:	20 Uhr
Ab-Hof-Verkauf:	geöffnet bei Bedarf
Produkte:	reinsortige Moste: Speckbirne, rote und grüne Pichlbirne, Schweizer Wasserbirne, Schmiedmost, Topaz Apfel, Jausenmost, Mostviertler Birnmost; Frizzante, Fruchtsäfte, Edelbrände, Fruchtliköre, Honig und Honigprodukte
Aktivitäten:	Mostverkostung, Betriebsführung nach Anmeldung
Umgebung:	Ybbstalradweg, FeRRUM - Welt des Eisens in Ybbsitz, historischer Altstadtkern Waidhofen, Mendlingtal in Göstling

167 FAMILIE EIBL VLG. MADERÖD

Puchberg 4
3263 Randegg

48°01'37.3"N 14°55'35.3"E

ANMELDUNG:
Maria Eibl
0664/1574415

Wir sind ein Milchviehbetrieb mitten im schönen Erlauftal. Unser Bauernhaus liegt in ruhiger abgeschiedener Lage. Wir würden uns freuen, wenn sich ein paar Wohnmobilfahrer zu uns verirren.

Aufenthalt:	maximal 24 Stunden
Geschlossen:	Montag
Ab-Hof-Verkauf:	geöffnet bei Bedarf
Produkte:	Milch, Joghurt, Topfen, Marmeladen, Sirupe, Schnäpse und alles was gerade im Garten oder auf den Bäumen wächst
Aktivitäten:	Produktverkostung
Umgebung:	Pfarrkirche Maria im Moos, PanoramaGucker am Panoramahöhenweg, Taborweg, Tut gut! Weg Hochkogelberg, Mostweg
Hinweis:	starke Steigung bei der Anreise

168 EINKEHRHOF POGGAU

www.einkehrhof.at

Buchberg 18
3264 Reinsberg

47°58'32.5"N 15°06'48.5"E

ANMELDUNG:
Julia Mayer
0650/7279539

Der Einkehrhof Poggau liegt auf 670 Meter Seehöhe im wunderschönem Kulturdorf Reinsberg im Mostviertel an der Eisenstraße. Wir, Julia und Franz Mayer, bewirtschaften unseren Hof im Einklang mit der Natur und bieten neben der Lammfleischvermarktung auch Urlaub am Bauernhof an. Unsere Schafe genießen die saftigen Wiesen und Obstgärten, die einen herrlichen Blick auf den Ötscher freigeben.

Aufenthalt:	maximal 24 Stunden
Anreise bis:	21 Uhr
Geschlossen:	November bis März
Ab-Hof-Verkauf:	geöffnet bei Bedarf
Produkte:	Apfel- und Birnensaft, Most, Schnaps, Liköre; Lammfleisch frisch oder tiefgekühlt, Schinken vom Schwein, Rind und Schaf, Speck, Geselchtes, Wurst; Käse, Käsebällchen, Schafkäse (nur auf Vorbestellung); Vollkornbrot, Dinkel–Roggengebäck, Marmeladen, Honig, Eier und noch vieles mehr
Aktivitäten:	Hofführung mit Produktverkostung (derzeit € 5 pro Person) auf Anfrage
Umgebung:	Pfarrkirche Reinsberg, ferroARTE-Rundwanderweg, Burgarena Reinsberg

169 STRAUSSENHOF HALMER
www.straussenhof-halmer.at

Baumbach 1
3281 Oberndorf an der Melk

48°04‘48.0“N 15°12‘36.5“E

ANMELDUNG:
Andrea Halmer
0664/1386199

Wir bieten unseren Gästen eine Führung, um Wissenswertes über das schnellste Tier bei uns am Hof zu erfahren. Auch ein Blick in unsere Kreativstube lohnt sich. Sie ist vollgefüllt mit bäuerlichem Kunsthandwerk vom Straußenei. Unsere Genussecke glänzt mit veredelten Produkten vom Inneren des Straußeneis, wie Straußeneierlikör, Straußeneierlikörschokolade und Straußeneiernudeln. Lassen Sie sich in unserem Straußenhofcafé mit hausgemachten Mehlspeisen und einer Tasse Kaffee verwöhnen - natürlich mit Blick ins Straußengehege.

Aufenthalt: maximal 24 Stunden
Anreise bis: 21 Uhr
Geschlossen: Palmsamstag, Palmsonntag
Ab-Hof-Verkauf: geöffnet bei Bedarf
Produkte: Straußeneierlikör, Straußeneierlikörschokolade, Straußeneiernudeln, Straußeneierlampen, Kunst am Straußenei, Kräutersalz, hausgemachte Mehlspeisen
Aktivitäten: Straußenführung (derzeit € 5,50), Produktverkostung von Straußeneierlikör und -likörschokolade (derzeit € 3), Einkaufsmöglichkeit
Umgebung: 120 Kilometer Wanderwege, Familienbad Oberndorf, Besucherkraftwerk Ybbs

170 GENUSSBAUERNHOF DISTELBERGER
www.distelberger.at

Gigerreith 39
3300 Amstetten

48°08‘28.3“N 14°50‘43.2“E

ANMELDUNG:
Toni Distelberger
07479/7334

Bereits seit dem Jahr 1111 steht unser Genuss-Bauernhof Distelberger im Mostviertler Birnbaumland. Heute ist es ein prächtiger Vierkanthof. Unsere Spezialitäten, die Mostbirnen, wachsen direkt vor unserer Haustüre. Zusätzlich haben wir einen Genuss-Laden und einen Mostheurigen. Im Mostheurigen schenken wir 12 Sorten sortenreinen Most aus, das ist vielleicht das umfangreichste Angebot aller Mostheurigen in Österreich.

Aufenthalt: maximal 24 Stunden
Geschlossen: Montag, Weihnachtsferien, Jänner
Ab-Hof-Verkauf: geöffnet bei Bedarf
Produkte: sortenreine Birnenmoste, Craft-Cider, Fruchtsäfte, Essige, Edelbrände, Senf und Chutneys, Marmeladen, Schokoladen, Geschenkkörbe
Bewirtung: Mostheuriger, Abendessen nach Voranmeldung, Öffnungszeiten siehe Webseite
Aktivitäten: Produktverkostung, Mostviertler Bauernmuseum am Hof, beschilderter Spazierweg mit Start und Ziel am Hof (40 Minuten Gehzeit), Kinderspielplatz
Umgebung: MostBirnHaus im Stift Ardagger, Wallfahrtsbasilika am Sonntagsberg, Stift Seitenstetten

171 STRAUSSENHOF EBNER

www.straussenhof-ebner.at

Hauptstraße 12
3300 Winklarn

48°05'31.4"N 14°50'52.4"E

ANMELDUNG:
Gerhard Ebner
0664/4860209
0650/3522311

Unser Straußenhof liegt im Herzen des Mostviertels und zwar in Winklarn, in der Nähe von Amstetten. Im Jahr 1994 haben wir mit der Straußenzucht begonnen. Unser Fokus liegt dabei auf der Produktion von Eiern, aus denen wir Eierlikör, Nudeln oder Eierspeise machen. Aus den leeren Straußeneiern lassen sich wunderschöne Kunstwerke anfertigen, wie zum Beispiel Straußeneierlampen.

Aufenthalt: maximal 24 Stunden
Anreise bis: 20 Uhr
Geschlossen: Sonntag
Ab-Hof-Verkauf: geöffnet bei Bedarf
Produkte: volle und leere Straußeneier, Produkte vom Straußenfleisch wie Käsewurst, Dauerwurst, Leberpastete; Eierlikör, Straußenbusserl, Straußenküsse, kunstvoll verzierte Lampen aus Straußeneiern, Schmuck aus den Schalen, Leder
Aktivitäten: Hofführung mit Produktverkostung auf Anfrage, hauseigener Badezugang zur Ybbs, Spielplatz, Restaurant & Weinbar Kastner am Hof, gegen Aufpreis Exklusivstellplatz mit Blick aufs Straußengehege
Umgebung: Schloss Ulmerfeld, Mostelleria, MostBirnHaus, Stift Seitenstetten

172 PIHRINGER'S MOSTSTUB'N

www.pihringer.at

Schiselhof 1
3300 Winklarn

48°04'45.3"N 14°52'52.5"E

ANMELDUNG:
Maria u. Karl Pihringer
0676/6091365
0676/6091364

Mitten im Grünen liegt unser Landhof im Mostviertel mit einem gewerblichen Heurigen, eingebettet in einer einmaligen Landschaft zwischen Obstbäumen und Wiesen. In dieser inspirierenden Umgebung finden Sie Ihre Mitte - und auch das Ziel, das Sie mit Pfeil und Bogen auf unserem Parcours anvisieren!

Aufenthalt: maximal 24 Stunden
Anreise bis: 22 Uhr
Ab-Hof-Verkauf: geöffnet bei Bedarf
Produkte: verschiedene Moste, Edelbrände und Säfte aus Eigenproduktion, Brötchenservice auf Wunsch
Bewirtung: Buschenschank-Öffnungszeiten laut Webseite, Frühstück nach Voranmeldung
Aktivitäten: Pfeil- & Bogen-Parcours und Kegelbahn am Hof, Most- und/oder Edelbrandverkostungen, Hofführung, Schaubrennen (wenn Maische verfügbar ist), Wäsche waschen und trocknen nach Voranmeldung
Umgebung: Golf (Schloss Ernegg und Ferschnitz), Musical-Sommer in Amstetten, Radwege und Wanderwege, Stift Seitenstetten, MostBirnHaus, Basilika Sonntagberg

173 LEHOF DER BIOBAUER

www.lehof.at

Ramsau 26
3314 Strengberg

48°07'51.1"N 14°38'15.0"E

ANMELDUNG:
Familie Wagner
0677/62436570

Wir, Maria und Martin vom Lehof, produzieren am Hof Bio-Obst nach den höchsten Bio-Standards. Durch hochwertige Lagertechnik können wir unseren Kunden frische und knackige Äpfel von August bis Juni anbieten. Auf unserem Betrieb werden Produkte rund um den Apfel in Demeter-Qualität hergestellt. Zusätzlich halten wir Schafe, Hühner und Bienen am Hof. Unsere Flächen werden bodenschonend mit Dammkultur bewirtschaftet.

Aufenthalt: maximal 24 Stunden
Anreise bis: 20 Uhr
Geschlossen: Sonntag; September
Ab-Hof-Verkauf: Freitag von 8 - 18 Uhr, Samstag von 8 - 13 Uhr, zusätzlich bei Bedarf
Produkte: Bio-Äpfel, Bio-Apfelsaft, Bio-Mischsäfte, Bio-Sirupe, Bio-Cider, Bio-Moste, Bio-Apfelmus, Bio-Dörrobst, Bio-Essige, Bio-Müsli, Bio-Fruchtaufstriche, Bio-Chutneys und vieles mehr
Umgebung: Rad-Nostalgie-Museum, Donaublickweg, Römerweg, Pfarrkirche Mariä Himmelfahrt, Freilichtmuseum Haag, Tierpark Stadt Haag, Stift Seitenstetten

174 GROSS REHAU

Schwarzenbach 5
3342 Opponitz

47°53'39.6"N 14°50'36.5"E

ANMELDUNG:
Helga Stockner
0676/9266004

Unser Bio-Bauernhof liegt ca. 1,5 km abseits der Bundesstraße in ruhiger Lage umgeben von Wiesen und Wäldern. Bei uns am Bauernhof leben 18 Milchkühe und 13 Kälber, zusätzlich Katzen und jede Menge Hühner. Unseren Gästen servieren wir gerne ein Bauernfrühstück, damit sie gut in den Tag starten können. Für die kleinen Gäste haben wir viele Spielmöglichkeiten wie Rutschen, Schaukeln, einen Sandkasten und Go Karts. Ein Grillplatz steht ebenfalls zur Verfügung.

Aufenthalt: maximal 24 Stunden
Anreise bis: 20 Uhr
Ab-Hof-Verkauf: Selbstbedienungsautomat
Produkte: Milch, Eier, Produkte der Gmundner Milch, Apfelsaft, Most, Essig, Schnaps
Aktivitäten: Hofführung
Umgebung: Ybbstal Radweg, Badeplätze an der Ybbs, Schluchten Wanderweg, Schmiedezentrum Ybbs, Waidhofen - Stadt der Türme

175 HOFSTATT

Ybbssteinbach 17
3345 Göstling/Ybbs

47°48'06.7"N 14°57'18.7"E

ANMELDUNG:
Verena Kucera
0664/3086600

In der Hofstatt gibt es immer was zu entdecken, denn unseren alten Hof haben wir liebevoll eingerichtet und dekoriert. Nach dem Motto „Früher war alles besser" gestalteten wir ein kleines Bauernmuseum. Im alten Stadl stellen wir kreatives Kunsthandwerk aus und rund um den Hof finden Sie interessante Deko-Ideen im Landhausstil.

Aufenthalt:	maximal 24 Stunden
Anreise bis:	20 Uhr
Umgebung:	Erlebniswelt Mendlingtal, Ybbstaler Solebad, Hammerherrenmuseum Lunz am See, FeRRUM in Ybbsitz, Basilika Sonntagberg
Hinweis:	Für Kinder ist der Hof nicht geeignet. Wir sind in den österreichischen Schulferien und an den Wochenenden vor Ort, auf telefonische Anfrage optional auch wochentags.

176 FAM. NÜRNBERGER VLG. ZAUCHAMAYR

Hartlmühl 58
3351 Weistrach

48°04'41.6"N 14°35'35.1"E

ANMELDUNG:
Stefan Nürnberger
0680/3128305

Unser typischer Vierkanthof liegt im Herzen des Mostviertels. Am Hof wohnen insgesamt 3 Generationen. Wir beschäftigen uns mit Viehzucht, Ackerbau, Hackgut und erneuerbarer Energie. In unmittelbarer Umgebung befinden sich: Tierpark Stadt Haag, Sonntagberg, Stift Seitenstetten, Stift St. Florian und die Städte Steyr, Waidhofen an der Ybbs, Enns.

Aufenthalt:	maximal 24 Stunden
Anreise bis:	21 Uhr
Umgebung:	Kaiserin Elisabeth-Warte, Mostwanderweg, Burgholz Moor, Tierpark Stadt Haag, Dambergwarte, Ausflug nach Steyr

177 BIOHOF METZENED
biohof.metzened.at

Metzenöd 31
3353 Biberbach

48°01'26.8"N 14°41'15.2"E

ANMELDUNG:
Hermann Ritt
0699/81327298

Ich führe einen kleinen Biobetrieb mit den Wirtschaftszweigen Energiewald, Wiese, Ackerbau, Obstbau und Garten. Zudem gibt es einen 70 Quadratmeter großen Hausgarten, der als Gemeinschaftsgarten geführt wird. Der Hof wird seit Beginn 2014 biologisch bewirtschaftet. Das ist mir sehr wichtig. Ich kann viel Wissen weitergeben und bin offen für neue Ideen. Ich freue mich über Hilfe - je nach Jahreszeit beim Ernten, im Garten oder bei der Kulturführung von traditionellen und neuen Kulturen (derzeit Ackerbohne, Nackthafer, Waldstaudenroggen und Kürbisse).

Aufenthalt: maximal 24 Stunden
Ab-Hof-Verkauf: Selbstbedienungsladen 0-24 Uhr
Produkte: Dinkelreis, Haferflocken, Schafkäse, Ziegenkäse, Hühnerfleisch, Nüsse, Tees, Eier, Hartkäse, Würste, Brot, Gebäck, Säfte, Most, Honig, Müslis, Essige
Aktivitäten: Hofführung
Umgebung: Mostviertler Rundwanderweg, viele Radwegstrecken, Basilika Sonntagberg, Stift Seitenstetten

178 RASTBAUERNWIES
www.juragrossbichler.com

Wieserhöhe 21
3353 Seitenstetten

47°58'57.6"N 14°41'22.3"E

ANMELDUNG:
Markus Großbichler
0676/7889414

Wir sind die Familie Großbichler vom Haus „Rastbauernwies" und wohnen in der Gemeinde Seitenstetten im schönen Mostviertel. Seit Generationen betreiben wir eine Landwirtschaft mit Milchkühen. Mittlerweile haben wir mit dem Umstieg auf Juraschafzucht begonnen und so kümmern wir uns um 40 Mutterschafe und deren Lämmer. Letztes Jahr haben wir begonnen, Dinkel zu säen.

Aufenthalt: maximal 24 Stunden
Ab-Hof-Verkauf: geöffnet bei Bedarf
Produkte: Dinkel, Dinkelreis, Dinkelmehl und Dinkelflocken
Umgebung: Stift Seitenstetten, Themenweg Via Rosa, Mostobstwanderweg, Sonntagbergweg Mostviertel, viele Radwege in der Umgebung

179 WACHAUBEEF BITTER
www.wachaubeef.at

Berging 6
3392 Schönbühel

48°15'25.3"N 15°23'42.1"E

ANMELDUNG:
Beatrix Bitter
0664/73673323

Zurzeit bewirtschaften wir 75 ha Grünland und Ackerfläche nach biologischer Wirtschaftsweise. Wir produzieren Rindfleisch von besonderer Qualität. Die Rasse Angus ist seit langem bei Feinschmeckern für ihr besonders schmackhaftes Fleisch bekannt. Das langsame Wachstum auf den Weiden der Wachau gibt den Tieren die Möglichkeit, besondere Geschmacksstoffe einzulagern.

Aufenthalt: maximal 24 Stunden
Anreise bis: 19 Uhr
Geschlossen: Montag, Dienstag; November bis März
Ab-Hof-Verkauf: geöffnet bei Bedarf
Produkte: Rindfleisch, Steaks, Ribs, Fleischknödel, Käsekrainer, Rinderrohschinken und viele weitere Rindfleischprodukte, Birnen- und Apfelsaft
Bewirtung: Mostheuriger, Abendessen nach Voranmeldung
Aktivitäten: Betriebsführungen
Umgebung: Stift Melk, Ruine Aggstein, Radtour Wachau, Wandern Welterbesteig
Hinweis: Parkplatz leicht abschüssig

180 GUTSJAHRS HOFSCHMANKERL
www.anzenberger-kuerbiskernoel.at

Anzenberg 3
3393 Zelking-Matzleinsdorf

48°09'29.6"N 15°14'03.1"E

ANMELDUNG:
Reinhard Gutsjahr
0650/2701023

Unser Vierkanter liegt im wunderschönen Mostviertel in Niederösterreich. Geprägt von der hügeligen Landschaft inmitten uralter Obstbäume ist unser Hof der perfekte Ort für einen Aufenthalt. Neben unserem Anzenberger Kürbiskernöl als Hauptprodukt haben wir seit einigen Jahren auch wertvolles kalt gepresstes Leinöl, kalt gepresstes Sonnenblumenöl und zukünftig auch kalt gepresstes Mohnöl in unserem Sortiment.

Aufenthalt: maximal 24 Stunden
Ab-Hof-Verkauf: Selbstbedienungshofladen geöffnet von 8 - 21 Uhr
Produkte: Kürbiskernöl, Leinsamenöl, Sonnenblumenöl, Knabberkerne, frisches Wildfleisch, Wildschweinwürste, Reh-Cabanossi, Wildschwein-Käsekrainer, Wildschwein-Bratwurst, Reh-Leberkäse, Wildschwein-Schinken, Wildwurst und weitere Schmankerl aus der Region
Bewirtung: Frühstück nach Voranmeldung
Aktivitäten: Betriebsführung, Kürbisschnitzen
Umgebung: Badestellen an der Melk, Melktalradweg, Stift Melk, Schloss Artstetten, Maria Taferl, Haubiversum Brot-Erlebniswelt, Brauerei Wieselburg

181 FAMILIE OPPENAUER

Hauptstraße 17
3394 Aggsbach-Dorf

48°17'32.6"N 15°24'39.5"E

ANMELDUNG:
Martha Oppenauer
0676/7510505

Unser Hof liegt ruhig und zentral in Aggsbach-Dorf in der schönen Wachau. Der Donauradweg Melk- Krems ist nur 100 Meter von uns entfernt. Wir haben einen kleinen Betrieb mit Hühnern, Bienenvölkern und einen schönen Obstgarten.

Aufenthalt: maximal 24 Stunden
Ab-Hof-Verkauf: geöffnet bei Bedarf
Produkte: Honig, Eier, Marmelade, Apfelsaft, Gemüse und Speck nach Saison; Mehlspeisen wie zB Kaiserschmarrn oder Kuchen
Aktivitäten: Hofführung
Umgebung: Ruine Aggstein, Kloster Schönbühel, Kartause Aggsbach, Hammerschmiede, Mineralienzentrum Steinstadel

182 RADLERHOF KIENESBERGER
www.radlerhof.at

Wachaustraße 11
3394 Aggstein

48°18'24.1"N 15°24'43.1"E

ANMELDUNG:
Romana Kaufmann
0676/7777060

Unser Hof liegt am Fuße der Burgruine Aggstein. Mit viel Freude widmen wir uns der Bewirtschaftung unserer Marillengärten beziehungsweise der Verarbeitung dieser besonderen Frucht.
Für unsere Edelbrände wurden wir bereits mehrfach ausgezeichnet. Direkt an unserem Hof führt der Donauradweg vorbei.

Aufenthalt: maximal 24 Stunden
Anreise bis: 19 Uhr
Ab-Hof-Verkauf: geöffnet bei Bedarf
Produkte: Marillennektar, Marillenmarmelade, Marillenbrand, Marillenlikör, Most, Apfelsaft, verschiedene andere Edelbrände
Umgebung: Kartause Aggsbach, Wanderung zur Burgruine Aggstein, Stift Melk, Wandern am Welterbesteig, Ausflug nach Weißenkirchen oder Spitz an der Donau

183 FAMILIENBETRIEB HASCHER
www.franzlbauer.at

Haselbacherstraße 39
3413 Hintersdorf

48°17'59.8"N 16°13'58.8"E

ANMELDUNG:
Carina Hascher
0680/5539750

Wir sind ein Familienbetrieb und produzieren verschiedene Gemüsesorten. Spezialisiert sind wir auf Speise-, Zier- und Halloweenkürbisse, welche wir ab Hof verkaufen. Im Herbst veranstalten wir ein großes Kürbisfest mit Schmankerl, Kürbisausstellung und Heuhüpfen für die Kinder. Weitere Spezialitäten von uns sind Wassermelonen und Süßkartoffeln. Seit 2019 produzieren wir Bio-Gemüse.

Aufenthalt:	maximal 24 Stunden
Anreise bis:	18 Uhr
Geschlossen:	Sonntag
Ab-Hof-Verkauf:	Montag bis Samstag von 9 - 19 Uhr
Produkte:	400 Sorten Kürbisse, Paradeiser, Aroniabeere, Gurken, Paprika, Melanzani, Süßkartoffeln, Erdäpfel, Wassermelonen, Zuckermelonen
Umgebung:	Greifvogelzuchtstation Hagenbachklamm, Naturpark Eichenhain, Bogenwald – 3D-Bogenparcours St. Andrä-Wördern, Stift Klosterneuburg, Museum Gugging
Hinweis:	Anfahrt über Schotterstraße

184 ABHOF-VERKAUF PFIEL
www.pfiel-abhof.at

Wienerwaldstraße 19
3441 Judenau

48°16'48.1"N 16°00'26.5"E

ANMELDUNG:
Sabine und Erich Pfiel
02274/7904

Am Rande des Wienerwaldes im Tullnerfeld betreiben wir eine Landwirtschaft. Unser Hauptbetriebszweig ist die Vermarktung unserer Schweinefleischerzeugnisse im eigenen Hofladen. Alle unsere Produkte wie Würste, Schinken, Pasteten und andere Fleischspezialitäten werden direkt am Hof produziert und verkauft.

Aufenthalt:	maximal 24 Stunden
Anreise bis:	18 Uhr
Ab-Hof-Verkauf:	Montag von 8 - 12 Uhr, Dienstag bis Donnerstag von 8 - 12 Uhr und 15 - 18 Uhr, Freitag von 8 - 18 Uhr, Samstag von 8 - 15 Uhr
Produkte:	Dauerwürste, Grillfleisch, Aufstriche, Blutwurst, Presswurst, Schweinebraten, Käse, Brot, Gebäck, Saft und vieles mehr
Umgebung:	Österreichisches Zuckermuseum in Tulln, Egon Schiele Museum Tulln, Garten Tulln, Franz Schubert Museum Atzenbrugg, Leopold Figl Warte Katzelsdorf

185 BUSCHENSCHANK HAUCK

www.buschenschank-hauck.at

Henzinger Straße 8
3443 Henzing

48°16‘09.1“N 16°00‘48.3“E

ANMELDUNG:
Michael Hauck
0676/6392030

Unser vielseitiger Betrieb besteht aus unterschiedlichen Betriebszweigen. Einerseits betreiben wir Landwirtschaft mit Ackerbau und Tierhaltung (Schweine, Schafe, Hochlandrinder, Hühner), andererseits widmen wir uns dem Weinanbau und züchten Christbäume. Vier Mal im Jahr ist unsere Buschenschank geöffnet, wo wir unsere selbst produzierten Fleisch- und Wurstwaren servieren.

Aufenthalt: maximal 24 Stunden
Geschlossen: Sonntag; Weihnachtsferien
Ab-Hof-Verkauf: Freitag und Samstag von 8 - 12 Uhr, zusätzlich bei Bedarf
Produkte: Geselchtes, Speck, Schinken, Fragnerschinken, Mangalitzaspeck, Mangalitzaschinken, Wildschinken, Hartwürste, Leberpastete, Blutwurst, Presswurst, Eier von Freilandhühnern, Qualitäts- und Prädikatsweine, Traubensaft, Frizzante, diverse Edelbrände und Weichsellikör
Bewirtung: Buschenschank, Öffnungszeiten siehe Webseite
Umgebung: Erlebnisbad Sieghartskirchen, Die Garten Tulln, Schubert-Gedenkstätte und Museum in Atzenbrugg, Franz-Schubert-Radweg, Badeteich Trasdorf

186 WEINGUT WEINLINGER

www.weinlinger.at

Stockerauerstraße 11
3462 Absdorf

48°23‘55.0“N 15°58‘53.0“E

ANMELDUNG:
Werner Weinlinger
0664/1607340

Wir in Absdorf schenken Ihnen reinen Wein ein. Die Qualität unserer Weine schaffen wir an den Rebstöcken. Sämtliche Arbeiten geschehen von Hand. Einmal gelesen, reifen unsere Weine im Keller unter Einsatz zeitgemäßer Weinbautechnik heran. Wir keltern sorgfältigst, behalten den Gärungsprozess ständig im Auge und bauen unsere Weine im Edelstahltank aus.

Aufenthalt: maximal 24 Stunden
Ab-Hof-Verkauf: geöffnet bei Bedarf
Produkte: Frizzante rosé, Frizzante weiß, Grüner Veltliner, Roter Veltliner, Frühroter Veltliner, Riesling, Chardonnay, Pinot Blanc, Weißburgunder, Zweigelt, Traubensaft weiß und rot, Verjus Welschriesling, diverse Brände
Umgebung: Aussichtswarte Fels am Wagram, Heldenberg, Tulln, Egon Schiele Museum in Tulln, Die Garten Tulln

187 WEINHOF SCHAUERHUBER
www.weinhof-schauerhuber.at

Herrengasse 12
3463 Stetteldorf am Wagram

48°24'28.4"N 16°01'05.8"E

ANMELDUNG:
Julius Schauerhuber
0664/4569097

Willkommen an den idyllischen, sanft wogenden Hängen des Wagram! Hier sind wir mit unseren Weinen zu Hause und freuen uns auf Ihren Besuch. Wir handeln nach dem Motto „weniger ist mehr". Reduzierter Ertrag hebt die Qualität unserer Weine zusätzlich. Folgende Rebsorten bauen wir an: Grüner Veltliner, Riesling, Chardonnay, Malvasier, Sauvignon Blanc, Zweigelt, Sankt Laurent und Cabernet Sauvignon.

Aufenthalt: maximal 24 Stunden
Ab-Hof-Verkauf: geöffnet bei Bedarf
Produkte: Grüner Veltliner, Riesling, Chardonnay, Malvasier, Sauvignon Blanc, Zweigelt, Sankt Laurent, Cabernet Sauvignon, Kürbiskernöl
Aktivitäten: Weinverkostung, Kellerführung
Umgebung: Stadtmuseum Tulln Virtulleum, Minoritenkirche Tulln, Kellergasse Absdorf, Aubad Tulln, Kanutouren Tulln, Egon Schiele Museum Tulln

188 WEINGUT BENEDIKT
www.benedikt.cc

Mallon 26
3470 Kirchberg am Wagram

48°25'44.5"N 15°52'09.0"E

ANMELDUNG:
Kristina Benedikt
0676/3809914

Wir betreiben im kleinsten Ort der Marktgemeinde Kirchberg am Wagram ein traditionelles Familienweingut mit modernem Weinverständnis. Wir bieten Ihnen eine große Vielfalt an Weinen auf hohem Qualitätsniveau. Dies manifestiert sich, indem jährlich unsere Spitzenweine in den renommierten Weinführern beschrieben und durchwegs top bewertet werden.

Aufenthalt: maximal 24 Stunden
Anreise bis: 17 Uhr
Geschlossen: Sonntag
Ab-Hof-Verkauf: geöffnet bei Bedarf
Produkte: Grüner Veltliner in 5 Ausbaustufen, Malvasier, Rivaner, Welschriesling, Gemischter Satz, Gelber Muskateller, Chardonnay, Rosé Zweigelt, Rosé Frizzante, Zweigelt, Zweigelt Barrique, Merlot, Traubensaft, Marmeladen, Chutneys
Aktivitäten: Weinverkostung
Umgebung: Naschmarkt und Gebietsvinothek Weritas in Kirchberg, Alchemistenpark, Schloss Grafenegg, Heldenberg, Bezirksradwege, Kittenberger Erlebnisgärten in Schiltern, Garten Tulln und Sehenswürdigkeiten in den Städten Krems und Tulln

189 WEINGUT MICHAEL BAUER

www.weingut-michaelbauer.at

Mitterstockstall 27
3470 Kirchberg am Wagram

48°26'04.7"N 15°54'48.4"E

ANMELDUNG:
Michael Bauer
0664/5314641

Dort, wo der Wiedehopf über den Weingärten sein unverkennbares „hup hup" ausstößt, liegt unser Weingut. Unser Wein ist etwas Besonderes: ein Urlaub im Glas, ein Moment des Feierabends und Genusses, ein Wein, wie man ihn in Gesellschaft seiner besten Freunde trinkt. Grüner Veltliner Alte Reben, Schlossberg, Steinberg und Klassik, spritziger Frizzante – unser umfassendes Sortiment lässt keine Wünsche offen.

Aufenthalt: maximal 24 Stunden
Ab-Hof-Verkauf: geöffnet bei Bedarf
Produkte: Frizzante Muskateller, Frizzante Rosé, Gelber Muskateller, Grüner Veltliner, Riesling, Rivaner, Rosé, Roter Veltliner, Sauvignon Blanc, Veltliner Sekt, Weißburgunder
Umgebung: Schloss Oberstockstall, Filialkirche Winkl, Schloss Grafenegg, Amethystwelt Maissau, Heldenberg, Kamptalradweg, Wagramradweg

190 WEINGUT EMIL BAUER

www.emilbauer.at

Ottenthal 26
3470 Kirchberg am Wagram

48°28'07.5"N 15°53'44.0"E

ANMELDUNG:
Matthias Bauer
0664/9251433

Wir sind ein familiengeführtes Weingut, das seit 5 Generationen von Familie Bauer geführt wird. Unser Wagram-Land, nur 45 Minuten vom Herzen Wiens entfernt, bietet extrem nährstoffreichen Boden und die perfekte Umgebung für die Pflege süßer, saftiger und aromatischer Trauben. Unsere zahlreichen Auszeichnungen bestätigen unsere starke Arbeitsmoral und jahrelange Erfahrung.

Aufenthalt: maximal 24 Stunden
Ab-Hof-Verkauf: geöffnet bei Bedarf
Produkte: Frühroter Veltliner, Gemischter Satz, Roter Veltliner, Grüner Veltliner, Rivaner, Sauvignon Blanc, Riesling, Syrah Rosé, Frizzante, Blauer Zweigelt, Syrah, Traubensaft, Kürbiskernöl
Umgebung: Kirche Maria Trost, Schloss Oberstockstall, Schloss Grafenegg, Heldenberg, Amethystwelt Maissau, Kamptalradweg, Die Garten Tulln, Stockstaller Riedenwanderweg, Krems, Wachau

191 DER BAUER. TRIESNECKERHOF

www.derbauer.wine

Mallon 10
3470 Kirchberg am Wagram

48°25‘40.8“N 15°52‘09.3“E

ANMELDUNG:
Raimund Bauer
02279/2039

Wir sind ein Familienbetrieb, der sich seit Jahrhunderten der Weinerzeugung widmet. Seit 1745 ist unser Hof im Familienbesitz. Unser Betrieb liegt in Mallon, einem kleinen Winzerdorf im Donautal, am Fuße des Wagrams. Der Hofname geht auf den inzwischen erloschenen Familiennamen Triesnecker zurück. Für die Erzeugung guten Weines sind mehrere Faktoren wesentlich: optimales Klima, die richtigen Rebsorten am richtigen Boden und das Geschick des Winzers. Diese Voraussetzungen erfüllen wir mit großer Leidenschaft.

Aufenthalt: maximal 24 Stunden
Anreise bis: 19 Uhr
Ab-Hof-Verkauf: geöffnet bei Bedarf
Produkte: Grüner Veltliner, Frühroter Veltliner, Roter Veltliner, Riesling, Muskateller, Grauburgunder, Chardonnay, Lössburgunder, Gemischter Satz, Orange Wine, Traminer, Muscaris, Cabernet Sauvignon, Roesler, Zweigelt, Traubensaft, Apfelsaft, Marillennektar, Obstbrände, Tresterbrand, Nusslikör, Eierlikör
Umgebung: Kirchberger GeheimRADecken, Alchemistenpark, Alchemistenmuseum, Kirche Maria Trost, Schloss Grafenegg, Amethystwelt Maissau

192 WEINGUT MANTLER31

www.mantler31.at

Hauptstraße 31
3471 Großriedenthal

48°29‘00.4“N 15°52‘05.9“E

ANMELDUNG:
Andrea und
Christian Mantler
02279/7200

Das Weingut Mantler31 befindet sich im Weinbaugebiet Wagram. Die Namensgebung ist von der Hausnummer des Weinguts abgeleitet und soll der besseren Unterscheidbarkeit dienen. Wir führen das Weingut in siebter Generation mit Herz und Seele. Wir überzeugen mit feinen, eleganten Weinen, die das spezielle Terroir des Wagrams mit seinen Lössböden authentisch zum Ausdruck bringen.

Aufenthalt: maximal 24 Stunden
Anreise bis: 18 Uhr
Geschlossen: Sonntag (Besuch jedoch möglich bei rechtzeitiger Voranmeldung); Weihnachten
Ab-Hof-Verkauf: Montag bis Samstag von 8 - 18 Uhr, Sonn- und Feiertage nach Vereinbarung
Produkte: Grüner Veltliner, Roter Veltliner, Riesling, Weißburgunder, Gelber Muskateller, Zweigelt, Schaumweine, Traubensäfte
Umgebung: Radfahrwege, Wanderwege, Aussichtswarte Fels am Wagram, Barockgarten & Englischer Landschaftspark Schloss Mühlbach, Heldenberg

193 WEINGUT MEHOFER-NEUDEGGERHOF

www.mehofer.at

Neudegg 14
3471 Neudegg

48°29'15.0"N 15°53'00.2"E

ANMELDUNG:
Stephan Mehofer
02279/7247

Unser Weingut Mehofer befindet sich in Neudegg, einem kleinen Ort an der nördlichsten Spitze der Region Wagram. Seit mehr als 300 Jahren lebt und arbeitet unsere Familie hier, seit 1992 produzieren wir Bio-Wein. Zu unseren Lieblingsweinen zählen Grüner und Roter Veltliner aus dem Wadenthal - ein ganz besonderer Ort, an dem sich nicht nur eine ganze Menge Schmetterlinge und Bienen tummeln, sondern an dem sich auch Reh und Hase gerne „Gute Nacht" sagen.

Aufenthalt: maximal 24 Stunden
Geschlossen: Weihnachtsferien; 2 Wochen im Sommer
Ab-Hof-Verkauf: Montag bis Freitag von 8 - 13 Uhr, 1x im Monat am Samstag von 11 - 18 Uhr, oder nach telefonischer Vereinbarung
Produkte: Grüner Veltliner, Roter Veltliner, Riesling, Gemischter Satz, Pinot Noir, Cuvée, Rosé, Sekt, Beerenauslese, Eiswein, Destillate, Traubensaft, Honig
Aktivitäten: Weinverkostung und Forschungsstation Wagram zu den Öffnungszeiten des Weingutes oder nach individueller Voranmeldung.
Umgebung: Rad- und Wanderwege, Weinweg Wadenthal, Oldtimermuseum, Alchemistenmuseum Kirchberg, Radetzky Gedenkstätte Heldenberg, Lipizzaner Heldenberg

194 WEINGUT HUMER

www.weingut-humer.at

Hauptstraße 67
3473 Mühlbach

48°31'31.2"N 15°47'09.1"E

ANMELDUNG:
Margit Humer
02957/328
0664/9144203

Unser Weingut liegt an den südöstlichen Hängen und Ausläufern des Manhartsberges im südwestlichen Weinviertel, ungefähr 50 Kilometer von Wien entfernt. Auf 21 ha Weingärten, unter sorgfältiger Pflege und bewusstem Verzicht auf Quantität, verleihen wir unseren Weinen den unverwechselbaren Ausdruck und Charakter. Neben unserem Weingut führen wir auch einen saisonalen Heurigenbetrieb, der 2018 neu gestaltet wurde.

Aufenthalt: maximal 24 Stunden
Geschlossen: Weihnachtsferien
Ab-Hof-Verkauf: geöffnet bei Bedarf
Produkte: Grüner Veltliner, Roter Veltliner, Rheinriesling, Weißburgunder, Chardonnay, Gewürztraminer, Gelber Muskateller, Zweigelt, Cuvée, Rosé, Zweigelt Barrique, Frizzante, Traubensaft, Marillenbrand, Traubenmarmelade, Williamsbrand, Apfelbrand
Bewirtung: Heuriger, Öffnungszeiten siehe Webseite
Umgebung: Schloss Mühlbach, Brandlhof Radlbrunn, Schmiede am Ravelsbach, Freilichtmuseum Elsarn, Kamptalwarte in Zöbing

195 FAMILIENWEINGUT WIMMER-CZERNY

www.wimmer-czerny.at

Obere Marktstraße 37
3481 Fels am Wagram

48°26'19.0"N 15°48'48.2"E

ANMELDUNG:
Hans Czerny
02738/2248

Im Familien-Weingut Wimmer-Czerny wurzeln im tiefgründigen Lößboden rund um Fels am Wagram die biodynamisch gepflegten Rebsorten Grüner Veltliner sowie die traditionelle Wagramer Sortenspezialität Roter Veltliner. Zusätzlich wachsen bei uns Riesling, Weißburgunder, Traminer sowie Zweigelt und Pinot Noir. Hervorragende Lagen sind Fumberg, Weelfel und Scheiben. Für unseren Hofkreislauf halten wir Blondvieh-Rinder und Mangalitza-Schweine.

Aufenthalt:	maximal 24 Stunden
Anreise bis:	18 Uhr
Geschlossen:	Weihnachten
Ab-Hof-Verkauf:	geöffnet bei Bedarf
Produkte:	Grüner Veltliner, Roter Veltliner, Riesling, Weißburgunder, Sauvignon Blanc, Traminer, Zweigelt, Pinot Noir, Winzersekt, Beerenauslese, Essig, Destillate, Traubensaft, Mangalitzaspeck
Aktivitäten:	Weinverkostung
Umgebung:	Gösinger Marterlrundwanderweg, Felser Heimatmuseum, Schloss Fels
Hinweis:	Anfahrt von großen Fahrzeugen über Sportplatzstraße 14

196 BIO WEINGUT URBANIHOF

www.urbanihof.at

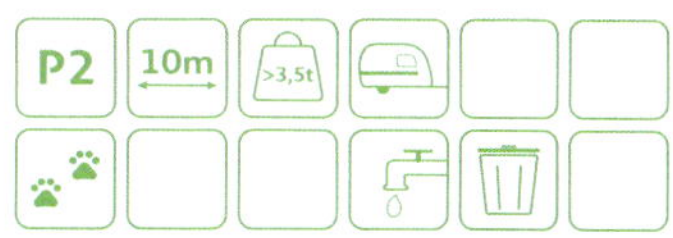

St. Urbanstraße 3
3481 Fels am Wagram

48°26'19.7"N 15°49'03.5"E

ANMELDUNG:
Sonja Paschinger
0664/7934688

Wir bewirtschaften unsere Weingärten bio-organisch im Herzen von Fels am Wagram. Unserer nachfolgenden 12. Generation (Lisa und Jakob) wollen wir einen gesunden Boden hinterlassen. Daher ist uns ein behutsamer Umgang mit der Natur, sowie eine schonende Verarbeitung der Trauben sehr wichtig. Überzeugen Sie sich bei einer Weinverkostung einfach selbst davon.

Aufenthalt:	maximal 24 Stunden
Anreise bis:	17 Uhr
Geschlossen:	Oktober bis Dezember
Ab-Hof-Verkauf:	Montag bis Freitag von 7 - 17 Uhr
Produkte:	Grüner Veltliner, Roter Veltliner, Chardonnay, Weißburgunder, Riesling, Gelber Muskateller, Zweigelt, Cabernet Sauvignon, Rosé vom Merlot, Bio-Schaumweine vom Gelben Muskateller und auch vom Grünen Veltliner, Bio-Traubensäfte
Aktivitäten:	Weinverkostung, auf Wunsch mit Heurigen-Jause (nur bei rechtzeitiger Voranmeldung und gegen Gebühr)
Umgebung:	Felser Heimatmuseum, Kellergassenführungen, Schloss Fels, Schloss Thürnthal, Wein- & Naturlehrpfad Hammergraben, Gösinger Marterlrundwanderweg

197 PANORAMAHEURIGER GÜNTSCHL

www.guentschl.at

Untere Zeile 22
3482 Gösing am Wagram

48°28'05.8"N 15°48'58.7"E

ANMELDUNG:
Ludwig Güntschl
0676/3832255

Die Wurzeln unseres Weinguts reichen bis ins Jahr 1618 zurück. Die Rebe und der Wein sind das große Gemeinsame in unserer Familie. Heute versammeln sich drei Güntschl-Generationen im Weingarten, wenn Kenntnisse übertragen, Gegebenheiten besprochen und Weiterentwicklungen geschaffen werden. Stöbern Sie durch unseren Weinkeller, genießen Sie die herrliche Aussicht von unserem Heurigen aus und lassen Sie die Seele baumeln.

Aufenthalt: maximal 24 Stunden
Ab-Hof-Verkauf: Weinverkauf jederzeit nach Anmeldung möglich.
Produkte: Roter Veltliner, Grüner Veltliner, Gelber Muskateller, Weißburgunder, Blauer Zweigelt, Cabernet Sauvignon, Eiswein Reserve, Schaumwein, Rosé Cuvée, Fruchtansätze, Edelbrände. Zu den Heurigen-Öffnungszeiten bieten wir zusätzlich viele Haus- und Wildspezialitäten aus eigener Erzeugung an.
Bewirtung: Heuriger, Öffnungszeiten siehe Webseite
Umgebung: große Spielwiese und Schaukel am Gelände, Aussichtswarte Fels am Wagram, Felser Heimatmuseum, Schloss Thürnthal, Gösinger Marterlrundwanderweg

198 WEINGUT + HEURIGER ÖHLZELT

www.oehlzelt.at

Neufang 15
3483 Feuersbrunn

48°26'28.9"N 15°47'18.2"E

ANMELDUNG:
Andrea Öhlzelt
0676/3420970

Unser Weingut liegt an den Hängen des Wagrams in der malerischen Feuerbrunner Kellergasse. Wir sind ein junges Winzerehepaar (Diplom-Sommelier und Weinbau- und Kellermeister) und bewirtschaften 10 ha Wein- und Obstanlagen, hauptsächlich Marillen. Bei uns kann man die herrliche Atmosphäre der Weingärten in jeder Jahreszeit genießen.

Aufenthalt: maximal 24 Stunden
Anreise bis: 20 Uhr
Ab-Hof-Verkauf: geöffnet bei Bedarf und zu den Heurigenöffnungszeiten
Produkte: Qualitätsweine wie Grüner Veltliner, Riesling, Muskateller, Sauvignon Blanc, Chardonnay, Roter Veltliner und Zweigelt, Edelbrände, Frizzante, Traubensäfte, Marillen, Zwetschken, Trauben; Marillennektar, -marmelade, -chutney
Bewirtung: Heurigen, Öffnungszeiten siehe Webseite
Aktivitäten: Weingarten- und Kellerführungen, Verkostungen in der hauseigenen Vinothek, Picknickkörbe auf Bestellung, Riedenwanderung, Tafeln im Weingarten
Umgebung: Schloss Grafenegg, Schloss Thürnthal, Aussichtswarte Fels am Wagram, LOISIUM Weinwelt, Aussichtswarte am Gobelsberg, Ausflug nach Krems

199 WEINHOF ULZER

www.weinhof-ulzer.at

Hauptstraße 3
3483 Seebarn am Wagram

48°24'22.1"N 15°49'32.7"E

ANMELDUNG:
Andi Ulzer
0676/7458310

Warum Sie bei uns innehalten sollten? Weil wir es lieben, das Bestmögliche aus unseren am Wagram gereiften Trauben zu gewinnen und zwar mit unseren eigenen Händen und Herzen, Tag für Tag. Nachhaltigkeit ist für uns keine Frage der Mode, sondern eine Sache der Wurzeln und Werte. Darum schmeckt unser Wein einfach besser, und darauf sind wir stolz. Gerne genießen wir ein Glas mit Ihnen gemeinsam!

Aufenthalt: maximal 24 Stunden
Anreise bis: 22 Uhr
Ab-Hof-Verkauf: Samstag von 8 - 18 Uhr; und bei Bedarf
Produkte: Grüner Veltliner, Riesling, Gemischter Satz, Roter Veltliner, Cuvée, Rosé, Zweigelt, Frizzante
Aktivitäten: Weinverkostung und Riedenwanderung gegen Voranmeldung
Umgebung: Schloss Grafenegg, Aussichtswarte Fels am Wagram, Aussichtswarte Engabrunn, LOISIUM Weinwelt, Stadtbesichtigung in Krems inklusive Museumsbesuche

200 WINZERHOF HUMER

www.winzerhofhumer.at

Untere Ortsstraße 11
3484 Jettsdorf

48°24'10.8"N 15°45'38.3"E

ANMELDUNG:
Florian Humer
0664/2023411

Bereits seit 1840 besteht unser Familienbetrieb und wir bewirtschaften 7 ha Weinbaufläche in den besten Lagen im Weinbaugebiet Wagram. Unsere Hauptrebsorte ist der Grüne Veltliner, doch erlaubt die Geologie der Lagen ein sehr breites Sortenspektrum. So gibt es bei uns auch Welschriesling, Riesling, Pinot Blanc und Sauvignon Blanc. Alle Weine vermarkten wir selbst.

Aufenthalt: maximal 24 Stunden
Anreise bis: 17 Uhr
Geschlossen: Mitte September bis Mitte Oktober
Ab-Hof-Verkauf: geöffnet bei Bedarf
Produkte: Grüner Veltliner, Gemischter Satz, Frühroter Veltliner, Welschriesling, Riesling, Chardonnay, Sauvignon Blanc, Muskateller, Rosé Zweigelt, Rosé Frizzante, Erdbeerfrizzante; Wildspezialitäten aus eigener Jagd, Marmeladen, Eier, Bauerngeselchtes
Bewirtung: Frühstück nach Voranmeldung
Umgebung: Stadtbesichtigung in Krems, Heimatmuseum Grafenwörth, Aussichtswarte Engabrunn, Schloss Grafenegg, Stupa Grafenwörth

201 WEINGUT ROCH
www.roch.at

Hauptstraße 74
3484 Seebarn

48°24'18.7"N 15°48'38.9"E

ANMELDUNG:
Alois Roch
0699/12217796

Das Weingut Roch liegt im niederösterreichischen Seebarn am Wagram. Unsere Weingärten erstrecken sich an den Löss-Hängen des Wagram. Wir keltern schon seit mehreren Generationen erfolgreich Wein. Die Weingärten umfassen 8 ha Rebfläche, die mit den Rebsorten Grüner Veltliner, Frühroter Veltliner, Riesling und Zweigelt bestockt sind. Unsere wichtigste Rebensorte ist allerdings ganz klar der Grüne Veltliner.

Aufenthalt:	maximal 24 Stunden
Ab-Hof-Verkauf:	geöffnet bei Bedarf
Produkte:	Grüner Veltliner, Gewürztraminer, Rheinriesling, Chardonnay, Weißburgunder, Sauvignon Blanc, Frühroter Veltliner, Gemischter Satz, Zweigelt, Zweigelt Rosé, Eiswein, Beerenauslese, Traubensaft, Edelbrände, Likör, Fruchtaufstrich
Bewirtung:	Frühstück, Abendessen nach Voranmeldung
Aktivitäten:	Weinverkostung, Weingartenwanderung
Umgebung:	Schloss Grafenegg, Altstadt Krems, Karikatur Museum Krems, Stift Göttweig, Kellergassenführungen, Au-Wanderwege

202 WINZERHOF STAUFFER
www.winzerhof-stauffer.at

Weinbergstraße 38
3491 Elsarn

48°29'40.1"N 15°45'06.8"E

ANMELDUNG:
Bernhard Stauffer
0664/3900355

Der Winzerhof zählt mit mehr als 370 Jahren Geschichte zu den alteingesessenen Weinproduzenten von Straß und dem Kamptal. Er ist schon seit vielen Jahren in Familienbesitz. Durch unsere konsequente Qualitätsarbeit werden ausschließlich Qualitäts- und Prädikatsweine erzeugt. Mit individuellen Weinverkostungen wollen wir dem Weinfreund das Kulturgut Wein näherbringen.

Aufenthalt:	maximal 24 Stunden
Anreise bis:	18 Uhr
Geschlossen:	November bis 15. April
Ab-Hof-Verkauf:	geöffnet bei Bedarf
Produkte:	Grüner Veltliner, Frühroter Veltliner, Muskateller, Riesling, Sauvignon Blanc, Chardonnay, Zweigelt, Rosé, Frizzante, Zweigelt, Blauburger, Edelbrände, Liköre, Traubensaft, kaltgepresstes Rapsöl
Bewirtung:	Frühstück nach Voranmeldung
Aktivitäten:	Kellerführung, kommentierte Weinverkostung, Riedenfahrt mit restauriertem Traktor, Weinshop, Weinbrunnen
Umgebung:	Weinbau- und Fassbindermuseum, Fossilienschauraum und Fossiliengrube

203 WEINGUT KAMAUF
www.weingut-kamauf.at

Obernholz 1
3491 Obernholz

48°30'39.6"N 15°44'43.8"E

ANMELDUNG:
Ing. Reinhard Kamauf
0664/9484768

Wir führen ein Weingut im unteren Kamptal und bauen sowohl Weißweine wie auch Rotweine und Frizzante aus. Wir vermarkten einen Großteil unserer Produkte selbst. Da wir am Fuße des Manhartsberges liegen, stehen bei uns auch mehrere Wanderwege durch den Wald zur Verfügung.

Aufenthalt:	maximal 24 Stunden
Anreise bis:	19 Uhr
Ab-Hof-Verkauf:	geöffnet bei Bedarf
Produkte:	Grüner Veltliner, Gelber Muskateller, Blauer Zweigelt, Pinot Blanc, Sauvignon Blanc, Gelber Muskateller Frizzante, Traubensaft, Wildspezialitäten aus eigener Jagd je nach Saison
Aktivitäten:	Kellerführung und Produktverkostung
Umgebung:	Ruine Falkenberg, Freilichtmuseum Elsarn, Weinbau- und Fassbindermuseum, Wandern im Straßertal, LOISIUM Weinwelt in Langenlois

204 WEINGUT REINHARD TOPF
www.reinhardtopf.at

Langenloiser Straße 213
3491 Straß im Straßertale

48°28'23.1"N 15°43'35.3"E

ANMELDUNG:
Reinhard Topf
0664/3747156

Das Fundament unseres Weinguts ist der hervorragende Kamptaler Boden. Reich an wertvollen Mineralien verleiht er unseren Weinen erlesenen Geschmack und unverkennbaren Charakter.
Wir verrichten viele Arbeiten von Hand - auch, wenn es erheblichen Mehraufwand erfordert. Doch das Ausgangsprodukt, das unserer liebevollen Behandlung entspringt, ermöglicht uns die Gestaltung besonders ansprechender und niveauvoller Weine.

Aufenthalt:	maximal 24 Stunden
Ab-Hof-Verkauf:	geöffnet bei Bedarf
Produkte:	Grüner Veltliner in verschiedenen Ausbaustufen, Riesling, Weißburgunder, Chardonnay, Zweigelt gleichgepresst, Gemischter Satz, Frizzante, Blauer Zweigelt, Marillenbrand, Weinbrand
Aktivitäten:	Kellerführung, Weinverkostung
Umgebung:	Arche Noah Schaugärten, Kittenberger Erlebnisgärten, Schloss Grafenegg, Kamptalbad, LOISIUM Weinwelt, Rosenburg

205 WEINGUT BRANDL
www.brandl-weingut.at

Marktplatz 74
3491 Straß im Straßertale

48°28‘13.3“N 15°44‘03.5“E

ANMELDUNG:
Thomas Brandl
0664/4819191

Unser Familienbetrieb befindet sich mitten im Herzen von Straß. Er liegt zentral, aber trotzdem ruhig. Wir bewirtschaften eine Weinfläche von 11 ha. Wir zählen zu den alteingesessenen Weinproduzenten in Straß. Unser Gut ist seit vielen Generationen in Familienbesitz, urkundlich betrieben wird Weinbau seit dem Jahr 1660. Neben den Weingärten haben wir hinter dem Haus 120 Marillenbäume.

Aufenthalt:	maximal 24 Stunden
Ab-Hof-Verkauf:	geöffnet bei Bedarf
Produkte:	Grüner Veltliner, Neuburger, Rotwein Cuvée, Rivaner, Roter Veltliner, Rosé, Chardonnay, Rosenmuskateller, Riesling, Rosé Frizzante, Edelbrände, Marillenmarmelade, Holunderblütensirup, Traubensaft rot und weiß, Eier
Bewirtung:	Frühstück auf Anfrage
Aktivitäten:	Kellerführung, Weinverkostung mit Hofjause auf Anfrage
Umgebung:	Ruine Falkenberg, Freilichtmuseum Elsarn, Weinbau- und Fassbindermuseum, Wanderungen in der Region, MTB-Strecken, LOISIUM Weinwelt in Langenlois

206 WEINBAU EISENBOCK BERND
www.weinbau-eisenbock.at

Talstraße 136
3491 Straß im Straßertale

48°29‘24.1“N 15°43‘44.8“E

ANMELDUNG:
Christina Eisenbock
02735/2637
0676/5851615

Wir sind ein Familienweingut im wunderschönen Kamptal und bewirtschaften 12 ha Weingärten. Unser Heurigen ist in der Langenloiser Straße. Hier verwöhnen wir euch mit regionalen und saisonalen Schmankerln und natürlich mit unseren Weinen und Säften. Genießt die Weinberge mit dem Rad, beim Wandern oder bei einer von uns geführten Riedenwanderung.

Aufenthalt:	maximal 24 Stunden
Anreise bis:	18 Uhr
Ab-Hof-Verkauf:	geöffnet bei Bedarf
Produkte:	Grüner Veltliner, Riesling, Frühroter Veltliner, Welschriesling, Sauvignon Blanc, Weißburgunder, Rosé, Zweigelt, Zweigelt Barrique, Roesler, Cuvée, Eiswein, Grüner Veltliner Sekt, Pet Nat Muscaris, Traubensaft
Aktivitäten:	Kellerführung, Betriebsbesichtigung sowie Weinprobe gegen Voranmeldung, selbstgebaute Fasssauna gegen Voranmeldung und Gebühr, Garten- und Terrassennutzung sowie Möglichkeit zum Grillen
Umgebung:	Schloss Grafenegg, LOISIUM Weinwelt, Vinothek Weinkontraste mit Garten zum Genießen, Germanisches Gehöft, Kittenberger Erlebnisgärten, Amethyst Welt

207 WEINGUT SILVIA ROSENBERGER

www.weingut-rosenberger.at

Weinbergweg 426
3491 Straß im Straßertale

48°28'05.8"N 15°44'19.8"E

ANMELDUNG:
Silvia Rosenberger
0664/1909001

Das reichhaltige Rebsortiment steht auf Urgesteinsböden, die den Weinen eine besonders fruchtige Note verleihen. Es werden auf 10 ha neben Grüner Veltliner, Riesling und Zweigelt auch seltene Sorten wie Neuburger, Gelber Muskateller und Sämling 88 angebaut. Zusätzlich haben wir uns auf die Erzeugung von sortenreinem Qualitätssekt spezialisiert. Süßweine und Spezialitäten aus der hauseigenen Brennerei runden unser Sortiment ab.

Aufenthalt: maximal 24 Stunden
Ab-Hof-Verkauf: geöffnet bei Bedarf
Produkte: Grüner Veltliner, Riesling, Weißburgunder, Muskateller, Neuburger, gleichgepresster Zweigelt, Rosé, Blauer Zweigelt, sortenreine Sekte (hergestellt nach der traditionellen Flaschengärung), Pet Nat, Muskateller Tresterbrand, Traubensaft
Bewirtung: Frühstück und Abendessen nach Voranmeldung
Aktivitäten: Wein- und Sektverkostung, Kellerführung
Umgebung: Schloss Haindorf, Kamptalbad, Ruine Falkenberg, Freilichtmuseum Elsarn, Weinbau-und Fassbindermuseum, LOISIUM Weinwelt

208 WEINGUT EDER

www.weinguteder.at

Weinbergstraße 66
3494 Gedersdorf

48°26'09.6"N 15°41'00.5"E

ANMELDUNG:
Marina u. Martin Eder
0676/3467325
0676/3467333

Unser Weingut und unsere Weine beschreiben wir mit folgenden Worten: einzigartig, dynamisch, elegant und regional. Seit 1849 betreiben wir Weinbau in Gedersdorf, einem Ort im Kremstal.
Im Jahr 2013 startete Martin, der ältere von zwei Geschwistern, in die siebte Weinbau-Generation. Im Februar 2017 entschied sich seine Schwester Marina, in den Betrieb einzusteigen. Gemeinsam sind wir stolz auf unser vielfältiges Weinsortiment.

Aufenthalt: maximal 24 Stunden
Anreise bis: 16 Uhr
Geschlossen: September, Oktober
Ab-Hof-Verkauf: geöffnet bei Bedarf
Produkte: Grüner Veltliner, Sämling 88, Muskateller, Sauvignon Blanc, Riesling, Zweigelt, Cuvée, Sekt, Trockenbeerenauslese, Rosé
Aktivitäten: Kellerführung und Weinverkostung
Umgebung: Hauersteig Wanderweg, Gedersdorfer Weinwanderweg, Aussichtswarte Gobelsberg, Schloss Grafenegg, Weinweg Langenlois, LOISIUM Weinwelt, Krems

209 WEINGUT WINKLER

www.weinmitbiss.at

Schlickendorf 4
3494 Schlickendorf

48°24'15.7"N 15°42'28.7"E

ANMELDUNG:
Erwin Winkler
0676/6234024

In unserem Weingut verbinden wir Tradition mit Moderne. Das Verkostlokal mit seinen alten Gewölben liegt auf der einen Seite, die eben erst erbaute Weinkellerei mit modernster Technik befindet sich auf der anderen Seite. Unsere wichtigste Sorte ist natürlich der Grüne Veltliner. Derzeit bewirtschaften wir rund 11 ha Rebfläche.

Aufenthalt:	maximal 24 Stunden
Ab-Hof-Verkauf:	geöffnet bei Bedarf
Produkte:	Neuburger, Gelber Muskateller, Chardonnay, Riesling, Grüner Veltliner, Zweigelt Rosé, Zweigelt
Bewirtung:	Buschenschank, Öffnungszeiten siehe Webseite
Aktivitäten:	Weinverkostung, Riedenwanderung
Umgebung:	Schloss Grafenegg, Altstadt Krems, Stift Göttweig, LOISIUM Weinwelt, Au-Wanderwege, Hauerstein-Wanderweg, Gedersdorfer Radroute

210 HOLLER HOF

Neuweidlingerstraße 68
3495 Rohrendorf bei Krems

48°24'45.5"N 15°40'16.5"E

ANMELDUNG:
Florian Holler
0664/5123170

Im April 2020 neu gegründet, konzentrieren wir uns auf den Anbau von Obst und Gemüse, sowie auf die Haltung von glücklichen Freiland-Hühnern. In einem kleinen Hofladen, welcher 24 Stunden geöffnet ist, bieten wir unsere selbst hergestellten Produkte an. Da auf unserem Hof verschiedene Hühnerrassen gehalten werden, finden Sie in den Eierkartons auch blaue, grüne, rosa oder schokobraune Eier. Sie können das nicht glauben? Dann besuchen Sie uns doch und überzeugen sich selbst!

Aufenthalt:	maximal 24 Stunden
Ab-Hof-Verkauf:	Selbstbedienungsautomat
Produkte:	Eier, Liköre, Marmeladen, Pestos, Gewürze, Öle, Obst, Gemüse, Chutneys, Röster, Marillen- und Feigensenf, Sirupe und Säfte, Marillennektar...
Umgebung:	Donautal, Tut gut! Wanderwege, Rohrendorfer Fitnesspark, Rohrendorfer Hohlwege, Rohrendorfer Kellergassenfest, Besichtigung von Krems

211 WEINBAU HÖRTH
www.weinguthoerth.at

Obere Hauptstraße 75
3495 Rohrendorf bei Krems

48°25'05.1"N 15°38'47.6"E

ANMELDUNG:
Ing. Ingrid Hörth
0664/4332138

Unseren ersten Weingarten haben wir 2003 gepflanzt. Nach ersten Erfolgen bei Prämierungen haben wir uns entschlossen, unseren Betrieb zu vergrößern. In den Weinbaugebieten Kremstal und Wagram bewirtschaften wir rund 6,5 ha Rebflächen. In unserem Betrieb hat der mittlerweile sehr selten gewordene Rote Veltliner einen besonderen Stellenwert. Diese Rebensorte wird in Österreich nur mehr auf rund 193 ha kultiviert.

Aufenthalt: maximal 24 Stunden
Geschlossen: September bis Mitte Oktober
Ab-Hof-Verkauf: geöffnet bei Bedarf
Produkte: Grüner Veltliner, Roter Veltliner, Gemischter Satz, Rosé, Zweigelt Barrique, Merlot Barrique, Frizzante Rosé, Riesling, Traubensaft weiß, Traubensaft rot, Liköre, Obstbrände, Marmeladen, Sirupe, Obst nach Saison
Aktivitäten: Weinverkostung, Produktverkostungen von Likören, Marmeladen und Säften, Kellerführung, Weingartenbesichtigung
Umgebung: Rohrendorfer Hohlwege, Tut gut! Wanderwege, Eiszeitwanderweg, Beethovenhaus Krems, Winzer Krems Weinerlebniswelt, Gozzoburg Krems

212 WEINGUT SEPP MOSER
www.sepp-moser.at

Untere Wiener Straße 1
3495 Rohrendorf bei Krems

48°25'27.2"N 15°39'30.3"E

ANMELDUNG:
Nikolaus Moser
02732/70531

Wir sind ein biodynamisch arbeitender Familienbetrieb mit Weinbauflächen im Kremstal und am Neusiedler See. Außerdem haben wir einen kleinen Bioladen. Das Sortiment umfasst das Allerbeste rund um Milch, Obst, Gemüse, Fleisch und Getreide von Bauern aus der Umgebung. Alle Lebensmittel werden mit Achtung vor Tieren und der Natur hergestellt und von uns für unseren Bioladen mit Sorgfalt ausgewählt.

Aufenthalt: maximal 24 Stunden
Anreise bis: 16:30 Uhr
Ab-Hof-Verkauf: Montag, Mittwoch und Donnerstag von 8 - 12 Uhr und 14 - 17 Uhr, Dienstag und Freitag von 8 - 12 Uhr und 14 - 19 Uhr, Samstag von 9 - 12 Uhr
Produkte: Sekt, Zweigelt, Grüner Veltliner, Riesling, Pinot Blanc, Muskat Ottonel, Cabernet Sauvignon, Merlot, Chardonnay, Trockenbeerenauslese, Beerenauslese, Vollsortiment im Bioladen
Aktivitäten: Kellerführung und Weinverkostung nach Vereinbarung
Umgebung: Tut gut! Wanderwege, Rohrendorfer Kellergasse, Gozzoburg Krems, Krems
Hinweis: Öffnungszeiten Bioladen: Dienstag u. Freitag v. 15 - 19 Uhr, Samstag v. 9 - 12 Uhr

213 WEINGUT GEPPEL-MAYER

www.weingut-geppel-mayer.at

Nußdorferstraße 118
3508 Krustetten

48°21‘39.2“N 15°39‘43.7“E

ANMELDUNG:
Petra Mayer
0664/9336677

Unser Familienbetrieb liegt im Wein- und Heurigenort Krustetten, südlich von Krems zwischen dem berühmten Benediktinerstift Göttweig und dem östlich gelegenen Wetterkreuz, inmitten der Großlage „Göttweiger Berg“. Es ist für uns selbstverständlich, mit den Schätzen der Natur rücksichtsvoll umzugehen und beim Ausbau der Weine den natürlichen Charakter der Weine zu erhalten. Für uns ist ein Wein gelungen, wenn sein Aroma den Jahrgang, die Weinberglage, die Rebsorte und unsere Handschrift widerspiegelt.

Aufenthalt: maximal 24 Stunden
Ab-Hof-Verkauf: geöffnet bei Bedarf
Produkte: Grüner Veltliner, Riesling, Gelber Muskateller, Grüner Sylvaner, Weißburgunder, Chardonnay, Sauvignon Blanc, Traminer, Zweigelt, St. Laurent, Merlot, Frizzante, Sekt, Traubensaft, Apfelsaft, Birnensaft, Marillennektar, Marillenmarmelade
Bewirtung: Heuriger
Aktivitäten: Weinverkostung
Umgebung: Marillenerlebnisweg, Stift Göttweig, Mammutbäume in Paudorf, Stift Herzogenburg, Krems mit vielen Sehenswürdigkeiten

214 WINZERHOF ZEILINGER

www.winzerhof-zeilinger.at

gegenüber Wienerstraße 100
3511 Furth/Palt

48°23‘05.4“N 15°36‘58.1“E

ANMELDUNG:
Thomas Zeilinger
0664/4002248

Unsere Familie bewirtschaftet seit 1755 unsere Weingärten am Fuße des Göttweiger Berges und im Raum Krems. Der Natur und der zukünftigen Generation zuliebe verzichten wir auf die Verwendung von Insektiziden und Herbiziden.

Aufenthalt: maximal 24 Stunden
Anreise bis: 17 Uhr
Ab-Hof-Verkauf: geöffnet bei Bedarf
Produkte: Grüner Veltliner, Sauvignon Blanc, Gelber Muskateller, Pinot Blanc, Gemischter Satz, Riesling, Muskateller Frizzante, Rosé Frizzante, Sekt, Rosé Zweigelt, Zweigelt, Spirituosen, Traubensaft
Aktivitäten: Weinverkostung
Umgebung: Stift Göttweig, Themenweg „Löss und Wein“, Wanderung um den Stiftsberg, Marillenerlebnisweg, Römermuseum Mautern
Hinweis: Anfahrt durch unsere Halle, gegenüber der Hausnummer Wienerstraße 100

215 WEINBAU ASCHAUER
www.weinbau-aschauer.at

Unterbergern 33
3512 Bergern/Dunkelsteinerwald

48°22'32.4"N 15°32'51.1"E

ANMELDUNG:
Markus Aschauer
0676/7134853

Unser Weinbaubetrieb liegt im Herzen der Ortschaft Unterbergern am südöstlichen Rande der Wachau. Neben dem Weinbau spielt die Wachauer Marille bei uns am Hof eine große Rolle.
Wir bewirtschaften rund 5 ha Weingarten und rund 120 Marillenbäume. Vermarktet werden unsere Produkte ab Hof und über unseren traditionellen Heurigenbetrieb.

Aufenthalt: maximal 24 Stunden
Anreise bis: 18 Uhr
Geschlossen: Dezember, Jänner
Ab-Hof-Verkauf: geöffnet bei Bedarf
Produkte: Riesling, Grüner Veltliner, Gelber Muskateller, Sauvignon Blanc, Chardonnay, Frizzante, Rosé, Zweigelt, Zweigelt Barrique, Blauburger, Traubensaft, Brände, Marmeladen, Chutney, Marillen
Aktivitäten: Keller und/oder Weingartenführung inkl. Weinprobe
Umgebung: Ferdinandwarte in Unterbergern, Steinkreis in Geyersberg, Wallfahrtskirche und Wallfahrtsmuseum in Maria Langegg, Burgruine Aggstein
Hinweis: Zufahrt über Schotterstraße

216 FAMILIE RAUSCHER

Mottingeramt 30
3532 Rastenfeld

48°34'14.4"N 15°23'35.3"E

ANMELDUNG:
Anita Rauscher
0650/9435277

Unser Hof befindet sich in der Nähe der beiden Stauseen Ottenstein und Dobra. Wir leben in einer Streusiedlung, wo Ruhe und Erholung ein Garant sind. Wir haben einen Mutterkuhbetrieb mit Weidehaltung, ein paar Hühner und einige Bienenvölker.

Aufenthalt: maximal 24 Stunden
Ab-Hof-Verkauf: geöffnet bei Bedarf
Produkte: Honig, Nüsse, Eier, Obst nach Saison, Angus Fleisch auf Vorbestellung
Aktivitäten: Hofführung, Honigverkostung
Umgebung: Stausee Ottenstein, Burg Rastenberg, Burgruine Lichtenfels, Schloss Ottenstein, Teichwanderweg Ottenstein-Waldreichs, Kampseen „Volt"-Radrunde

217 BIOLINDNER

www.biolindner.at

Friedersbach 159
3533 Friedersbach

48°35'16.5"N 15°16'18.1"E

ANMELDUNG:
Irene Lüdemann
0676/4604715

Wir sind ein kleiner Familienbetrieb, den wir im Nebenerwerb führen. Unsere Wertschätzung für Natur und das Leben spiegelt sich in unserer Arbeits- und Lebensweise wieder. Wir bauen regionales und lang erprobtes Saatgut an, und erhalten und fördern den Humus durch seichte Bodenbearbeitung. Zusätzlich verzichten wir durch die Unterstützung von Nützlingen auf chemische Spritzmittel.

Aufenthalt: maximal 24 Stunden
Ab-Hof-Verkauf: Dienstag von 8 - 11 Uhr, Donnerstag von 8 - 11 Uhr und 14 - 17 Uhr, zusätzlich bei Bedarf
Produkte: Gemüse der Saison, Dinkel, Dinkelreis, Roggen, Nackthafer, Nacktgerste, Leinsamen, Graumohn, Kümmel, Senfkörner, Hanfsamen, Süßlupinien, Honig
Aktivitäten: Alpaka-Wandern am Hof, Betriebsführung
Umgebung: Kampstausee Ottenstein, Stift Zwettl, Führungen durch die Privatbrauerei Zwettl, Österreichisches Freimaurermuseum, Aubergwarte in Großgöttfritz

218 WEINGUT AM BERG

www.weingut-am-berg.at

Mittelberg 41
3550 Langenlois

48°29'52.3"N 15°36'19.2"E

ANMELDUNG:
Ludwig Gruber
02734/2965

Wir sind die Familie Gruber und betreiben das kleine "Weingut am Berg" im idyllischen Örtchen Mittelberg im niederösterreichischen Kamptal. Unsere Reben erstrecken sich auf 13 ha Land. Umgeben sind sie von alten Obstbäumen und kühlen Wäldern, Gemüsebeeten und duftenden Kräutern. "Weingarten" nennen wir diesen Ort. Hier produzieren wir in Mischkultur und von Hand alles, was das Herz begehrt.

Aufenthalt: maximal 24 Stunden
Ab-Hof-Verkauf: geöffnet bei Bedarf
Produkte: Weine, Schnäpse, Marmeladen
Bewirtung: Frühstück nach Voranmeldung
Umgebung: Arche Noah Schaugarten Schiltern, Gartenweg Schiltern, Aussichtsturm Gobelsberg, LOISIUM Weinwelt, Heimatmuseum Langenlois, Stadtweg Langenlois, Weinweg Langenlois, Ruine Konsegg, Kellergasse Mittelberg

219 BIOWEINGUT GRUBER43

www.gruber43.at

Mittelberg 43
3550 Langenlois

48°29'51.6"N 15°36'21.1"E

ANMELDUNG:
Gabi u. Markus Gruber
0664/9136887

Unser Familienweingut wird seit vielen Generationen mit viel Hingabe und im achtsamen Umgang mit der Natur bewirtschaftet. Die Weingärten zeigen uns, wann welche Pflegemaßnahmen erforderlich sind und diese führen wir schonend und mit größter Sorgfalt durch. Auf der 12 ha großen Weingartenfläche wachsen die unterschiedlichsten Rebsorten, weil uns Vielfalt im Weinkeller viel Freude bereitet.

Aufenthalt: maximal 24 Stunden
Ab-Hof-Verkauf: geöffnet bei Bedarf
Produkte: Grüner Veltliner, Riesling, Weißburgunder, Gemischter Satz, Rivaner, Rosé, Frühroter Veltliner, Gelber Muskateller, Roter Veltliner, Zweigelt, Blauburger, Sekt vom Rosé, Sekt vom Gelben Muskateller, Edelbrände wie Marillenbrand, Tresterbrände, Weinbrand, Traubenbrand, roter und weißer Traubensaft, Essig, Naturweine und Orangeweine
Bewirtung: Frühstück, Abendessen nach Voranmeldung
Umgebung: Kittenberger Erlebnisgärten, Gartenweg Schiltern, LOISIUM Weinwelt, Weinweg Langenlois, Kamptalradweg, Arche Noah Schaugarten in Schiltern

220 WEINBAU STAUDER

Spiegelgraben 7
3550 Langenlois

48°28'01.2"N 15°41'20.4"E

ANMELDUNG:
Erna Stauder
0676/3153878

Wir sind ein kleiner Winzerbetrieb in Langenlois in Niederösterreich. Im Heurigenlokal bewirten wir unsere Gäste mit Wein und typischen Heurigenspezialitäten. Besonders beliebt ist Hausgeselchtes, diese Speise ist unsere Spezialität.

Aufenthalt: maximal 24 Stunden
Ab-Hof-Verkauf: geöffnet bei Bedarf
Produkte: Grüner Veltliner, Gemischter Satz, Chardonnay, Weißburgunder, Frizzante, Hausgeselchtes
Bewirtung: Abendessen
Aktivitäten: Weinverkostung, Weingartenführung
Umgebung: Kittenberger Erlebnisgärten, Arche Noah Schaugarten, LOISIUM Weinwelt, Gartenweg Schiltern, Radfahren und Mountainbiken in der Umgebung, Wandern

221 WEINHOF SIMLINGER

www.weinhof-simlinger.at

Droß 99
3552 Droß

48°27'51.7"N 15°32'55.3"E

ANMELDUNG:
Thomas Simlinger
0676/4162300

Unser kleiner Familienbetrieb liegt ca. 2 km außerhalb der Ortschaft Droß, einem kleinen Weinbauort, 10 km nördlich von Krems an der Donau. Unsere Weingärten liegen verstreut in den Weinbaugebieten Kamptal und Kremstal. Das Weinsortiment umfasst verschiedene Grüne Veltliner, Frühroter Veltliner, Gelber Muskateller, Riesling sowie Weißwein und Rotwein Cuvées.

Aufenthalt: maximal 24 Stunden
Ab-Hof-Verkauf: geöffnet bei Bedarf
Produkte: Grüner Veltliner, Weißwein-Cuvée, Frühroter Veltliner, Riesling, Gelber Muskateller, Blauer Zweigelt, Rotwein-Cuvée, Rosé Frizzante, Schnäpse, Liköre, Apfelsaft, Traubensaft
Aktivitäten: Weinverkostung
Umgebung: Kinderspielplatz neben der Volksschule, Schloss Droß mit Schlosskapelle, Fatima Wallfahrtskirche, Kittenberger Erlebnisgärten, Bademöglichkeit im Föhrenteich, Krems

222 WEINGUT ANDREAS SCHUSTER

www.weingutschuster.at

Langenloiser Straße 48
3552 Lengenfeld

48°28'18.9"N 15°36'08.5"E

ANMELDUNG:
Andreas Schuster
0664/5363978

Wir alle leben und arbeiten für den Wein. Diese Tradition reicht bis in das Jahr 1884 zurück. In den besten Lagen von Lengenfeld sowie Langenlois im Weinbaugebiet Kamptal bewirtschaften wir in den bekanntesten Rieden wie Kittmannsberg, Liss und Steinmassl 12 ha Weingartenfläche. Wir laden alle Weinfreunde gerne zur Verkostung ein und geben auch Einblick in den alljährlichen Arbeitsablauf rund um den Wein.

Aufenthalt: maximal 24 Stunden
Ab-Hof-Verkauf: geöffnet bei Bedarf
Produkte: Gelber Muskateller, Frühroter Veltliner, Grüner Veltliner, Chardonnay, Weißer Burgunder, Riesling, Frizzante, Zweigelt Rosé, Cuvée, St. Laurent
Aktivitäten: Weinverkostung nach Anmeldung und zu den Heurigentagen siehe Webseite
Umgebung: Burgruine Senftenberg, Kittenberger Erlebnisgärten, LOISIUM Weinwelt, Weinweg Langenlois, Arche Noah Schaugarten in Schiltern

223 ASBACHER KLOSTERKELLER STRADINGER
www.stradinger.at

Hollerzeile 19
3552 Stratzing

48°26‘59.7“N 15°36‘08.4“E

ANMELDUNG:
Karl Heinz Stradinger
0664/73572093

Inmitten von 3 Weinbaugebieten (Kremstal, Kamptal und Wachau) liegt unser malerischer Winzerort Stratzing. Auf insgesamt 20 verschiedenen Rieden gedeihen unsere Reben. Diese Kleinstruktur verleiht unserer Heimat ihren besonderen Reiz. Unsere Trauben werden ausschließlich handverlesen. Dies garantiert uns höchste Traubenqualität. Entdecken Sie unsere bayrische Geschichte beim Besuch unseres Klosterkellers.

Aufenthalt: maximal 24 Stunden
Ab-Hof-Verkauf: geöffnet bei Bedarf
Produkte: Grüner Veltliner, Roter Veltliner, Chardonnay, Riesling, Gelber Muskateller, Zweigelt, Blauburger, Roesler, Edelbrände, Traubensaft, Essig
Aktivitäten: Weinprobe im Weinberg mit Blick auf Stift Göttweig, Führungen im historischen Klosterkeller
Umgebung: Islandpferde-Hof im Ort, Stadt Krems mit vielen Sehenswürdigkeiten, Schifffahrt auf der Donau, Eiszeitwanderweg Stratzing

224 WEINERLEBEN CZIPIN
www.weinerlebenczipin.at

Kirchengasse 9
3552 Stratzing

48°27‘00.2“N 15°36‘06.2“E

ANMELDUNG:
Andrea u. Leonhard Czipin
02719/2848
0676/3508870

Wir sind ein Familienbetrieb im Herzen des Weinbaugebietes Kremstal. Die Kultur der Reben und der Wein stehen im Mittelpunkt unseres Lebens. Wir bieten Ihnen die Möglichkeit des Ab-Hof-Verkaufes mit Verkostungsraum und herrlicher Terrasse. Außerdem können Sie bei uns ein Weinseminar besuchen oder individuelle Weintouren machen - vom Besuch des historischen Rotweinkellers bis zur Riedenwanderung. Im Juli öffnen wir unseren Schmankerlheurigen.

Aufenthalt: maximal 24 Stunden
Ab-Hof-Verkauf: geöffnet bei Bedarf
Produkte: Apfelcider, Sekt, Frizzante, Gemischter Satz, Grüner Veltliner, Gelber Muskateller, Riesling, Rotburger, Merlot, Apfelsaft, Traubensaft, Marillenbrand, Zwetschkenbrand, Tresterbrand, Zigarrenbrand, Marillenmarmelade
Bewirtung: Schmankerlheuriger im Juli, Öffnungszeiten siehe Webseite
Aktivitäten: Weinverkostung, Kellerbesichtigung, Riedenwanderung
Umgebung: Eiszeitwanderweg, Aussichtswarte Priel, Burgruine Senftenberg, Kulturstadt Krems, LOISIUM Weinwelt

225 WEINGUT STEINSCHADEN

www.weingut-steinschaden.at

Obere Straße 32
3553 Schiltern

48°31'05.1"N 15°37'11.0"E

ANMELDUNG:
Manfred Steinschaden
02734/8224

Unser Weingut ist ein typischer Familienbetrieb und liegt im idyllischen Weinort Schiltern. Wir bemühen uns sehr, unsere Weingärten möglichst im Einklang mit der Natur zu bewirtschaften. Deswegen legen wir auch großen Wert auf Mengenregulierungen um so eine Qualitätssteigerung zu erzielen. Seit dem Bau unseres neuen Weinkellers haben wir nun die Möglichkeit, unsere Weine mit kontrollierter Gärung zu fruchtigen und gebietstypischen Spezialitäten auszubauen.

Aufenthalt:	maximal 24 Stunden
Anreise bis:	18 Uhr
Ab-Hof-Verkauf:	geöffnet bei Bedarf
Produkte:	Gemischter Satz, Weißburgunder, Grüner Veltliner, Riesling, Gelber Muskateller, Sauvignon Blanc, Rosé, Zweigelt, Blaufränkisch, Cuvée Barrique, Frizzante Rosé, Eiswein, Traubensaft
Bewirtung:	Abendessen nach Voranmeldung
Aktivitäten:	Weinverkostung, Kellerführung
Umgebung:	Arche Noah Schaugarten in Schiltern, Burgruine Senftenberg, Kittenberger Erlebnisgärten, LOISIUM Weinwelt, Weinweg Langenlois, Stadtspaziergang in Krems

226 WEINGUT PETER SCHWEIGER

www.schweiger-wein.at

Im Grübl 25
3561 Zöbing

48°29'13.6"N 15°41'16.8"E

ANMELDUNG:
Barbara Satler
0664/4510162

Unser Weingut liegt im Weinort Zöbing, im südlichsten Zipfel des Kamptals, mit Blick auf den wohl bekanntesten Weinberg Österreichs, den Heiligenstein. Das Gut wird als Familienbetrieb geführt. Wir legen besonders großen Wert auf das umweltfreundliche und nachhaltige Weinbauhandwerk. Unsere Hauptsorten sind Grüner Veltliner, Riesling und Zweigelt.

Aufenthalt:	maximal 24 Stunden
Ab-Hof-Verkauf:	geöffnet bei Bedarf
Produkte:	Grüner Veltliner, Riesling, Zweigelt, Gelber Muskateller, Schaumwein, Traubensaft, Verjus
Bewirtung:	Buschenschank, Abendessen nach Voranmeldung
Umgebung:	Baden am Kamp, Kamptalradweg, Kamptalwarte am Heiligenstein, Kittenberger Erlebnisgärten, Weinweg Langenlois, LOISIUM Weinwelt, Ausflug nach Krems

227 WINZERGUT PRABATSCH-AICHINGER

www.winzergut.at

Weinbergsiedlung 19
3561 Zöbing

48°29'22.6"N 15°41'21.1"E

ANMELDUNG:
Renate Aichinger
0699/11766422

P3

Übernachten Sie am ruhigen und sonnig gelegenen Weingut und genießen Sie unsere Weine vom Urgestein. Wir keltern authentische Weine und bringen die unverwechselbaren Geschmacksnuancen einer jeden Rebsorte zum Vorschein. Nach Omas Rezept verwenden wir ausgewählte Früchte aus der Region und verkochen diese zu Marmelade und Chutneys.

Aufenthalt: maximal 24 Stunden
Anreise bis: 18 Uhr
Ab-Hof-Verkauf: geöffnet bei Bedarf
Produkte: Grüner Veltliner, Gemischter Satz, Gelber Muskateller, Roter Veltliner, Riesling, Sparkling GM und rosé, Zweigelt, Cabernet Sauvignon, Apfelsaft
Umgebung: Kamptalradweg, Kamptalwarte am Heiligenstein, LOISIUM Weinwelt, Freilichtmuseum Germanisches Gehöft, Stadtweg Langenlois, Kittenberger Erlebnisgärten

228 WEINGUT OSKAR HAGER

www.weingut-hager.at

Weinstraße 42
3562 Mollands

48°30'50.5"N 15°40'24.1"E

ANMELDUNG:
Oskar Hager
02733/8278
0664/1414636

P2 10m

Bereits seit 1640 betreibt unsere Familie Landwirtschaft und Weinbau. Dieses Erbe bäuerlicher Tradition wurde durch Generationen gepflegt und schließlich zum Fundament einer einmaligen Vision. So bewirtschaften wir heute 20 ha Weingärten mit hochwertigen Rebsorten in den besten Lagen des Kamptals. In unseren Weinen spiegelt sich unsere Liebe zur Natur und die Leidenschaft zum Weinmachen.

Aufenthalt: maximal 24 Stunden
Anreise bis: 17 Uhr
Ab-Hof-Verkauf: geöffnet bei Bedarf
Produkte: Rivaner, Grüner Veltliner, Riesling, Chardonnay, Weißburgunder, Rosé Cabernet Sauvignon, Sämling, Frizzante, Eiswein, Weißburgunder, Zweigelt
Aktivitäten: Weinverkostung, angrenzender Spielplatz
Umgebung: Kittenberger Erlebnisgärten, LOISIUM Weinwelt, Kamptalwarte Zöbing, Naturpark Kamptal, Straußenland Gärtner in Schönberg
Hinweis: Anreise über Schotterstraße

229 WEINGUT FAMILIE LEOPOLD

www.leopold.at

Schönbergneustift 30
3562 Schönbergneustift

48°30'17.6"N 15°41'52.4"E

ANMELDUNG:
Karin u. Stefan Leopold
02733/8228
0664/4353293

Wir sind ein familiär geführter Winzerbetrieb im schönen Weinbaugebiet Kamptal. Bei uns dreht sich natürlich alles um die Weingärten, den Keller und den Wein. Hinter dem Weinkeller befinden sich unsere ersten Weingartenterrassen mit einem wunderschönen Blick ins Kamptal. Wir wünschen euch einen angenehmen Aufenthalt.

Aufenthalt:	maximal 24 Stunden
Anreise bis:	20 Uhr
Geschlossen:	Weihnachtsferien
Ab-Hof-Verkauf:	geöffnet bei Bedarf
Produkte:	Riesling, Grüner Veltliner, Pinot Blanc, Gemischter Satz, Weißburgunder, Cabernet Sauvignon, St. Laurent, Zweigelt, Cuvée, Zweigelt Barrique, Traubenbrand, Rosé Frizzante, Trockenbeerenauslese
Aktivitäten:	Besuch des hauseigenen Museums, Weinverkostung, Kellerführung, Weingartenwanderung; gegen Voranmeldung
Umgebung:	Naturpark Kamptal, Flusslehrpfad entlang des Kamps, Stoamandl-Weinlehrpfad, Waldlehrpfad, Langenlois, Ausflug nach Krems, Schwimmbad Schönberg

230 WINZERHOF SUPPERER

www.supperer.at

Rossatz 51
3602 Rossatz

48°23'53.8"N 15°30'14.1"E

ANMELDUNG:
Bernadette und
Wolfgang Supperer
0676/7514727
0676/7514726

Wir am Winzerhof Supperer aus Rossatz leben alte Werte und schaffen neue Traditionen. Wir, das sind Bernadette, Wolfgang und unsere Familie. Seit Jahren betreiben wir einen traditionellen Winzerhof mit ehrlicher Leidenschaft. Die Weingärten werden gehegt und gepflegt und die Trauben in alter Manier gekeltert. Zusätzlich betreiben wir einen Heurigen mit Gastgeber-Herz und Wohlfühl-Atmosphäre.

Aufenthalt:	maximal 24 Stunden
Anreise bis:	14 Uhr
Ab-Hof-Verkauf:	Montag von 9 - 11 Uhr und 14 - 15 Uhr, Samstag und Sonntag von 9 - 11 Uhr, zusätzlich bei Bedarf
Produkte:	Grüner Veltliner, Riesling, Muskateller, Traminer, Zweigelt Rosé, Cuvée Barrique, Cabernet Sauvignon, Edelbrände, Marillenmarmelade, Marillenröster
Aktivitäten:	Produktverkostung und Hofführung
Umgebung:	Burgruine Dürnstein, Stift Dürnstein, Panoramaweg Rossatz, Schifffahrt auf der Donau, Rossatzer Marillenmeile, Wanderwege durch den Dunkelsteinerwald
Hinweis:	Betriebslärm während der Weinlese; Anfahrt über Schotterstraße mit Neigung

231 WEINGUT MAYER

www.mayerwein.at

Gut am Steg 11
3620 Spitz

48°21'24.2"N 15°23'02.2"E

ANMELDUNG:
Franz Mayer
0664/3902379
0664/1277870

Wir sind ein Familienweingut mitten in den Weingärten im idyllischen Spitzer Graben, einer der schönsten Ecken der Wachau. Wir bewirtschaften unsere 4 ha Wein- und Obstgärten biologisch. Unsere Produkte verkaufen wir ab Hof oder in unserer Buschenschank, die wir einige Male im Jahr (Öffnungszeiten siehe Webseite) geöffnet haben.

Aufenthalt:	maximal 24 Stunden
Anreise bis:	17 Uhr
Ab-Hof-Verkauf:	geöffnet bei Bedarf
Produkte:	Grüner Veltliner, Riesling, Neuburger, Gelber Muskateller, Cuvée, Müller Thurgau, Rosé Frizzante, Zweigelt, St. Laurent, Beerenauslese, Rosenmuskateller, Zweigelt Rosé, Traubensaft, Marillenbrand, Marillenlikör
Bewirtung:	Buschenschank, Öffnungszeiten siehe Webseite
Aktivitäten:	Weinverkostung
Umgebung:	Wanderung zum Tausendeimerberg, Schifffahrtsmuseum Spitz, Historischer Kaufmannsladen Spitz, Burgruine Aggstein, Wachauer Nase

232 BIENENHOF KOLM

imkermuseum.jimdofree.com

Moos 3
3653 Weiten

48°18'45.0"N 15°16'01.5"E

ANMELDUNG:
Herbert Kolm
0664/1618944

Unser Hof, den wir nicht bewohnen, liegt in einem kleinen Dorf mit 5 Häusern. Gegenüber befindet sich ein großer Bauernhof mit Rindern und Kühen. In unserem Garten stehen 30 Bienenvölker. Das Imkermuseum und die Schauimkerei stehen allen Besuchern offen und bieten Einblicke in eine moderne Imkerei. Vor dem Museum ist eine Holzbiene aufgestellt, die schon aus weiter Entfernung zu sehen ist und den Eingangsbereich kennzeichnet.

Aufenthalt:	maximal 24 Stunden
Ab-Hof-Verkauf:	geöffnet bei Bedarf
Produkte:	Imkereiprodukte (Honig, Met, Propolis, Pollen, Kerzen), Bienenluft, Trockenfrüchte, Marmeladen, Schnaps und Liköre
Aktivitäten:	Produktverkostung, Hofführung, Besuch des Imkermuseums (derzeit € 5 pro Person)
Umgebung:	Schloss Pöggstall, Freibad Mandlgupf, Filialkirche St. Anna im Felde, Schloss Artstetten, Naturpark Jauerling, Waldviertler Sternwarte Martinsberg

233 AB-HOF-VERKAUF FAMILIE RAMEDER

www.rameder-abhof.at

Reitzendorf 7
3664 Martinsberg

48°23'40.1"N 15°08'01.5"E

ANMELDUNG:
Andrea Rameder
0664/1632354

Reitzendorf liegt im südwestlichen Teil des Waldviertel am Ostende des Weinsberger Waldes. Unser Hof auf 901 Meter Seehöhe gelegen ist ein idealer Ort für Erholung sowie ein toller Ausgangspunkt für Ausflüge. Wir verarbeiten alles, was Hof und Feld hergeben zu köstlichen Spezialitäten. Diese werden im eigenen Hofladen, auf Bauernmärkten und in Selbstbedienungsläden in der Umgebung angeboten.

Aufenthalt: maximal 24 Stunden
Ab-Hof-Verkauf: Selbstbedienungs-Hofladen von 7 bis 21 Uhr
Produkte: Frischfleisch von Freilandpute und Strohschwein, verschiedene Wurstsorten von Freilandpute und/oder Strohschwein, Knoblauch und Knoblauchprodukte, Zwiebel, Waldviertler Graumohn, Speisekartoffeln, verschiedene Fruchtaufstriche und Fruchtsirupe, hausgemachte Mehlspeisen
Aktivitäten: Hofführung mit Produktverkostung
Umgebung: Sternwarte Orion, Edlesberger See, Aussichtswarte Jauerling, Aussichtswarte Kollnitzberg, Heimatmuseum Yspertal, Mohndorf Armschlag

234 BUCHBERGERHOF

Baumgartenberg 3
3691 Nöchling

48°13'51.9"N 14°57'57.7"E

ANMELDUNG:
Isabella u. Erich Buchberger
0680/2440307
0650/7787083

Unser Hof befindet sich in der Nähe der Donau im idyllischen Strudengau in Niederösterreich an der Grenze zu Oberösterreich auf 484 Meter Seehöhe. Wir sind ein Milchwirtschaftsbetrieb mit Pferden, Hühnern, Katzen und Hunden. Seit Ende Oktober 2021 betreiben wir einen familienfreundlichen Bogenparcours.

Aufenthalt: maximal 24 Stunden
Ab-Hof-Verkauf: täglich ab 9 Uhr
Produkte: Speck, Eier, Joghurt, Rohmilch bei Voranmeldung, Marmeladen, Mehlspeisen, belegte Brote
Aktivitäten: familienfreundlicher 3D-Bogenparcours
Umgebung: Badeteich Nöchling, Wandern zum Predigtstuhl, Klettermöglichkeit in Gloxwald, Waldhausen Stiftskirche, Besucherkraftwerk Ybbs-Persenbeug

235 WEINGUT KOCH

www.weingut-koch.at

Winzerstraße 26
3701 Großweikersdorf

48°28‘25.2“N 15°59‘03.3“E

ANMELDUNG:
Ing. Josef Koch
0676/6193200

Als niederösterreichisches Familien-Weingut sind wir für leichte, fruchtige Weißweine und milde, samtige Rotweine bekannt. Wir betreiben seit Generationen naturnahen Weinbau in Großweikersdorf. Unsere Reben wachsen auf tiefgründigen Lössböden des Wagrams in den sonnigen Lagen des Schmidatals. Die relativ kühlen Nächte sorgen für frische Säure und ein ausgeprägtes Bukett unserer Weine.

Aufenthalt: maximal 24 Stunden
Anreise bis: 19 Uhr
Ab-Hof-Verkauf: Montag bis Samstag von 9 - 18 Uhr
Produkte: Rivaner, Grüner Veltliner, Malvasier, Riesling, Chardonnay, Sauvignon Blanc, Weißburgunder, Muskateller, Cuvée, Zweigelt, St. Laurent, Roesler, Blauer Portugieser, Rosé, Eiswein, Frizzante, Edelbrände, Liköre, Traubensäfte, Verjus
Bewirtung: Buschenschank, Frühstück nach Voranmeldung
Aktivitäten: Produktverkostung und Hofführung
Umgebung: Freibad, Fischer von Erlach-Kirche, Ignaz J. Pleyel Museum, Großweikersdorfer Radrundweg, Wander- und Laufstrecke Ruppersthal, Heldenberg, Amethyst Welt

236 WEINBAUFAMILIE SCHMID

www.drivewein.at

Unterthern 24
3701 Heldenberg

48°30‘31.2“N 15°59‘58.9“E

ANMELDUNG:
Rainer Schmid
0664/9978709

Unser 7 ha großer Weinbaubetrieb wird als Familienbetrieb geführt. Der Grüne Veltliner ist das Hauptprodukt meines Betriebes. Die Lage und die Böden (vorwiegend Lehm) bieten ideale Voraussetzungen für diese Sorte. Meine Weingärten werden großteils von Hand gepflegt und die Qualitätskontrolle beginnt bei mir schon beim Setzen der Rebstöcke.

Aufenthalt: maximal 24 Stunden
Anreise bis: 18 Uhr
Geschlossen: Dezember bis März
Ab-Hof-Verkauf: Freitag von 17 - 22 Uhr, zusätzlich geöffnet bei Bedarf
Produkte: alkoholfreier Wein, Chardonnay, Grüner Veltliner, Müller Thurgau, Donauriesling, Sauvignon Blanc, Gelber Muskateller, Blauburger, Zweigelt, Traubensaft
Aktivitäten: Kellerführung, Weingartenführung und Weinverkostung; Anmeldung mindestens 24 Stunden vorher
Umgebung: Trainingszentrum der Spanischen Hofreitschule, Koller's Oldtimer, Radetzky Gedenkstätte, Steinzeitdorf mit Kreisgraben, Aigner's Falkenshow

237 WINZERHOF MANTLER

www.winzerhof-mantler.at

Oberrußbacherstraße 63
3702 Niederrußbach

48°27'28.3"N 16°02'13.1"E

ANMELDUNG:
Anna-Carina Mantler
0664/5748482

Unser traditioneller Familienbetrieb befindet sich im größten Veltlineranbaugebiet der Welt, im Weinviertel. Als Jungwinzerin ist es mein Ziel, individuelle Weine aus hochqualitativen Trauben zu produzieren. Gerne vermittle ich bei einer Weinverkostung samt Kellerführung die Tradition und Faszination, die wir direkt mit dem Weinbau verbinden.

Aufenthalt: maximal 24 Stunden
Ab-Hof-Verkauf: geöffnet bei Bedarf
Produkte: Sauvignon Blanc, Pinot Blanc, Chardonnay, Zweigelt Rosé, Chardonnay Schaumwein, Grüner Veltliner, Weinviertel DAC, Riesling, Zweigelt, Blauburger, Roesler, St. Laurent, Cuvée, Traubensaft
Bewirtung: Frühstück und Abendessen nach Voranmeldung in der Buschenschank
Aktivitäten: Wir bieten ein außergewöhnliches Verkostungserlebnis mit unserem vielseitigen Sortiment an einzigartigen Weinen.
Umgebung: Rad- und Wanderwege durch die Weinberge und Kellergassen, Lipizzaner am Heldenberg, Jakobsweg Weinviertel, Fossilienwelt Weinviertel, Ausflug nach Stockerau

238 WEINGUT BAIER

www.weingut-baier.at

Stetteldorferstraße 23
3702 Niederrußbach

48°26'47.7"N 16°02'13.4"E

ANMELDUNG:
Herbert Baier
02955/7701

In unserem Familienbetrieb im Weinviertel werden typische Weinviertler Rebsorten mit Hauptaugenmerk auf den Grünen Veltliner ausgebaut und dies seit 1794. Dabei folgen wir einer klaren Stilistik, welche die Handschrift unserer Region widerspiegelt – präzise, klar und echt. Wir sind offen für neue Ideen und gehen gleichzeitig behutsam mit der Weingartenpflege um.

Aufenthalt: maximal 24 Stunden
Anreise bis: 20 Uhr
Geschlossen: 20. Dezember bis 6. Jänner
Ab-Hof-Verkauf: geöffnet bei Bedarf
Produkte: Grüner Veltliner, Riesling, Weißburgunder, Sauvignon Blanc, Gelber Muskateller, Zweigelt, Chardonnay, Merlot, Frizzante, Sekt, Traubensaft
Aktivitäten: Weinverkostung, Kellerführung
Umgebung: Heldenberg (Trainingszentrum Spanische Hofreitschule, Aigner's Falkenshow, Oldtimermuseum, Radetzky Gedenkstätte, Steinzeitdorf mit Kreisgraben, Englischer Garten), Pleyel Museum, Burg Kreuzenstein, LOISIUM Weinwelt, Wasserpark Tulln (Wasserski, Wakeboarden, Bootfahren)

239 WINZERHOF KAMPTNER

www.kamptnerwein.at

Fahndorf 15
3710 Ziersdorf

48°33'03.0"N 15°57'57.0"E

ANMELDUNG:
Elsbeth Kamptner
0664/1361151

Wir sind ein Winzerhof mit Flaschenverkauf im wunderschönen Weinviertel. Derzeit umfasst unser Familienbesitz 4 ha Weinrieden, welcher die Grundlage für unsere Qualitätsweine bildet. Die Geschichte des Weinbaubetriebes geht ca. 200 Jahre zurück. Zu dieser Zeit wurde das erste Mal von unseren Vorfahren Wein für den Eigenbedarf produziert. Noch heute befindet sich am Winzerhof ein Weinkeller aus dem Jahr 1776.

Aufenthalt:	maximal 24 Stunden
Anreise bis:	18:30 Uhr
Geschlossen:	Advent- und Weihnachtszeit
Ab-Hof-Verkauf:	geöffnet bei Bedarf
Produkte:	Frühroter Veltliner, Grüner Veltliner, Weinviertler DAC, Roter Veltliner, Roter Traminer, Rheinriesling, Rivaner, Blauer Portugieser, Blauburger, Zweigelt, Zweigelt Barrique
Aktivitäten:	Weinverkostung und Kellerführung (nach telefonischer Anmeldung)
Umgebung:	Freibad in Ziersdorf, viele Radwege in der Umgebung, Rundwanderweg Hohenwarth, Amethyst Rundweg, Heldenberg mit vielen Sehenswürdigkeiten

240 WEINHOF AROCKER

www.arocker.at

Hauptplatz 12
3712 Maissau

48°34'14.7"N 15°49'30.0"E

ANMELDUNG:
Radmila u. Reinard Arocker
0676/4175066

Unser Weinhof befindet sich zentral gelegen in der Amethyststadt Maissau. Der blumengeschmückte Innenhof steht als Stellplatz zur Verfügung, ebenso kann unsere Weinterrasse mit einmaligem Blick auf das Schloss Maissau genutzt werden. In unmittelbarer Nähe befinden sich auch unsere Weingärten, die bequem zu Fuß erreicht werden können. Die Nähe zum Schlosswald ermöglicht eine Wanderung um das Schloss Maissau herum und wieder zurück zum Weinhof.

Aufenthalt:	maximal 24 Stunden
Anreise bis:	20 Uhr
Ab-Hof-Verkauf:	geöffnet bei Bedarf
Produkte:	Grüner Veltliner, Frühroter Veltliner, Riesling, Pinot Blanc, Chardonnay, Zweigelt, Rosé vom Zweigelt, Ausbruch Grüner Veltliner, Frizzante, Traubensaft rot, Traubensaft weiß, Rotweinlikör, Traubengelee, Marillenbrand
Bewirtung:	Abendessen nach Voranmeldung
Aktivitäten:	Weinverkostung, Weingartenbegehung, Betriebsbesichtigung
Umgebung:	Amethyst Welt Maissau, Lipizzaner Trainingszentrum in Heldenberg, viele Wanderwege wie zum Beispiel Gottfried von Einem-Weg, Kräuterdorfweg

241 WEINGUT + BUSCHENSCHANK HUMER

www.humerwein.at

Kremserstraße 10
3712 Maissau

48°34'19.6"N 15°49'42.8"E

ANMELDUNG:
Michael Humer
02958/82611

Wir betreiben ein familiär geführtes Weingut und einen Buschenschankbetrieb in Maissau, am Fuße des Manhartsberges, am Rande des Weinviertels. In unserer Buschenschank am Maissauer Berg, mit Blick bis zum Schneeberg, verwöhnen wir Sie mit unseren selbst gemachten und saisonalen Heurigen-Speisen und unseren mehrfach prämierten Weinen aus dem eigenen Anbau.

Aufenthalt:	maximal 24 Stunden
Ab-Hof-Verkauf:	geöffnet bei Bedarf
Produkte:	Schaumwein Muskateller Cuvée, Schaumwein Zweigelt Rosé, Grüner Veltliner, Weißburgunder, Chardonnay, Riesling, Sauvignon Blanc, Gelber Muskateller, Zweigelt, Traubensäfte, Destillate, Verjus
Bewirtung:	Buschenschank, Öffnungszeiten siehe Webseite
Aktivitäten:	Weinverkostung, Betriebsführung am Weingut
Umgebung:	Amethyst Welt Maissau, Schloss Maissau, Kellergassen von Maissau, Gottfried von Einem Museum, Kräuterdorf Wilhelmsdorf, Lavendeldorf Unterdürnbach

242 WEINGUT ALTENBURGER

www.altenburger-braunsdorf.info

Braunsdorf 9
3714 Braunsdorf

48°38'07.4"N 15°56'09.3"E

ANMELDUNG:
Rosa u. Leopold Altenburger
0676/5725370

Aus Liebe zur Natur haben wir bereits 2005 begonnen, unseren Betrieb auf biologischen Anbau umzustellen. Mit der Kombination aus modernster Technik und Tradition reifen unsere Weine bis heute im klassischen Keller, viele Meter unter jahrtausendealter Erde. Unsere Rohstoffe für die alkoholfreien Säfte bauen wir zum Großteil selbst an. Was wir selbst nicht erzeugen können, kaufen wir regional von kontrollierten Partnern zu.

Aufenthalt:	maximal 24 Stunden
Anreise bis:	20 Uhr
Ab-Hof-Verkauf:	geöffnet bei Bedarf
Produkte:	Bio-Weine, Bio-Säfte, Bio-Schnäpse, Bio-Liköre, Bio-Kürbiskernöl, Bio-Dinkelprodukte
Bewirtung:	Buschenschank, Öffnungszeiten siehe Webseite
Aktivitäten:	Weinverkostung, Kinderspielplatz
Umgebung:	Amethyst Welt Maissau, Lavendel-Schaugarten Unterdürnbach, Rebsortenpfad in Stoitzendorf, Stadtmauer-Rundweg Eggenburg, Krahuletz-Museum in Eggenburg

243 BIOHOF LEMBACHER

www.biohof-lembacher.at

Jubiläumsplatz 2
3714 Sitzendorf an der Schmida

48°35'57.9"N 15°56'29.6"E

ANMELDUNG:
Ursula u. Hans Lembacher
0664/4406092

Unser Betrieb liegt im westlichen Weinviertel an der Grenze zum Waldviertel, idyllisch eingebettet im oberen Schmidatal, im Zentrum der Marktgemeinde Sitzendorf. Seit 1991 wirtschaften wir aus voller Überzeugungen nach den Richtlinien von Bio Austria. Wir freuen uns über jeden Genießer, den wir als Kunden begrüßen dürfen und der unsere gschmackigen Produkte zu schätzen weiß.

Aufenthalt: maximal 24 Stunden
Anreise bis: 19 Uhr
Geschlossen: September, Oktober und 15. Dezember bis 15. Jänner
Ab-Hof-Verkauf: Selbstbedienungsautomat
Produkte: Eier, Erdäpfel, Zwiebel, Knoblauch, Walnüsse, Traubensaft, diverse Sirupe und Marmeladen aus eigener Produktion. Im Selbstbedienungsautomat sind weitere Produkte von Kollegen erhältlich.
Umgebung: Keltenausstellung in Roseldorf, Rundwanderwege, Amethyst Welt Maissau, Ausflug nach Eggenburg, Besuch in Hollabrunn, Lippizaner in Heldenberg

244 WEINGUT ZÖCHMEISTER

www.weinbau-zoechmeister.at

Roseldorf 26
3714 Sitzendorf an der Schmida

48°38'43.7"N 15°55'49.6"E

ANMELDUNG:
Doris Hötzer
0676/7771270

Im westlichen Weinviertel, genauer gesagt im charmanten Roseldorf, liegt unser bodenständiger Mischbetrieb. Er setzt sich zusammen aus Landwirtschaft, Weinbau und Buschenschank. Idyllisch mitten in den Weingärten der Roseldorfer Kellergasse finden Sie unsere Buschenschank mit traumhafter Aussicht. Innovation, Gastfreundschaft, Familie und die Liebe zur Natur prägen unser Leben und unseren Betrieb.

Aufenthalt: maximal 24 Stunden
Anreise bis: 20 Uhr
Ab-Hof-Verkauf: Samstag 9 - 12 Uhr, geöffnet bei Bedarf
Produkte: Weinviertel DAC, Grüner Veltliner, Frühroter Veltliner, Rivaner, Welschriesling, Weißburgunder, Gelber Muskateller, Rheinriesling, Chardonnay, Frizzante, Zweigelt, Zweigelt Rosé, Rotwein Cuvée, Eiswein, Traubensaft, Kartoffeln, Kürbiskernöl
Bewirtung: Buschenschank, Öffnungszeiten siehe Webseite
Aktivitäten: Keller- und Weingartenführung
Umgebung: Keltensiedlung am Sandberg mit Aussichtsturm, 3 gut beschilderte Themenradwege, Amethyst Welt Maissau, Schloss Braunsdorf

245 WEINGUT BEYER

www.weingutbeyer.at

Roseldorf 85
3714 Sitzendorf an der Schmida

48°38'49.1"N 15°55'32.6"E

ANMELDUNG:
Josef Beyer
0676/6457118

Unser Weingut ist ein junger dynamischer Betrieb. Erst im Jahre 2009 habe ich begonnen meine Weingärten nach neuesten Gesichtspunkten zu pflegen und zu bearbeiten. Unterstützt werde ich von meinen Eltern, die mit mir Reben schneiden, anbinden und ausbrechen. Meine Frau Julia kümmert sich um das Marketing, den Vertrieb, die Präsentation und die Betreuung der Kunden.

Aufenthalt: maximal 24 Stunden
Anreise bis: 20 Uhr
Ab-Hof-Verkauf: geöffnet bei Bedarf
Produkte: Frizzante Rosé, Rosé, Grüner Veltliner, Rivaner, Riesling, Weißburgunder, Sauvignon Blanc, Zweigelt, Pinot Noir, Trockenbeerenauslese, Eiswein, Traubensaft
Aktivitäten: Weinverkostung
Umgebung: Keltensiedlung am Sandberg - Forum Sandberg, Themenradwege, Lavendel-Schaugarten in Unterdürnbach, Amethystwelt Maissau
Hinweis: Anreise zu oben genannter Adresse. Der Stellplatz selbst befindet sich hier: 48°39'00.3"N 15°56'02.1"E.

246 BIRIBAUER

Minichhofen 23
3720 Ravelsbach

48°33'29.8"N 15°54'12.7"E

ANMELDUNG:
Monika Biribauer
0676/9137710

Unser Hof liegt im Herzen des Weinviertels. Wir sind ein kleiner konventioneller Weinbaubetrieb. Die Verantwortung für unsere Weingärten hat unser Sohn übernommen. Er beschäftigt sich mit voller Freude mit der Veredelung unserer Weine und baut diese typisch und charakteristisch aus. Wir freuen uns auf euren Besuch bei uns am Hof.

Aufenthalt: maximal 24 Stunden
Anreise bis: 19 Uhr
Geschlossen: November bis März
Ab-Hof-Verkauf: geöffnet bei Bedarf
Produkte: Rivaner, Frühroter Veltliner, Grüner Veltliner, Roter Veltliner, Gelber Muskateller, Riesling, Welschriesling, Gemischter Satz, Birizzante, Traubensaft, Apfelsaft klar und naturtrüb, Eier
Aktivitäten: Weinverkostung
Umgebung: Jakob Prandtauerkirche mit Barockgarten, Kulturpfad im Ort, viele Rundwanderwege, Riesling Radweg, Wanderung zum Gipfel des Manhartsbergs

247 WEINGUT STOPFER

www.weingut-stopfer.at

Minichhofen 7
3720 Ravelsbach

48°33'29.9"N 15°54'01.9"E

ANMELDUNG:
Martha u. Franz Stopfer
0650/5190273

Wein begleitet uns seit Generationen, ebenso die Tradition, für das, was man tut, Verantwortung zu übernehmen. Seit dem Jahr 2013 führen wir unser Weinviertler Weingut nach organisch-biologischen Richtlinien. Wir produzieren regionaltypische Bio-Qualitätsweine. Unser Bio-Jahrgangssekt wird direkt am Weingut hergestellt. Deshalb ist unser Sektsortiment auch sehr umfangreich - vom pfeffrig-würzigen Grüner Veltliner Sekt über nach Rosen duftenden Muskat Sekt bis zum erfrischenden nach Erdbeeren riechenden Rosé Sekt. Besuchen Sie uns und verschaffen Sie sich Einblick in unseren Familienbetrieb.

Aufenthalt: maximal 24 Stunden
Ab-Hof-Verkauf: geöffnet bei Bedarf
Produkte: Bio-Weine wie Frühroter Veltliner, Grüner Veltliner, Weißburgunder, Riesling, Muskat Ottonel, Sauvignon Blanc, Blauer Zweigelt, Blauburger, St. Laurent, Bio-Sekt, Bio-Traubensaft
Aktivitäten: Verkostung unserer Bio-Produkte
Umgebung: Amethyst Welt Maissau, Kulturpfad Ravelsbach, Riesling Radweg, Pfarrkirche Ravelsbach samt Barock-Garten, Aussichtswarte Hollenstein

248 WEINGUT GRUBER

www.weingutgruber.at

Niederschleinz 45
3721 Niederschleinz

48°35'35.3"N 15°52'55.6"E

ANMELDUNG:
Ludwig Gruber
0676/7271459

Wir sind ein freundliches Familienweingut im nördlichen Weinviertel. Unser Weingut befindet sich in Niederschleinz, rund 25 km südlich von Retz. Unser Ziel ist es, ausgezeichnete Weine in sortentypischer Reinheit zu schaffen. Dies erreichen wir durch Kombination von Tradition, Hygiene und Moderne. Dabei ist es uns besonders wichtig, Weine herzustellen, die für unser Terroir charakteristisch sind und deren Herkunft und Sorte unverwechselbar vermitteln.

Aufenthalt: maximal 24 Stunden
Ab-Hof-Verkauf: geöffnet bei Bedarf
Produkte: Grüner Veltliner, Chardonnay, Riesling, Sämling, Rivaner, Malvasier, Roter Veltliner, Zweigelt, Merlot
Bewirtung: Heurigenjause nach Voranmeldung
Aktivitäten: Weinverkostung mit oder ohne Kellerjause
Umgebung: Amethyst Welt Maissau, Lipizzaner Trainingszentrum in Heldenberg, Windmühle in Retz, Hauptplatz Retz, Unterirdische Keller in Retz, Fahrradmuseum Retz

249 WEINGUT GUTMAYER

www.weingut-gutmayer.at

Unterdürnbach 17
3721 Unterdürnbach

48°34'39.6"N 15°52'20.2"E

ANMELDUNG:
Ing. David Gutmayer
02958/88319

Unser Familienweingut liegt am Fuße des Manhartsberg in Niederösterreich. Unterdürnbach ist eine Katastralgemeinde der Stadtgemeinde Maissau. In unserer Region kann man gut Radfahren, Spazierengehen, die Natur genießen und natürlich Wein trinken. Wir begrüßen euch herzlich auf unserem Weingut, welches unter der Regie von David, dem Junior und Eduard, dem Senior, mit viel Freude und Engagement geführt wird.

Aufenthalt: maximal 24 Stunden
Ab-Hof-Verkauf: geöffnet bei Bedarf
Produkte: Grüner Veltliner, Blauer Zweigelt, Rosé, Gelber Muskateller, Rheinriesling, Weißburgunder, Chardonnay, Frizzante, Traubensaft
Aktivitäten: Verkostung, Hofführung, Weingartenführung
Umgebung: Lavendel-Schaugarten in Unterdürnbach, Amethyst Welt Maissau, Kogelsteine bei Grafenberg, Heldenberg, Eggenburg
Hinweis: teilweise geschotterte Zufahrtswege

250 WEINGUT GREIL

www.greil-wein.at

Straning 146
3722 Straning

48°36'41.4"N 15°51'48.0"E

ANMELDUNG:
Josef Greil
0664/4750612

Seit 1618 pflegt unser Familienbetrieb, nun bereits in der elften Generation, die Weinbautradition in Straning. Ehrliche und qualitätsorientierte Weinbereitung steht bei uns im Vordergrund.
Der persönliche Kontakt zu unseren Kunden ist uns besonders wichtig. In Straning finden Sie eine der schönsten Kellergassen Österreichs und nach Voranmeldung zeigt Ihnen unser Kellergassenführer die Besonderheiten.

Aufenthalt: maximal 24 Stunden
Anreise bis: 20 Uhr
Ab-Hof-Verkauf: geöffnet bei Bedarf
Produkte: Grüner Veltliner, Frühroter Veltliner, Riesling, Weißburgunder, Chardonnay, Weinviertel DAC Reserve, Frizzante, Rosé, Zweigelt, Blauer Portugieser, Traubensaft
Aktivitäten: Spielplatz für Kinder, Kellergassenführungen, Weinverkostung
Umgebung: Mittelalterstadt Eggenburg, Amethyst Welt Maissau, Eisenbahn- und Heimatmuseum Grafenberg, Schloss Maissau, Lavendelschaugarten Unterdürnbach

251 BIOWEINHOF TONI SCHMID
www.tonischmid.at

Straning 74
3722 Straning

48°36'35.7"N 15°51'58.4"E

ANMELDUNG:
Sonja Schmid
02984/37034

Wir sind ein kleiner feiner Familienbetrieb und leben in einem wunderschönen Bauernhof im westlichen Weinviertel. Wir arbeiten selbst in unseren Weingärten und im Keller. Seit 2006 bewirtschaften wir unsere Weingärten organisch-biologisch. Neben dem Weinbaubetrieb führen wir auch eine biologische Landwirtschaft, in der wir vielfältige Kulturen anbauen.

Aufenthalt: maximal 24 Stunden
Anreise bis: 19 Uhr
Ab-Hof-Verkauf: geöffnet bei Bedarf
Produkte: Wein, Frizzante, Traubensaft, Produkte aus Einkorn (Mehl, Flocken, Reis), Bio-Hanföl, Bio-Distelöl, Bio-Leindotteröl, Bio-Walnussöl
Aktivitäten: Weinverkostung, Betriebsführung, Kellergassenführung, Kräuterführung
Umgebung: spätbarocke Kellergassen, Amethyst Welt Maissau, Krahuletz-Museum in Eggenburg, Stadtrundgang Eggenburg, Wanderweg „Stein & Wein" in Eggenburg, Rebsortenpfad in Stoitzendorf, diverse Radrouten, Weinwanderwege wie z.B. Groß Wetzdorf, Tut gut! Wanderwege, Klemens Maria Hofbauer Pilgerweg, Heldenberg, Brandlhof Amethystwanderweg

252 WEINHOF DÖLLER
www.weinhof-doeller.at

Groß Reipersdorf 51
3741 Pulkau

48°41'58.8"N 15°50'57.2"E

ANMELDUNG:
Monika Döller
0664/73583340

Wir sind ein kleiner, familiär geführter Weinbauernhof im nordwestlichen Weinviertel, am Fuße des Manhartsberges. In unseren Weingärten wachsen die Sorten Grüner Veltliner, Riesling, Chardonnay, Gelber Muskateller, Rivaner, Blauer Portugieser und Zweigelt. Zusätzlich haben wir einen großen Bauerngarten mit Gemüse und Obst. Unsere Gäste schätzen die ruhige Lage und die angenehm entspannende Atmosphäre auf unserem Hof.

Aufenthalt: maximal 24 Stunden
Anreise bis: 20 Uhr
Ab-Hof-Verkauf: geöffnet bei Bedarf
Produkte: Grüner Veltliner, Weinviertel DAC, Riesling, Chardonnay, Gelber Muskateller, Rivaner, Zweigelt; Obst und Gemüse je nach Saison, Bio-Kürbiskernöl
Aktivitäten: Weinverkostung
Umgebung: diverse Weinwanderwege, 6 Städte Radweg (94 km), Drechslereimuseum, Handels- und Gewerbemuseum, Aussichtswarte, Europawarte in Waitzendorf

253 WEINGUT SCHNEIDER

www.schneider-wein.at

Rohrendorf 88
3741 Rohrendorf an der Pulkau

48°41'53.1"N 15°53'40.7"E

ANMELDUNG:
Martina Schneider
0676/6218664

Was liegt näher als direkt beim Winzer die Weine zu verkosten? Ganz nach dem Motto „Alles mit der Zeit" könnt ihr bei uns auf der Terrasse oder unter der Laube unser vielfältiges Weinsortiment kennenlernen und dabei die Aussicht aufs Weinviertel genießen. Unser Weinladen lässt sich kontaktlos durchstöbern oder ihr nutzt das Angebot einer kommentierten Weinverkostung

Aufenthalt: maximal 24 Stunden
Ab-Hof-Verkauf: täglich von 8 - 20 Uhr
Produkte: Grüner Veltliner, Welschriesling, Gelber Muskateller, Riesling, Zweigelt, St. Laurent, Traubensaft, Frizzante, Reserven, Traubenbrand, Likör, Honig, Sonnenblumenöl
Aktivitäten: Weinverkostung, Picknick im Weingarten, Betriebsbesichtigung
Umgebung: Schloss Schrattenthal, Wandern, Eggenburg, Retz mit Windmühle und unterirdischer Keller, Riegersburg

254 WEINGUT FRISCHAUF

www.frischauf-wein.at

Lange Zeile 48
3743 Röschitz

48°39'50.5"N 15°53'24.7"E

ANMELDUNG:
Sonja u. Ernst Frischauf
02984/3656
0676/6072682

Unser Weingut liegt in Röschitz, im westlichen Weinviertel, wo der Grüne Veltliner beheimatet ist. Die Sorten Riesling, Gelber Muskateller, Frühroter Veltliner, Sauvignon Blanc, Weißburgunder und Zweigelt bringen eine ansprechende Vielfalt in unser Sortiment. In unserem Garten gibt es viele Sitzgelegenheiten und ein Aufenthaltsraum bietet viel Platz zum Wohlfühlen.

Aufenthalt: maximal 24 Stunden
Anreise bis: 20 Uhr
Ab-Hof-Verkauf: geöffnet bei Bedarf
Produkte: Grüner Veltliner, Weinviertel DAC, Riesling, Frühroter Veltliner, Gemischter Satz, Gelber Muskateller, Rosé, Frizzante, Zweigelt
Bewirtung: Frühstück nach Voranmeldung
Aktivitäten: Weinverkostung
Umgebung: Erlebnisweg - „Wege zum Wein" in Röschitz, Raritäten Privatmuseum, Wanderwegenetz Retzer Land - Manhartsberg, Weinradweg Riesling, Weinviertel DAC Radweg

255 WINZERHOF STIFT

www.winzerhof-stift.at

Lange Zeile 6
3743 Röschitz

48°39‘55.7“N 15°53‘11.9“E

ANMELDUNG:
Regina Stift
0664/3025323

Unser Weingut liegt in Röschitz, im westlichen Weinviertel, südlich der Weinstadt Retz. Eine kleine Wanderung auf dem Erlebnisweg „bodenständig Röschitz – Wege zu Wein“ ist eine schöne Einstimmung für einen Besuch bei uns am Weingut. In unserem gemütlichen Innenhof oder in unserer Verkostungsstube wartet eine breite Sortenpalette auf eine genussvolle Verkostung. Wir laden Sie ein zum Verweilen und Genießen.

Aufenthalt: maximal 24 Stunden
Anreise bis: 19 Uhr
Ab-Hof-Verkauf: geöffnet bei Bedarf
Produkte: Grüner Veltliner, Weinviertel DAC, Riesling, Sauvignon Blanc, Gelber Muskateller, Chardonnay, Zweigelt, Rosé vom Cabernet Sauvignon, Frizzante, Traubensaft, Weinschokolade
Aktivitäten: Weinverkostung, Betriebsbesichtigung
Umgebung: Erlebnisweg „bodenständig Röschitz - Wege zu Wein“, Weberkeller Röschitz, Raritäten-Privatmuseum Röschitz, Krahuletzmuseum Eggenburg, Retzer Windmühle, Retzer Erlebniskeller, Amethyst Welt Maissau, Nationalpark Thayatal

256 WEINBAU BAUER

www.bauers-wein.at

Mühlberggasse 7
3743 Röschitz

48°40‘10.6“N 15°52‘52.8“E

ANMELDUNG:
Maria u. Hermann Bauer
0676/3435389
0676/9516230

Unser kleiner Familienbetrieb liegt in Röschitz im Weinviertel. Hier sorgen die kühlen Winde aus dem Waldviertel und die Wärme des Weinviertels für die Lebendigkeit und die Aromavielfalt unserer Weine. Ganz besonders wichtig ist uns der respektvolle Umgang mit unseren Ressourcen, mit den Lagen, den alten Rebstöcken, der Landschaft und der Natur.

Aufenthalt: maximal 24 Stunden
Ab-Hof-Verkauf: Montag bis Freitag von 8 - 19 Uhr, Samstag von 10 - 16 Uhr
Produkte: Traubensaft, Grüner Veltliner Ried Mühlberg, Weinviertel DAC Ried Reipersberg, Grüner Veltliner Reserve, Weißburgunder Ried Himmelreich, Frühroter Veltliner Ried Steinleiten, Riesling Ried Mühlberg
Aktivitäten: Weinverkostung
Umgebung: Retzer Windmühle, Unterirdische Keller in Retz, Krahuletz Museum Eggenburg, Amethyst Welt Maissau, Nationalpark Thayatal

257 RESPIZ-HOF KÖLBL

www.respiz-hof.at

Winzerstraße 5
3743 Röschitz

48°40'00.4"N 15°52'57.7"E

ANMELDUNG:
Margit u. Johannes Kölbl
02984/2779

Wir sind ein Traditionsweingut aus Röschitz im westlichen Weinviertel. Unser Traditionsweingut ist seit 1660 in Röschitz ansässig und bewirtschaftet entsprechend der alten Weinbautradition des Ortes seit damals erfolgreich seine Weingärten. Unser Weingut umfasst 14 Hektar, hauptsächlich keltern wir Weißwein. Der gemütliche Innenhof am Gut lädt zum Verweilen und zu einer Weinverkostung ein.

Aufenthalt: maximal 24 Stunden
Anreise bis: 19 Uhr
Ab-Hof-Verkauf: geöffnet bei Bedarf
Produkte: Grüner Veltliner, Weißburgunder, Sauvignon Blanc, Neuburger, Gelber Muskateller, Chardonnay, Riesling, Frizzante, Blauer Zweigelt, Blaufränkisch, Destillate, Traubensaft, Rotweingelee, Walnussöl
Aktivitäten: Weinverkostung, Betriebsbesichtigung
Umgebung: Weberkeller Röschitz, Raritäten Privatmuseum Röschitz, Schloss Schrattenthal, Krahuletz-Museum, Aussichtswarte Pulkau, Erlebnisweg „Wege zum Wein"

258 WEINGUT REGINA & MARTIN WEINECK

www.weineck.at

Lange Zeile 40
3743 Röschitz

48°39'51.3"N 15°53'21.5"E

ANMELDUNG:
Regina Weineck-Forman
0664/4246422

Mit seinen 11 ha Weingärten auf Löss und einzigartigen Urgesteinsböden rund um den Manhartsberg in Röschitz ist unser Weingut klein genug, um Kontrolle über jede einzelne Lage zu haben. Der Schwerpunkt in den Weingärten liegt mit 75% bei den Weißweinen. Vielschichtigkeit, Eleganz und Mineralität spiegeln sich in der großen Auswahl der Sorten wider.

Aufenthalt: maximal 24 Stunden
Anreise bis: 19 Uhr
Ab-Hof-Verkauf: geöffnet bei Bedarf
Produkte: Grüner Veltliner, Weinviertel DAC, Frühroter Veltliner, Chardonnay, Riesling, Sauvignon Blanc, Gelber Muskateller, Gemischter Satz, Rosé, Zweigelt, Zweigelt barrique, Merlot, Winzersekt Grüner Veltliner, Frizzante vom Riesling, Säfte, Marmeladen, Chutneys
Bewirtung: Frühstück nach Voranmeldung
Aktivitäten: Weinverkostung und Betriebsführung auf Wunsch mit Heurigenjause
Umgebung: Erlebnisweg „Wege zum Wein", Weinviertel Warte, Weber Keller, Retz
Hinweis: Eine Waschmaschine steht zur Verfügung.

259 WEGWARTEHOF

www.wegwartehof.at

Merkenbrechts 1
3800 Göpfritz an der Wild

48°42'40.9"N 15°23'47.9"E

ANMELDUNG:
Desiree El Mongi
0664/1456367
02825/7248

Unser Hof liegt auf der Hochebene der Wild, einem großen, rauen Waldgebiet am Nordrand eines der schönsten Naturreservate Österreichs. Hier in Merkenbrechts nahe Göpfritz bewirtschaften wir seit über 20 Jahren rund 14 Hektar Grund auf biologisch-dynamische Weise nach Demeter-Richtlinien. Unsere Schwerpunkte sind die Erzeugung von Stutenmilch und der Anbau von Heil- und Gewürzkräutern.

Aufenthalt: maximal 24 Stunden
Anreise bis: 21 Uhr
Geschlossen: Weihnachtsferien
Ab-Hof-Verkauf: Freitag von 9 - 18 Uhr und bei Bedarf
Produkte: Kräutertees, Kräutersalze, Stutenmilchkosmetik, Stutenmilch, Käse, Stutenmilchschokolade
Umgebung: Radtouren in der Umgebung (Thaya-Runde, Knödel-Land-Radweg), Waldbad Allensteig, Waldbad Groß-Siegharts, Kräuterdorf Merkenbrechts, Textilmuseum Groß-Siegharts

260 FAMILIENBETRIEB MENDLIG

Oberndorf 12
3823 Weikertschlag

48°54'43.1"N 15°27'43.8"E

ANMELDUNG:
Gabriele Mendlig
02845/604
0664/73195705

Unser Hof befindet sich im nördlichen Waldviertel im Thayatal. Wir sind ein Familienbetrieb mit Schwerpunkt Ackerbau (Saatzucht), Stärke- und Speisekartoffeln und Raps. Am Hof gibt es Ziegen und Hühner sowie einen Hund und Katzen. Zusätzlich haben wir einen großen Bauerngarten mit Gemüse, Blumen und Kräutern. Seit 2 Jahren haben wir eine eigene Mühle, wo wir unser Getreide zu Mehl vermahlen.

Aufenthalt: maximal 24 Stunden
Anreise bis: 19 Uhr
Ab-Hof-Verkauf: Montag bis Sonntag von 6 - 20 Uhr
Produkte: Mehl (Weizen, Roggen, Dinkel, Indigoweizen), Backmischungen, Brot und Weckerl, Eier, Marmelade, Kräutersalz, Honig, Fruchtsäfte, Kartoffeln, Gemüse und Kräuter nach Saison, Ziegenmilch und Ziegenkäse von Juni bis Oktober
Bewirtung: Frühstück auf Anfrage
Aktivitäten: Führung durch Garten und Hof mit Besichtigung der Mühle
Umgebung: Thayatal-Radweg, Kräuterradweg, Iron Curtain Trail Radweg, Männerspielplatz
Hinweis: Hunde müssen an der Leine gehalten werden

261 BIO HOF ST. NIKOLAUS

www.herout.com/biohof

Lichtenberg 1
3841 Windigsteig

48°46'25.1"N 15°19'05.9"E

ANMELDUNG:
Dr. Nicole Herout u.
DI Michael Schaller
0664/1321359
0664/1621291

Wir heißen Sie herzlich willkommen auf dem Demeter Biohof St. Nikolaus in Lichtenberg bei Waidhofen an der Thaya im schönen Waldviertel. Seit 2013 erfüllen wir uns den Lebenstraum, eine Bio-Landwirtschaft zu führen, die weitestgehend ohne Antibiotika auskommt. Dabei leben unsere Pferde, Puten, Hühner und Juraschafe ihr gesamtes Leben in der Natur. Neben unseren Tieren gibt es reichlich Platz für unsere Gäste, um inmitten der Natur eine schöne Zeit zu verbringen.

Aufenthalt:	maximal 24 Stunden
Anreise bis:	17 Uhr oder nach telefonischer Vereinbarung
Ab-Hof-Verkauf:	geöffnet bei Bedarf
Produkte:	mit Vorbestellung oder in Kleinmengen tiefgefroren bieten wir an: Bio-Wildmasthühner, Bio-Truthühner, Waldviertler Gockel, Bio-Lämmer, Lammbratwürstel, Lammgeselchtes, 8 verschiedene Sirup-Arten; je nach Verfügbarkeit
Aktivitäten:	ausführliche Hausführung nach Voranmeldung , Schwimmteich
Umgebung:	Basilika Waidhofen a. d. Thaya, Burgen, Nationalpark Thayatal, Blockheide
Hinweis:	Hunde immer an die Leine. Für nicht autarke Fahrzeuge beträgt die Benützungsgebühr für Strom, Wasser, WC und Dusche pauschal € 20 pro Nacht.

262 BIO IMKEREI STÖGERER

www.imker-honig.at

Willings 18
3841 Windigsteig

48°45'41.8"N 15°17'09.6"E

ANMELDUNG:
Hannes Stögerer
0660/5046947

Unsere Imkerei liegt im Herzen des Waldviertels. Inmitten der unberührten Natur können Sie außergewöhnliche Einblicke in die Welt der Bienen und in das Handwerk des Imkers gewinnen. Der Stellplatz ist nahe dem Schaubienengarten und ermöglicht es Ihnen, die köstlichen Produkte unseres Imkerhofs zu verkosten. Des Weiteren ist unser Betrieb in malerische Rad- und Wanderwege eingebettet.

Aufenthalt:	maximal 24 Stunden
Ab-Hof-Verkauf:	geöffnet bei Bedarf
Produkte:	Bio-Honig, Bio-Honig-Essigsorten, Met, spezielle Honigsorten wie Himbeer-, Haselnuss-, Schoko-, Mohn- und Holunderhonig, Honeysecco
Aktivitäten:	Produktverkostung, Hofführung
Umgebung:	Kinderspielplatz, Thayatal Radweg, Knödelland-Radweg, Sole-Felsenbad Gmünd, Käsemacherwelt in Heidenreichstein

263 REITSTALL FAMILIE INGHOFER

www.reitstall-inghofer.at

Pertholzerstraße 34
3860 Heidenreichstein

48°51'46.2"N 15°06'54.2"E

ANMELDUNG:
Susanne Inghofer
0664/9965949

Unser Hof liegt im oberen Waldviertel, nahe der tschechischen Grenze. Unsere Reitanlage besteht aus einer Reithalle, zwei Dressurvierecken, zwei Springplätzen, einem 6 ha großen Reitpark mit Hindernis- und Galoppstrecke sowie einigen Koppeln. Unseren Gästen stellen wir einen Teich, eine Lagerfeuerstelle und einen Kinderspielplatz zur Verfügung. Reitunterricht ist auf Anfrage möglich.

Aufenthalt: maximal 24 Stunden
Anreise bis: 18 Uhr
Geschlossen: November bis April
Aktivitäten: Reitunterricht auf Anfrage (ab € 20), Tageskarte für Fliegenfischen am Romaubach (ab € 20)
Umgebung: Strandbad in Litschau, Käsemacherwelt, Naturpark Heidenreichstein, historische Hammerschmiede Gopprechts, Brauerei Schrems
Hinweis: kleine Steigung auf Asphaltstraße, Sandweg

264 WURMHOF THALLER

www.wurmhof.at

Oberhof 28
3910 Zwettl

48°36'37.6"N 15°10'31.2"E

ANMELDUNG:
Gabriele und
Wolfgang Thaller
0699/15996697

Der Wurmhof befindet sich am Stadtrand von Zwettl, nur 15 Gehminuten vom Hauptplatz mit dem Hundertwasserbrunnen entfernt. Umgeben von Wiesen und Hofgebäuden finden Sie auf dem Parkplatz mit Blick ins Grüne ein ruhiges Plätzchen zum Übernachten. Unser Schwerpunkt am Hof ist die Produktion von Regenwurmhumus. Diesen produzieren wir mit drei Millionen Tieren – unseren Kompostwürmern. Weiters befinden sich am Hof eine Rindermast und typische Bauernhoftiere wie Schafe, Ziegen, Hühner, Hasen und Katzen. In unserem Hofladen mit Selbstbedienung können Sie sich täglich mit regionalen Schmankerln aus dem Waldviertel für Ihre Reise versorgen.

Aufenthalt: maximal 24 Stunden
Anreise bis: 19 Uhr
Ab-Hof-Verkauf: Selbstbedienungsautomat
Produkte: Produkte der bäuerlichen Direktvermarktung
Aktivitäten: Hofführung, regionale-saisonale Kochkurse, Brotbackkurse
Umgebung: Stift Zwettl, Bierwerkstatt Weitra, Privatbrauerei Zwettl, Erstes österreichisches Museum für Alltagsgeschichte Neupölla, Aubergwarte Großgöttfritz

265 MARKTMÜHLE - FEINES VOM FISCH

www.marktmuehle.at

Grafenschlag 90
3912 Grafenschlag

48°29‘20.2“N 15°10‘40.5“E

ANMELDUNG:
Tina Reich
0664/6512943

P3 | 10m | >3,5t

Die Marktmühle ist ein junger Familienbetrieb, der sich auf Frischfisch und dessen Veredelung spezialisiert hat. Umgeben von Wald und Feld schwimmen unsere Fische im Wasser des Purzelkamps. Bei einer Betriebsführung erfahrt ihr mehr über Wasser, Fische und Veredelung. Wir freuen uns auf euren Besuch bei uns in der Marktmühle.

Aufenthalt: maximal 24 Stunden
Anreise bis: 17:30 Uhr
Geschlossen: Sonntag, Montag; Jänner
Ab-Hof-Verkauf: Dienstag bis Freitag von 8 - 18 Uhr, Samstag von 8 - 14 Uhr
Produkte: Forelle, Saibling, Lachsforelle, Karpfen ab November bis Weihnachten; Frischfische, Räucherfische, Filets, Fischsulz, Fischterrine, gebeizte Lachsforelle, Fischaufstriche; Wein, Schnaps und Biotomaten im Sommer
Aktivitäten: Hofführung und Produktverkostung gegen geringe Gebühr
Umgebung: Themenweg „Entschwundenes Handwerk“, Walpurgis-Wanderweg, Aubergwarte, Freibad (Löschteich), Volleyballplatz, Mountainbikestrecke

266 LÄMMERHOF GROISS

www.laemmerhof-groiss.at

Bruderndorf 13/2
3921 Langschlag

48°35‘45.0“N 14°51‘26.0“E

ANMELDUNG:
Gerti Groiß
0664/5632186

P2 | 10m | >3,5t

Unser Familienbetrieb liegt auf 800 m Seehöhe in Bruderndorf im Waldviertel. Unsere Milchschafe weiden ganzjährig auf den für unsere Heimat so typischen kalten Granitböden und produzieren so die wertvolle Bio-Schafmilch, aus der unsere Käsespezialitäten entstehen. Ebenso ganzjährig bieten wir das gesunde und fettarme Lammfleisch und Schmankerl aus 100 Prozent Schaffleisch an.

Aufenthalt: maximal 24 Stunden
Geschlossen: November bis März
Ab-Hof-Verkauf: Freitag von 13 - 18 Uhr, Samstag von 9 - 13 Uhr, und nach Vereinbarung
Produkte: Vom Bio-Schaf: Schaffrischkäse Gupferl, Schafkäsebällchen, Schafschnittkäse div. Sorten, Schafrohschinken, Schafsalami, Schafpastete, Schafbratwurst, Lammbeuschel essfertig und vieles mehr. Vom Freilandschwein: Grammelschmalz, Verhackertes, Käsekrainer, Bratwurst, Lufti-Bauchspeck, Geselchtes. Vom Wild: Wildpastete, Wildbunkerl. Je nach Angebot ist bei uns auch frisches Fleisch vom Bio-Lamm, Freilandschwein oder Wild erhältlich. Eingelegtes Gemüse, Honig, Linsen
Aktivitäten: Produktverkostung beim Einkauf, Hofführung (derzeit € 9)
Umgebung: Rad- und Wanderwege, Biermuseum Langschlag, Bärenwald Arbesbach

267 GESELCHTES AB HOF FAMILIE PRINZ

www.geselchtes-abhof.at

Schmerbach 4/1
3921 Langschlag

48°35'15.7"N 14°53'09.0"E

ANMELDUNG:
Silvia u. Norbert Prinz
0664/3793282
0664/1597140

Auf unserem landwirtschaftlichen Betrieb im oberen Waldviertel in der Gemeinde Langschlag werden seit 1980 Schweine gehalten. In den vergangenen Jahren haben wir uns der Direktvermarktung verschrieben. In wirtschaftlich schwierigen Zeiten bietet diese Form der Vermarktung ein sicheres zweites Standbein. Neben Getreide, Erdäpfel und Grünland wird bei uns auch Waldviertler Graumohn kultiviert.

Aufenthalt: maximal 24 Stunden
Ab-Hof-Verkauf: geöffnet bei Bedarf
Produkte: Schweinefrischfleisch, Geselchtes, Braten, Spanferkel, Leberaufstrich, Schmalzbrotaufstrich, Blunzen, Fleischknödel, Hauswurst, Waldviertler Graumohn
Aktivitäten: Stallbesichtigung gegen Voranmeldung
Umgebung: Baden im Frauenwieserteich, Steinwanderweg, Waldlehrpfad, Schloss Rosenau, Naturbadeteich St. Martin, Stadtmauerstadt Weitra

268 BIOHOF BAUER

www.biohof-bauer.at

Schwarzau 9
3925 Altmelon

48°26'48.9"N 14°56'17.7"E

ANMELDUNG:
Silvia Bauer
0664/5318450

In einer ruhigen Lage auf 900 Meter Seehöhe im schönen Waldviertel liegt unser Bio-Betrieb. „Gans" bio kann man bei uns wörtlich nehmen, denn mit unseren Bio-Weidegänsen erlebt man spannende Momente auf den Wiesen. Roggen und Dinkel werden im Betrieb zu Bauernbrot und Gebäck verarbeitet, das wir neben Schnaps, Honig, Nudeln und weiteren Schmankerl jeden Mittwoch zum Verkauf anbieten.

Aufenthalt: maximal 24 Stunden
Anreise bis: 20 Uhr
Geschlossen: Weihnachtsferien
Ab-Hof-Verkauf: Mittwoch von 8 - 16 Uhr, zusätzlich bei Bedarf
Produkte: Bio-Brote und Gebäck, Mehlsorten und Getreide, Honig, Nudeln, Schnäpse, Daunendecken und Pölster
Aktivitäten: Hofführung
Umgebung: Moorwanderweg, Panoramaweg Altmelon, Bauernmuseum Wagner, Bärenwald Arbesbach, Burg Rappottenstein, Mohndorf Armschlag

269 ALPAKA-LAMA-ZUCHTVEREIN-VIERLINGS
www.alpaka-lama-zv.at

Vierlings 2
3931 Schweiggers

48°40‘00.5“N 14°59‘49.4“E

ANMELDUNG:
Rudolf Bauer, MBA
0664/75146395

Wir halten Alpakas und Lamas zur Zucht und für Wanderungen. Ebenso gibt es auf unseren kleinen Hof Hasen und Hühner, Katzen und Hunde. Ich bin Obmann des Zuchtvereins und betreibe zusätzlich eine kleine Imkerei. Wir freuen uns euch unsere Tiere und ihre Eigenheiten aus der Nähe zu erklären und stehen für Fragen gerne zu Verfügung.

Aufenthalt: maximal 24 Stunden
Anreise bis: 18 Uhr
Ab-Hof-Verkauf: geöffnet bei Bedarf
Produkte: Honig, Alpaka- und Lama-Seifen
Bewirtung: Frühstück nach Voranmeldung; alkoholische und andere Getränke sind lagernd, ebenso gibt es Kaffee oder Tee.
Aktivitäten: Es besteht die Möglichkeit Massagen im Haus in Anspruch zu nehmen, Infos auf www.massage-sabine-bauer.com. Eine Alpakawanderung kann gegen eine Gebühr von derzeit € 60 gebucht werden.
Umgebung: Waldviertler Erdäpfelwelt, Freimaurermuseum Schloss Rosenau
Hinweis: Der Stellplatz befindet sich neben dem Gehege.

270 ROCKY SUNSHINE RANCH
www.rocky-sunshine-ranch.at

Forstamt 19a
4392 Dorfstetten

48°21‘30.7“N 14°57‘39.1“E

ANMELDUNG:
Daniela Baumgartner
0664/2067602

Wir haben einen Bio-Bauernhof mit Hochlandrindern, Kamarunschafen und Pferden. Unser Hof liegt auf einem Hügel in absoluter Alleinlage, mit freiem Ausblick Richtung Sonntagberg und Ötscher. Auf unsere Gäste wartet Strom, Wasser, eine Feuerstelle und jede Menge Tipps, um ein paar schöne Tage im Waldviertel zu erleben.

Aufenthalt: maximal 24 Stunden
Umgebung: Landschaftsteich mit Naturspielplatz, Mühlenrundwanderweg, Schlagleitenweg, Dorfmühl Rundwanderweg, Ysperklamm, Schloss Pöggstall

OBERÖSTERREICH

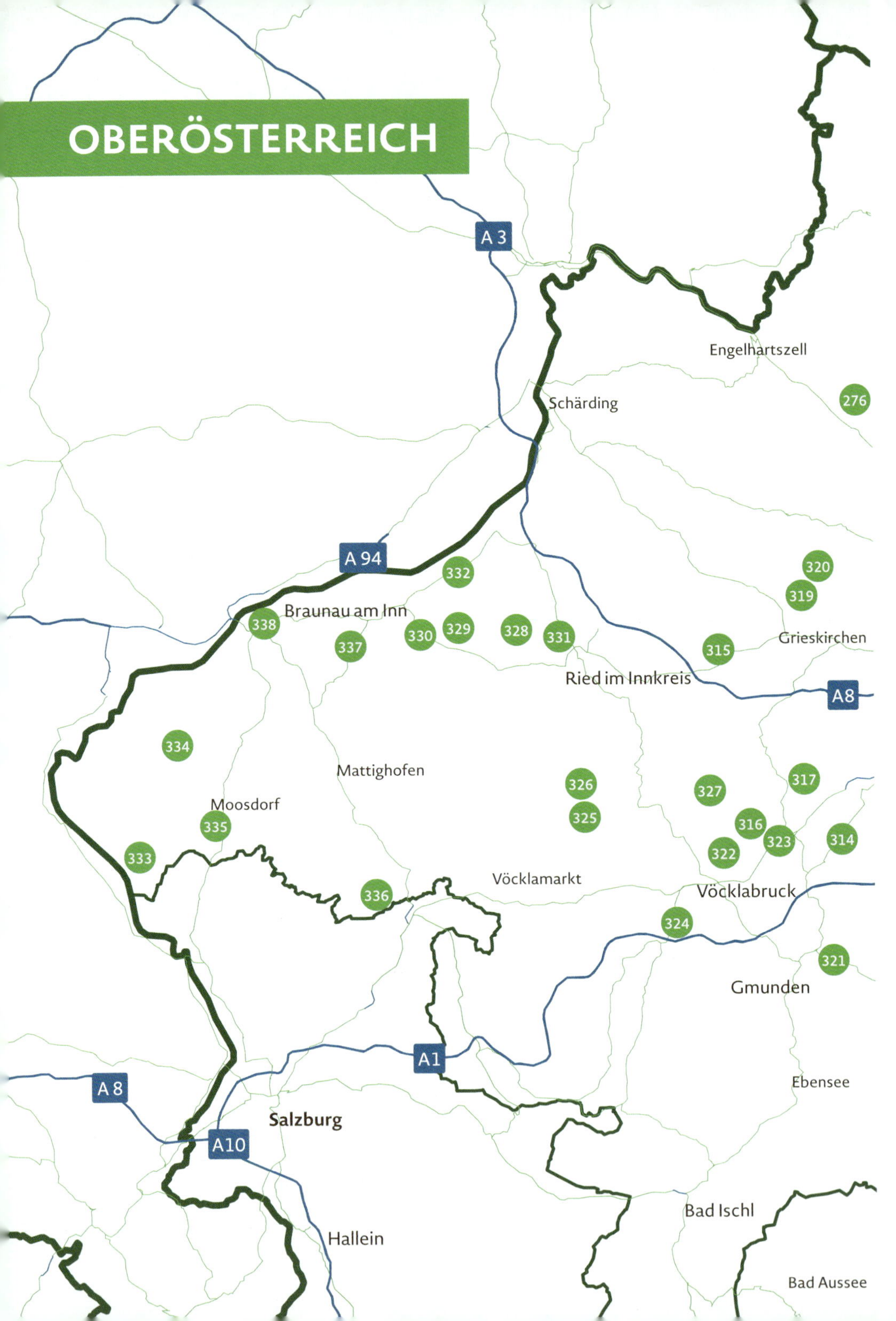

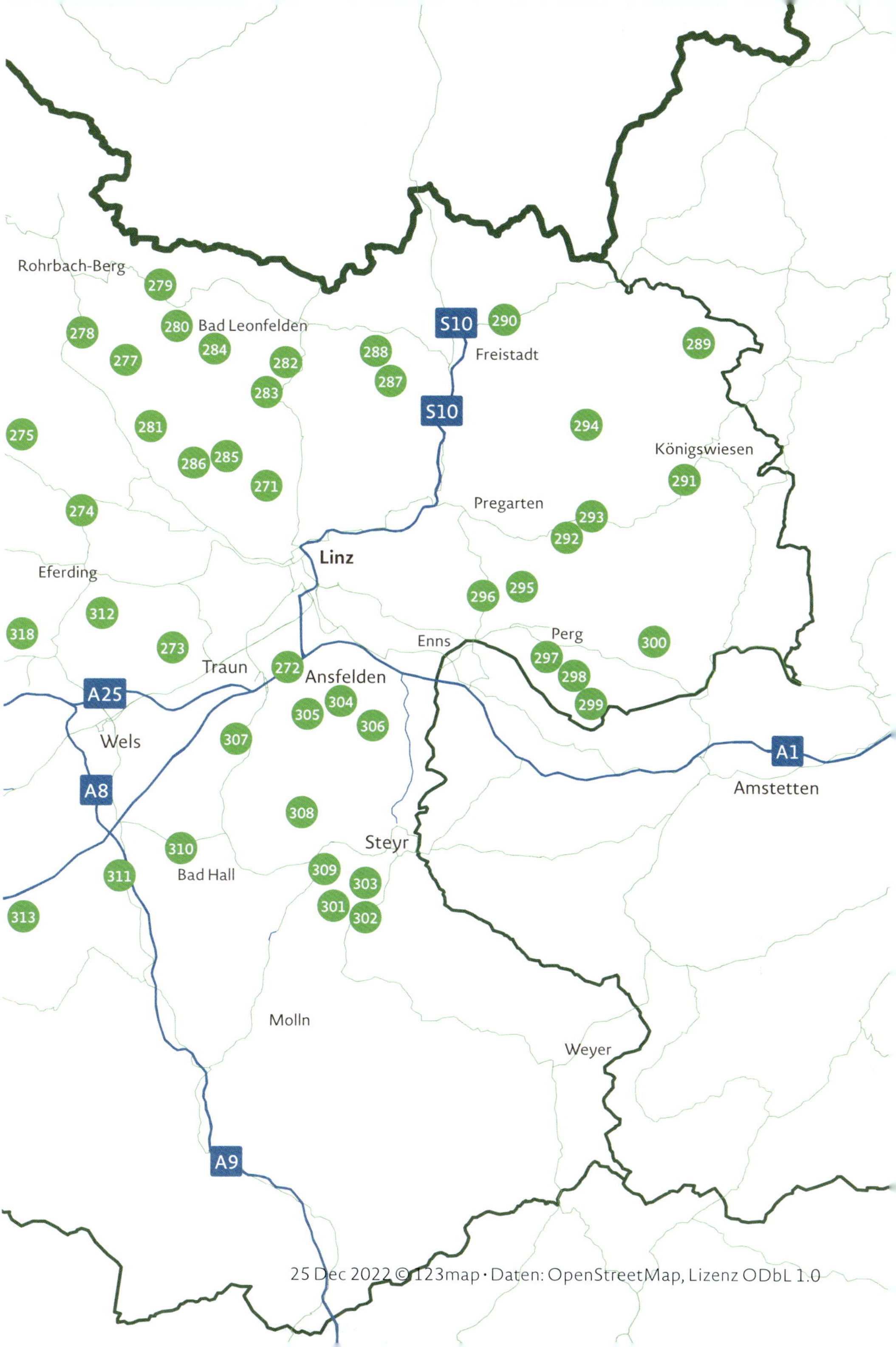

Rohrbach-Berg
279
278
280
Bad Leonfelden
284
277
282
283
288
287
S10
290
Freistadt
289
S10
275
281
286
285
271
294
Königswiesen
291
274
Pregarten
293
292
Linz
Eferding
296
295
312
318
273
Enns
Perg
300
297
Traun
272
Ansfelden
298
299
A25
304
305
306
Wels
307
A1
Amstetten
A8
308
310
Steyr
311
Bad Hall
309
303
301
302
313
Molln
Weyer
A9
25 Dec 2022 © 123map · Daten: OpenStreetMap, Lizenz ODbL 1.0

271 OBSTHOF SCHURM

www.schurms.at

Wipflerbergstraße 40
4040 Lichtenberg

48°22‘28.9“N 14°14‘51.1“E

ANMELDUNG:
Martin Schurm
07239/20350

Der Priewagnerhof unserer Familie liegt im stadtnahen Ausflugs- und Erholungsort Lichtenberg. In den vergangenen Jahren haben wir den Betrieb vergrößert, weiter entwickelt und die Qualität unserer Produkte kontinuierlich gesteigert. Auf Schonung der Natur wird im Rahmen der integrierten Produktion großer Wert gelegt. Unsere Früchte werden von Hand geerntet und schonend verarbeitet.

Aufenthalt:	maximal 24 Stunden
Anreise bis:	20 Uhr
Geschlossen:	24. Dezember bis 6. Jänner
Ab-Hof-Verkauf:	Mo., Mi., Fr. von 8 - 12 Uhr und 13 - 18 Uhr; Di., Do. von 8 - 12 Uhr
Produkte:	Speck, Wurst, Frischfleisch auf Vorbestellung, Knödel, Käse, Aufstriche, Milchprodukte, Bauernbrot, Bauerngebäck, Mehlspeisen, Marmelade, Honig, Eier, Nudeln, Obst, Gemüse, eingelegtes Sauergemüse, Essig, Säfte, Sirup, Most, Obstschaumwein, Destillate, Liköre
Bewirtung:	Frühstück, Abendessen nach Voranmeldung
Aktivitäten:	Betriebsführung, Verkostung
Umgebung:	Gisela Warte, Planetenwanderweg, Pöstlingberg, Tiergarten Walding

272 MAISSER HOF FAMILIE JUNGMAIR

www.maisserhof.at

Fürhappen 4
4052 Ansfelden

48°12‘00.6“N 14°17‘00.0“E

ANMELDUNG:
Edith u. Georg Jungmair
0664/6176055

Der Maisserhof liegt in Ansfelden, dem Geburtsort des Komponisten Anton Bruckner. Der Hof thront über den Dächern der Stadt mit Blick über Linz. Wir produzieren Speck, Würste, Knödeln, Säfte und Most. Am Hof befindet sich ein Schaugarten, der jederzeit besichtigt werden kann. Auf drei übersichtlich angelegten Etagen auf 3.000 qm finden Sie Rosen, Sträucher und einen Gartenpavillon.

Aufenthalt:	maximal 24 Stunden
Anreise bis:	22 Uhr
Ab-Hof-Verkauf:	Donnerstag von 14 - 18 Uhr, Samstag von 8 - 11:30 Uhr, Selbstbedienungsladen
Produkte:	Speck, Würste, Grillwürste, Grillfleisch, Knödeln, Most, Apfelsaft, Schnaps, Kürbiskernöl
Aktivitäten:	Schaugarten, Hundespielplatz
Umgebung:	Erlebnisfreibad Ansfelden, Motorikpark Ansfelden, Anton Bruckner Geburtshaus, Archäologischer Wanderweg, Anton Bruckner Sinfoniewanderweg, Sport- und Bewegungsarena, Golfplatz Ansfelden

273 DAS ALTE BACKHAUS AM ROHRERGUT

www.backhaus.at

Rohrerstraße 4
4064 Oftering

48°13'38.8"N 14°07'17.7"E

ANMELDUNG:
Hannes Wild
07221/63892
0650/6363285

Unserem Vierkanterhof mit Ackerbaubetrieb haben wir im Jahr 2004 mit der Revitalisierung des 1856 als zusätzliches Wohn- und Wirtschaftsgebäude errichteten alten Backhauses eine neue Bestimmung als Hort gemütlichen Beisammenseins gegeben. Im alten Presshaus, im alten originalen Gewölbe des Backofens, im Troadboden oder im großen Salettlgastgarten servieren wir köstlichste bodenständige Heurigengerichte.

Aufenthalt: maximal 24 Stunden
Geschlossen: Montag, Dienstag, Mittwoch; Osterwoche, Maria Himmelfahrt bis erste Septemberwoche, Weihnachtsferien
Ab-Hof-Verkauf: Donnerstag von 15 - 24 Uhr, Freitag von 17 - 24 Uhr, Samstag von 11:30 - 02:00, Sonntag von 11:30 - 24 Uhr
Produkte: auf Vorbestellung: Essensabholung warme Küche, Paket Mostkost@home, Paket Fia d'Jausn@home
Bewirtung: Heuriger, Mittagessen (Sa., So. - und Feiertage von 11:30 - 14 Uhr), Abendessen
Aktivitäten: Backhauskalender mit kulturellem Angebot (Musik, Theater, Volkskultur)
Umgebung: Vierkanterdorfkarte mit 50 km Wanderwegen und 40 km Genussradweg

274 SCHMANKERL-HOFLADEN RATHMAYR

www.hofladen-rathmayr.at

Karling 36
4081 Hartkirchen

48°21'04.8"N 13°59'45.9"E

ANMELDUNG:
Karin Rathmayr
0664/2328725

Der Schmankerl-Hofladen ist im wunderschönen großen Erbhof untergebracht. Die Direktvermarktung liegt uns am Herzen. So verkaufen wir die Produkte unserer hofeigenen Schweine, die wir auf Stroh in großen Ställen halten und gentechnikfrei füttern. Traditionelle bäuerliche Produkte wie unser bekanntes Knusper-Jausen-Bratl lassen sich unsere Gäste frisch schmecken.

Aufenthalt: maximal 24 Stunden
Ab-Hof-Verkauf: Montag, Donnerstag, Freitag, Samstag von 8 - 12 Uhr und 13 - 18 Uhr, Dienstag von 8 - 12 Uhr, Selbstbedienungshütte: Dienstag von 12 - 19 Uhr, Mittwoch, Sonntag von 8:30 - 19 Uhr
Produkte: Surfleisch, fertig gebratenes Bratl, prämierte Speck-Spezialitäten, Knacker, Hartwürste, Kochkäse, Verhackertes, Bratlfett, täglich frisches Brot, Obst und Gemüse nach Saison
Umgebung: Klostergarten Pupping, Burgruine Schaunberg, Naturschutzgebiet Predigtstuhl, Wallfahrtskirche Hilkering, Rivertours Hilkering - Pfaffing, Naturschutzgebiet Pesenbachtal

275 AUHOF

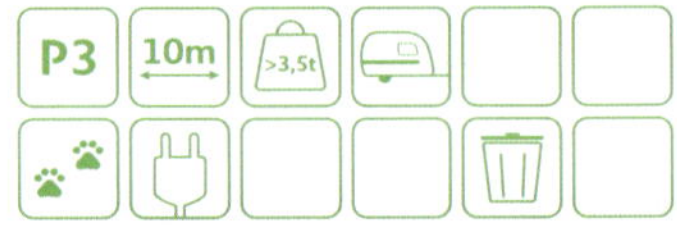

Au 5
4083 Haibach ob der Donau

48°25‘58.6“N 13°52‘59.2“E

ANMELDUNG:
Alexander Gaisbauer
0664/3919964

Unser kleines, verschlafenes Bauernsacherl liegt direkt an der Schlögener Schlinge. Der Donausteig Höhenwanderweg führt unmittelbar an unserem Hof vorbei. Nur 15 Minuten Gehzeit sind es bis zum Steiner Felsen. Wir freuen uns auf euren Besuch in der Naturwunda Gemeinde Haibach.

Aufenthalt: maximal 24 Stunden
Anreise bis: 22 Uhr
Geschlossen: November, Dezember
Ab-Hof-Verkauf: geöffnet bei Bedarf
Produkte: Apfelsaft, Himbeersaft, Herbstgemüse: Kartoffeln, Karotten, Kraut, Kürbisse, Petersilie, Sellerie und schwarzer Radi
Umgebung: Wandern in der Umgebung, Schlögener Blick, Römerpark Schlögen, Baumkronenweg Kopfing, Tierpark Altenfelden

276 BIOHOF MAYRHOFER

Eckersdorf 4
4083 Haibach ob der Donau

48°26‘10.5“N 13°52‘54.1“E

ANMELDUNG:
Elisabeth und Bernhard Mayrhofer
0664/9606954

Unser Bio-Hof liegt oberhalb der wunderschönen Donauschlinge Schlögen. Wir betreiben eine Mutterkuhhaltung mit einer seltenen Nutztierrasse und eine Schweine-Freilandhaltung. Ich selbst bin oft im idyllischen Bauerngarten anzutreffen. Unseren Hof finden Kinder toll, weil wir viel Platz zum Spielen haben.

Aufenthalt: maximal 24 Stunden
Anreise bis: 18 Uhr
Ab-Hof-Verkauf: geöffnet bei Bedarf
Produkte: Eier, Marmeladen, Sirup, Apfelsaft, Birnensaft, Liköre, Kräutersalz, verschiedene Würste und Aufstriche von Schwein, Badesalz mit ätherischen Ölen, Traumfänger
Umgebung: Donauschlinge Schlögen, Römerpark Schlögen, Donauleiten Rundweg, Rundwanderweg Fuchsbachtal, Tierpark Altenfelden, Schloss Aschach

277 HOPFENERLEBNISHOF

www.hopfenerlebnis.at

Pehersdorf 7
4116 St. Ulrich im Mühlkreis

48°29‘18.8“N 14°03‘22.1“E

ANMELDUNG:
Helmut Allerstorfer
0664/2342641

Genießen Sie ein paar wunderbare Stunden in einem der ältesten Hopfenanbaugebiet Österreichs und nehmen Sie an der kulinarisch und kulturell einzigartigen Hopfenreise teil. Dazu gehört die Hopfenstubn, die zu einer gemütlichen Einkehr einlädt. Es werden regionale Schmankerl von der Hopfenjause bis zum gschmackigen Bierschnitzel angeboten. Weiters gibt es einen schönen Gastgarten und einen Spielplatz für unsere kleinen Gäste.

Aufenthalt: maximal 24 Stunden
Ab-Hof-Verkauf: Donnerstag und Freitag von 16 - 24 Uhr, Samstag und Sonntag von 15 bis 24 Uhr; und bei Bedarf
Produkte: Regionale Biersorten und Jause in der Hopfenstubn
Bewirtung: während der Öffnungszeiten
Aktivitäten: Mit Anmeldung ist ein geführter Rundgang durch die Hopfenfelder und das Hopfenmuseum möglich.
Umgebung: Bogensport Granitland St.Stefan, Wanderwege (Granitpilgern, Hopfensteig, Barfußweg), Mountainbiken im Granitland, Burg Piberstein, Schlögener Schlinge

278 FENZL HOF

Hölling 9
4122 Arnreit

48°30‘47.6“N 13°59‘48.2“E

ANMELDUNG:
Ingrid u. Thomas Egger
0664/1031960
0664/3955526

Unser Hof liegt etwas außerhalb von Arnreit in der Ortschaft Hölling. Hier leben wir mit unseren drei Kindern. Wir betreiben eine kleine Landwirtschaft im Vollerwerb. Milchwirtschaft, Rindermast und die Sonderkultur „Ölkürbis“ sind unsere Hauptstandbeine. Das Kürbiskernöl und die Kürbiskerne werden ausschließlich direkt vermarktet.

Aufenthalt: maximal 24 Stunden
Anreise bis: 20 Uhr
Ab-Hof-Verkauf: Selbstbedienungsladen, Montag bis Sonntag von 7 - 20 Uhr
Produkte: Kürbiskernöl, Knabberkerne, Kartoffeln, Eier, Apfelsaft
Umgebung: Unser Hof liegt direkt am Granitradweg, Rundwanderweg Arnreit (Erdäpfelseitenweg, Bratlseitenweg), Textiles Zentrum Haslach, VILLA sinnenreich - Museum der Wahrnehmung, Tierpark Altenfelden, Wallfahrtskirche Maria Pötsch

279 BACHNERBIER

Unterriedl
4170 St. Stefan

48°33‘19.6“N 14°06‘03.6“E

ANMELDUNG:
Günter Mayr
0664/4852019

Wir sind in Oberösterreich in St. Stefan am Walde zu Hause. Am Hof halten wir Mutterkühe. 2010 gründeten wir zusätzlich eine Brauerei. Diese besteht aus einer 500 Liter Sudpfanne, die mit Hilfe eines Pelletsbrenners befeuert wird. Das Wasser, das wir für unser Bier verwenden, stammt aus einer Quelle, die oberhalb unseres Hofes entspringt. Der Hopfen wird von den umliegenden Hopfenbauern zugekauft.

Aufenthalt:	maximal 24 Stunden
Geschlossen:	Sonntag
Ab-Hof-Verkauf:	geöffnet bei Bedarf
Produkte:	3 Biersorten: Helles, Dunkles, Weizen; Most
Umgebung:	Wallfahrtskirche Maria Trost, VILLA sinnenreich - Museum der Wahrnehmung, Mühlkreisbahnmuseum, Webereimuseum Haslach, Mechanische Klangfabrik Haslach, Museum Kultur.Gut Schlägl, Stift Schlägl

280 BIOHOF PETERNHÄUSL

www.bienenranch.at

Petersberg 31
4172 St. Johann am Wimberg

48°31‘05.6“N 14°07‘23.9“E

ANMELDUNG:
Friedrich Keplinger
0660/6368393

Unsere kleine, biologische Nebenerwerbslandwirtschaft liegt in der sanften Hügellandschaft des oberen Mühlviertels. Neben der Kalbinnenaufzucht haben wir uns den Traum einer eigenen Imkerei erfüllt und betreiben diese mit inniger Leidenschaft. Unser Bienenhonig ist echt, naturbelassen und unverfälscht in seinem Geschmack. Hühner, Enten und zwei Katzen gehören ebenfalls zu den Hofbewohnern.

Aufenthalt:	maximal 24 Stunden
Geschlossen:	Sonntag, Montag, Dienstag, Mittwoch, Donnerstag
Ab-Hof-Verkauf:	geöffnet bei Bedarf
Produkte:	Honig, Honigprodukte, Marmeladen, Apfelsaft, Eier, Weizen, Roggen, Kartoffeln; jeden 2. Samstag im Monat gibt es frisch gebackenes Holzofenbrot
Aktivitäten:	Imkereiführung
Umgebung:	viele Wanderrouten (Hansbergrunde, Höhenweg, Mühlenweg), Burgruine Waxenberg, Barfußweg St.Ulrich, Golfclub Sterngartl

281 HOCHSCHOPF
www.hochschopf.at

Zeißendorf 8
4174 Niederwaldkirchen

48°25'40.5"N 14°05'15.9"E

ANMELDUNG:
Rudolf Enzenberger
0699/17939300

Unser Hof wird biologisch-dynamisch bewirtschaftet und befindet sich in gemeinnütziger Trägerschaft. Es werden alte Getreidesorten wie Dinkel, Einkorn, Nackthafer, Emmer und Roggen angebaut und weiter verarbeitet. Auf unserem Gemüseacker wächst schmackhaftes Gemüse zum Einlagern und auch frisches, der Saison angepasst. Am Hof befindet sich ein Garten der Genesung. Das ist eine gemeinnützige Einrichtung für Gesundheitstraining und neuartige, ganzheitliche Therapie-Kombinationen bei akuten und chronischen Erkrankungen von Kindern, Jugendlichen und ihren Familien.

Aufenthalt: maximal 24 Stunden
Ab-Hof-Verkauf: geöffnet bei Bedarf
Produkte: Dinkel, Einkorn, Einkornreis, Nackthafer, Roggen und auch Mehle daraus; Natursauerteigbrote aus unseren hofeigenen Getreidesorten, glutenfreies Haferbrot, Ziegenfrischkäse, Eingemachtes aus Obst und Gemüse, Apfelsaft, Artemisia Annua-Tee, Hanfblütentee
Aktivitäten: Hofführungen mit Einblick in die biologisch-dynamische Bewirtschaftungsmethode mit Produktverkostung, Informationen über den Garten der Genesung
Umgebung: gut beschilderte Wanderwege, Barfußweg St. Ulrich, Burgruine Waxenberg

282 LANGZWETTLER KÄSE(D)REI
www.langzwettler.at

Langzwettl 22
4180 Zwettl an der Rodl

48°29'02.4"N 14°16'41.7"E

ANMELDUNG:
Manfred Enzenhofer
0677/62052868

Die Landwirtschaft als Berufung, nicht nur als Beruf. Das ist der Grundsatz bei uns Langzwettlern. Unser Bio-Betrieb liegt im schönen Mühlviertel ca. 20 km nördlich von Linz. Auf unserem Bauernhof haben wir Platz für rund 150 Milchziegen. Ein Teil der erzeugten Milch wird in unserer kleinen Käserei zu köstlichen Käsesorten verarbeitet.

Aufenthalt: maximal 24 Stunden
Anreise bis: 20 Uhr
Ab-Hof-Verkauf: täglich von 8 - 20 Uhr
Produkte: Verschiedene Käsesorten aus Ziegenmilch und Kuhmilch, sowie Käsewurst, Salami und Käsekrainer aus Ziegenfleisch
Umgebung: Bienenmuseum, Langzwettler Alpakahof, Schulmuseum Bad Leonfelden, Erlebnisweg Moorwald, Kastner Lebzelterei in Bad Leonfelden

283 PIRNGRUBER

www.pauss.at

Innernschlag 1
4181 Oberneukirchen

48°27‘35.0“N 14°14‘49.8“E

ANMELDUNG:
Gerlinde u. Helmut Pirngruber
0664/73718416

Unser Nebenerwerbsbetrieb liegt im schönen Mühlviertel auf ca. 700 Meter Seehöhe. Wir beschäftigen uns mit der Zucht von Wagyurindern und der Herstellung von kalt gepressten Ölen. Auf unseren Feldern kultivieren wir seltene Getreidesorten wie Einkorn, Dinkel und Nackthafer. In unserem Ab-Hof-Verkauf können Fleisch, Öle und verschiedene Getreideprodukte eingekauft werden.

Aufenthalt:	maximal 24 Stunden
Ab-Hof-Verkauf:	geöffnet bei Bedarf
Produkte:	Fleisch vom Wagyurind, Leinöl, Hanföl, Mohnöl, Rapsöl und Sonnenblumenöl, Getreideprodukte aus unseren Getreidesorten, Eier
Aktivitäten:	Hofführung
Umgebung:	Bienenmuseum, Bienenerlebnisweg, Burgruine Waxenberg, Erlebnisweg Moorwald Bad Leonfelden, Schulmuseum Bad Leonfelden, Golfclub Sterngartl

284 LORE GIN DESTILLERIE

www.waxenberger-edelbrände.at

Höf 29
4182 Waxenberg

48°29‘55.9“N 14°10‘32.9“E

ANMELDUNG:
Regina Priglinger-Simader
0650/7149306

Ich bin Schnapsbrennerin und Betriebsleiterin der LoRe Cocktailmanufaktur & Destillerie und heiße Sie herzlich willkommen. In unserer neu eröffneten, modernen Schaubrennerei destilliere ich aber nicht nur erstklassige Edelbrände, sondern auch unterschiedliche Gin-Sorten. Sogar ein eigenes Tonic-Water wird hier erzeugt. Mein innovatives „Tonicwater light“ setzt neue Maßstäbe und begeistert die Gin&Tonic-Welt.

Aufenthalt:	maximal 24 Stunden
Geschlossen:	Sonntag, Montag
Ab-Hof-Verkauf:	geöffnet bei Bedarf
Produkte:	Edelbrände, Gin, Liköre, Schokolade, Mixgetränke
Aktivitäten:	Schnapsverkostung um derzeit € 12,50 pro Person
Umgebung:	Burgruine Waxenberg, Freibad Waxenberg, Golfclub Sterngartl, Schnopfhagen Liederweg, Giselawarte, Schloss Ottensheim, Ausflug nach Linz
Hinweis:	Anreise über schmale Güterwege mit scharfen Kurven

285 SCHEIBENREIF

Anger 18
4201 Gramastetten

48°23'51.3"N 14°10'53.9"E

ANMELDUNG:
Familie Kaiser
0664/1233863

Wir wohnen in Gramastetten im Mühlviertel in Oberösterreich. 2017 entschlossen wir uns zu einer Neuorientierung unseres Hofes und errichteten einen Bio-Hühnerstall. Zusätzlich zogen Zebu, also Zwergrinder, bei uns ein. Die Direktvermarktung unserer Bio-Produkte ist uns ein großes Anliegen.

Aufenthalt:	maximal 24 Stunden
Anreise bis:	21 Uhr
Ab-Hof-Verkauf:	Selbstbedienungsautomat
Produkte:	Eier, Nudeln, Sugo, Pesto, Käse, Schafschnittkäse, Bio-Zebu-Rindfleisch, Most, Apfelsaft
Aktivitäten:	Hofführung, Produktverkostung
Umgebung:	Rodl Waldbad, direkter Einstieg in die Mountainbikestrecke Granitland, Wanderwege, Jahresstiege, Ruine Lichtenhag, 3 Spielplätze, Kletterhalle, Fußballplatz, Tennisplatz, Naturbadeteiche

286 WIESHOF ALPAKAS

Wieshof 5
4201 Gramastetten

48°23'44.6"N 14°08'50.9"E

ANMELDUNG:
Silke Strasser-Pargfrieder
0660/1603362

Seit 2019 stehen bei uns Alpakas im Stall. Unsere kleine Alpakazucht befindet sich im idyllischen Mühlviertel, ziemlich ländlich und ohne jeglichen Verkehrslärm. Außer den Alpakas gibt es bei uns noch ein paar Obstbäume, Hühner und unseren Hofladen, wo wir Produkte verkaufen, die mit Alpakas zu tun haben. Unsere Stellplätze bieten einen einzigartigen Ausblick auf wunderschöne Sonnenuntergänge.

Aufenthalt:	maximal 24 Stunden
Anreise bis:	20 Uhr
Ab-Hof-Verkauf:	geöffnet bei Bedarf
Produkte:	Alpakawollprodukte wie flauschige Wolle, Schuheinlagen, Socken, Hauben, Bettdecken, Souvenirs und mehr...
Umgebung:	Naturwaldbad, Natur-Waldlehrpfad, Jahresstiege, Giselawarte, Tiergarten Walding, Schloss Ottensheim, Pöstlingberg mit Grottenbahn, Linz
Hinweis:	Die Straße ist asphaltiert bis zum Hof. Falls einem das Navi zu einem Schotterweg führt, bitte umdrehen und der Beschilderung folgen.

287 KRÄUTER + BRENNEREI SCHAUMBERGER

www.bauernstamperl.at

Gossenreith 3
4242 Hirschbach im Mühlkreis

48°28'41.8"N 14°24'29.7"E

ANMELDUNG:
Josef Schaumberger
0664/2145419

Wir wohnen auf einem typischen Mühlviertler Bauernhof mit Milchkühen, Ochsen und Schweinen. Als Zuerwerb haben wir eine Schnapsbrennerei. Wir verwenden ausschließlich von uns angebaute und geerntete Früchte, die zerkleinert, eingemaischt und kontrolliert vergären. Anschließend trennen wir mit feiner Nase den Vorlauf vom Mittellauf und Nachlauf. Nach einigen Monaten entstehen einzigartige Edelbrände und Liköre.

Aufenthalt:	maximal 24 Stunden
Anreise bis:	16 Uhr
Geschlossen:	November bis Mitte März
Ab-Hof-Verkauf:	geöffnet bei Bedarf
Produkte:	Steinofenbrot Brand, Zwetschke vom Eichenfass, Kirschen Edelbrand, Apfeledelbrand vom Eichenfass, Speckbirnen Edelbrand, Birnen Edelbrand, Hafer Edelbrand, Marillen Edelbrand, Kräuterkorn, Venison Creek - Dry Gin, 13 Likör-Arten
Aktivitäten:	Hofbesichtigung mit Verkostung
Umgebung:	Kräuterstadel, Kräutergarten und Kräuterkraft-Quelle in Hirschbach, Bauernmöbelmuseum Hirschbach, Freistadt, Handblaudruck Wagner in Bad Leonfelden

288 BIOHOF ABRAHAM

www.abrahamhof.at

Vorwald 5
4242 Hirschbach im Mühlkreis

48°29'20.8"N 14°24'00.2"E

ANMELDUNG:
Ernst Freudenthaler
0720/981170

Wir leben auf einem für die Region Mühlviertel typischen Dreiseithof in ruhiger Lage mit traumhaftem Ausblick ins Land. Seit dem Jahr 2000 befassen wir uns mit biologischer Landwirtschaft. Derzeit halten wir um die 100 Milchschafe auf etwa 18 Hektar. Wir betreiben eine kleine Hofkäserei, in der wir verschiedene Schnittkäsesorten aus Schafmilch herstellen.

Aufenthalt:	maximal 24 Stunden
Anreise bis:	20 Uhr
Ab-Hof-Verkauf:	geöffnet bei Bedarf
Produkte:	Bio-Schaf Weichkäse, Bio-Schaf Gouda, Bio-Schaf Pecorino, Bio-Schaf Schnittkäse Blauschimmel, Bio-Schaf Schnittkäse in Salzlacke gereift, Roter Abraham Bio-Schaf Schnittkäse, Roter Abraham Bio-Schaf Schnittkäse geräuchert, Roter Abraham Bio-Schaf Schnittkäse mit Bockshornklee, Roter Abraham Bio-Schaf Schnittkäse mit Chili, Schwarzer Abraham Bio-Schaf Weichkäse, selbstgebrautes Bier
Umgebung:	Bauernmöbelmuseum, Kräutergarten, Freizeitteich Ottenschlag, Altstadt von Freistadt mit Schlossmuseum, viele Wanderwege in der Umgebung

289 SONNENHOF ALMKRÄUTER

www.almkraeuter.at

P1

Geierschlag 6
4252 Liebenau

48°30'15.2"N 14°50'04.2"E

ANMELDUNG:
Vera Müller-Schmid
0664/4476068

Unser Bio-Hof liegt auf etwa 930 Meter Seehöhe in Liebenau, der höchstgelegenen Gemeinde Oberösterreichs, auf der Mühlviertler Alm. Auf unseren naturbelassenen Wiesen wachsen nicht nur jede Menge biozertifizierte Wildkräuter, sondern es werden auch Blütenkräuter angepflanzt. Die Verarbeitung erfolgt in unserem Trockenraum und der angeschlossenen Wirtschaftsküche.

Aufenthalt: maximal 24 Stunden
Anreise bis: 19 Uhr
Ab-Hof-Verkauf: geöffnet bei Bedarf
Produkte: Bio-Kräutersirupe, Bio-Kräutersalze, Bio-Fichtenwipferlsenf, Bio-Kräuterzucker, Bio-Kräuterkosmetik
Aktivitäten: geführte Kräuterspaziergänge auf dem Hof
Umgebung: Führungen durch das Tanner Moor, Bogensport Unterweißenbach, Jagdmärchenpark Unterweißenbach, Sonnberg Biofleisch Schaubetrieb, Burgruine Prandegg

290 STÖCKL'S DESTILLERIE

www.stoeckls.at

P3 >3,5t

Oberrauchenödt 16
4264 Grünbach

48°31'28.1"N 14°34'12.0"E

ANMELDUNG:
Christian Pirklbauer
0664/1432120

Wir erzeugen am Stöckl-Hof in Oberrauchenödt feinste Edelbrände und Liköre aus regionalen Rohstoffen in verschiedenen Variationen. Wir sind experimentierfreudig, wenn es darum geht, die Ernte aus den eigenen Obstgärten zu Edelbränden zu verarbeiten. Feinste Edelbrände und Liköre werden mit Sorgfalt und Kreativität produziert. Zusätzlich halten wir Hühner in einem mobilen Stall.

Aufenthalt: maximal 24 Stunden
Geschlossen: im Winter bei Schneelage
Ab-Hof-Verkauf: geöffnet bei Bedarf, Selbstbedienungsautomat
Produkte: Liköre, Edelbrände, Spirituosen, Eier, Nudeln, Dinkelprodukte, Leindotteröl und vieles mehr
Aktivitäten: Führungen und Verkostungen in unserer Destillerie
Umgebung: Freilichtmuseum Ledermühle, St. Michael ob Rauchenödt, Aussichtsplattform, Freiwaldteich, 40 km markierte Wanderwege

291 DAMWILD FAM. LEITNER-HILBER

Kastendorf 22
4280 Königswiesen

48°22‘53.5“N 14°49‘01.0“E

ANMELDUNG:
Renate Leitner
0664/73800716

Unser Hof liegt schön ruhig im Grünen und ist nur 3 Kilometer vom idyllischen Ort Königswiesen entfernt. Bekannt ist Königswiesen für den Wanderweg „Johannesweg“ und den Bogensport. Wir besitzen ca. 100 Stück Damwild, das Sie gerne beobachten können. Wir haben auch Hühner, Fische, Katzen und einen Hund. Kommen Sie zu uns und besuchen Sie unseren schon in der 5. Generation geführten Bauernhof.

Aufenthalt: maximal 24 Stunden
Anreise bis: 20 Uhr
Geschlossen: Sonntag; Jänner bis Mitte Februar
Ab-Hof-Verkauf: geöffnet bei Bedarf
Produkte: Fleisch vom Damwild: Mischpaket, Ragout, Schlögel, Schnitzel, Filet, Faschiertes; Wurst vom Damwild: Handwürste/Krainer oder Stangenwürste; wenn die Hühner fleißig sind, gibt es auch Eier
Umgebung: Königswiesner Heimathaus, Klammleitenschlucht, Wanderweg Klammleiten, Burgruine Ruttenstein, Burgruine Klingenberg, Freistadt mit vielen Sehenswürdigkeiten

292 FAM. FÜRNHAMMER, GROSS HAMETNER

Brawinkl 24
4283 Bad Zell

48°20‘05.3“N 14°40‘23.3“E

ANMELDUNG:
Gudrun Fürnhammer
0664/4344904

Unser Hof liegt ca. 1 km außerhalb von Bad Zell in einer ruhigen Lage mit sensationeller Fernsicht. Neben unserer großen Familie leben auf dem Hof noch Mutterkühe, Stiere, Pferde, Hunde und Schweine. Es gibt also jede Menge zu entdecken.

Aufenthalt: maximal 24 Stunden
Ab-Hof-Verkauf: geöffnet bei Bedarf
Produkte: Eier, Gemüse nach Saison (Kartoffeln, Kürbis, Salat und vieles mehr), Fleisch- und Wurstwaren vom Rind, Schwein oder Wild
Umgebung: Therme Bad Zell, Cella Hedwigsbründl, Bauernmuseum Salomon, geführte Segway-Touren, Ausflüge nach Perg, Schwertberg oder Linz

293 HEDWIGS GARTL
www.hedwigsgartl.at

Brawinkl 26
4283 Bad Zell

48°20‘31.4“N 14°40‘28.8“E

ANMELDUNG:
Hilda Gruber
07263/6291

Wir sind ein kleiner Bio-Betrieb in der Region Mühlviertler Alm im Naturpark Mühlviertel. Wir betreiben einen FNL Schau- und Lehrgarten mit der „Natur im Garten“-Zertifizierung. Mit unserer Natur-Bio-Saft-Sirup Auswahl und der Kräuter-Limonade „Zischerl“ räumen wir viele Auszeichnungen und Preise ab. Es wird nur echtes aus dem eigenen Kräutergarten verarbeitet. Diese Produkte können Sie direkt bei uns im Bio-Laden in Bad Zell verkosten.

Aufenthalt: maximal 24 Stunden
Anreise bis: 18 Uhr
Ab-Hof-Verkauf: geöffnet bei Bedarf
Produkte: Kräutersirupe, Pesto, Fruchtaufstriche, Kräutergelees, Chutneys, Öle, Senf, Essig, Honig, kunsthandwerkliche Arbeiten aus der Region
Aktivitäten: Gartenführung, Produktverkostung
Umgebung: Wellness-Oase Lebensquell, Wandern am Stoakraftweg im Naturpark Mühlviertel, Cella Hedwigsbründl, Bauernmuseum „Salomon“, Burgruine Prandegg

294 DAUERBÖCK

Promenedt 7
4294 St. Leonhard

48°25‘50.0“N 14°40‘53.5“E

ANMELDUNG:
Cornelia Wahlmüller
0699/17408676

Wir bewirtschaften einen vielfältigen kleinen Mutterkuhbetrieb mit Rindern, Schweinen, Schafen, Hühnern, Pferden, Katzen und haben einen kleinen Hund. Unser Hof liegt in einer besonders ruhigen Lage entlang eines Mountainbike-Radweges. Wir leben von und mit der Natur und achten auf einen sorgsamen Umgang. Schwammerlsuchen und Waldluftbaden könnt ihr bei uns sehr gut. Ende 2020 haben wir einen Selbstbedienungs-Hofladen errichtet.

Aufenthalt: maximal 24 Stunden
Anreise bis: 19 Uhr
Geschlossen: Weihnachtsferien
Ab-Hof-Verkauf: Selbstbedienungsautomat
Produkte: Speck, Wurstwaren, Bauernbrot, Weckerl, Marmeladen, Sirupe, Honig, Milchprodukte (Topfen, Joghurt, Frischkäse), Eier, Getränke
Aktivitäten: Hofführung, Forellen fischen
Umgebung: viele Wanderwege in der Gemeinde, Bründlkapelle, Susi Wallner Warte, Ruine Prandegg, Freilichtmuseum Ledermühle, Freistadt

295 BIOHOF MASCHERBAUER

www.biohof-mascherbauer.at

Winden 1
4311 Schwertberg

48°16'59.7"N 14°35'42.5"E

ANMELDUNG:
Hermann Holzweber
0664/73477049

Im wunderbaren Mühlviertel liegt unser Bio-Bauernhof. Auf der Anhöhe von Schwertberg, im „Meran des Mühlviertels", bewirtschaften wir unseren typischen Mühlviertler Vierseithof nach den Richtlinien des biologischen Landbaus! In der biozertifizierten Gastronomie und im Mühlviertler Biohofladen vermarkten wir Produkte von uns daheim und von Partnern aus der Bioregion Mühlviertel.

Aufenthalt: maximal 24 Stunden
Anreise bis: 18 Uhr
Geschlossen: Montag
Ab-Hof-Verkauf: Donnerstag, Freitag von 8 - 18 Uhr, Samstag von 8 - 13 Uhr, 24 Stunden Bio-Shop
Produkte: mehr als 750 Produkte in Bio-Qualität wie Frischfleisch von Weideschwein, Geflügel und Rind, Geselchtes, Aufstriche, Wurst, Honig, Mehlspeisen, Nudeln, Brot, Gebäck, Sirup, Most, Milchprodukte, Gemüse und Obst
Bewirtung: Frühstück, Mittagessen, Abendessen; Öffnungszeiten siehe Webseite
Aktivitäten: Kurze Information über unseren Hof, geführte Hofführung mit Wanderung rund um den Hof und Produktverkostung, Kurzfilm Biohof Mascherbauer
Umgebung: Donau Höhenwanderweg, Lichtenwagnerhaus Schwertberg, Burgruine Windegg

296 AIGELSBERGER

www.aigelsberger.at

Obenberg 5
4312 Ried in der Riedmark

48°16'28.7"N 14°32'37.5"E

ANMELDUNG:
Petra u. Dietmar Wahl
0676/7455662
0680/2060310

Der Aigelsberger-Hof hat eine lange und bewegte Geschichte hinter sich. Er zählt zu den ältesten Höfen des Landes. Die erste urkundliche Erwähnung war bereits im Jahr 1125. Wir, Petra und Dietmar, legen großen Wert auf Regionalität. Wir produzieren unsere Produkte mit viel Sorgfalt und Liebe. Neben unseren eigenen Produkten finden Sie auch noch Schmankerl regionaler Partnerbetriebe in unserem Hofladen.

Aufenthalt: maximal 24 Stunden
Anreise bis: 20 Uhr
Geschlossen: Sonntag
Ab-Hof-Verkauf: Mittwoch von 16 - 19 Uhr, Freitag von 13:30 - 18 Uhr, zusätzlich bei Bedarf
Produkte: Brot, Speck, Eier, Kartoffel, Honig, Edelbrände und Liköre, Most, Nudeln, Mehl, Sauergemüse, Öl
Aktivitäten: Produktverkostungen
Umgebung: Ortsrundgang mit Nachtwächter in Mauthausen, Konzentrationslager Mauthausen, Schloss Marbach, Donauradweg, Ausflug nach Linz
Hinweis: Unser Garten ist für Gäste nicht nutzbar. Vielen Dank für Ihr Verständnis.

297 ARONIA POWER VOM FROSCHAUER
www.aronia-froschauer.at

Laab 4
4331 Naarn im Machland

48°12'60.0"N 14°38'07.2"E

ANMELDUNG:
Brigitte Froschauer
0664/3960477

Wir sind ein Familienbetrieb und bewirtschaften unseren Hof im Vollerwerb. Gemeinsam mit unseren vier Kindern und den Seniors leben wir am Hof. Ende 2015 haben wir uns auf die Aronia-Beere spezialisiert. Seither dreht sich bei uns alles um die violette Powerfrucht. Aus unseren Kürbiskernen lassen wir Kernöl pressen. Seit 2020 verarbeiten wir die ersten Weintrauben zu Wein.

Aufenthalt:	maximal 24 Stunden
Anreise bis:	22 Uhr
Ab-Hof-Verkauf:	geöffnet bei Bedarf
Produkte:	Aronia-Direktsaft, Essig, Apfel-Aroniasaft, Apfel-Aronia-Perle, Power-Zischerl, Sirup, Edelbrand, Likör, Fruchtaufstriche, getrocknete Beeren, Schokobeeren, Schokolade, Kürbiskernöl, Kürbiskerne, Wein und Traubensaft
Aktivitäten:	Produktverkostung, Lagerfeuer am Abend möglich
Umgebung:	Besichtigung der Wallfahrtskirche Maria Laab, Radfahren am Donauradweg, Aulehrpfad in Naarn, Keltendorf in Mitterkirchen, Hallenbad und Freibad in Perg
Hinweis:	Geben Sie ins Navigationsgerät Laab 2 ein. Genau zwischen der Wallfahrtskirche Maria Laab und dem Wirt z'Laab biegen Sie ein.

298 SCHÖNAUER - FAMILIE PRINZ
www.hof-schoenauer.at

Schönau 3
4331 Naarn im Machland

48°11'58.3"N 14°39'53.3"E

ANMELDUNG:
Ingrid u. Franz Prinz
0699/18181997
0699/12906201

Unser Hof ist seit 1499 in Familienbesitz. Urkundlich erwähnt wurde er erstmals unter dem Namen „Lehen zu Zaglau". Seit 2018 bauen wir Buchweizen an. Buchweizen gehört zur Familie der Knöterichgewächse und hat besonders wertvolle Inhaltsstoffe. Zusätzlich haben wir eine Schweinezucht und Mast. Im Auslauf kann man die Schweine beim Fressen beobachten.

Aufenthalt:	maximal 24 Stunden
Ab-Hof-Verkauf:	geöffnet bei Bedarf
Produkte:	Buchweizenprodukte wie Müsli, Nudeln, Cracker, Kekse, Porridge, Reis, Mehl, Buchweizen geschrotet, Safran aus eigenem Anbau
Aktivitäten:	Produktverkostungen, Hofführungen
Umgebung:	Aulehrpfad, Hartschlößl, Schiffer- und Flößerkapelle Au/Donau, Wallfahrtskirche Maria Laab, Naturführungen in der Au
Hinweis:	bitte 24 Stunden vorher anmelden

299 HOFLADEN HEIML

www.hofladen-heiml.at

Weisching 12
4343 Mitterkirchen

48°11'05.8"N 14°40'43.9"E

ANMELDUNG:
Renate u. Karl Heiml
0699/18746109
0699/18746110

Unser Hof liegt in Mitterkirchen im Machland. Wir sind ein Schweinemastbetrieb mit Ackerbau. Hochwertiges Futter und eine sorgsame Haltung der Tiere sind für uns selbstverständlich. Für unsere Fleisch-Produkte verarbeiten wir ausschließlich Fleisch von unseren eigenen Tieren. Somit wissen wir ganz genau, welche Qualität wir verkaufen und auch weiter verarbeiten. Denn nur sorgfältig hergestellte und hochwertige Produkte schaffen es in unsere Verkaufsvitrine im Hofladen.

Aufenthalt: maximal 24 Stunden
Anreise bis: 18 Uhr
Ab-Hof-Verkauf: Freitag von 9 - 18 Uhr, Samstag von 9 - 12 Uhr
Produkte: Frischfleisch, Speckprodukte, Grillfleisch, Leberkäse, Knödel, Aufstriche, Bauernbrot, Jausenplatten auf Vorbestellung
Umgebung: Badesee Mitterkirchen, Donauradweg, Freilichtmuseum Mitterkirchen, Römermuseum Wallsee, Burg Clam, Stadtturm Enns

300 HOCHGATTERER

Linden 8
4352 Klam

48°14'06.0"N 14°46'30.2"E

ANMELDUNG:
Elisabeth u. Martin Hochgatterer
0664/3515762

Wir sind ein Nebenerwerbsbetrieb mit Mutterkuhhaltung und Beefproduktion, zusätzlich halten wir bei uns am Hof noch Hühner und Schweine. Im Sommer ist in unserer Gemeinde viel los, da die berühmten Konzerte bei der Burg Clam stattfinden. Unser Hof liegt ca. 1 km vom Konzertgelände weg. Wir freuen uns über Bekanntschaften und neue Freunde.

Aufenthalt: maximal 24 Stunden
Anreise bis: 18 Uhr
Ab-Hof-Verkauf: geöffnet bei Bedarf
Produkte: Rindfleisch in 5 kg und 10 kg Mischpaketen von unserem Weidebeef, Edelteile einzeln erhältlich, Eier, Apfelsaft
Umgebung: schöne Wanderung entlang der ältesten Eichenallee Europas, Klamschlucht, Burg Clam, August Strindberg Museum, Schloss Greinburg, Freilichtmuseum Mitterkirchen

301 HEDL-HOF
www.hedlhof.at

P2 | 10m | >3,5t | WC

Mitteregg 1
4421 Aschach an der Steyr

47°59'34.5"N 14°20'31.2"E

ANMELDUNG:
Alexandra und
Rudolf Enöckl
0664/75135899

Unser Hof liegt auf einem sanften Hügel und bietet eine tolle Fernsicht. Wir halten alte österreichische Nutztierrassen, außerdem haben wir große Streuobstwiesen sowie Gemüse in unserem Bauerngarten. Alles wird verarbeitet und direkt ab Hof verkauft. Die Direktvermarktung unserer Produkte ist uns ein großes Anliegen. Zusätzlich vermieten wir vier Zimmer an Gäste.

Aufenthalt: maximal 24 Stunden
Anreise bis: 20 Uhr
Ab-Hof-Verkauf: geöffnet bei Bedarf
Produkte: Saft, Sirup, Most, Brände, Liköre, Essig, eingelegtes Gemüse, Fruchtaufstrich, frisches Obst und Gemüse nach Saison, Frischfleisch von Lamm, Rind und Schwein, Speck, Rinderrohschinken und weitere Wurstwaren
Bewirtung: Frühstück nach Voranmeldung
Aktivitäten: Hofführung, Produktverkostung
Umgebung: EurothermenResort Bad Hall, Fun Park Goldberg, Klettersteig Trattenbach, Tierpark Haag, Ausflug nach Steyr, Wandern und Exkursionen im Nationalpark Kalkalpen

302 4 H ERLEBNIS-BIOBAUERNHOF
www.naturerlebnisschule.at

P1 | >3,5t

Kammergraberstraße 17
4451 Garsten

47°59'13.8"N 14°23'05.6"E

ANMELDUNG:
Anna u. Josef Mörwald
0650/2235285

Unser Vierkanthof liegt eingebettet inmitten von Obstbäumen. Auf unseren Wiesen weiden Mutterkühe mit ihren Kälbern. Zusätzlich teilen wir uns den Hof mit etlichen Traunviertler Weidegänsen, sowie einigen Ziegen, Schafen, Hühnern und Hasen. Kinder finden auf unserem Erlebnis-Biobauernhof immer offene Türen. Lernen in und mit der Natur bedeutet für uns Freude, Überraschung, Spannung, Erlebnisse und Abenteuer. Ein Stück davon möchten wir jedem Besucher mitgeben.

Aufenthalt: maximal 24 Stunden
Anreise bis: 18 Uhr
Ab-Hof-Verkauf: Freitag und Samstag von 8 - 18 Uhr, zusätzlich bei Bedarf
Produkte: Bio-Säfte, verschiedene Mostsorten, Cider, Apfelessig, Honig, Obst nach Saison
Aktivitäten: Most- und Saftverkostung
Umgebung: Wanderziele: Schattleitenmühle und die Wallerkapelle in Mühlbach, Nagelschmiede Dambach, Altstadt in Steyr, Schloss Rosenegg, Museumsbahn Steyrtal
Hinweis: Der Anreiseweg ist auf www.naturerlebnisschule.at beschrieben. Das Navi führt meistens falsch. Um auch die letzten Meter zu finden, geben wir gerne Tipps am Telefon.

303 PESENDORFER-HOF

www.pesendorfershofladen.com

Pesendorfstraße 31
4451 Garsten

48°00‘48.7“N 14°23‘06.6“E

ANMELDUNG:
Helga u. Franz Brandner
0650/8412806

Unser Milchviehbetrieb befindet sich in der Marktgemeinde Garsten am Rande der Eisenstadt Steyr. Unser Hof wurde 2020 mit der Erbhof-Plakette ausgezeichnet. Das bedeutet, dass unser Hof seit über 200 Jahren in direkter Linie in Familienbesitz ist. Auf unserem Hof tummeln sich Kälber, Kühe, Katzen und Hühner. Bei uns am Hof sind Kinder herzlich willkommen.

Aufenthalt: maximal 24 Stunden
Anreise bis: 20 Uhr
Ab-Hof-Verkauf: täglich von 7 - 20 Uhr; Mittwoch und Freitag ist ab 13 Uhr Brot erhältlich; Samstag ab 9 Uhr gibt‘s frisches, warmes Bauernbrot
Produkte: Brot, Topfen, Käse, Wurst, Speck, Schnaps, Milch, Joghurt, Schafkäse, Gemüse, Erdäpfel, Obst, Mehlspeisen
Umgebung: Nagelschmiede Dambach, Großkandlerhaus Garsten, Schattleitenmühle im Mühlbachtal, Freibad Garsten, Bummerlhaus in Steyr, Museum Arbeitswelt, Museumsbahn Steyrbahn
Hinweis: Bitte nehmen Sie auf unsere Privatsphäre Rücksicht, vielen Dank.

304 MARILLENHOF GRUBER

www.marille-ab-hof.at

Ipftal 28
4491 Niederneukirchen

48°10‘31.5“N 14°20‘36.9“E

ANMELDUNG:
Christa Gruber
0676/821251877

Wir haben einen typischen Ackerbaubetrieb im Zentralraum von Oberösterreich. 2013 haben wir uns entschlossen, in den Obstbau einzusteigen. Begonnen haben wir mit 3 ha Marillen. Unser Motto: Sonnengereifte Früchte schmecken am besten! Wir sind ständig auf der Suche nach Alternativen in der Direktvermarktung und so verändert sich auch unser Sortiment.

Aufenthalt: maximal 24 Stunden
Ab-Hof-Verkauf: geöffnet bei Bedarf; zur Marillensaison von Montag bis Freitag von 8 - 18 Uhr; Samstag von 8 - 12 Uhr
Produkte: Blumen zum Selberpflücken, Heidelbeeren, Maulbeeren, Marillen, Pfirsich, Nektarinen, Zwetschken, Tafeltrauben, Speise- u. Zierkürbis, Marillen- u. Pfirsichnektar, div. Fruchtaufstriche, Kürbisknabberkerne, Kürbiskernöl, div. Sirupe, Marillenbrand, Marillenlikör, Christbäume, Schmuckreisig
Umgebung: Kneippecke mit Kneipptretbecken, Funcourt und Beachvolleyballplatz, Stift St. Florian, Feuerwehrmuseum St. Florian, Stadtturm Enns, Ausflug nach Steyr

305 BIOGRABNERHOF
www.biograbnerhof.at

P2 10m >3,5t

Steggraben 6
4491 Niederneukirchen

48°10'29.0"N 14°19'27.9"E

ANMELDUNG:
Barbara Strasser
0660/7387606

Der Vierkanthof liegt in einem ruhigen Seitental mitten im Grünen mit Sicht auf das Stift St. Florian. Der Hof ist umgeben von den eigenen biologisch bewirtschafteten Feldern. Der Schwerpunkt unserer Landwirtschaft liegt auf Ackerbau, dem Anbau von alten Getreidesorten und deren Vermarktung. Der Erhalt alter Tierrassen liegt uns ebenfalls am Herzen. Die Achtsamkeit gegenüber der Natur und das bewusste Leben mit den Jahreszeiten prägen unseren Tagesablauf aus.

Aufenthalt: maximal 24 Stunden
Anreise bis: 18 Uhr
Ab-Hof-Verkauf: geöffnet bei Bedarf
Produkte: Dienstag und Freitag gibt es Brot auf Bestellung, alte Getreidesorten wie Roggen, Einkorn, Dinkel, Weizen, Emmer, Nacktgerste, Nackthafer, Laufener Landweizen, Vollkornmehl aus der Wirbelmühle, Eier- und Vollkornnudeln, Kräutersirupe, Kräutersalz
Aktivitäten: Hofführung, Verkauf von Gemüse und Obst aus dem Privatgarten wenn verfügbar
Umgebung: Kilometerlange Güterwege zum Spazieren, Kulturangebot im Chorherren Stift St. Florian, Freilichtmuseum Sumerauerhof, Fußballgolf im Soccerpark Goldberg

306 HOFLADEN HOFKIRCHEN
www.hofladen.cc

P1 10m >3,5t

Rappersdorf 13
4492 Hofkirchen

48°09'24.1"N 14°23'35.1"E

ANMELDUNG:
Barbara Brandstetter
0650/4520867

Ich betreibe einen Ackerbaubetrieb mit Saatgutvermehrung. Eine sehr vielfältige Fruchtfolge mit mehr als zehn Feldfrüchten steht auf meinen Feldern. Unter anderem finden sich Saatmais, Getreide, Feldgemüse, Gewürzpflanzen, Rüben, Kamille und Bienenweiden wieder. Die Jagd, Imkerei und Fischerei runden mein Bild von einer nachhaltigen Landwirtschaft ab.

Aufenthalt: maximal 24 Stunden
Anreise bis: 19 Uhr
Ab-Hof-Verkauf: Freitag von 13 - 18 Uhr, Samstag von 9 - 12 Uhr
Produkte: Kartoffeln, Kürbis und Kümmel aus eigener Erzeugung, Brot, Gebäck, Milchprodukte von Kuh, Schaf und Ziege, Getreide, Backwaren, Säfte, Eier, Gemüse, Obst, Fleisch und Spezialitäten von Schwein, Pute, Lamm und Rind, Fischspezialitäten, Essig und Öle, Säfte
Aktivitäten: Kräuterwanderung nach Anmeldung
Umgebung: Augustiner Chorherren Stift St. Florian, Feuerwehrmuseum St. Florian, Museum Lauriacum und Römische Kalkbrennöfen in Enns, Altstadt Enns mit Stadtturm

307 BRANDLEITNERGUT

www.brandleitnergut.at

Guglberg 1
4501 Neuhofen

48°08‘45.6“N 14°12‘27.2“E

ANMELDUNG:
Anneliese und
Jürgen Lederhilger
0676/6892234

Wir sind ein vielseitiger landwirtschaftlicher Betrieb und verkaufen unsere Produkte ab Hof in einem Selbstbedienungsladen. Hauptaugenmerk unserer Direktvermarktung sind Beeren. Wir verkaufen Aronia-Beeren, Erdbeeren, Himbeeren und Johannisbeeren frisch und verarbeitet. Im Bereich Ackerwirtschaft liegt unser Schwerpunkt neben dem konventionellen Getreide auf Spezialkulturen wie die Saatmais-Vermehrung.

Aufenthalt: maximal 24 Stunden
Ab-Hof-Verkauf: Selbstbedienungsladen 0 - 24 Uhr
Produkte: Aronia-Produkte wie Saft, Sirup und Fruchtaufstriche, Aroniaschokolade, Kürbiskernöl, Kürbis-Knabberkerne, Kürbiskernzwieback, kalt gepresstes Rapsöl, Honig, Mehl, Kartoffeln, Freiland-Eier, Rindfleisch vom Jungrind und Hochlandrind, Erdbeeren, Himbeeren, Johannisbeeren, Erdbeersirup, Holunderblütensirup, Apfel- und Birnensaft, Schnäpse
Aktivitäten: Verkostungen, Hofführung
Umgebung: Freibad Neuhofen, 35 km markierte Wanderwege, Walking- und Laufstrecken, Heimatstube Neuhofen, Golf Resort Kremstal, Stift Kremsmünster

308 ARONIAHOF STRASSER

www.aroniagut.at

Droissendorf 17
4521 Schiedlberg

48°04‘45.2“N 14°17‘50.3“E

ANMELDUNG:
Stefan Strasser
0676/821254513

Der Aroniahof Strasser war der allererste Betrieb in Oberösterreich, der die Aroniabeere angebaut hat. Wir ernten die Beeren exakt zu ihrem Reife-Höhepunkt und verarbeiten sie weiter. Wir stellen Aronia-Produkte in ihrer denkbar reinsten Form her. Die Unverfälschtheit der Aroniabeere erhalten wir über den gesamten Produktionsprozess hinweg, bis hin zum Verkauf der aus der wertvollen Apfelbeere gewonnenen AroniaPUR-Produkte.

Aufenthalt: maximal 24 Stunden
Anreise bis: 21 Uhr
Ab-Hof-Verkauf: geöffnet bei Bedarf
Produkte: Aronia Direktsaft, Aronia Brand
Aktivitäten: Hofführung
Umgebung: EurothermenResort Bad Hall, Stadtrundgang Bad Hall, Golfclub Herzog Tassilo, Kletterwald Goldberg, Stift Kremsmünster, Ausflug nach Steyr

309 KOGLHÄUSL

www.bioladen.koglhaeusl.at

Lettenstraße 82
4523 Neuzeug

48°01'33.3"N 14°19'44.0"E

ANMELDUNG:
Gabriele u. Karl Adlberger
0664/8294748

Unser Betrieb befindet sich am Eingang zum Steyrtal und zum Nationalpark Kalkalpen. Die ehemalige Landwirtschaft beherbergt nun einen Seminarbetrieb (auf Basis Selbstversorgung) und einen angeschlossenen Bio-Hofladen. Hier werden überwiegend Bio-Produkte aus der Region angeboten, um die bäuerlichen Strukturen zu erhalten und die Wertschätzung biologischer Landwirtschaft zu fördern.

Aufenthalt:	maximal 24 Stunden
Anreise bis:	19 Uhr
Ab-Hof-Verkauf:	Freitag von 9 - 18 Uhr und bei Bedarf
Produkte:	Brot, Gebäck, Mehlspeisen, Obst und Gemüse nach Saison, Getreideprodukte, Milchprodukte von der Kuh, vom Schaf und von der Ziege, Eier, Säfte, Hülsenfrüchte, Aufstriche, Eingemachtes, Teigwaren, Kosmetikartikel und vieles mehr
Umgebung:	Schloss Sierning, EurothermenResort Bad Hall, Stadtrundgang Bad Hall, Golfclub Herzog Tassilo, Stift Kremsmünster, Altstadt von Steyr

310 WILDKRAUT'S KRÄUTERBAUERNHOF

www.wildkraut.at

Guntendorf 18
4550 Kremsmünster

48°02'41.9"N 14°08'01.9"E

ANMELDUNG:
Daniela Dettling
0699/11985784

Das Thema Wildkräuter nimmt einen großen Platz in unserem Leben ein. Unser Kräuterbauernhof, mit Sitz oberhalb des Stiftes Kremsmünster, steht für ein besonderes Kräutererlebnis. Bei uns am Hof werden Führungen, Wanderungen, Workshops und Tipps zum Kräuteranbau vermittelt. Der Hofladen mit über 180 Kräuterschmankerl wartet auf euch und wird euch begeistern.

Aufenthalt:	maximal 24 Stunden
Geschlossen:	Sonntag
Ab-Hof-Verkauf:	Dienstag von 9 - 18 Uhr, Samstag von 9 - 13 Uhr, und bei Bedarf
Produkte:	Kräutertee, Liköre, Sirup, Kräutersalze, Räucherwerk, Geschenkartikel, Geschirr, Gemüse, Salat, Eier und uvm.
Bewirtung:	Frühstückskorb zum Stellplatz
Umgebung:	Besichtigung vom Stift Kremsmünster, Schlosspark Kremsegg, Rokokokirche Kirchberg, Rundwanderwege, Kremstaler Radwanderweg, EurothermenResort Bad Hall

311 WINDISCHBAUER.NHOF

www.windischbauernhof.at

Rührndorf 29
4551 Ried im Traunkreis

48°01'11.2"N 14°02'54.1"E

ANMELDUNG:
Bettina Windischbauer
0699/81883179

Der Windischbauernhof hat außer seiner herrlichen Lage und dem spektakulären Panoramablick noch einiges zu bieten. Er ist als Verein geführt und regt mit seinen unterschiedlichen Projekten zum Mitmachen bzw. Selbstversorgen an. Zum Beispiel laden der Gemeinschafts-naturgarten mit seiner Vielfalt, aber auch die glücklichen Freilandschweine, die sich am Hof sauwohl fühlen, zum Beobachten und Verweilen ein.

Aufenthalt: maximal 24 Stunden
Geschlossen: Sonntag
Aktivitäten: Sonnenuntergang mit herrlichem Panoramablick und anschließendem Lager-feuer, Spaziergänge mit den Bauern, aktive Naturmeditation mit anschließender Jause
Umgebung: Stift Kremsmünster mit Sternwarte, EurothermenResort Bad Hall, Stadt Wels (Mitmachmuseum Welios, Tierpark, Hallenbad/Freibad, ...) - mit dem Zug erreich-bar, da 8 Gehminuten vom Hof entfernt eine Zughaltestelle ist; Ruine Scharnstein, Kriminalmuseum Scharnstein (ebenfalls mit dem Zug - Almtalbahn Wels-Grünau - erreichbar), Agrarium in Steinerkirchen/Traun

312 KRONBERGERHOF

www.kronbergerhof.at

Kronberg 3
4612 Scharten

48°15'29.9"N 14°01'23.5"E

ANMELDUNG:
Georg Roithmeier
0664/5353376

Unser Betrieb liegt in einer der schönsten und ältesten Obst-gegenden von Oberösterreich, inmitten vom „Naturpark Obst-Hügel-Land" in der Gemeinde Scharten. Unser Vierkanthof ist ein Familienbetrieb mit jahrhundertelanger Tradition. Die sonnengereiften Äpfel pflücken wir per Hand, sie werden direkt gepresst und der Saft wird schonend abgefüllt. Alle unsere Säfte sind 100 Prozent Fruchtsaft.

Aufenthalt: maximal 24 Stunden
Anreise bis: 18 Uhr
Geschlossen: Sonntag; 20. Dezember bis Ende Jänner
Ab-Hof-Verkauf: Mittwoch bis Freitag von 8 - 12 und 13 - 17 Uhr, Samstag von 8 -12 Uhr
Produkte: Äpfel ganzjährig, Frischobst nach Saison: Birnen, Kirschen, Marillen, Weichseln, Zwetschken, Nektarinen, Quitten, Trauben; Walnüsse, Apfelsaft, Apfel-Misch-säfte, Traubensaft, Nektar, Most, Cider, Frizzante, Edelbrände & Liköre, Essig, getrocknete Früchte, uvm.
Umgebung: viele Wanderwege, besonders empfehlenswert ist der Kirschblütenweg im Frühling; Bienenlehrpfad, Eurothermenresort Bad Schallerbach, Wels

313 BIO - PANKRAZHOF

www.pankrazhof.at

Eichham 8
4655 Vorchdorf

47°59'00.9"N 13°55'06.4"E

ANMELDUNG:
Franziska Zimmer
0676/5026833

Wir bewirtschaften unseren Betrieb seit mehr als 40 Jahren biologisch nach Bio Austria Richtlinien. Es gibt bei uns Felder und Grünland, Hecken und Wald. Unser Bio-Getreide, wie Bio-Dinkel und Bio-Roggen, wird selbst verarbeitet und vermarktet. An Tieren gibt es Bio-Hendl für Mast und Eier, Bio-Ziegen und Alpakas. Seit 1981 verkaufen wir unsere Produkte per Direktvermarktung.

Aufenthalt: maximal 24 Stunden
Anreise bis: 19 Uhr
Geschlossen: Sonntag; im Winter
Ab-Hof-Verkauf: Selbstbedienungsladen, Montag bis Sonntag von 8 - 19 Uhr; und bei Bedarf
Produkte: Bio-Produkte: Getreide, Mehl, Gries, Nudeln, Kartoffeln, Säfte, Öle, Milchprodukte, Eier, Hanf, Süsses, Gemüse nach Saison, Fleisch; Ökologische Waschmittel
Aktivitäten: Produktverkostung, Hofführungen, Alpaka Wanderung und Brotbackkurse am Hof nach Vereinbarung und gegen Gebühr; Mitarbeit als Woofer möglich
Umgebung: gekennzeichnete Wanderwege ab Hof, Traktormuseum (200m)
Hinweis: Uns ist Umweltschutz und Nachhaltigkeit ein sehr wichtiges Anliegen, deshalb erwarten wir auch, dass unsere Gäste darauf Bedacht nehmen und danach handeln.

314 EIERSEBNER KUHMILCH

www.eiersebnerkuhmilch.at

Nöstling 1
4661 Roitham am Traunfall

48°02'25.3"N 13°50'41.1"E

ANMELDUNG:
Madeleine und
Thomas Eiersebner
0699/11286037

Unser Hof liegt in der Nähe des Traunfalls im wunderschönen Salzkammergut. Wir wohnen mit unseren Kindern am Hof und sind ein Familienbetrieb, Oma und Opa arbeiten noch fleißig mit. Unsere Fleckviehherde, sowie die weibliche Nachzucht, betreuen wir im neu gebauten Laufstall. In unserem Familienbetrieb verarbeiten wir das „Beste von der Kuh" im hofeigenen Käsereikämmerlein.

Aufenthalt: maximal 24 Stunden
Ab-Hof-Verkauf: Selbstbedienungsautomat
Produkte: frische Milchprodukte wie Joghurt, Fruchtjoghurt und Aufstriche, Käsebällchen im Glas, 8 Käsesorten, Geschenkkörbe
Aktivitäten: Betriebs- und Stallführungen
Umgebung: Traunfall, Steckerlfisch essen am Traunfall, Motorrad Trial Museum, Schloss Au, Papiermachermuseum Steyrermühl

315 HOFZEIT | AUTARKLER EGEN
www.hofzeit.at

Winkling 16
4681 Rottenbach

48°13‘02.7“N 13°40‘20.1“E

ANMELDUNG:
Philipp Flör
0664/4283344

Hofzeit - Autarkler eGen ist eine Gemeinschaft für naturnahes Leben. Diese Gemeinschaft besteht aus 4 Grundsäulen: 1. Naturnahe und regionale Landwirtschaft mit Schwerpunkt Gemüsebau sowie eigener Pflanzenaufzucht, 2. Nachhaltige Teichwirtschaft und Aquaponik, 3. Direktvermarktung unserer Produkte und regionaler Partnerbetriebe, 4. Gastronomie mit Schwerpunkt Brunch und Frühstück sowie Fischspezialitäten und regionalen Köstlichkeiten.

Aufenthalt: maximal 24 Stunden
Ab-Hof-Verkauf: Freitag von 9 - 18 Uhr, Samstag von 9 - 14 Uhr, Selbstbedienungsautomat täglich von 8 - 20 Uhr
Produkte: Gemüse und Obst, Kräuter, Gewürze, Milchprodukte von Kuh, Schaf und Ziege, Fleischprodukte, Säfte, Wein, Honig, Getreide, Eier, Fisch in vielen Variationen, Spirituosen, Fruchtaufstriche, Chutneys, Gemüseaufstriche, Schokolade, Brot und Gebäck
Bewirtung: Frühstück, Mittagessen, Öffnungszeiten siehe Webseite
Umgebung: Weg der Sinne, Sommerrodelbahn Haag, Aussichtsturm Luisenhöhe, Naturerlebnisweg Trattnach Ursprung, Kohlebahn Scheiben, Hochseilgarten

316 DÖRR ZU MÜHLPARZ
www.geistige-versuchung.at

Mühlparz 4
4690 Rutzenham

48°03‘24.9“N 13°42‘57.6“E

ANMELDUNG:
Elfi Grabner
0664/73330210

Unser Betrieb liegt in der Nähe von Schwanenstadt am Rand zum Salzkammergut. Wir sind ein Obstbaubetrieb mit Schwerpunkt auf verschiedene Streuobst- und Beerensorten. Diese wunderschöne Anlage umgibt unseren Hof. Wir produzieren unsere Produkte aus dem, was unser Obst- und Beerengarten liefert. Diese Rohstoffe veredeln wir zu ganz besonderen Lebensmitteln.

Aufenthalt: maximal 24 Stunden
Anreise bis: 20 Uhr
Geschlossen: Osterferien, Weihnachtsferien
Ab-Hof-Verkauf: geöffnet bei Bedarf
Produkte: preisgekrönte Edelbrände, Liköre, Fruchtaufstriche, Fruchtspiegeln, Säfte und Sirup
Aktivitäten: Hofführung, Führung durch unsere Obst- und Beerenanlage, Produktverkostung
Umgebung: Historischer Stadtplatz Schwanenstadt, Erlebnisbad Schwanenstadt, Wallfahrtsbasilika Maria Puchheim, Naturlehrpfad Landschaftsschutzgebiet Puchheimer Au

317 MEINE BRENNEREI SCHMALWIESER

www.meine-brennerei.at

Herrenschützing 8
4691 Schlatt

48°05‘52.6“N 13°47‘25.9“E

ANMELDUNG:
Thomas Schmalwieser
0660/2142378

Wenn man nach Herrenschützing fährt, glaubt man in ein verschlafenes Dorf zu kommen. Dabei wird hier feinster Whisky produziert: In meiner Brennerei verwende ich nur bestes Obst und Getreide. Es wird sauber und kontrolliert vergoren und anschließend ohne unnötige künstliche Konservierung nach erfolgreichem Gärprozess gebrannt. Mein Augenmerk bei der Likörerzeugung liegt auf der Verwendung von besten Früchten.

Aufenthalt: maximal 24 Stunden
Anreise bis: 20 Uhr
Ab-Hof-Verkauf: Donnerstag von 14 - 18 Uhr, zusätzlich bei Bedarf
Produkte: Edelbrände, Liköre, Whisky, Gin, Apfelsaft, Most, Kürbiskernöl
Aktivitäten: Schnapsverkostung, Hofführung, Brennworkshops
Umgebung: Traunfall, Schloss Weyer, Schiffleutmuseum Stadl-Paura, Stift Lambach, Kalvarienbergkirche auf dem Pfisterberg

318 BIOHOF KRAXBERGER

Schönau 6
4701 Bad Schallerbach

48°14‘28.1“N 13°54‘56.4“E

ANMELDUNG:
Andrea Kraxberger
0660/2007842

Seit 2018 sind wir ein Bio-Betrieb und betreiben Ackerbau und Gemüseanbau. In unserem kleinen Hofladen bieten wir unser saisonales, frisches Gemüse an und verkaufen andere Köstlichkeiten, wie zum Beispiel eigens hergestellte Gemüseerzeugnisse nach alten Rezepturen. Unsere Produktpalette erweitern wir laufend.

Aufenthalt: maximal 24 Stunden
Geschlossen: Sonntag
Ab-Hof-Verkauf: geöffnet bei Bedarf
Produkte: Bio-Gemüse je nach Saison, Chutneys, eingelegte Gemüsevariationen, Fruchtaufstriche, Säfte, Sirupe, Bio-Müsli
Umgebung: EurothermenResort Bad Schallerbach, Naturerlebnisweg Trattnach-Ursprung, Trattnachtal-Lehrpfad, Erlebnisberg Luisenhöhe, Zoo und Aquazoo Schmiding

319 HABERMAIR'S KALTGEPRESSTE ÖLE

www.habermair.at

Oberreitbach 9
4712 Michaelnbach

48°16'42.4"N 13°48'20.1"E

ANMELDUNG:
Roman Aichinger
0676/821251155

P1 | 10m | >3,5t

Wir führen einen landwirtschaftlichen Betrieb im Vollerwerb, bestehend aus den 3 Betriebszweigen Junghennenaufzucht, Schweinemast und Direktvermarktung von hochwertigen, kaltgepressten Pflanzenölen. Eingebettet in das sanfte, abwechslungsreiche Hausruckviertel leben und arbeiten wir in einem 3-Generationen-Bauernhof.

Aufenthalt: maximal 24 Stunden
Ab-Hof-Verkauf: Donnerstag und Freitag von 8 – 11:30 und 13 – 17 Uhr, Samstag von 8 – 11:30 Uhr
Produkte: Leinöl, Rapsöl, Sojaöl, Mariendistelöl, Schwarzkümmelöl, Mohnöl
Aktivitäten: Produktverkostung von Pflanzenölen und Besichtigung der Ölpresse
Umgebung: IKUNA Naturerlebnispark in Natternbach, Loipe Natternbach, Furthmühle Pram, EurothermenResort Bad Schallerbach, Hausruckwald, Ausflug nach Schärding und Passau, Baumkronenweg Kopfing, Zoo Schmiding, Naturpark Obst-Hügel-Land, Berg- und Seengebiet sind 1 knappe Autostunde entfernt (z.B. Wurzeralm, Windischgarsten, Gleinkersee)

320 WIMMERGUT

www.wimmergut.mulb.at

Unterreitbach 5
4712 Michaelnbach

48°17'12.8"N 13°48'37.0"E

ANMELDUNG:
Markus Moser
0676/7036632

P3 | 10m | >3,5t | WC

Wir bewirtschaften einen kleinen Hof und haben viel Platz für Wohnmobile. Diese können auf dem durch den vorbereiteten und befestigten Parkplatz für unsere geplante Gastronomie stehen. Wir haben Hühner, Bienen und im Sommer Schafe. Es ist sehr ruhig, obwohl unser Hof direkt an der Bundesstraße liegt.

Aufenthalt: maximal 24 Stunden
Anreise bis: 20 Uhr
Geschlossen: wenn viel Schnee liegt ist keine Anreise möglich
Ab-Hof-Verkauf: geöffnet bei Bedarf
Produkte: Honig, Eier, Verdünn-Säfte aus eigener Produktion, Most, Honigwein (Met)
Umgebung: Naturerlebnispark Natternbach, Römerpark Schlögen, Zoo Schmiding, Altstadt Wels, Donauradweg, EurothermenResort Bad Schallerbach

321 WIRT IN BAUMGARTEN

Baumgarten 15
4816 Gschwandt bei Gmunden

47°55'45.3"N 13°49'54.9"E

ANMELDUNG:
Siegfried Pabst
0650/2648239

Wir sind ein typisch oberösterreichischer Landgasthof in Gschwandt. Wir bieten ganztägig warme Küche an. Dabei legen wir Wert auf saisonale und regionale Spezialitäten, die wir aus frischen Produkten aus der Gegend kreieren. Unser blühender Gastgarten mit Brunnen im Innenhof wird von unseren Gästen sehr geschätzt.

Aufenthalt: maximal 24 Stunden
Anreise bis: 16:30 Uhr
Geschlossen: Mittwoch, Donnerstag
Bewirtung: Frühstück, Mittagessen nach Voranmeldung
Aktivitäten: Speisen auch zum Mitnehmen
Umgebung: Bootsfahrt am Traunsee, Grünberg Seilbahn, Baumwipfelpfad Salzkammergut, Laudachsee, Sternwarte Gmunden

322 HOF ROBERT GRUBER

Unterpilsbach 18
4840 Pilsbach

48°01'44.0"N 13°40'48.3"E

ANMELDUNG:
Edith Gruber
0681/20675438

Unser Hof liegt idyllisch am Ortsrand von Unterpilsbach in Stadtnähe der Bezirkshauptstadt Vöcklabruck. Der nahegelegene weitläufige Wald lädt zu erholsamen Spaziergängen ein. Aktuell haben wir zwei Pferde am Hof. Ein Reitplatz ist ebenfalls vorhanden.

Aufenthalt: maximal 24 Stunden
Anreise bis: 22 Uhr
Aktivitäten: Reiten (nicht für Anfänger)
Umgebung: Schmiedemuseum / Museum alte Stadtmauer Vöcklabruck, Schloss Neuwartenburg, Traunfall, Heimathaus Schörfling, Gustav Klimt Zentrum Attersee, Freilichtmuseum Stehrerhof

323 SCHNEIDERBAUER

P2 10m >3,5t

Jebing 2
4846 Redlham

48°02‘27.1“N 13°45‘09.6“E

ANMELDUNG:
Anni u. Josef Wagner
0650/8171966
0650/3714399

Wir leben in einem für die Gegend typischen Vierkantbauernhof mit Blick auf den Traunstein. Je nach Wunsch stellen wir euch einen schattigen oder sonnigen Stellplatz zur Verfügung. Unsere Hühner und Katzen freuen sich auf Besucher, die am Landleben interessiert sind.

Aufenthalt: maximal 24 Stunden
Anreise bis: 22 Uhr
Ab-Hof-Verkauf: Selbstbedienungsautomat 7 - 20 Uhr
Produkte: Freilandeier
Aktivitäten: Poolbenutzung, 2 E-Bikes zur Vermietung, 2CV-Erlebnisfahrt
Umgebung: Naturerlebnis Schottergrube, Traunsee (15 km), Attersee (20 km), Römerradweg, Freibad Schwanenstadt, Freibad Vöcklabruck, Gmunden, Grünberg in Gmunden mit Baumwipfelweg

324 MAURA Z‘STARZING

www.hofladen-maurastarzing.at

P2 >3,5t

Unterachmann 10
4860 Lenzing

47°57‘42.7“N 13°37‘05.7“E

ANMELDUNG:
Maria u. Peter Hausjell
0699/13650307

Wir bewirtschaften unsere Felder mit großer Freude und Achtung der Natur. Bei uns gibt es ausschließlich Produkte zu erwerben, die auf unserem Hof produziert werden. Äpfel und andere Obstsorten aus Eigenanbau werden direkt am Betrieb zu Saft und Most verarbeitet. Zusätzlich halten wir Legehennen in Freilandhaltung. Sie bekommen bestes, gentechnikfreies Futter, das wir selbst am Hof herstellen.

Aufenthalt: maximal 24 Stunden
Anreise bis: 17 Uhr
Geschlossen: Dienstag, Donnerstag, Sonntag; Feiertage
Ab-Hof-Verkauf: Montag, Mittwoch und Samstag von 8:30 - 12 Uhr, Freitag von 8:30 - 17 Uhr
Produkte: Freilandeier, Säfte, Schnäpse, Produkte aus Dinkel wie Mehl und Nudeln, Roggen, 7 Apfelsorten, Dörrobst, Sonnenblumenöl
Umgebung: Badeoase Lenzing, Aignerhaus St.Georgen, Pfarrmuseum St.Georgen, Gustav Klimt-Zentrum am Attersee, Schloss Neuwartenburg Timelkam

325 PREUNER WIRT

www.preuner.at

Seilergasse 10
4873 Frankenburg am Hausruck

48°04'07.8"N 13°29'23.1"E

ANMELDUNG:
Eva Schiller-Preuner
0768/35003

Unser Wirtshaus ist umgeben von einem großzügig angelegten Garten mit vielen versteckten Ecken und liebevoll gestalteten Elementen. Auch unser Kastaniengastgarten lädt zum Verweilen ein. Rund 18 Minishetland-Ponys samt Fohlen, Hühner und die Hauskatze gibt es zu bewundern.

Aufenthalt: maximal 24 Stunden
Ab-Hof-Verkauf: Selbstbedienungsautomat, täglich von 8 - 20 Uhr
Produkte: Getränke wie Limo, Wasser, Bier und Spritzer und unsere selbstgemachten Nudel-Saucen.
Bewirtung: Abendessen nach Voranmeldung
Umgebung: Aussichtsturm am Göblberg, Botanischer Garten in Frankenburg, viele Wanderwege wie zB Würfelspielwanderweg (10 km)

326 RAMP'N BRÄU HOFBRAUEREI PREUNER

www.rampn-braeu.at

Vordersteining 5
4873 Frankenburg am Hausruck

48°05'28.5"N 13°29'17.6"E

ANMELDUNG:
Thomas Preuner
0676/7936423

Das Wichtigste ist die Familie, da sind wir Preuners uns einig. Damit der Erbhof wieder auf einer guten Basis weitergegeben werden kann, müssen wir für unsere Kinder achtsam handeln. Seit 2013 betreiben wir auf unserem Bauernhof eine kleine, feine Brauerei. Unser Bier wurde mit drei Staatspreisen ausgezeichnet und darauf sind wir stolz. Von Mai bis Oktober bewirten wir Gäste in unserem Bierheurigen. Wir freuen uns auf Sie!

Aufenthalt: maximal 24 Stunden
Anreise bis: 20 Uhr
Geschlossen: Sonntag, Montag, Dienstag, Mittwoch; November bis April
Ab-Hof-Verkauf: Donnerstag bis Samstag von 16 - 20 Uhr
Produkte: Bier, Most
Bewirtung: Bierheuriger, Öffnungszeiten siehe Webseite
Umgebung: Hausruck Alpakafarm, Botanischer Garten Frankenburg, Prameter Badesee, Aussichtsturm Göblberg, Lokpark Ampflwang, Freibad Frankenburg

327 BIOHOF GRÖSTLINGER

www.biohof-groestlinger.at

Schachen bei Furtpoint 4
4901 Ottnang am Hausruck

48°05'12.6"N 13°39'31.8"E

ANMELDUNG:
Gerlinde u. Herbert Gröstlinger
07676/20855

Unser Hof liegt inmitten des Hausruckviertels am Rande der Gemeinden Ottnang und Manning. Wir haben eine sehr ruhige Lage. Wir besitzen 20 Milchkühe samt der weiblichen Nachzucht. Der gesamte Hof wird biologisch bewirtschaftet. Ein Großteil der Milch wird direkt verarbeitet und die Produkte werden im eigenen Bio-Hofladen zum Kauf angeboten. Unsere Kühe dürfen von April bis Oktober auf die Weide rund um unser Anwesen.

Aufenthalt: maximal 24 Stunden
Anreise bis: 19 Uhr
Ab-Hof-Verkauf: Dienstag von 8 - 12 Uhr und 15 - 18:30 Uhr, Freitag von 15 - 18:30 Uhr, Samstag von 8:30 - 12:30 Uhr, zusätzlich bei Bedarf
Produkte: Bio-Milchprodukte: Joghurt natur und mit Frucht (9 Sorten), Schlagobers, Sauerrahm, Topfen, Frischkäse in Öl, Butter; Bio-Obstprodukte: Fruchtaufstriche, Fruchtchutneys, Fruchtsenf, Fruchtgelees
Aktivitäten: Produktverkostung, Hofführung
Umgebung: Wanderwege im Hausruckwald, Schwimmbad in Bruckmühl (ca. 4 km entfernt), Ottnang-Zentrum (1 km entfernt): Einkaufsmöglichkeiten, Spielplatz, Kirche

328 LORYHOF

www.loryhof.at

Außerguggenberg 4
4942 Wippenham

48°14'09.3"N 13°23'32.9"E

ANMELDUNG:
Othmar Zeilinger
07757/6757

Der Loryhof ist ein wunderschön gelegener Bio-Bauernhof im hügeligen Innviertel mit einem touristischem Angebot. Wir haben ein Restaurant im alten Gebäude, einen Veranstaltungsstadl und einen Bienenlehrpfad mit faszinierendem Blick ins Land. Unser Leitbild lautet: „Wir bewirten unsere Gäste gerne!" Und so freuen wir uns euch bei uns am Hof begrüßen zu dürfen.

Aufenthalt: maximal 24 Stunden
Geschlossen: Sonntag, Montag, Dienstag
Ab-Hof-Verkauf: Mittwoch und Donnerstag ab 17 Uhr, Freitag und Samstag ganztags und bei Bedarf
Produkte: Bienenprodukte, Honig, Gansl & Enten, Obst
Bewirtung: Frühstück, Mittagessen, Abendessen nach Voranmeldung
Aktivitäten: geführte Wanderungen mit dem Imkermeister am Bienenlehrpfad und Kräuterwanderungen (nur nach Voranmeldung)
Umgebung: Therme Geinberg, Therme Bad Füssing, Museum Innviertler Volkskundehaus Ried, Mattigtaler Heckenlabyrinth, Schwimmbad Altheim, Stift Reichersberg

329 SPECK O'THEK
www.speckothek.at

Nonsbach 9
4943 Geinberg

48°14'17.2"N 13°18'40.4"E

ANMELDUNG:
Johanna u. Günter Zaglmayer
0699/81636300

Die elterliche Landwirtschaft haben wir im Jahre 1998 übernommen. Es war uns schon damals ein Anliegen, gute Qualität mit gesicherter Herkunft zu produzieren und diese an unsere Kunden weiterzugeben. 2010 setzten wir unseren Traum von einer Mostschenke in die Realität um. Als Familienbetrieb produzieren wir die meisten unserer Produkte selber.

Aufenthalt: maximal 24 Stunden
Ab-Hof-Verkauf: geöffnet bei Bedarf
Produkte: Most, Saft, Fleischprodukte, Nudeln, Fruchtaufstriche, Chutneys, Schnaps, Honig, Brot und vieles mehr
Bewirtung: Abendessen nach Voranmeldung
Umgebung: Therme Geinberg, Ochzethaus in Altheim, Schloss Katzenberg, Adlerwarte Obernberg, Stift und Museum Reichersberg

330 GENUSSBAUERNHOF JENICHL
www.genussbauernhof-jenichl.at

Wagham 1
4950 Altheim

48°13'54.3"N 13°15'34.3"E

ANMELDUNG:
Franz Jenichl
0676/6929003

Unsere Schweine werden nur mit eigenem Getreide gefüttert. Eine artgerechte Haltung und eine stressfreie Haus-Schlachtung ergeben hochwertiges Fleisch. Alles, was in der Knödelküche auf den Tisch kommt, ist aus hofeigener Produktion. Sei es das selbstgebackene Bauernbrot, unsere herzhaften Innviertler Knödel oder der zarte Surspeck.

Aufenthalt: maximal 24 Stunden
Anreise bis: 20 Uhr
Geschlossen: Sonntag; Jänner, Februar
Ab-Hof-Verkauf: Freitag von 8 - 18 Uhr, Samstag von 8 - 12 Uhr und nach Vereinbarung
Produkte: Geselchtes, Speck, Würste, Leberkäse, Sulz, Rohschinken, Verhackertes, Most, Grammelschmalz, Marmeladen, selbstgebackenes Brot, Honig, Gewürze, Schnaps, Liköre, eingelegtes Gemüse
Bewirtung: Frühstück und Abendessen nach Voranmeldung
Umgebung: Therme Geinberg, Römer Radweg, Falknerei, Römerausgrabung, Biererlebniswelt Raschhofer, Naturlehrpfad Pfarrerhölzl

331 SEYRINGER GUT

www.seyringergut.at

Seyring 3
4971 Aurolzmünster

48°13'50.2"N 13°27'03.9"E

ANMELDUNG:
Doris Gansinger
0676/3580621

In dem neu renovierten und erweiterten Gut in Seyring finden Workshops und Seminare rund um das Thema Wiesenwissen und Gesundheit sowie Yoga- und Kochkurse statt. Die Kochschulinhaberin Viktoria Stranzinger betreibt neben ihrer „Cook Up Kitchen" auch einen kleinen Hofladen, in dem es persönlich ausgesuchte und erprobte Spezialitäten gibt.

Aufenthalt: maximal 24 Stunden
Ab-Hof-Verkauf: geöffnet bei Bedarf
Produkte: regionale Spezialitäten, ätherische Öle und Räucherwaren
Aktivitäten: Hof- und Gartenführungen
Umgebung: Freibad Aurolzmünster, Schloss Aurolzmünster, Museum Innviertler Volkskundehaus Ried, Stift und Museum Reichersberg

332 GESCHMACK IM GLAS

www.geschmack-im-glas.at

Nonsbach 4
4983 St. Georgen bei Obernberg

48°17'21.1"N 13°18'47.7"E

ANMELDUNG:
Maria Wipplinger
07758/40344

Wir bewirtschaften einen Bauernhof mit Kalbinnenaufzucht, Ackerbau und Direktvermarktung in St. Georgen bei Obernberg. Aus dem vorwiegend eigenen Obst und Gemüse entstehen unter der Marke „Geschmack im Glas" liebevoll eingekochte Spezialitäten, die auf Märkten, in Regionalläden und ab Hof angeboten werden. Das Obst unserer Streuobstwiesen liegt uns sehr am Herzen, denn so entstehen besondere Köstlichkeiten wie schwarze Nüsse oder Essigzwetschken.

Aufenthalt: maximal 24 Stunden
Ab-Hof-Verkauf: geöffnet bei Bedarf
Produkte: Chutneys, Marmeladen, Essigzwetschken, Schwarze Nuss, Essige, eingelegtes Gemüse
Aktivitäten: Produktverkostung, Hofbesichtigung
Umgebung: Therme Geinberg, Therme Bad Füssing, Stift Reichersberg, Innradweg, Familienkapelle Nonsbach

333 MOSTBAUER Z'STOCKHAM

Stockham 1
5120 St. Pantaleon

48°01'21.6"N 12°51'38.7"E

ANMELDUNG:
Walter Mehlhart
06277/7053

Wir sind ein landwirtschaftlich geführter Mostheuriger mit Ab-Hof-Verkauf. Inmitten von Apfel- und Birnenbäumen liegt unser Bauernhof auf einer Anhöhe mit Blick zu unseren bayrischen Nachbarn und den Salzburger Gebirgszügen. „Komm, sitz die her, und kost unseren Most und unsere Innviertler Brotzeit" – unter diesem Motto laden wir jede und jeden ein, bei uns Gast zu sein.

Aufenthalt: maximal 24 Stunden
Geschlossen: Sonntag, Montag, Dienstag, Mittwoch; Weihnachtsferien, 2. Juliwoche
Ab-Hof-Verkauf: Donnerstag, Freitag, jeden 1. Samstag im Monat und zusätzlich von Mai bis Mitte September jeden Samstag, jeweils von 13 - 21 Uhr
Produkte: verschiedene Moste, Heurigenjause, Erdäpfel und Obst nach Saison
Bewirtung: Heurigenjause in der Buschenschank, offen zu den Ab-Hof-Verkaufszeiten
Umgebung: Oberinnviertler Seenplatte mit Höllerersee, Holzöstersee und Ibmersee; Radwege nach Salzburg (30 km), Oberndorf (15 km) und Burghausen (15 km)
Hinweis: Anreise nur während der Öffnungszeiten des Ab-Hof-Verkaufs.

334 STOANDLHOF

Schnellberg 3
5133 Gilgenberg am Weilhart

48°07'52.1"N 12°55'17.7"E

ANMELDUNG:
Mareile u. Robert Weise
0676/821250406
0049/170/8324912

Wir sind Mareile und Robert und leben mit unseren beiden Kindern auf unserem nachhaltig bewirtschafteten Hof. Wir betreiben Gemüseanbau mit Permakultur. Auf unserem sehr ruhig und idyllisch gelegenen Hof könnt ihr sowohl entspannen als auch so einiges erleben. Hier gibt es für jeden etwas zu entdecken. Es gibt Kinderspielgeräte, Schaukeln, ein Trampolin, einen Streichelzoo und viele kuschelige, zutrauliche Katzen.

Aufenthalt: maximal 24 Stunden
Ab-Hof-Verkauf: geöffnet bei Bedarf, Selbstbedienungsautomat
Produkte: verschiedene Gemüsesorten, Knoblauch, Kartoffeln, Dinkel, Emmer, Einkorn, Buchweizen, Sojabohnen, Leinsamen, Hirse, Mehl und Grieß, Öle, Eier, Brot, Aufstriche, Marmeladen, Tofu, Nudeln, Müsli, Most, Wein, Säfte, Cider, Saatgut für den eigenen Garten uvm.
Bewirtung: Frühstück, Mittagessen und Abendessen nach Voranmeldung
Aktivitäten: Hofführung (gerne mit Verköstigung), Gartenbau- und Permakultur-Workshops
Umgebung: Franz Xaver Gruber Gedächtnishaus, Bauern- und Heimatmuseum in Haigermoos
Hinweis: Waschmaschine und Trockner können gerne genutzt werden

335 JAUSENSTATION SEELEITEN

Seeleiten 4
5141 Moosdorf

48°03'22.9"N 12°58'25.9"E

ANMELDUNG:
Stephan Peer
0664/4274008

Mit unserem Betrieb haben wir uns auf die Erzeugung von Bio-Heumilch spezialisiert. Der Hof liegt direkt am Ibmer Moor. In unserer Umgebung gibt es viele Wanderwege. Wir bewirten unsere Gäste in der Jausenstation mit bodenständigen und selbst gemachten Spezialitäten. Kehren Sie bei uns ein und genießen Sie Käse, Geselchtes, Kübelspeck und Brot aus dem Holzofen mit einem Glas Most.

Aufenthalt: maximal 24 Stunden
Bewirtung: Buschenschank, Frühstück, Mittagessen, Abendessen nach Voranmeldung
Umgebung: Wanderungen im und um das Ibmer Moor, Bademöglichkeit im Heratinger See, Vogelparadies Weidmoos, Holzöstersee, Höllerersee, Stille Nacht Museum Arnsdorf

336 RATHMACHERHOF

www.rathmacher.at

Tannberg 9
5221 Lochen am See

47°59'26.1"N 13°11'45.2"E

ANMELDUNG:
Johann Klinger
0664/4314277

Der Rathmacherhof ist ein Bio-Obst- und Beerenbaubetrieb mit angeschlossener Gastronomie. Schwerpunkt bei uns sind die Heidelbeeren, hier legen wir besonders Wert auf höchste Qualität und Pflückkomfort. Ab Mitte August gibt es dann Himbeeren, Brombeeren und ab Mitte September auch Äpfel, Birnen und Zwetschken zum Selberpflücken oder ab Hof. Das Obst wird verarbeitet und die veredelten Produkte verkaufen wir im Hofladen.

Aufenthalt: maximal 24 Stunden
Anreise bis: 12 Uhr
Geschlossen: Montag; Ende November bis Ende Februar
Ab-Hof-Verkauf: Donnerstag, Freitag von 16 - 23 Uhr, Samstag, Sonntag von 14 - 23 Uhr; bei Bedarf
Produkte: Apfel-Birnenmost, Birnencider, Apfelfrizzante, Birnenfrizzante, Heidelbeer-Saft, Heidelbeer-Trauben-Saft, Heidelbeer-Brombeer-Saft, Bio-Weine, Marmeladen, Liköre, Schnäpse, Obst und Beeren
Bewirtung: Abendessen
Aktivitäten: Produktverkostung (nur bei geöffneter Gastronomie)
Umgebung: Schaukäserei Höflmaier, Richtstättenweg Lochen, Ferdinand Porsche Museum

337 DIETRACHINGER BRAUERBAUERNHOF

Dietraching 24
5271 Moosbach

48°13‘14.7“N 13°09‘46.8“E

ANMELDUNG:
Martin Seidl
0664/2084681

Wir sind eine landwirtschaftliche Brauerei mit eigenem Braugerstenanbau. Weiters halten wir Kälber, Hühner, Puten und es gibt auch noch 500 qm Weinanbau. Unser Hof ist sehr urig und in seiner alten Form erhalten, man sieht morgens schon die Kälber auf der Weide. Der Besitzer ist Bauer und Naturspezialist, Braumeister und Biersommelier, Outdoortrainer und Dipl. Sozialpädagoge.

Aufenthalt: maximal 24 Stunden
Ab-Hof-Verkauf: geöffnet bei Bedarf
Produkte: Fleisch, Bier, Schnaps, Most, Wein, saisonales Obst, Kartoffeln, Dinkel
Bewirtung: Mittagessen und Abendessen nach Voranmeldung
Aktivitäten: Kräuterwanderung, Baumerkennungswanderung, Erlebniswanderung, Kälberwanderung, Baumfällkurs, Outdoortraining, Brauereibesichtigung, Brotbackkurs, Brauereikurs
Umgebung: Therme Geinberg, Bad Füssing, Innviertler Seenplatte, Innradweg, historische Altstadt Braunau, Burg zu Burghausen, Innviertler Schlösserweg

338 OBERGUT

www.obergut.at

Auf der Haiden 42
5280 Braunau am Inn

48°14‘58.7“N 13°02‘36.0“E

ANMELDUNG:
Ulrike u. Thomas Ober
0676/821250254

Unser Hof liegt in unmittelbarer Nähe von Braunau. Wir widmen uns dem Obstbau und verkaufen sämtliche Produkte in unserem Hofladen. Unsere Früchte gibt es erntefrisch vom Baum, knackig als Apfelchips, vitaminreich als Saft, veredelt als Most, gekeltert als Sekt, destilliert als Edelbrand, im Eichenfass gelagert als Apfel-Portwein oder Calva. Wir haben zusätzlich eine Gastronomie, die von Donnerstag bis Samstag geöffnet hat.

Aufenthalt: maximal 24 Stunden
Anreise bis: 20 Uhr
Geschlossen: Sonntag bis Mittwoch; Ende Dezember bis Anfang Februar
Ab-Hof-Verkauf: Donnerstag und Freitag von 9 - 18 Uhr, Samstag von 9 - 12 Uhr
Produkte: Speiseäpfel, Säfte, Most, Edelbrände, Liköre, Sekt, Fruchtschaumweine, Apfelchips, Nudeln, Eier, Essig, Öl, Müsli, Gewürze, Sauergemüse, Marmelade, Honig, Tee
Bewirtung: Donnerstag und Freitag von 16 - 24 Uhr, Samstag von 12 - 24 Uhr
Umgebung: Kirchturmbegehung Braunau, Naturium am Inn, Stift Ranshofen, Altstadt von Braunau, Ausflug nach Burghausen

Notizen:

SUNLIVING

SALZBURG

A 8
A 8
A1
A 93
A12
St. Johann in Tirol
Wörgl
346
Saalfelden am Steinernen Meer
Zell am See
Mittersill

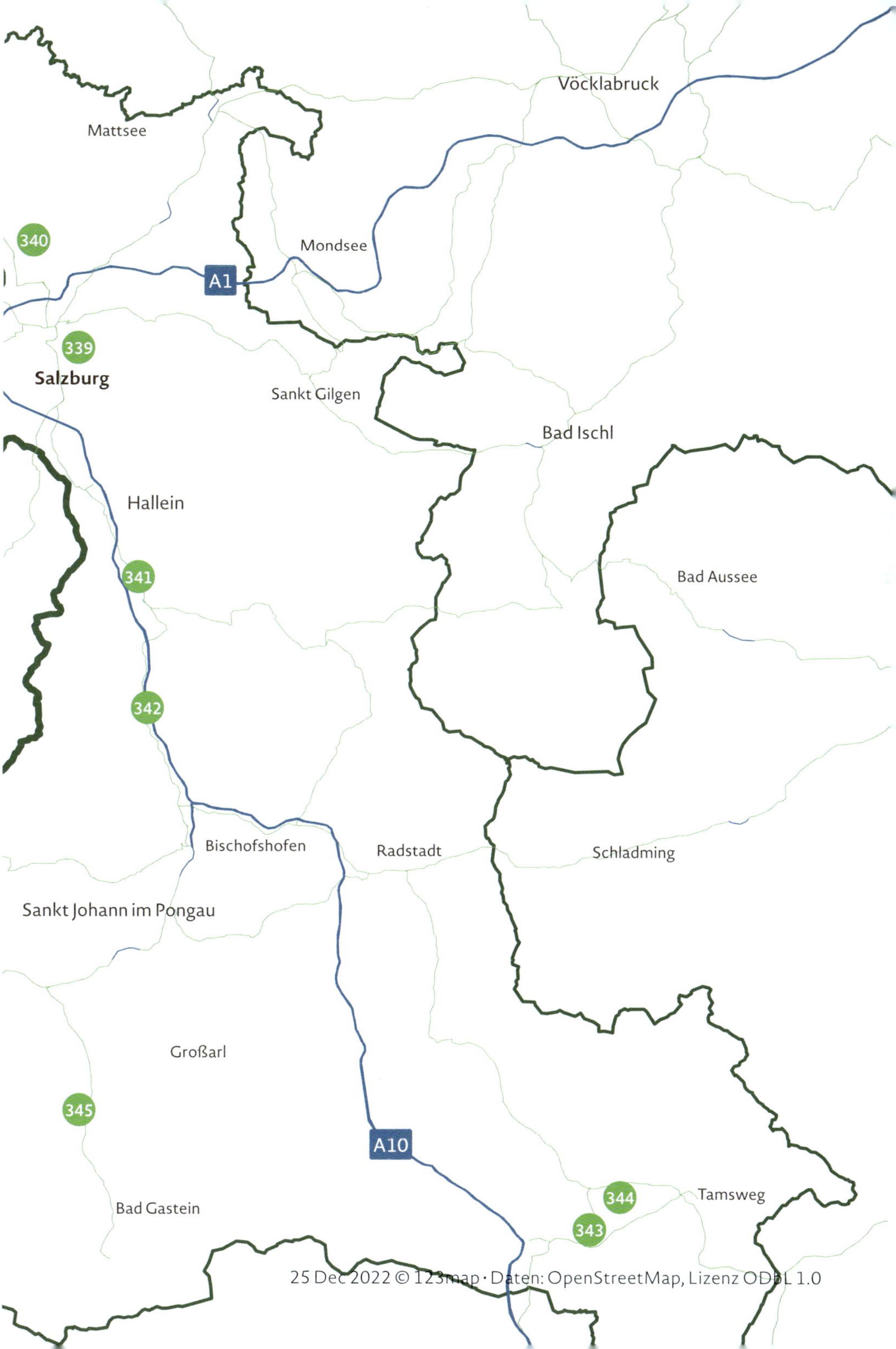
Vöcklabruck
Mattsee
340
Mondsee
A1
339
Salzburg
Sankt Gilgen
Bad Ischl
Hallein
341
Bad Aussee
342
Bischofshofen
Radstadt
Schladming
Sankt Johann im Pongau
Großarl
345
A10
344
Tamsweg
343
Bad Gastein
25 Dec 2022 © 123map · Daten: OpenStreetMap, Lizenz ODbL 1.0

339 GÄNSBRUNN

Gänsbrunnstraße 6
5026 Salzburg

47°47'40.0"N 13°05'16.2"E

ANMELDUNG:
Anna u. Philipp Schafflützel
0699/13457068

Unser Hof liegt sehr ruhig etwas außerhalb der Stadt Salzburg am Fuße des Gaisbergs. Es ist ein kleiner Betrieb und wir kümmern uns hauptsächlich um den dazugehörigen Wald. Am Hof wohnen Hühner, Katzen, ein Hund und wir haben einige Bienenstöcke. Zusätzlich bieten wir zwei Stellplätze für Camper/Wohnwägen mit Wasser- und Stromanschluss an.

Aufenthalt: maximal 24 Stunden
Anreise bis: 21 Uhr
Umgebung: Nockstein, Plötz Wasserfall, Aussichtspunkt Gaisbergspitze, Zoo Salzburg Hellbrunn, Schloss Hellbrunn, Fuschlsee, Hintersee

340 KERNGUT

www.kernei.at

Bahnhofstraße 11
5102 Anthering

47°52'46.2"N 13°00'34.7"E

ANMELDUNG:
Familie Muckenhammer
06223/3385
0664/4263408

Unser Hof befindet sich zentral im Ortskern von Anthering. Wir führen einen Ochsen- und Schweinemastbetrieb mit eigener Metzgerei. Zusätzlich haben wir ein Rotwildgehege und züchten Forellen. Die selbst erzeugten Produkte servieren wir in unserem Gasthaus.

Aufenthalt: maximal 24 Stunden
Anreise bis: 22 Uhr
Geschlossen: Silvester bis 6. Jänner
Ab-Hof-Verkauf: geöffnet bei Bedarf
Produkte: Forellen, Wurstwaren, Schweinefleisch, Grillfleisch, Geselchtes, Most, Edelbrände
Bewirtung: Abendessen von Donnerstag bis Sonntag im Mostheurigen
Aktivitäten: Kinderspielplatz
Umgebung: Antheringer Kräutergarten, Hammerschmiede und Schmiedemuseum, Fuchsmühle Anthering, Stadt Salzburg, Oberndorf mit Stille-Nacht-Kapelle und Museum, Seengebiet mit Mattsee, Obertrumer See und Wallersee

341 BIO HOFKÄSEREI FÜRSTENHOF

www.fuerstenhof.co.at

Kellau 15/1
5431 Kuchl

47°36'39.9"N 13°09'42.1"E

ANMELDUNG:
Nikolaus Rettenbacher
0676/4556605

Wir sind eine Bio-Hofkäserei im Salzburger Land. Unser Hof liegt ca. 25 km südlich von Salzburg entfernt. Die nährstoffreichen Wiesen und Weiden bilden die Grundlage für die gesunde und energiereiche Milch unserer Jersey Kühe. Im Winter werden sie ausschließlich mit bestem Qualitätsheu von unseren kräuterreichen Wiesen gefüttert. Wir verarbeiten die Rohmilch unserer Rinder täglich zu 25 verschiedenen Käsesorten. Alle unsere Produkte werden ohne Einsatz von Farb- und Konservierungsstoffen, sowie ohne Geschmacksverstärker hergestellt. Im eigenen Hofladen wird Käse verkostet und verkauft.

Aufenthalt: maximal 24 Stunden
Geschlossen: Sonntag; bei Schneelage
Ab-Hof-Verkauf: Montag bis Samstag von 9 - 17 Uhr
Produkte: 25 verschiedene Rohmilchkäsesorten, Marmeladen und Chutneys aus hofeigenen Früchten, Essig- und Ölansätze, Kräuterprodukte, Naturkosmetik. Am Wochenende frisches Brot, Joghurt, Butter, Knödel, Topfen, Frischkäse und Kuchen
Aktivitäten: Hofführungen, Käse- und Kosmetikworkshops
Umgebung: Badesee Bürgerau, Salzach Au, Wandergebiet Trattberg, Gollinger Wasserfall

342 BLÜHNTAU

Wimmstraße 22
5451 Tenneck

47°30'25.1"N 13°10'17.2"E

ANMELDUNG:
Christoph und
Magdalena Wimmer
0664/4726721

Unser Hof liegt mitten im Salzachtal zwischen Tennen- und Hagengebirge an der Salzach. Wir beherbergen auf unserem Hof eine große Hühnerschar, zwei Pferde, einen Hund und Katzen. Umgeben von Wiesen und Wäldern bietet sich die Möglichkeit inmitten des Waldes, direkt unterhalb der Eisriesenwelt Werfen, vor einer beeindruckenden Bergkulisse zu nächtigen.

Aufenthalt: maximal 24 Stunden
Ab-Hof-Verkauf: Selbstbedienungsautomat
Produkte: Eier
Aktivitäten: Lagerfeuer am Salzachstrand, Quad fahren am Hofgelände
Umgebung: Eisriesenwelt, Erlebnisburg Hohenwerfen, The Sound of Music Trail, Tauernradweg, Wanderungen in allen Schwierigkeitsklassen, Salzburg ist nicht weit
Hinweis: Anreise über Schotterstraße

343 MEISSNITZERHOF

www.meissnitzerhof.at

Triegen 37
5581 St. Margarethen

47°05'15.4"N 13°41'54.0"E

ANMELDUNG:
Magdalena Kerschhaggl
0664/75054905

Der Meissnitzerhof befindet sich in ruhiger Lage am Ortsbeginn von St. Margarethen, nahe des Flusses Mur und umgeben von einer großzügigen, eingezäunten Grünfläche. Ein Garten mit Holzofen Sauna, Naturbadeteich, Lagerfeuerstelle sowie unsere gemütliche Hof-Bar und eine Waschmaschine stehen unseren Gästen zur Verfügung. Je nach Bedarf stehen eigene Hofprodukte zum Verkauf.

Aufenthalt:	maximal 24 Stunden
Ab-Hof-Verkauf:	geöffnet bei Bedarf
Produkte:	Milch, Butter, Topfen, Joghurt, Eier, Hanfsamen, Hanföl, Meissnitzers Rahmkoch, Hanf-Tee
Umgebung:	Burg Mauterndorf, Hochofenmuseum Bundschuh, Wanderweg der Sinne, Mühlenweg Zederhaus, Outdoorparc Lungau, Schloss Moosham

344 FINGERLOSGUT

Flatschach 7
5585 Unternberg

47°06'01.3"N 13°43'20.2"E

ANMELDUNG:
Gerti Prodinger
0664/4828695

Unser Bio-Bergbauernhof befindet sich auf 1048 Meter Seehöhe. Wir betreiben einen Milchviehbetrieb mit Jungviehaufzucht und füttern auch Schweine, die wir für den Eigenbedarf zu feinen Produkten verarbeiten. Der Fingerloshof befindet sich in sehr ruhiger Lage direkt am Murfluss. Der Murradweg führt neben dem Hof vorbei. Wir freuen uns auf euren Besuch.

Aufenthalt:	maximal 24 Stunden
Anreise bis:	22 Uhr
Ab-Hof-Verkauf:	geöffnet bei Bedarf
Produkte:	Speck, Wurst, Käse, eingelegtes Gemüse, Geselchtes, Schnaps, Jausenplatten, Milch, Säfte wie z. B. Holunder, Minze
Bewirtung:	Frühstück, Mittagessen und Abendessen nach Voranmeldung
Umgebung:	Katschberg, Ainek, Burg Mauterndorf, Schloss Moosham, Riedingtal, Prebersee

345 SCHMARANZGUT
www.schmaranz.at

Wieden 52
5630 Bad Hofgastein

47°10‘59.5“N 13°05‘33.0“E

ANMELDUNG:
Rupert Viehauser
0664/1868660

Unser Bio-Bauernhof liegt inmitten des Gasteinertales. Wir sind die 1. Bio-Weizenbierbrauerei in Österreich. In unserem Hofladen verkaufen wir hausgemachte Produkte und Schmankerl aus der Umgebung. Gerne bewirten wir euch in unserem Bräustüberl. Wir kredenzen hauptsächlich Hausmannskost und kochen im Lokal am offenen Feuer.

Aufenthalt: maximal 24 Stunden
Anreise bis: 18 Uhr
Geschlossen: Sonntag
Ab-Hof-Verkauf: Montag und Donnerstag von 14 - 18 Uhr
Produkte: Bier, Eier, Fisch, Käse, Speck, Butter, Brot, 3 Sorten selbstgebrannter Gin
Bewirtung: Abendessen im Bräustüberl, Montag bis Samstag von 15 - 24 Uhr
Umgebung: Wandern und Radfahren im Gasteiner Tal, Felsentherme Gastein, Alpentherme Bad Hofgastein, Heilstollen Gastein

346 GUT HINTERLEHEN
www.gut-hinterlehen.at

Bachwinkl 10
5760 Saalfelden

47°26‘23.4“N 12°51‘30.0“E

ANMELDUNG:
Friedrich Zehentmayr
0664/3790300

Unser Hof befindet sich im Salzburger Pinzgau, in Saalfelden am Steinernen Meer, direkt unterhalb der berühmten Einsiedelei sowie des Schlosses Lichtenberg. Wir bieten unseren Pferden, Hühnern und Ziegen natürliche Haltung. Wir üben das große Maria Theresia Brennrecht auf unserem Hof aus und verwenden dazu nur Obst, das von unserem Hof stammt. Wir machen gerne eine kleine Hofführung und erklären euch die Welt der Edelbrände mit anschließender Verkostung.

Aufenthalt: maximal 24 Stunden
Anreise bis: 18 Uhr
Ab-Hof-Verkauf: geöffnet bei Bedarf
Produkte: Edelbrände aus Vogelbeere, Apfel, Kaiserbirne, Williamsbirne, Zwetschke, Holler, Kirsche, Enzian, Kriecherl, Haselnuss, Heidelbeere, Elsbeere, Knoblauch, Calvados und Wacholder; Liköre aus Kirsche, Zwetschke, Vogelbeere, Minze, Walnuss, zusätzlich frische Eier und Speck
Aktivitäten: Edelbrandverkostung, kleine Hofführung
Umgebung: Wanderwege, Bikerouten, höchstgelegener Wipfelwanderweg Europas, Minigolf
Hinweis: Anreise erfolgt über Schotterstraße, kurze starke Steigung

Notizen:

STEIERMARK

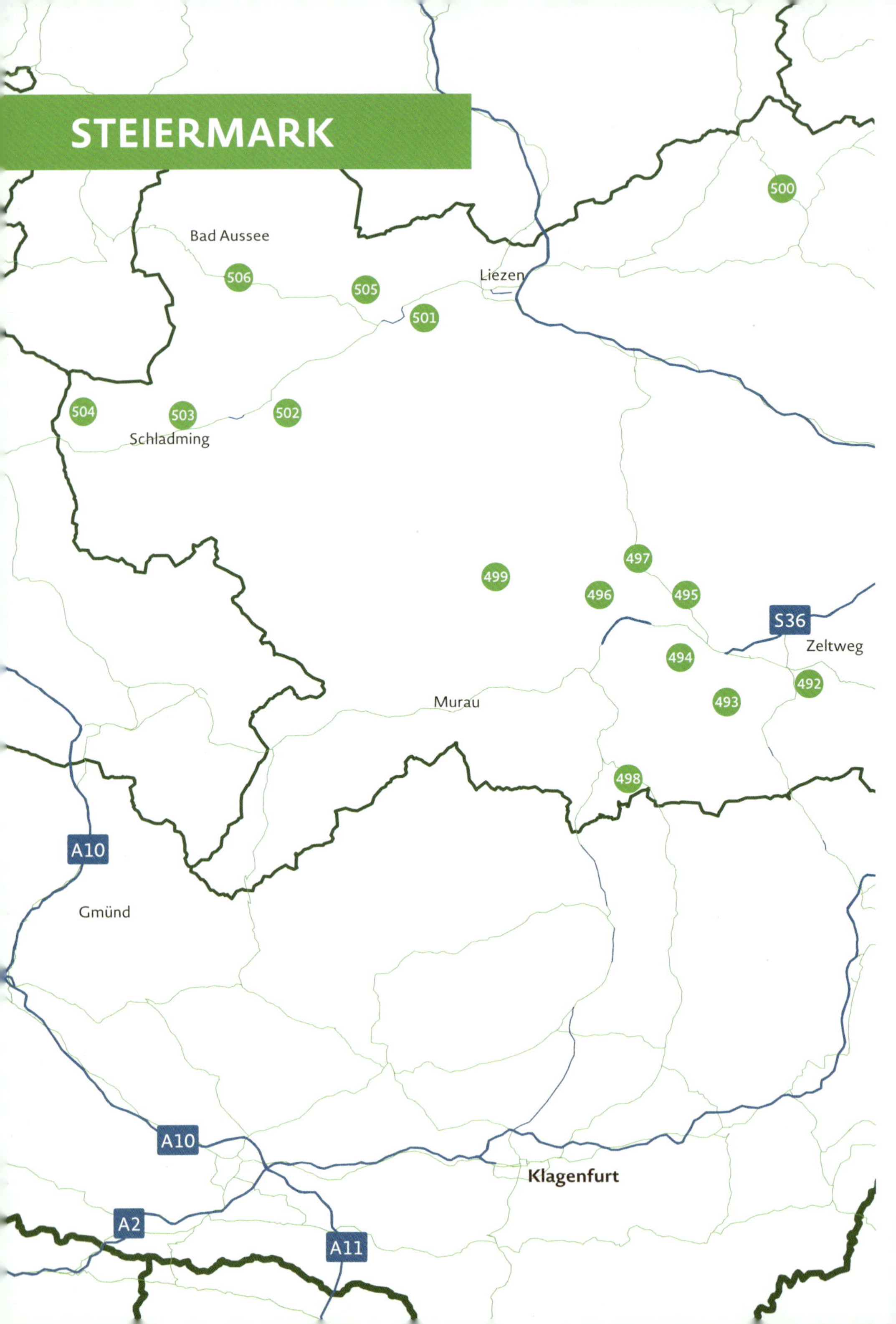

Bad Aussee
506
505
501
Liezen
500
504
503
502
Schladming
497
499
496
495
S36
Zeltweg
494
492
493
Murau
498
A10
Gmünd
A10
Klagenfurt
A2
A11

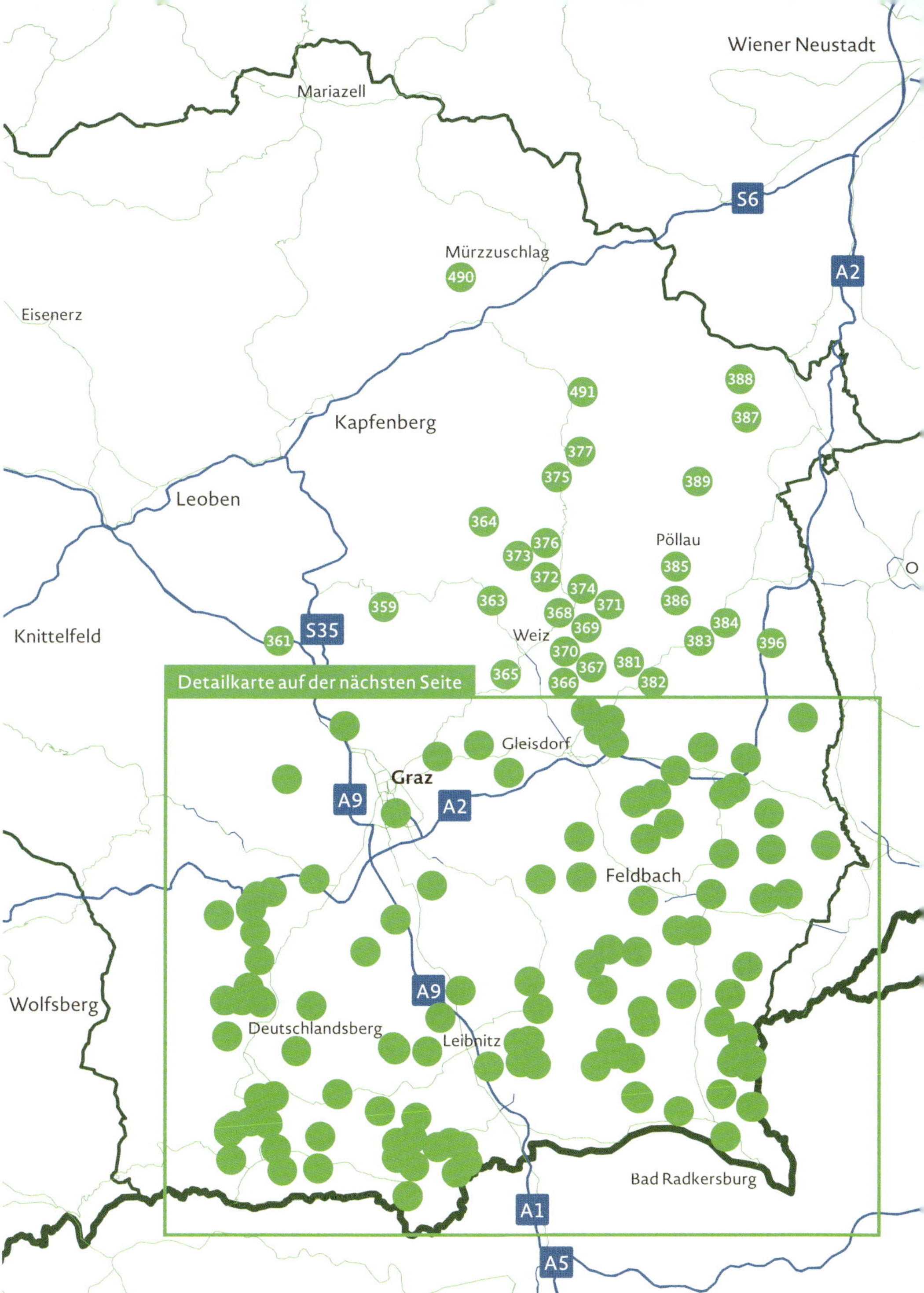

25 Dec 2022 © 123map · Daten: OpenStreetMap, Lizenz ODbL 1.0

Detailkarte

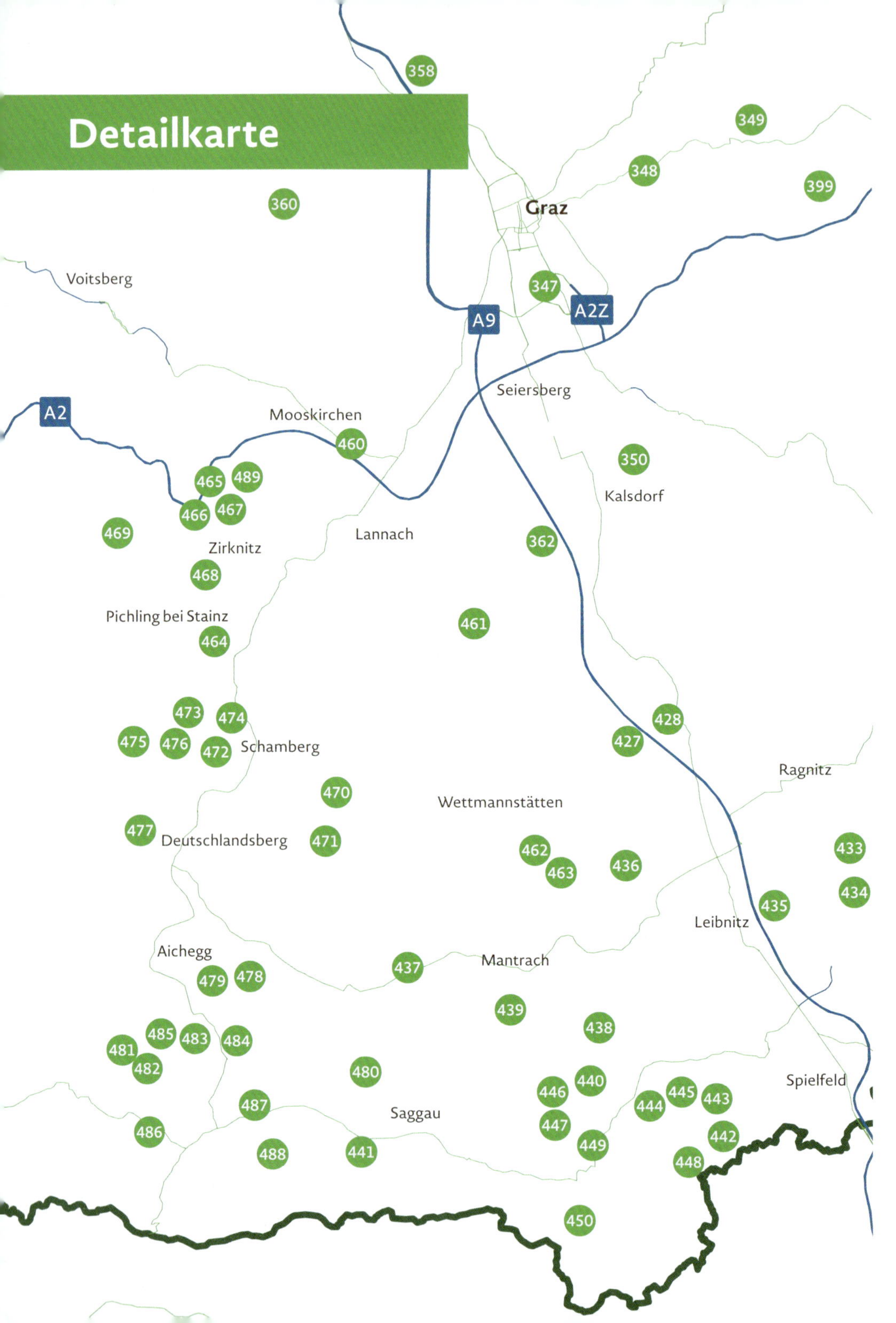

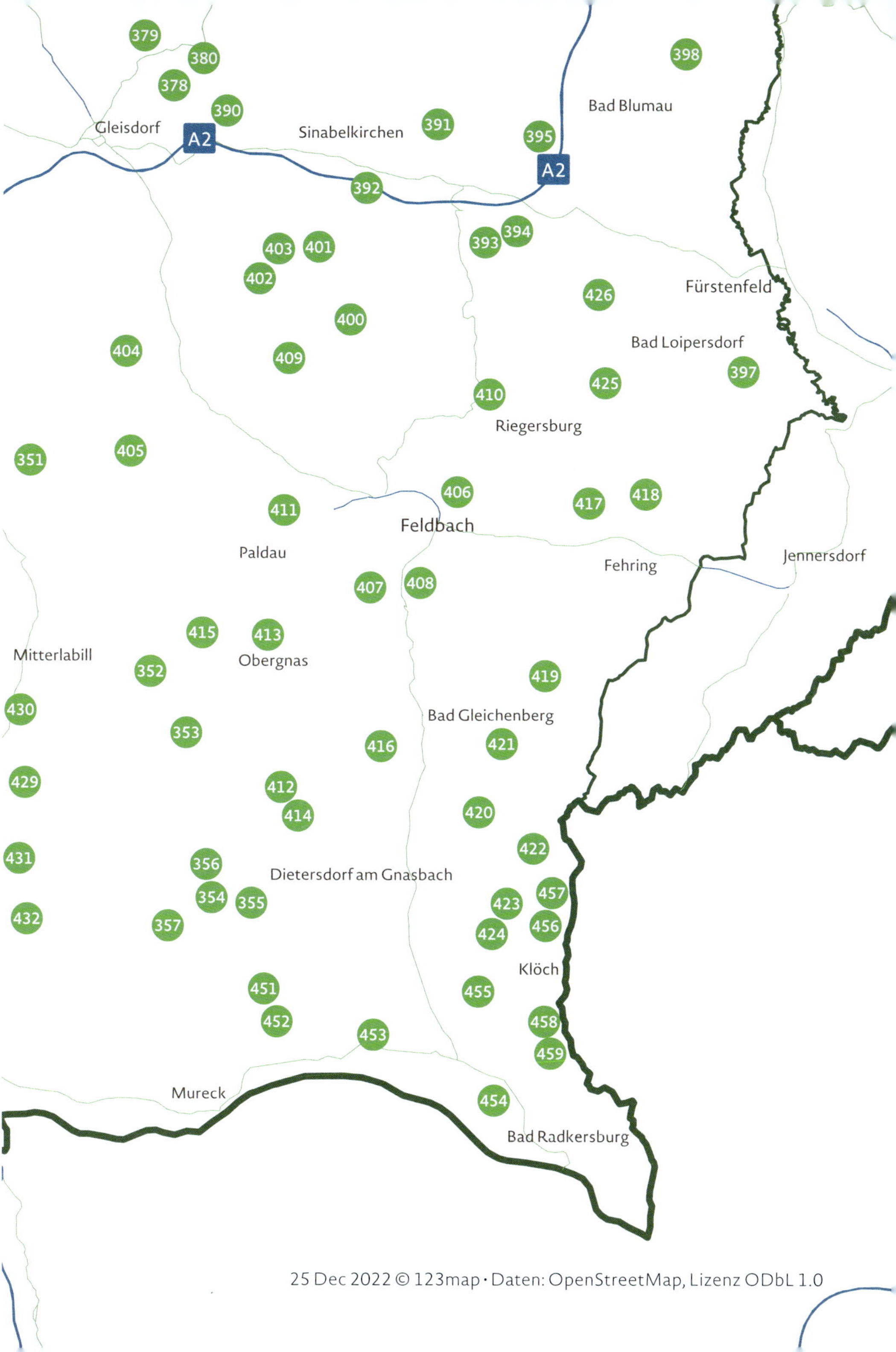
379
380
378
390
Gleisdorf
A2
Sinabelkirchen
391
395
A2
Bad Blumau
398
392
393
394
403
401
402
400
426
Fürstenfeld
Bad Loipersdorf
397
404
409
410
425
Riegersburg
351
405
406
417
418
411
Feldbach
Paldau
Fehring
Jennersdorf
407
408
415
413
Mitterlabill
352
Obergnas
419
430
Bad Gleichenberg
353
416
421
429
412
414
420
422
431
356
Dietersdorf am Gnasbach
457
354
355
423
432
357
456
424
Klöch
451
455
452
453
458
459
Mureck
454
Bad Radkersburg
25 Dec 2022 © 123map · Daten: OpenStreetMap, Lizenz ODbL 1.0

347 GERLITZ HOF

www.bl-gerlitz.at

Andersengasse 1
8041 Graz

47°02'31.4"N 15°26'55.4"E

ANMELDUNG:
Katharina Gerlitz
0699/10061987

Unser Hof liegt in Graz und kann daher sehr gut erreicht werden. Wir bewirtschaften 26 ha mit Acker- und Gemüsebau. Wir haben direkt am Hof einen Heurigen, wo wir euch ausgezeichnet verköstigen. Sowohl im Bauernladen als auch im Heurigen bieten wir selbsterzeugte Produkte und viele Schmankerl aus der Region an. Zusätzlich lernt ihr einen ruhigen, schönen Platz mitten in Graz kennen, der zum Ausruhen und Verweilen einlädt.

Aufenthalt:	maximal 24 Stunden
Geschlossen:	Sonntag, Montag; Feiertage
Ab-Hof-Verkauf:	Dienstag und Mittwoch von 8 - 13:30 Uhr, Donnerstag von 8 - 13:30 Uhr und 16 - 20 Uhr, Freitag und Samstag von 8 - 20 Uhr
Produkte:	frisches Gemüse, Grazer Popcorn, Gemüsesugo, Kürbiskernöl, Suppen, Essiggurken, eingelegte Paprika, Fruchtaufstriche, Brot, Selchwaren, Honig, Essig, Säfte, Käse, Joghurt, Nudeln, frische Rohmilch, Weine, Most, Bier
Bewirtung:	Frühstück, Mittagessen, Abendessen zu den Öffnungszeiten
Aktivitäten:	Kinderspielplatz, Produktverkostung
Umgebung:	Graz, Schloss Eggenberg

348 ARZTENBAUERHOF

www.arztenbauerhof.at

Riesstraße 254
8047 Graz

47°05'23.1"N 15°30'32.8"E

ANMELDUNG:
Karl Konrad-Wolf
0676/5246882

Unser Hof liegt idyllisch am östlichen Stadtrand von Graz (10. Bezirk Ries), etwa 10 Autominuten vom LKH Graz entfernt und ist umgeben von Natur pur. Wir betreiben eine ökologische, umweltschonende Landwirtschaft, indem wir verstärkt auf den Verzicht ertragssteigernder Betriebsmittel sowie auf umweltgerechte Bewirtschaftung von Grünlandflächen setzen. Wir haben einen großen Streuobstbestand, er besteht aus ca. 320 Apfelbäumen.

Aufenthalt:	maximal 24 Stunden
Ab-Hof-Verkauf:	geöffnet bei Bedarf
Produkte:	Apfelmost, auch sortenrein; Apfelsaft, verschiedene Edelbrände, Produkte vom Kamerunschaf, Freilandeier
Aktivitäten:	Produktverkostung und Hofführung
Umgebung:	Graz mit den vielen Sehenswürdigkeiten, Basilika Mariatrost, Stephaniwarte, Rettenbachklamm, Schloss Kainbach

349 GENUSS + KUNST MANNINGER

www.honiggenuss.at

Höflingstraße 6
8063 Eggersdorf

47°06'39.5"N 15°34'28.0"E

ANMELDUNG:
Harald Manninger
0681/20866153

P3 | 10m | >3,5t

Unser Hof liegt im oststeirischen Hügelland und ist seit drei Generationen im Familienbesitz. Die Gaben aus der Natur bilden unseren Lebensunterhalt. Produzent zu sein bedeutet für uns, dass von Beginn an bis zum Verkauf alles durch unsere Hände geschieht. Bienen sind für die Bestäubung unserer Felder und Wiesen zuständig. Wiesen, Wälder und Fischteiche umsäumen unseren Hof. Ruhige gelegene Stellplätze.

Aufenthalt: maximal 24 Stunden
Anreise bis: 19 Uhr
Geschlossen: Weihnachtsferien
Ab-Hof-Verkauf: Montag bis Samstag von 9 - 18 Uhr, oder nach Absprache
Produkte: Waldhonig, Akazienhonig, Blütencremehonig, Cremehonig mit Aroniabeeren-Sirup, Orangenpulver oder mit Bio-Haselnuss, Kastanienhonig, Fruchtessige, Kürbiskernöl ggA., Kürbiskerne zum Knabbern, Kräutersenf, Honigwein, Ribiselwein, Forellen
Aktivitäten: Hofführung (Imkerei) mit Produktverkostung im Hofladen, Kräutergartenführung, 2-Stunden-Drechselkurs
Umgebung: Basilika Mariatrost, Schloss Dornhofen, Kunstpark St. Ruprecht an der Raab

350 KURZMANN STEFAN & ANITA

Murbergstraße 39 a
8072 Fernitz

46°58'09.5"N 15°30'09.5"E

ANMELDUNG:
Stefan Kurzmann
0664/3945477
0664/73473780

P2 | 10m | >3,5t

Unser Hof liegt 10 km südlich von Graz im schönsten Blumendorf der Steiermark. Wir sind ein Familienbetrieb und halten Schweine, Enten, Ziegen und Hühner. Jede Woche verkaufen wir unsere frischen, selbst gemachten Produkte auf dem Bauernmarkt bei uns im Dorf. Unser Kürbiskernöl wurde heuer beim Championat ausgezeichnet und zählt zu den 20 besten der Steiermark.

Aufenthalt: maximal 24 Stunden
Anreise bis: 20 Uhr
Geschlossen: Sonntag; November bis Ende April
Ab-Hof-Verkauf: Freitag von 9 - 12 Uhr und 14 - 17 Uhr am Bauernmarkt, zusätzlich geöffnet bei Bedarf
Produkte: Bauernbrot, Gebäck und Kuchen, Schinken, Speck, Würste, steirisches Kürbiskernöl
Umgebung: Graz ist mit öffentlichen Verkehrsmitteln erreichbar, Wallfahrtskirche Mariatrost, Tierpark Aumühle, Wanderstrecken und Rundwanderwege, Österreichisches Luftfahrtmuseum, Tempelmuseum Frauenberg, Tier-, Wild- und Spielpark Preding

351 WEINHOF + BUSCHENSCHANK URBI

www.urbi.at

Breitenbuch 55
8082 Kirchbach

46°58'28.9"N 15°39'59.7"E

ANMELDUNG:
Manfred Niederl
03116/2340
0676/9544580

Wir sind ein familiengeführter Betrieb und leben in der Südoststeiermark. Unseren Hof zeichnet die Idylle aus. Wir liegen nur eine halbe Stunde von Graz entfernt, bei uns kann man sich gut erholen. Uns ist wichtig, dass die Produkte, die wir verkaufen, selbst hergestellt werden. Am Wochenende begrüßen wir Sie gerne in unserer Buschenschank.

Aufenthalt:	maximal 24 Stunden
Ab-Hof-Verkauf:	geöffnet bei Bedarf
Produkte:	Fleisch- und Wurstwaren, Aufstriche, diverse Rot- und Weißweine, Säfte, selbst gebackenes Brot, Marmeladen
Bewirtung:	Buschenschank, Öffnungszeiten siehe Webseite
Umgebung:	Seerosenbad in Kirchbach, Bad Gleichenberg, Ausflüge nach Graz

352 OBST + WEINHOF LANG

www.weinhof-lang.at

Aschau 29
8083 St. Stefan im Rosental

46°53'18.2"N 15°44'16.6"E

ANMELDUNG:
Reinhard Lang
0664/3838267

Unsere Reben wurzeln auf den besten Lagen im südoststeirischen Vulkanland. Mit viel Herzblut, Handarbeit und Rücksicht auf die Natur bewirtschaften wir unseren Hof. Das Ergebnis sind fruchtige Weine mit überzeugender Würze und herrlichem Trinkfluss. Genießen Sie bei uns die wunderbare Harmonie von Wein und Natur. Unser gesamtes Sortiment an Produkten versteht sich in Bioqualität.

Aufenthalt:	maximal 24 Stunden
Ab-Hof-Verkauf:	geöffnet bei Bedarf
Produkte:	Weißburgunder Bio, Gelber Muskateller Bio, Sauvignon Blanc Bio, Grauburgunder Bio, Apfelmost, Edelkastanien, Äpfel
Bewirtung:	Bewirtung im Rahmen einer Jause
Aktivitäten:	Weinverkostung, Hofführung
Umgebung:	Rosarium in St. Stefan, Erlebnisbad, Themenwanderwege in der Umgebung, Riegersburg, Zotter Schokoladenfabrik

353 JAWAHILLRANCH

www.jawahillranch.at

Oberzirknitz 5
8091 Jagerberg

46°51‘45.9“N 15°45‘35.1“E

ANMELDUNG:
Jaqueline Schabl
0660/4298514

Wir sind ein Hobby-Bauernhof mit vielen unterschiedlichen Tieren am Hof und im Haus. Gerne empfangen wir dich und zeigen dir unsere kleine Ranch. Unsere Tiere werden fair behandelt und dürfen ein wunscherschönes Leben mit Ausblick auf die schöne Südoststeiermark genießen. Wir arbeiten gerade an Produkten, die wir euch anbieten können. Unsere schön gelegene Landwirtschaft verspricht täglich schöne Sonnenuntergänge.

Aufenthalt: maximal 24 Stunden
Ab-Hof-Verkauf: geöffnet bei Bedarf
Produkte: Eier, Straußeneier, Straußenfedern, Honig, Wein, Säfte uvm.
Aktivitäten: Tierbesichtigungen seltener Tiere inkl. Fütterung indoor & outdoor am Hof buchbar, Tierführung, Frühstückskorb, mitfahren im Ford Mustang Bj. 1965, Mustang selber fahren, E-Moto-X fahren, Benützung Griller, Benützung Pool und Terrasse, Wäsche waschen und trocknen
Umgebung: Burgruine Alt Wildon, Styrassic Park, Aussichtswarte in St. Peter
Hinweis: Bitte früh genug Kontakt aufnehmen mit uns, damit der beste Platz und alles Organisatorische geplant werden kann

354 HOFLADEN PATZ

www.hofladen-patz.at

Edla 21
8093 St. Peter am Ottersbach

46°47‘51.2“N 15°46‘41.4“E

ANMELDUNG:
Erwin Patz
0664/3861095

Wir wohnen auf einem kleinen Bauernhof und halten Schweine, Hühner und Schafe. Alles was Hof und Feld hergeben wird zu genussvollen Spezialitäten verarbeitet und im Hofladen sowie im 24-Stunden-Automaten angeboten und verkauft. Besonders empfehlen können wir unsere Selchwaren, die wir traditionell über Buchenholz räuchern. Seit 30 Jahren bürgen wir für beste Qualität.

Aufenthalt: maximal 24 Stunden
Anreise bis: 20 Uhr
Ab-Hof-Verkauf: Freitag von 7:30 bis 12 Uhr und 13 bis 18 Uhr, Samstag von 7:30 bis 12 Uhr, Selbstbedienungsautomat
Produkte: Selchschinken, Wurstsorten, Hauswürstel, Dinkelprodukte, Kürbiskernöl, Knabberkerne, Most, Essig, Fruchtaufstriche, Säfte, Schnaps, Liköre
Umgebung: Weinwarte St. Peter am Ottersbach, Ottersbachmühle, Rosengarten, Antons Oldtimer Museum, Wandern in der Umgebung

355 WEINHOF REICHMANN

www.reichmann.st

Khünegg 54
8093 St. Peter am Ottersbach

46°47‘33.9“N 15°47‘57.8“E

ANMELDUNG:
Stefan Reichmann
0664/4230116

Wenn in Khünegg, hoch oben auf einem Hügel nahe der Marktgemeinde St. Peter am Ottersbach, saftige Trauben zu köstlichen Weinen verarbeitet werden, dann haben wir garantiert unsere Hände mit im Spiel. Wir, das sind Eduard und Helga sowie Stefan und Christine. Der Vinifikation fruchtig-frischer, sowie kräftiger und vollmundiger Weiß- beziehungsweise Rotweine gilt unsere ganze Leidenschaft.

Aufenthalt: maximal 24 Stunden
Ab-Hof-Verkauf: Montag bis Samstag von 8 - 18 Uhr
Produkte: Wermut, Weißburgundersekt, Welschriesling, Weißburgunder, Pinot Gris, Scheurebe, Sauvignon Blanc, Blauer Zweigelt, Chardonnay
Aktivitäten: Kellerführung mit anschließender Weinverkostung (derzeit € 6 pro Person bei 5 Weinen)
Umgebung: Aussichtswarte am Perbersdorfberg, Rosarium am Rosenberg, Jagd-, Natur- und Wilderermuseum, Bad Gleichenberg, Ausflug nach Leibnitz

356 WEINHOF RAUCH

www.weinhof-rauch.at

Perbersdorf 30
8093 St. Peter am Ottersbach

46°48‘30.6“N 15°46‘19.3“E

ANMELDUNG:
Johannes Rauch
0664/2808437

Wir setzen in allen Belangen des Lebens auf Bodenständigkeit. Dazu gehört naturnahes Bewirtschaften und das Besinnen auf traditionelle Werte wie Familie, Fleiß und menschliche Zusammenarbeit. Eine lange Liebesgeschichte verbindet unsere Familie mit dem Wein. Großvater Alois pflanzte die ersten Rebstöcke, Sohn Günther führt das väterliche Werk mit neuer Qualitätsphilosophie fort und Enkel Johannes schafft als Weinbau- und Kellermeister das Fundament für eine erfolgreiche Zukunft.

Aufenthalt: maximal 24 Stunden
Ab-Hof-Verkauf: Selbstbedienungsautomat
Produkte: Welschriesling, Sämling 88, Muskateller, Weißburgunder, Sauvignon Blanc, Chardonnay, Zweigelt Rosé, Weißburgundersekt, Muskateller Frizzante, Zweigelt, Säfte, Gin, Edelbrände
Aktivitäten: Produktverkostungen
Umgebung: Weinwarte St. Peter am Ottersbach, Rosengarten, Ottersbachmühle, Foto und Film Museum, Wanderungen in der Region

357 DEMETERWEINGUT PLODER - ROSENBERG

www.ploder-rosenberg.at

Unterrosenberg 86
8093 St. Peter am Ottersbach

46°47'00.4"N 15°44'55.7"E

ANMELDUNG:
Maria, Alfred und
Manuel Ploder
03477/3234

Seit 2006 bewirtschaften wir unsere Weingärten biodynamisch. Wir schätzen die Permakultur und laden euch zu unseren beseelten Kraftplätzen ein. Unsere achtsam gestalteten Verarbeitungs-, Lager- und Präsentationsräume sprechen für unser bedachtes Handeln. Wir haben Katzen, Hühner, Gänse und Enten, Gemüsegärten und Kräuteranlagen samt gepflegtem, natürlichen Umfeld.

Aufenthalt:	maximal 24 Stunden
Anreise bis:	18 Uhr
Geschlossen:	Sonntag; Weihnachtsferien
Ab-Hof-Verkauf:	Montag bis Freitag von 8 - 12 Uhr und 13 - 18 Uhr, Samstag von 8 - 12 Uhr
Produkte:	biodynamische, Demeter-zertifizierte Erzeugnisse wie Naturalweine, Lagen/Reserveweine, bernsteinfarbene maischevergorene Amphorenweine, Sirupe, Balsamessig, Würz- und Trinkessig, Kräutersalz, feine Destillate
Aktivitäten:	Sonnen- und Kraftplätze, kräuterpädagogische u. anthroposophische Leihbücherei, Weinverkostungen, Keller- und Weingartenführungen (nach Voranmeldung)
Umgebung:	Ottersbachmühle, Anton's Oldtimer-Museum, 4-Berge-Weg
Hinweis:	Hunde bitte an die Leine; wir ersuchen um Respekt vor unseren Anlagen

358 DIE LAVENDELFRAU

www.dielavendelfrau.at

Dult-Imkerweg 7
8101 Gratkorn

47°07'55.8"N 15°22'23.8"E

ANMELDUNG:
Mag. Ingrid Trabesinger
0680/3031998

Wir sind eine steirische Lavendelmanufaktur, die am Murradweg ein Lavendelfeld mit einer Selbstbedienungshütte bewirtschaftet. Unser Feld ist in mehrere Abschnitte gegliedert, was uns ermöglicht, auch Stellplätze für Wohnmobile zur Verfügung zu stellen. Unser Sortiment zeichnet sich durch eine Vielfalt an Lavendelprodukten aus, die wir sorgfältig von Hand produzieren und sowohl ab Hof wie auch auf zahlreichen Märkten ganzjährig für unsere Kunden anbieten.

Aufenthalt:	maximal 24 Stunden
Geschlossen:	November bis März
Ab-Hof-Verkauf:	geöffnet bei Bedarf
Produkte:	Lavendelsirup, Lavendellikör, Lavendelgebäck, Lavendelcremen, Lavendelöl, Lavendelhydrolat, Lavendelkissenspray, Lavendelraumspray, Lavendelseife, Dekoration: Türkränze, getrocknete und frische Sträuße, Tischdekorationen
Aktivitäten:	Während der Blütezeit ist es auf Anfrage möglich Führungen, Fotoshootings und einen Picknickkorb zu buchen.
Hinweis:	Das Betreten bzw. Befahren, sowie das Fotografieren ist nur mit der Zustimmung des Besitzers erlaubt. Das Befahren ist bei Regen sowie Frost nicht zu empfehlen.

359 ZOTTLERHOF

www.zottler.com

Kambegg 1
8102 Semriach

47°15'10.6"N 15°25'46.4"E

ANMELDUNG:
Maria Zottler-Puregger
0664/4529868

Mitten im Wald umgeben von grünen Wiesen können unsere Alpakas in naturbelassener Idylle weiden. Lassen Sie sich von unseren Tieren durch ihre ruhige und liebenswerte Art verzaubern. Genießen Sie die gute Luft hoch am Rechberg, wobei Sie bei Spaziergängen und Kräuterwanderungen mit unseren feinfühligen Tieren die einmalige Aussicht ins Almen- und Schöcklland erleben.

Aufenthalt:	maximal 24 Stunden
Anreise bis:	19 Uhr
Geschlossen:	November bis Februar
Ab-Hof-Verkauf:	geöffnet bei Bedarf
Produkte:	Ponchos, Hauben, Taschen, Rucksäcke, Alpakawolle uvm. aus feiner Alpakafaser in Handarbeit hergestellt; Kräuterprodukte wie Liköre, Sirupe, Kissen und Salze
Bewirtung:	Frühstück nach Voranmeldung
Aktivitäten:	Alpaka- und Kräuterwanderung, Workshops, Spinnkurse, Hofführung, Produktverkostung
Umgebung:	Tropfsteinhöhle Katerloch, Schöcklseilbahn, Sommerrodelbahn, Lurgrotte Semriach, Sensenwerk Deutschfeistritz, Freilichtmuseum Stübing

360 HASELBACHERHOF

Rohrbach 36
8113 Hitzendorf

47°04'34.8"N 15°17'21.0"E

ANMELDUNG:
Barbara Reicher-Küberl
0664/1810499

Unser Hof liegt etwas abgelegen und daher sehr ruhig, abseits von jeglichem Straßenlärm. Rundherum ist nur Wald, es ist sehr entspannend. Wir haben eine Direktvermarktung und verkaufen Brot, Eier, Rohmilch und Selchwaren. Mit uns am Hof leben Hühner, Ziegen, Kühe, Gänse, Hasen, Katzen, Hunde und Meerschweinchen.

Aufenthalt:	maximal 24 Stunden
Anreise bis:	22 Uhr
Ab-Hof-Verkauf:	geöffnet bei Bedarf
Produkte:	frisches Brot (Dinkelbrot, Bauernbrot, Toastbrot), Eier, Rohmilch, Selchwaren
Umgebung:	Hitzendorfer Panoramaweg, Mostwanderweg, Hitzendorfer Kirschenfest, Porsche Diesel Traktormuseum, Stift Rein, Ausflug nach Graz

361 FAMILIE MÜHLBACHER

Übelbacherstraße 212
8122 Waldstein

47°13'08.2"N 15°16'30.2"E

ANMELDUNG:
Renate Mühlbacher
0660/5490747

Ich habe eine kleine Landwirtschaft mit Hühnern und Mini-Shettys. Zweimal in der Woche fahre ich mit meinen Produkten auf den Bauernmarkt. Ich verkaufe Eier, Gemüse, Obst, Sirup und Apfelmus.

Aufenthalt: maximal 24 Stunden
Ab-Hof-Verkauf: Hofladen 0 - 24 Uhr
Produkte: Eier, Gemüse, Obst, Sirup und Apfelmus
Umgebung: Waldsteiner Glücksgarten, Lurgrotte Semriach, Burgruine Pfannberg, Sensenwerk Deutschfeistritz, Freilichtmuseum Stübing

362 ERLEBNISHOF RECZEK

www.ehr.at

Bachweg 21
8142 Wundschuh

46°56'06.9"N 15°27'03.6"E

ANMELDUNG:
Franz Reczek
03135/53810

Hier wird die Vergangenheit lebendig. Erleben Sie das umfangreichste Landtechnikmuseum Österreichs mit einer Sonderschau zum steirischen Kürbis. Dazu erwartet Sie der erste weltweit patentierte Kürbisvollernter, die erste ölgebende Kuh, eine Kernöl- und Kürbiskernlikörverkostung sowie eine Fahrt mit dem Erlebniszug. Unser Tipp: Besuchen Sie nach dem Museum unseren Heurigen.

Aufenthalt: maximal 24 Stunden
Ab-Hof-Verkauf: Mittwoch bis Samstag von 14 - 18 Uhr (Mai bis Oktober), zusätzlich nach Voranmeldung
Produkte: Steirisches Kürbiskernöl g.g.A., Kürbiskernlikör, Kürbisknabberkerne, Kürbiskernpesto, Kürbiskernsalzstreuer, Essig, Zirbenschnaps, Met
Bewirtung: Buschenschank, Abendessen nach Voranmeldung
Aktivitäten: Mai bis Oktober: Museumsführung von Mittwoch bis Samstag jeweils um 14 Uhr
Umgebung: Österreichischer Skulpturenpark Graz, Schloss Gjaidhof, Ligister Taubenkogel, Stadt Graz mit vielen Sehenswürdigkeiten

363 SCHAFBAUERNHOF NEUHOLD

www.karinas-wollwelt.at

Naas-Gössental 5
8160 Weiz

47°15‘33.3“N 15°35‘30.1“E

ANMELDUNG:
Karina Neuhold
0664/4473404

Wir sind ein Bergbauernhof mit Schafhaltung und Schafwollverarbeitung. Wir liegen in der schönen Gemeinde Naas auf rund 700 m Seehöhe, direkt am Naturjuwel Weizklamm. Im 200 Jahre alten Wohnhaus haben wir Schauräume mit Produkten, die wir zum Kauf anbieten. Wir legen großen Wert auf den sorgsamen Umgang mit der Umwelt, den Tieren, der Natur und erzeugen gesunde, ehrliche Produkte. Wir lassen unsere Besucher Wolle erleben und teilen gerne unsere Begeisterung für die Schafe.

Aufenthalt: maximal 24 Stunden
Geschlossen: Sonntag
Ab-Hof-Verkauf: Montag, Mittwoch und Freitag von 8 - 14 Uhr, zusätzlich bei Bedarf
Produkte: Patschen, Kräuterpantoffeln, Schuheinlagen, Schafwolldecken, Schafwollkissen, Schafwollunterbetten, Felle, Hüte, Kappen, Taschen, Wärmeflaschen, Kräuterkissen, Kräutermäuse, Kuschelfreunde, Vitalwolle, Filzwolle und vieles mehr
Aktivitäten: Einblick in die Schafwollverarbeitung
Umgebung: Basilika am Weizberg, Feistritztalbahn, Graßlhöhle, Raabklamm, Tropfsteinhöhle Katerloch, Weizklamm

364 SCHRAMLHOF

Hadersberg 64
8171 St. Kathrein am Offenegg

47°20‘20.4“N 15°34‘45.7“E

ANMELDUNG:
Sonja u. Franz Schwaiger
0664/1644709

Wir sind ein Milchviehbetrieb auf 1.050 Meter Seehöhe mit Alm-Bewirtschaftung und Forst. Wenn die Zeit es zulässt, stellen wir selbst Butter, Joghurt und Brot her. Im Winter kann man direkt vom Hof weg eine Skitour unternehmen, es geht hinauf zur Sommeralm/Plankogl.

Aufenthalt: maximal 24 Stunden
Umgebung: Sulamith Garten, Sommerrodlbahn Koglhof, Arzberger Schaustollen, Teichalmsee, Mühlentalweg zum Wandern, Garten Eden Tour mit dem Fahrrad

365 HOHENKOGLHOF ALPAKAS & CO
www.hohenkoglhof.at

Hohenkogl 9a
8181 St. Ruprecht an der Raab

47°10'36.7"N 15°36'00.2"E

ANMELDUNG:
Heidi Ponsold
0664/5164228

Im oststeirischen Hügelland befindet sich unser familiär geführter Nebenerwerbsbauernhof. Hier haben viele verschiedene Tiere ihr Zuhause gefunden. Mit viel Liebe und Fleiß haben wir unseren Generationenhof zu einem Begegnungshof für Mensch und Tier gestaltet. Neben Alpakas leben auch Esel, Ponys, Schafe, Hühner, Hasen, Katzen und ein Hund mit uns am Hof.

Aufenthalt: maximal 24 Stunden
Ab-Hof-Verkauf: geöffnet bei Bedarf
Produkte: Produkte aus Alpakawolle wie zB. Wolle, Bettwaren, Filzwaren, Socken, Seifen und vieles mehr
Aktivitäten: Hofführungen, Aktivitäten rund um unsere Alpakas, Alpakawanderungen, Hofladenbesuch
Umgebung: Wanderungen im Raabtal, Ausflug nach Weiz, Flussbad in St.Ruprecht, Basilika am Weizberg
Hinweis: Schotterabstellplatz, optional Wiesenplatz mit Feldwegzufahrt

366 ARONIA MANUFAKTUR KÖCK
www.aronia-koeck.at

Lohngraben 50
8181 St. Ruprecht an der Raab

47°10'56.1"N 15°41'57.7"E

ANMELDUNG:
Angelika u. Martin Köck
0676/5865115

Unser Hof der Aronia Manufaktur Köck befindet sich in der Gemeinde St. Ruprecht an der Raab im Ortsteil Rollsdorf mitten im Genussparadies Steirische Apfelstraße. Wir sind ein Bauernhof der etwas anderen Art, denn bei uns finden Sie statt Tieren Aronia-Beeren, Indianerbananen, Walnüsse, Maroni und andere Raritäten. Wir haben eine ruhige Lage, mildes Klima und Gastfreundschaft hat bei uns oberste Priorität.

Aufenthalt: maximal 24 Stunden
Anreise bis: 18 Uhr
Ab-Hof-Verkauf: Montag von 9 - 13 Uhr, Donnerstag von 14:30 - 19:30 Uhr, Samstag von 9 - 12:30 Uhr, zusätzlich bei Bedarf
Produkte: Bio-Aronia Spezialitäten wie Ursaft, Likör, Schokolade, Seifen; Bio-Holunder Produkte, Walnüsse, weitere saisonale Produkte nach Verfügbarkeit
Aktivitäten: Führungen aufs Aroniafeld und zu den Indianerbananenbäumen mit anschließender Verkostung, Picknickkörbe auf Bestellung
Umgebung: Apfelstraße, Stadt Weiz, Stadt Gleisdorf, Schafbauern Weiz, Kernothek Wollsdorf, Flussbad an der Raab, Friedensgrotte

367 OBSTBAU PANGERL

www.pangerl-obst.at

Elz 17
8182 Puch bei Weiz

47°12‘12.1“N 15°44‘13.3“E

ANMELDUNG:
Werner Pangerl
0664/2231781

Auf unserem Elzer Bauernhof, unweit des Apfeldorfs Puch, betreibt unsere Familie Obstbau aus Leidenschaft. Wir erzeugen aus süßen, erntefrischen Früchten eine Vielzahl an verschiedenen Produkten. Wir durften auch schon einige Preise dafür entgegennehmen. Neben vielen herrlichen Produkten aus unserem Obst verkaufen wir es aber auch gerne so, wie es vom Baum kommt: als vollkommene, unveränderte, reife und wohlschmeckende Frucht.

Aufenthalt:	maximal 24 Stunden
Anreise bis:	20 Uhr
Ab-Hof-Verkauf:	Montag bis Samstag von 8 - 12 und 13 - 18 Uhr
Produkte:	Obst (Äpfel, Birnen, Marillen, Pfirsiche, Zwetschken), Säfte, Liköre, Apfelmost und Apfelschaumwein, naturvergorener Apfelessig, Edelbrände, Apfelchips, Kernöl
Aktivitäten:	Betriebsführung, Verkostung
Umgebung:	Obstbaumuseum Haus des Apfels, Erlebnisbad Puch, Rundwanderwege wie tram-way oder die Elzer-Roas, Stubenbergsee, Tierwelt Herberstein

368 OBSTBAU BERGER VLG. TROGGUSTL

www.obstbau-berger.at

Harl 1
8182 Puch bei Weiz

47°14‘11.3“N 15°42‘46.7“E

ANMELDUNG:
Anna Berger
0664/9188312

Unser Hof liegt idyllisch an der Steirischen Apfelstraße im Apfeldorf Puch inmitten von Obstgärten. Wir produzieren Äpfel, Zwetschken, Marillen und Nektarinen und vermarkten Wildbret und Wildspezialitäten. Schnapsbrennen hat schon lange Zeit bei uns Tradition. Wir leben im Einklang mit der Natur und achten auf eine naturnahe und umweltbewusste Pflege der Obstgärten, den optimalen Erntezeitpunkt und die saubere Verarbeitung unserer Früchte.

Aufenthalt:	maximal 24 Stunden
Geschlossen:	Samstag, Sonntag
Ab-Hof-Verkauf:	Selbstbedienungsautomat und geöffnet bei Bedarf
Produkte:	Edelbrände und Liköre, Apfelsaft, Apfelmost, Apfelwein, Obst nach Saison (Äpfel, Marillen, Zwetschken, Pfirsiche, Nektarinen), Marmelade, Honig, Wildbret und Wildspezialitäten
Aktivitäten:	Verkostung unserer Produkte
Umgebung:	Obstbaumuseum Haus des Apfels, Kulmkeltendorf, Apfelwanderweg
Hinweis:	Die Zufahrt zum Hof ist steil und zum Stellplatz am Teich führt eine Schotterstraße

369 MOSTSCHANK-OBSTBAU KELZ

www.mostschank-kelz.at

Harl 25
8182 Puch bei Weiz

47°14'22.3"N 15°43'03.0"E

ANMELDUNG:
Wolfgang Kelz
03177/3117

Unser Obstbau-Meisterbetrieb liegt auf einem grünen Hügel inmitten des oststeirischen Apfellandes in der Gemeinde Puch bei Weiz, dem größten Apfeldorf Österreichs. Unser Obst-Betrieb hat eine Größe von ca. 5 ha. Ein Großteil davon sind Apfelbäume, der Rest sind Birnen, Zwetschken und Pfirsiche. Ab Mitte Juli kann bei uns Obst (je nach Saison) gekauft werden.

Aufenthalt:	maximal 24 Stunden
Anreise bis:	19 Uhr
Geschlossen:	Montag, Dienstag, Mittwoch; November bis 15. April
Ab-Hof-Verkauf:	Donnerstag bis Sonntag ab 10 Uhr
Produkte:	frisches Obst je nach Saison, Most, Apfelsaft, Nektare, Marmeladen, Honig, große Auswahl an Obstbränden
Bewirtung:	Jausnen und Trinken in der Mostschank
Aktivitäten:	Steirisches Obstbaumuseum (Haus des Apfels)
Umgebung:	Stubenbergsee, Tierwelt Herberstein, Schloss Herberstein, Keltenmuseum, Wanderwege, Radwege, Stutenmilchgestüt, Sommerrodelbahn, Rauchstubenhaus, Glasbläser

370 WILHELM SPEZIALITÄTEN

www.wilhelm.at

Lingstätten 2
8182 Puch bei Weiz

47°12'28.9"N 15°42'05.5"E

ANMELDUNG:
Josefa Wilhelm
03177/4141

Direkt an der Steirischen Apfelstraße führen wir einen Hofladen mit einem schmackhaften, breiten und bunten Sortiment. Unser Schwerpunkt liegt in der Apfelproduktion. Wir legen großen Wert auf nachhaltige Produktion und mit größter Sorgfalt werden die ausgezeichneten Rohstoffe veredelt. Unser Weingarten auf der ungarischen Seite des Eisenbergs rundet unser Angebot ab.

Aufenthalt:	maximal 24 Stunden
Anreise bis:	17 Uhr
Geschlossen:	Sonntag, Montag, Dienstag
Ab-Hof-Verkauf:	Mittwoch von 8 - 17 Uhr, Donnerstag, Freitag von 8 - 12 und 13 - 18 Uhr, Samstag von 9 - 16 Uhr; im September und Oktober haben wir 7 Tage die Woche geöffnet
Produkte:	Obst ganzjährig, Kirschen zum Selberpflücken, 14 Sorten Äpfel, Pfirsiche, Zwetschken, Birnen, Edelbrände, Fruchtliköre, Fruchtsäfte, Essige, Marmeladen, Wein, Steirisches Kürbiskernöl, getrocknete Früchte, Nüsse
Aktivitäten:	Apfelwanderung, Spaziergang durch den Obstgarten; nach Voranmeldung: Betriebsführung mit Apfel-, Edelbrand- oder Fruchtlikörverkostungen, Weinverkostung, Fruchtsaftverkostungen

371

BIO OBSTBAU SCHLAGER

www.obstbau-schlager.at

Unterfeistritz 22
8183 Floing

47°14'36.3"N 15°43'30.6"E

ANMELDUNG:
Günter Schlager
0681/10556054

Wir betreiben seit dem Jahr 1997 eine kleine feine Landwirtschaft mitten im oststeirischen Hügelland. Wir produzieren Äpfel, Quitten, Zwetschken und Aronia. Diese Produkte werden zu Saft, Schnaps und Essig verarbeitet. Zusätzlich betreuen wir 35 Bienenvölker. Diese produzieren einen geschmackvollen, naturbelassenen Honig.

Aufenthalt: maximal 24 Stunden
Ab-Hof-Verkauf: Selbstbedienungsautomat
Produkte: Honig, Aroniasaft, Aronialikör, Aroniabrand, Grappa, Apfelbrand, Kirschbrand, Quichi-Likör, Zwetschkenbrand, Apfelbrand im Eichenfass, Apfel-Balsamessig, Kräutersalz
Umgebung: Tierwelt Herberstein, Wanderwege Stubenberg am See, viele Radtouren, Gartenschloss Herberstein, Schloss Schielleiten, Schiffsrundfahrt Stubenbergsee

372

RAUCHSTUBE ANGER

www.rauchstubenhaus.at

Edelschachen 13
8184 Anger

47°17'00.2"N 15°40'22.5"E

ANMELDUNG:
Peter Almer
0676/4808100

Wir bewirtschaften einen Bio-Bergbauernhof mit Mutterkühen. Zusätzlich führen wir eine Gastwirtschaft und das Heimatmuseum Rauchstubenhaus. Die Rauchstube ist komplett eingerichtet und wird auch heute noch zum Kochen und Selchen beheizt. Nach einer Führung durch das Museum mit über 300 Schaustücken bewirten wir Sie gerne in unserer urigen Gaststube.

Aufenthalt: maximal 24 Stunden
Anreise bis: 19 Uhr
Geschlossen: Ende August bis Anfang September
Ab-Hof-Verkauf: Donnerstag bis Sonntag 10 - 20 Uhr
Produkte: Honig, Original Rauchstubenhaus Geselchtes
Bewirtung: Mittagessen und Abendessen
Aktivitäten: Besuchen Sie unser Heimatmuseum Rauchstubenhaus.
Umgebung: Freibad Anger, Mineralien- und Bergbaumuseum, Museum Anger, Tierwelt Herberstein, Burg Neuhaus, Schloss Schielleiten, Gartenschloss Herberstein

373 OCHI'S BIO BAUERNHOF

Naintsch 19
8184 Anger

47°18'19.3"N 15°37'51.9"E

ANMELDUNG:
Michael Schweighofer
0664/3882083

Unser Familienbetrieb, der seit 25 Jahren nach biologischen Richtlinien geführt wird, liegt im wunderschönen Oststeirischen Almenland auf rund 1.000 Meter Seehöhe in absoluter Alleinlage. Wir sind der erste und derzeit einzige Bio-Merino-Zuchtbetrieb der Steiermark. Uns liegt die nachhaltige und tierliebe Bewirtschaftung unserer Land- und Forstwirtschaft besonders am Herzen. Wir leben Bio mit Herz, Seele und Begeisterung.

Aufenthalt: maximal 24 Stunden
Anreise bis: 20 Uhr
Ab-Hof-Verkauf: geöffnet bei Bedarf
Produkte: Produkte vom Bio-Schaf/Lamm, wie z.B. Fleischpakete, Grillpakete, Burgerpatty, Leberknödel, Beuschlsuppe, Bio-Hühnereier
Aktivitäten: Bei Interesse und gegen eine kleine Spende zeige ich gerne den Betrieb und beantworte Fragen zum Thema Landwirtschaft und Schafe.
Umgebung: Kulm Keltendorf, Heimatmuseum Rauchstubenhaus, Alpenkräutergarten Pöllau
Hinweis: Aufgrund der absoluten Alleinlage auf 1.000 m Seehöhe ist die Zufahrt etwas steil. Sie ist aber asphaltiert und auch mit größeren Anhängern zu bewältigen.

374 FRIESENGESTÜT TÖCHTERLEHOF

www.toechterlehof.at

Oberfeistritz 190
8184 Anger

47°15'16.9"N 15°42'52.2"E

ANMELDUNG:
Andrea Töchterle
0676/5642540

Seit über 30 Jahren züchten wir Friesenpferde am Töchterlehof. Unsere Stutenmilch wird von stressfrei gehaltenen, edlen Pferden gewonnen. Stutenmilch hat eine unvergleichliche Wirkung auf die Gesundheit. Neben den Zuchtpferden findet ihr bei uns noch Ponys, Hasen und Katzen zum Streicheln. Jede Stunde am Töchterlehof wird ein unvergessener Moment in eurem Leben sein.

Aufenthalt: maximal 24 Stunden
Anreise bis: 16 Uhr
Geschlossen: Sonntag; Feiertage; November bis Februar
Ab-Hof-Verkauf: Montag bis Freitag von 10:30 - 16:30 Uhr, von Juni bis September auch am Samstag von 10:30 - 13:00 Uhr
Produkte: Stutenmilch und Stutenmilch Natur-Kosmetik; Bauernladen mit Spezialitäten der Region: Säfte, Weine, Schnäpse, Kernöl, Kartoffeln, Marmeladen, Selchwürste, Obst nach Saison; Produkte aus Hanf, Lavendel, Rosen und Almkräutern
Aktivitäten: Führungen und Besichtigungen während der Öffnungszeiten gerne möglich
Umgebung: Radwege, Rauchstubenhaus, Rodelbahn Koglhof, Feistritztalbahn, Apfelstraße
Hinweis: das Gestüt kann auch mit Rollstuhl besichtigt werden

375 HOF SPITZER SIEGFRIED

Waisenegg 104
8190 Birkfeld

47°22'60.0"N 15°41'19.2"E

ANMELDUNG:
Siegfried Spitzer
0664/75032770

Der Hof liegt direkt am Radweg R8 und am Stausee Ridlmüller. Wir haben Kamerunschafe und zwei Pferde, einen Isländer und eine Traberstute.

Aufenthalt: maximal 24 Stunden
Anreise bis: Anreise bei Tageslicht
Geschlossen: bei Schneelage
Ab-Hof-Verkauf: geöffnet bei Bedarf
Produkte: ungespritzte Äpfel, Apfelsaft
Umgebung: Arche-Park, Feistritztalbahn, Klangtunnel, Rauchstubenhaus Schirner, Sommerrodlbahn Koglhof, Schloss Birkenstein, Schloss Frondsberg
Hinweis: Schotterstraße mit Steigung; nur für geübte Wohnwagenfahrer

376 ESSIGMANUFAKTUR OSWALD/SCHAFFER

www.essigmanufaktur.at

Rossegg 27
8191 Koglhof bei Birkfeld

47°19'02.9"N 15°40'18.1"E

ANMELDUNG:
Beate Oswald
0680/1262001

Idyllisch, auf 760 m Seehöhe im Naturpark Almenland gelegen, finden Sie unsere familiäre Essigmanufaktur, die in einem kleinen Bauernhaus aus dem Jahre 1799 untergebracht ist. Es bevölkern auch Hühner, Kälber und natürlich Hofkatzen unseren Bauernhof. Langweilig wird uns nicht, denn es gibt immer was zu tun.

Aufenthalt: maximal 24 Stunden
Anreise bis: 16 Uhr
Geschlossen: bei winterlichen Fahrverhältnissen
Ab-Hof-Verkauf: Montag bis Sonntag von 9 - 16 Uhr
Produkte: 60 Sorten Spezialitätenessige, Essigseifen, Blütenzucker, salinierte Kräuter, Edelbrände, Sauerschmaus (sauer eingelegtes Gemüse)
Aktivitäten: Von 1. April bis 31. Oktober: am Mittwoch und Samstag Führung mit Verkostung um 14 Uhr, Dauer: ca. 1,5 Stunden, Kosten: derzeit € 7 Euro pro Person
Umgebung: Aussichtshöhe mit 3 Wetterkreuzen und Bankerl (15 Minuten Gehzeit), Sommerrodelbahn Koglhof, Feistritztalbahn, Schokoladenmanufaktur Birkfeld
Hinweis: drei starke Steigungen auf den letzten 3 Kilometern

377 BIO-HOF MOSBACHER

www.biohof-mosbacher.at

Strallegg 13
8192 Strallegg

47°24'34.2"N 15°43'28.6"E

ANMELDUNG:
Alois Mosbacher
0664/73537703

Unser schon beinahe 500 Jahre alter Bauernhof blickt bereits auf eine lange Tradition und auf eine ebenso lange und interessante Geschichte zurück. Wir betreiben bereits seit über 25 Jahren einen rein biologischen Betrieb. Wir waren also bei den ersten Bauernhöfen dabei, als sich der Bio-Gedanke entwickelte. 1998 entdeckten wir die Kunst des Destillierens für uns und konnten so unsere Produktpalette erweitern.

Aufenthalt:	maximal 24 Stunden
Ab-Hof-Verkauf:	geöffnet bei Bedarf
Produkte:	Edelbrände, Liköre, Bitterschnäpse
Aktivitäten:	Edelbrandverkostung, Kräuterwanderungen
Umgebung:	Kult- und Mondwanderweg auf die Wildwiese, Panoramastraße auf den Arzberg, Freizeitland Fischbach, Edlseer Hoamathaus, Wasserweg Miesenbach

378 BIOOBSTHOF KONRAD

www.bioobsthof-konrad.at

Nitscha 10
8200 Gleisdorf

47°07'39.1"N 15°45'07.6"E

ANMELDUNG:
Gabi Konrad
0664/2504512

Seit 2008 erhalten und fördern wir unsere Lebensgrundlage mittels biologischer Landwirtschaft. Unser Bio-Obsthof liegt in der hügeligen Oststeiermark. Auf rund 10 ha gedeihen Äpfel, Birnen, Pfirsiche, Aronia, Quitten und Zwetschken. Drei Generationen bemühen sich um einen bewussten Umgang mit der Natur. Bei uns gibt es frisches und verarbeitetes Obst zu kaufen.

Aufenthalt:	maximal 24 Stunden
Ab-Hof-Verkauf:	geöffnet bei Bedarf
Produkte:	Äpfel (mehr als 10 Sorten), Pfirsiche, Birnen, Kirschen, Weichseln, Quitten, Apfelsaft, Mischsäfte, Aroniasaft, Nektar, Edelbrände, Kernöl, Essig, Kräutersalz, Dinkel, Roggen, Most
Umgebung:	Gleisdorfer Wellenbad, Kleebergturm, Aussichtsplattform Europaberg, Stadtrundgang mit Sehenswürdigkeiten in Gleisdorf, Buschenschankwandern
Hinweis:	Anfahrt über Schotterstraße

379 EDLE SÄFTE EBERL

www.eberlprodukte.at

Kalch 30
8211 Albersdorf-Prebuch

47°08'51.8"N 15°44'03.2"E

ANMELDUNG:
Daniela u. Elisabeth Eberl
0680/5556683
0664/5209223

Wir leben gemeinsam mit unseren drei Kindern und den Großeltern auf dem Hof und betreiben hier unseren Obstbau. Im Herbst 2021 erneuerten wir den Hofladen und bieten unseren Kunden ein uriges, jedoch modernes Einkaufserlebnis im Selbstbedienungsladen. Das Besondere an unserer Schmankerlwerkstatt sind die 100% handgemachten Produkte und Fruchtaufstriche nach traditionellen Rezepten. Wir lieben es ruhig. Bitte keinen unnötigen Lärm beim Stellplatz.

Aufenthalt:	maximal 24 Stunden
Anreise bis:	17 Uhr
Geschlossen:	Sonntag
Ab-Hof-Verkauf:	täglich von 6 - 21 Uhr
Produkte:	Fruchtsäfte, Nektare, Frizzante, Most, handgemachte Schmankerln wie z. B. Fruchtaufstriche, Apfelmus, Kompott, Roter Rübensalat und Obst je nach Saison
Aktivitäten:	Produktverkostungen in der Schmankerlwerkstatt (gegen Gebühr), Anmeldungen erforderlich unter 0680/5556683
Umgebung:	Freizeitpark Stubenberg See, Tierpark Herberstein, Kleebergturm
Hinweis:	Der Bewässerungsteich ist nicht zum Baden geeignet.

380 HOFLADEN PONHOLD

Prebensdorfberg 26
8211 Ilztal

47°08'16.9"N 15°46'09.5"E

ANMELDUNG:
Hannes Ponhold
0664/8914055

Unser Bio-Obst- und Weinbau-Hof liegt inmitten der Ilztaler Obst- und Weinberge. Das Ilztal ist besonders bei Wanderern und Radfahrern beliebt. Unser Hof ist ein guter Ausgangspunkt für Ausflüge in die Umgebung. In unserem Selbstbedienungs-Hofladen kann man sich 24 Stunden mit Hofprodukten eindecken.

Aufenthalt:	maximal 24 Stunden
Ab-Hof-Verkauf:	Selbstbedienungs-Hofladen von 0 - 24 Uhr
Produkte:	Wein, Sekt, Säfte, Edelbrände, Likör, Most, Essig, Kernöl, Honig, frisches Obst, Kartoffeln, Käferbohnen, Kümmel, Geschenkskörbe, Holzschnitzereien, Eier
Aktivitäten:	Hofführung und Verkostungen
Umgebung:	Ilztalradweg, Wanderweg von Dorf zu Dorf, Buschenschanken, Stubenbergsee, Tierwelt Herberstein, Thermen
Hinweis:	Elektrotankstelle vorhanden

381 BUSCHENSCHANK ARKADENHOF

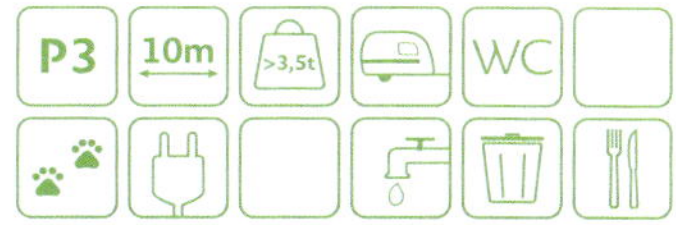

Romatschachen 25
8212 Pischelsdorf am Kulm

47°11'45.9"N 15°47'47.9"E

ANMELDUNG:
Christoph Girardelli
0660/2608223

Herzlich willkommen und a liebevolles Griaß eich in unserer urigen Buschenschank. Ob groß, ob klein - bei uns habt ihr es fein! Wir freuen uns auf euren Besuch und lieben es, euch eure Wünsche erfüllen zu dürfen! A Jauserl, a Glaserl, a Feierei - bei uns bekommt ihr Allerlei.

Aufenthalt: maximal 24 Stunden
Ab-Hof-Verkauf: Donnerstag bis Sonntag von 15 - 24 Uhr
Produkte: Wein, Speck, Säfte, Fleisch und Aufstriche in verschiedenen Variationen, Marmeladen und was die Saison so hergibt
Bewirtung: Abendessen
Umgebung: Kulm Keltendorf, Römerbad Pischelsdorf, Kneippanlagen, Schloss Herberstein

382 SONNENOASE

www.sonnen-oase.at

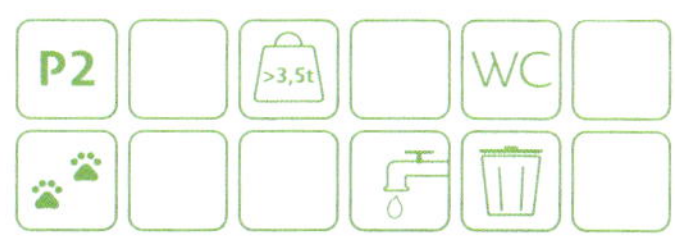

Romatschachen 15
8212 Pischelsdorf am Kulm

47°11'27.8"N 15°48'02.3"E

ANMELDUNG:
Petra Renate Schlacher
0677/61739888

Ich bewohne einen kleinen Bauernhof in Ortsrandlage mitten im Grünen. Die Mädels im Hühnergarten versorgen uns jeden Tag mit besten Eiern und in der Kräuterspirale gedeihen von Frühjahr bis Herbst genügend frische Kräuter zum Verfeinern unserer Speisen. Hängematten und Liegen stehen im Gartenbereich zum Entspannen zur Verfügung. Sehr gerne kann auch die Feuerstelle für z. B. Steckerlbrot genutzt werden. Holz und Stecken werden gegen eine kleine Spende zur Verfügung gestellt.

Aufenthalt: maximal 24 Stunden
Ab-Hof-Verkauf: geöffnet bei Bedarf
Produkte: Eier, Apfelsaft, Fruchtaufstriche, Chutneys, Kräuter
Aktivitäten: Als Heilmasseurin biete ich klassische Massagen wie Kopf-/Rücken- oder Fußreflexzonenmassagen, Segmentmassagen, Bindegewebsmassagen und Lymphdrainagen an. Bitte reservieren Sie bei Bedarf gleich bei der telefonischen Anmeldung.
Umgebung: Stubenbergsee, Tierpark Herberstein, Radwege, Wanderung zum Kulm-Gipfel
Hinweis: Die Stellplätze sind auf einer Wiese. Die Zufahrt erfolgt über eine Schotterstraße. Sollte die Wiese aufgrund von viel Regen zu matschig sein, kann auch im Hofbereich geparkt werden.

383 ÖLMÜHLE HÖFLER
www.hoefleroel.at

Kaindorf 383
8224 Kaindorf

47°13'06.6"N 15°54'05.3"E

ANMELDUNG:
Christoph Höfler
0664/5314348

Wir betreiben im Herzen der Steiermark eine Kernölmühle. Bei uns können Sie die Kernölgewinnung verfolgen und das frisch gepresste Kernöl verkosten. Es ist einzigartig „steirisch" dunkelgrün, nach Nüssen duftend und intensiv im Geschmack. Das ist unser „echt steirisches Kürbiskernöl". Wir führen Sie gerne durch unseren Betrieb und weihen Sie in die Geheimnisse der Kernölproduktion ein.

Aufenthalt: maximal 24 Stunden
Ab-Hof-Verkauf: Montag bis Freitag von 8 - 18 Uhr, Samstag von 8 - 12 Uhr; Selbstbedienungsautomat
Produkte: Aus eigener Produktion: steirisches Kürbiskernöl, Kürbisknabberkerne in verschiedenen Geschmacksrichtungen, Kürbiskern-Secco, Kürbiskernsenf, Kürbiskernschokolade, Kürbiskernpesto, Kürbiskernlikör; Waren von Bauern der Region: Säfte, Eier, Fleisch, Käse, Milch, Wein, Honig, Essig, Nudeln, Kräuter, uvm.
Aktivitäten: Verkostung , Führung durch die Ölmühle von Mai bis Oktober (Donnerstag um 14 Uhr, Freitag um 10 Uhr)
Umgebung: Schloss Ehrenhausen, Aussichtswarte am Platschberg, Önologium am Weingut Georgiberg, Herzerlstraße

384 BIOBAUERNHOF LOIDL
www.biobauernhof-loidl.at

Kopfing 11
8224 Kaindorf

47°13'42.4"N 15°55'42.4"E

ANMELDUNG:
Maria, Fritz u. Tobias Loidl
0664/9264223

Unser Bauernhof ist seit 1985 ein anerkannter Biobetrieb. Hauptsächlich produzieren wir Obst und daraus gewonnene Erzeugnisse. Uns war immer schon wichtig, dass wir zusätzlich zu den Bio-Richtlinien auch noch weiter im Einklang mit der Natur wirtschaften. So verzichten wir beispielsweise bewusst auf Kunststoff-Hagelnetze. Unsere Produkte werden jährlich bei Prämierungen ausgezeichnet.

Aufenthalt: maximal 24 Stunden
Ab-Hof-Verkauf: geöffnet bei Bedarf
Produkte: Apfelsaft, Birnensaft, Pfirsichnektar, Apfel-Ribiselsaft, Apfel-Hollersaft, Apfel-Aroniasaft, Apfel-Himbeersaft, Apfel-Karottensaft, Apfel-Brombeersaft, Hollersirup, Essige, Kürbiskernöl, Dinkel-Roggen-Vollkornbrot, Edelbrände, Apfelwein, Getreideprodukte
Umgebung: Freibad Kaindorf, Rad-Erlebnistouren, gut beschilderte Wanderwege, Bienenlehrpfad, Ölmühle Höfler, Schloss und Tierwelt Herberstein, Heiltherme Bad Waltersdorf, H2O Therme Sebersdorf und Hartberg, Stadt der Sinne

385 WEINHOF + BUSCHENSCHANK ALLMER

www.weinhof-allmer.at

Oberneuberg 154
8225 Pöllau

47°17'36.1"N 15°52'05.5"E

ANMELDUNG:
Dominik Allmer
0664/8710682

Am Fuße des Pöllauberges in einem Kessel, der sich Pikeroi nennt, betreiben wir eine 17 ha große Landwirtschaft. In dieser abwechslungsreichen Landschaft steht einer der nördlichsten Weingärten der Steiermark. Auf 6 ha betreiben wir seit dem Jahr 1977 Qualitätsweinbau. Unser Buschenschank ist der ideale Rahmen für Feste und Feierlichkeiten aller Art.

Aufenthalt: maximal 24 Stunden
Anreise bis: 21 Uhr
Geschlossen: im Winter
Ab-Hof-Verkauf: Mittwoch bis Sonntag ab 15 Uhr
Produkte: Weißweine, Rotweine, Rosé, Schnäpse, Marmeladen, Nudeln, Kürbiskernöl, Selchwaren
Bewirtung: Buschenschank, Öffnungszeiten siehe Webseite
Aktivitäten: Wandern in der Umgebung
Umgebung: Erlebnisbad Pöllau, Hirschbirnwanderweg, Naturpark Erlebnisrundweg

386 NATURPARKBAUERNHOF PÖLTL

www.poeltl.at

Schönau 45
8225 Pöllau

47°15'35.0"N 15°51'59.6"E

ANMELDUNG:
Alois Pöltl
03335/2045
0664/2045688

In der Schönau, der „schönen" Au, liegt auf fast 400 Meter Seehöhe unser Naturparkbauernhof Pöltl. Seine Geschichte reicht bis ins Jahr 1572 zurück. Mitten in diesem Garten von Österreich breitet die Natur ein Füllhorn an Getreidearten, Gemüsesorten, Kräutern, Tieren und Früchten über uns aus. Dazu zählt die Pöllauer Hirschbirne, die mittlerweile eine geschützte Ursprungsbezeichnung hat. Mit dieser Birne lassen sich fantastische Lebensmittel herstellen.

Aufenthalt: maximal 24 Stunden
Anreise bis: 21 Uhr
Geschlossen: Weihnachten
Ab-Hof-Verkauf: geöffnet bei Bedarf
Produkte: Produkte aus der Hirschbirne wie Säfte, Cider, Most, Essig, Gelees, Chutneys, Brände, Schaumweine. Zusätzlich verkaufen wir Aufstriche, Schinken, Würste, Selchwaren und Brot
Aktivitäten: Produktverkostung
Umgebung: Reitsportzentrum, Winzendorfer Teiche, Pöllau mit Schlosspark und Stift, Wanderungen zur Wallfahrtskirche am Pöllauberg

387 LOIBLHOF
www.loiblhof.at

Auerbach 7
8242 St. Lorenzen am Wechsel

47°26'36.8"N 15°58'18.4"E

ANMELDUNG:
Daniela Reiterer
0664/9758066

Unser Familienbetrieb liegt an der Südseite des Wechsels auf ca. 750 m Höhe. Auf unserem Hof gibt es Legehennen in Freilandhaltung. Ein weiteres Standbein sind die Kalbinnenaufzucht und die Vermietung von zwei Ferienwohnungen. Wir haben einen großen Spielplatz mit Spielhaus, eine Naturkegelbahn, einen Pavillon für gemütliche Stunden und eine Grillmöglichkeit mit Feuerschale.

Aufenthalt: maximal 24 Stunden
Anreise bis: 18 Uhr
Ab-Hof-Verkauf: geöffnet bei Bedarf
Produkte: Freilandeier, Milch, Honig, Kürbiskernöl, Schnäpse
Aktivitäten: Brötchenservice, Hofführung, Begrüßungsstamperl; Mithilfe am Hof wie z.B. Eierschlichten, Hasen, Ziegen und Katzen füttern
Umgebung: Riegersburg, Zotter Schokoladenfabrik und Tierpark, Therme Loipersdorf, Therme Bad Waltersdorf, Wandern und Radfahren in der Umgebung, Freibäder und Seen
Hinweis: Mitnahme von Tieren nur nach Absprache

388 GLATZL TRAHÜTTEN ALM
www.urlaub-am-glatzl-bauernhof.at

Forststraße
8242 St. Lorenzen am Wechsel

47°29'02.8"N 15°57'47.2"E

ANMELDUNG:
Cäcilia Pichlbauer
0680/2311263

Unser Betrieb auf der Sonnenseite des Wechselgebietes wird seit Jahrzehnten nachhaltig geführt. Er dient als Kraftplatz und Ruhepol für unsere Gäste. Die Glatzl Trahütten Alm bietet ein herrliches Berg-Panorama vom Hochwechsel über die Teichalm und das Joglland bis in den Südwesten der Steiermark. Auf diesem 6 ha großen, von Wald umgebenen Grundstück verbringen unsere Rinder ihre jährliche Sommerfrische.

Aufenthalt: maximal 24 Stunden
Geschlossen: November bis März
Bewirtung: Frühstück, Mittagessen, Abendessen nach Voranmeldung
Umgebung: Naturbadesee Pinggau, Freizeitzentrum Römerhütte, Chorherrenstift Vorau, Kirchenburg Schloss Festenburg
Hinweis: kurvenreiche, aber gut befahrbare Mautstraße, 3 € Kleingeld für den Mautschranken mitnehmen

389 NACHHALTIGE VIELFALT

www.nachhaltige-vielfalt.at

Puchegg 63
8250 Vorau

47°22'45.3"N 15°53'49.7"E

ANMELDUNG:
Regina u. Josef Kolb
0664/1528263
0664/3879323

Unser Biohof liegt im schönen Joglland in Vorau etwas versteckt, daher in sehr ruhiger Lage. Den Einklang mit der Natur genießen wir jeden Tag. Wir erzeugen gesunde und nahrhafte Lebensmittel, die frei von Chemie sind. Ein Rundweg führt dich vorbei an unserer Heidelbeerplantage, an Sonnenblumen-, Kartoffel- und Hanffeldern bis zur Aroniaplantage. Durch den Wald leitet dich der Weg wieder zurück zu unserem Hof.

Aufenthalt: maximal 24 Stunden
Anreise bis: 20 Uhr
Ab-Hof-Verkauf: Mittwoch von 14 - 18 Uhr, Freitag von 9 - 12 und 14 - 18 Uhr, zusätzlich bei Bedarf
Produkte: Aronia-Ursaft, Aronia-Beeren getrocknet, Aronia-Pulver, Aronia-Tee, Aronia Salz, Powerfood Müsli und Riegel, Hanfnüsse geschält und naturbelassen, Hanf-Salz und vieles mehr
Aktivitäten: Hofführung, Produktverkostung
Umgebung: Augustiner Chorherrenstift, Freilichtmuseum, Sub Terra - unterirdische Gänge, Literaturpfad, Augustinusweg (10 km), Waldlehrpfad (4 km)
Hinweis: Anreise über Schotterstraße

390 WEINHOF RAMMINGER

www.buschenschankramminger.at

Arnwiesen 2
8261 Gleisdorf

47°06'51.1"N 15°46'32.2"E

ANMELDUNG:
Michaela Ramminger
0664/5322975

Wir sind ein kleiner Familienbetrieb. Unsere Weine gedeihen auf etwa 3 ha Rebfläche. Unsere Qualitätsweine - Welschriesling, Weißburgunder und Muskateller - reifen im modernen Weinkeller, der 2018 vergrößert wurde. Seit 2006 bewirten wir unsere Gäste in der hauseigenen Buschenschank. Die Lage mit schöner Aussicht auf die Landschaft sorgt für eine gemütliche Atmosphäre. Im Jahre 2016 wurde ein Spielplatz errichtet.

Aufenthalt: maximal 24 Stunden
Ab-Hof-Verkauf: Selbstbedienungsraum 0 - 24 Uhr
Produkte: Weißburgunder, Welschriesling, Sauvignon, Muskateller, Ricy's Spritzer, Säfte, Nektar, Buschenschankjause
Bewirtung: Buschenschank, Öffnungszeiten siehe Webseite
Aktivitäten: Kinderspielplatz
Umgebung: In der gesamten Region Gleisdorf kommen Radler, Wanderer, Läufer und Nordic-Walker voll auf ihre Kosten.

391 MOSTSCHENKE BRUNNER

www.mostschenke.com

Dambach 13
8262 Ilz

47°06'39.3"N 15°54'34.4"E

ANMELDUNG:
Sonja u. Günter Brunner
0664/4434401

Gutes verfeinern und neu aufleben lassen – das ist die Philosophie unserer Mostschenke. Der Apfel in seiner veredelten Form, als Most oder Apfelwein, steht bei uns im Mittelpunkt. Der fruchtig-frische, hochwertige Qualitätsmost präsentiert sich als herrlich leichter Begleiter zu unseren kreativen Jausen-Kompositionen. Wir sind auch deshalb besonders, weil wir neben steirischer Kulinarik eine ausgeprägte Kaffeehauskultur bieten. Teile der Bausubstanz unserer Mostschenke stammen aus dem Jahr 1732.

Aufenthalt:	maximal 24 Stunden
Geschlossen:	Montag, Dienstag; Mitte November bis Mitte Jänner
Ab-Hof-Verkauf:	Donnerstag und Freitag von 15 - 23 Uhr, Samstag und Sonntag von 14 - 23 Uhr; von Juni bis August auch Mittwoch von 15 - 23 Uhr
Produkte:	14 verschiedene Sorten Apfelwein, Fruchtnektare, Säfte, Cider, Apfelfrizzante, regionale Spezialitäten, Apfel Gin Nr. 13
Bewirtung:	Buschenschank, Öffnungszeiten wie Ab-Hof-Verkauf
Aktivitäten:	Verkostung der Apfelweine, Säfte und Gin; Apfelschaugarten direkt am Hof
Umgebung:	Essig und Edelbrände Gölles, Zotter Schokoladenfabrik, Fink's Spezialitäten

392 ARONIAHOF KOBER

www.aroniahof-kober.at

Hochenegg 22
8262 Ilz

47°05'06.6"N 15°52'02.2"E

ANMELDUNG:
Franz Kober
0664/3400897

Der Aroniahof Kober mit seinem Hofladen liegt in Hochenegg im Ilztal, einem idyllischen Ort in der Oststeiermark. Vor 9 Jahren haben wir uns auf den Anbau von Aroniabeeren spezialisiert und uns in diese kleine Powerbeere „verliebt". Seit 2016 veredeln wir diese Frucht mit ihren vielfältigen Eigenschaften in Bioqualität. Wir sind überzeugt, dass dieser Weg die Zukunft ist und man den Unterschied schmeckt.

Aufenthalt:	maximal 24 Stunden
Anreise bis:	21 Uhr
Ab-Hof-Verkauf:	Montag und Mittwoch von 15 - 19 Uhr, Freitag von 8 - 19 Uhr, Samstag von 8 - 12 Uhr
Produkte:	Bio-Produkte aus der Aroniabeere, Wein, Fleisch, Gemüse, Brot, Käse, Milchprodukte, Nudeln, Kürbiskernöl, Essig, Marmelade, saures Gemüse, Eis
Aktivitäten:	Verkostung und Betriebsbesichtigung mit Schaugarten, wo Aronia, Johannisbeere, Haselnuss, Mandel, Kiwi und Weintrauben zu besichtigen sind und glückliche Hühner gehalten werden.
Umgebung:	Riegersburg, Stubenberger See, Thermen in Loipersdorf und Bad Waltersdorf

393 FAMILIE PAPST

Kleegraben 1
8262 Ilz

47°03'46.4"N 15°56'18.4"E

ANMELDUNG:
Wolfgang Papst
0664/7698250

Wir sind ein Familienbetrieb und verarbeiten ausschließlich Schweine von unserem eigenen Hof. Dieser Hof liegt in einer ruhigen Lage in Ilz in der Steiermark. Wir verkaufen unsere hausgemachten Spezialitäten sowohl ab Hof als auch am Bauernmarkt. Wir freuen uns auf euren Besuch.

Aufenthalt: maximal 24 Stunden
Anreise bis: 21 Uhr
Ab-Hof-Verkauf: geöffnet bei Bedarf
Produkte: Wurst- und Selchwaren vom Schwein, Aufstriche und Kürbiskernöl
Umgebung: Schloss Feistritz, Heimatmuseum Ilz, Burg Riegersburg, Greifvogelwarte Riegersburg, Zotter Schokoladenfabrik

394 WEINBAU BRANDSTÄTTER-KRAUS

www.wbk.co.at

Reigersberg 64
8262 Ilz

47°04'03.7"N 15°57'25.6"E

ANMELDUNG:
Rudolf Kraus
0664/1303264

Unser Weinhof befindet sich im Steirischen Vulkanland, eingebettet in die sanften Hügeln der Region mit Blick auf die wunderschöne Riegersburg. Bei der Bewirtschaftung unseres Weingartens legen wir Wert auf einen respektvollen Umgang mit der Natur und den Ressourcen. Angebaut werden bei uns Weißburgunder, Welschriesling, Morillon, Muskateller, Zweigelt und die Isabella-Traube.

Aufenthalt: maximal 24 Stunden
Ab-Hof-Verkauf: geöffnet bei Bedarf
Produkte: Weißburgunder, Welschriesling, Chardonnay, Muskateller, Zweigelt, Perlwein
Aktivitäten: Weinverkostung
Umgebung: Burg Riegersburg, Zotter Schokoladenfabrik, 4 Thermen in der näheren Umgebung, Feldbach

395 WEINBAU KOGLER

www.weinbaukogler.at

Riegersdorf 38
8264 Hainersdorf

47°05‘56.1“N 15°58‘18.3“E

ANMELDUNG:
Marianne Kogler
0650/7099702
03385/310

Aus Überzeugung und Leidenschaft betreiben wir einen kleinen landwirtschaftlichen Familienbetrieb mit Weinbau, Kürbis, Ackerbau und Waldwirtschaft. Wir sind ein familienfreundlicher Bauernhof, der seit Generationen bewirtschaftet wird. Angeboten wird auch Urlaub am Bauernhof mit Verpflegung. Wir befinden uns im Thermenland mit vielen Radwegen, legen Wert auf Nachhaltigkeit und bringen die Liebe zur Natur in unsere Arbeit ein.

Aufenthalt:	maximal 24 Stunden
Ab-Hof-Verkauf:	geöffnet bei Bedarf
Produkte:	Welschriesling, Weißburgunder, Chardonnay, Sämling 88, Blauer Zweigelt, Roesler, Frizzante, Kürbiskernöl, Honig und Honigprodukte, Essig, Fruchtsäfte, Tresterbrand
Bewirtung:	Frühstück nach Voranmeldung
Umgebung:	barocke Pfarrkirche, viele Rad- und Wanderwege, Thermen in der Umgebung: Bad Gleichenberg, Bad Waltersdorf, Stegersbach, Loipersdorf

396 SOMMER

www.sommerbrot.at

Jungberg 102
8274 Buch-St. Magdalena

47°12‘57.1“N 16°00‘31.2“E

ANMELDUNG:
Monika Sommer
0664/5293023
0664/7652251

In der Gemeinde Buch-St. Magdalena liegt unser Hof in einer ruhigen Lage umgeben von Wiesen und Wald. Wir sind ein Familienbetrieb mit einem Legehennenstall in Bodenhaltung, betreiben Waldwirtschaft und Ackerbau. Unsere Produkte sind aus eigenem Anbau. Nach alten Rezepten unserer Großeltern backen wir unser Bauernbrot. Mittlerweile haben wir unser Sortiment erweitert und erzeugen Vollkornbrot, Salzstangerl, Käsestangerl und süße Striezel. Wir haben vier Katzen und drei Ziegen am Hof.

Aufenthalt:	maximal 24 Stunden
Anreise bis:	20 Uhr
Ab-Hof-Verkauf:	geöffnet bei Bedarf
Produkte:	Säfte, Fruchtaufstriche, Kernöl, Eier und Chutneys. Brot, Gebäck, Milch und Joghurt auf Vorbestellung
Aktivitäten:	Backworkshop jeden 3. Freitag im Monat mit Voranmeldung
Umgebung:	Erlebnispark Geier, Traktormuseum Maierhofer, Ökopark Hartberg
Hinweis:	Uns ist es sehr wichtig, dass auf die Natur und die Ruhe Rücksicht genommen wird.

397 ÖLMÜHLE + BUSCHENSCHANK PAPST

Oberbergstraße 63
8282 Loipersdorf

47°00'36.3"N 16°05'32.2"E

ANMELDUNG:
Hannes Papst
0676/9231406

Wir sind eine steirische Buschenschank mit Produkten aus der Region und hauseigener Ölmühle. Bei uns finden Sie eine familienfreundliche Atmosphäre. In unserer Buschenschank kredenzen wir unseren Gästen typische steirische Schmankerl. Während Sie unseren Wein genießen, können Ihre Kinder am Spielplatz spielen.

Aufenthalt:	maximal 24 Stunden
Anreise bis:	20 Uhr:
Ab-Hof-Verkauf:	Dienstag bis Sonntag ab 16 Uhr
Produkte:	Wein, Kernöl, Schnaps, Säfte aller Art, Selchfleisch
Bewirtung:	Buschenschank, Frühstück und Abendessen nach Voranmeldung
Umgebung:	Therme Loipersdorf, verschiedene Radtouren wie Mühlentour oder Römertour, Wandern am Keltischen Baumkreisweg, Wein-Erlebnis-Weg, Minigolf

398 BUSCHENSCHANK KOBER

www.kober-wein.at

Kleinsteinbach 42
8283 Bad Blumau

47°08'24.2"N 16°03'26.7"E

ANMELDUNG:
Günther Kober
0664/2619005

Wir sind eine Buschenschank in der Nähe der Thermen Bad Blumau und Bad Waltersdorf. Zu uns kommen die Gäste gerne nach einem Besuch in der Therme, aber auch nach einer Wanderung oder einer Radtour. Gerne bieten wir unseren Gästen hausgemachte Spezialitäten und ein (oder zwei) Glaserl Wein an. Unsere Weine, Säfte und Speisen gibt es auch zum Mitnehmen.

Aufenthalt:	maximal 24 Stunden
Anreise bis:	20 Uhr
Ab-Hof-Verkauf:	geöffnet zu den Buschenschank-Öffnungszeiten (siehe Webseite) und bei Bedarf
Produkte:	Welschriesling, Weißburgunder, Chardonnay, Sauvignon Blanc, Grauburgunder, Rheinriesling, Muskateller, Sämling 88, Merlin, Schilcher, Blauer Zweigelt, Blauburger, Frizzante, Säfte, Jause
Bewirtung:	Abendessen nach Voranmeldung
Umgebung:	Therme im Ort, Wandern am Thermenrundweg, Hundertwassertour, Burg Riegersburg, Zotter Schokoladenfabrik, Tierwelt Herberstein

399 VICHA
www.vicha.at

Mitterlaßnitz 31
8302 Nestelbach bei Graz

47°05'01.9"N 15°37'03.4"E

ANMELDUNG:
Eva Schulz
0664/1016754

Unser Betrieb liegt im beschaulichen Mitterlaßnitz, nur wenige Autominuten von Graz entfernt. Wir setzen auf Tierwohl und Direktvermarktung. So leben bei uns Kühe, Schweine und Hühner. Das Fleisch von unseren Tieren kann man bei uns im Hofladen erwerben. Zusätzlich gibt es zahlreiche weitere regionale Produkte.

Aufenthalt: maximal 24 Stunden
Ab-Hof-Verkauf: Selbstbedienungsautomat
Produkte: Fleisch (roh im Tiefkühlschrank oder verarbeitet), Kernöl, Eier, Milchprodukte, Mehl, Marmeladen, Säfte, Äpfel, Kartoffeln, Wein und vieles mehr
Aktivitäten: Produktverkostung, Hofführung nach Absprache
Umgebung: Aussichtswarte Kleeberg, Schloss Kainbach, Basilika Mariatrost, Stadtbesichtigung Graz mit Uhrturm, Österreichischer Skulpturenpark

400 OBSTHOF LESSL

Bärnbach 32
8311 Markt Hartmannsdorf

47°01'55.1"N 15°51'27.6"E

ANMELDUNG:
Maria u. August Leßl
0676/3357112
0676/6094617

Unser Obsthof liegt im steirischen Vulkanland eingebettet zwischen Gleisdorf und Riegersburg mit Blick auf die Gleichenberger Kögel. Auf 3 ha Apfelplantagen wachsen unsere köstlichen Äpfel, die wir alle selbst verkaufen und zu Säften, Essige, Marmeladen und Dörrobst verarbeiten. Auf unseren Äckern bauen wir Kürbisse an. Unser Berg ist mit Walnussbäumen bepflanzt, um aus den Nüssen ein wohlschmeckendes Walnussöl zu produzieren.

Aufenthalt: maximal 24 Stunden
Anreise bis: 18 Uhr (im Sommer bis 20 Uhr)
Geschlossen: Donnerstag im Sommer, Dienstag und Mittwoch im Winter
Ab-Hof-Verkauf: geöffnet bei Bedarf
Produkte: Äpfel, Kirschen, Pfirsich, Marillen, Zwetschken; Säfte: Apfelsaft, Apfel-Karotten, Apfel-Traube, Marillennektar, Pfirsichnektar; Öle: Kürbiskernöl, Walnussöl; Essige: Apfelessig naturtrüb, Apfel-Balsamessig; diverse Kräutersalze; viele Sorten Marmelade und Chutney, Dörrobst; zum Knabbern Nüsse, Kürbiskerne, Zwieback
Aktivitäten: Produktverkostung, Kochkurse auf Vorbestellung, kleine Hofwanderungen
Umgebung: Seebad Riegersburg, Gsellmanns Weltmaschine, Brückenbaumuseum Edelsbach

401 WEIN- UND GÄSTEHOF ERLACHER
www.weinhof-erlacher.at

Eckgrabenweg 93
8311 Markt Hartmannsdorf

47°03'42.3"N 15°50'17.1"E

ANMELDUNG:
Anton Erlacher
0676/7065386

P2 10m >3,5t

Unser idyllisches Familienweingut liegt im steirischen Vulkanland. Auf unserem 6 Hektar großen Weingut vinifizieren wir Wein in der zweiten Generation. Neben unserem Wein bieten wir ebenso Vulkanland Marillen, Kastanien, diverse Edelbrände und Essige an.

Aufenthalt:	maximal 24 Stunden
Ab-Hof-Verkauf:	täglich von 8 - 22 Uhr
Produkte:	Morillon, Sauvignon Blanc, Blauer Zweigelt, Gelber Muskateller, Weißburgunder, Welschriesling, Rosé Frizzante, Schnäpse, Säfte, Essige, frisches Obst nach Saison
Bewirtung:	Frühstück nach Voranmeldung
Aktivitäten:	geführte Weinverkostungen gegen Gebühr und auf Anfrage
Umgebung:	Erlebnispark - Obstlehrpfad, Erlebnisfreibad im Ort, Radfahren (Rittscheintalradweg, Apfelblütentour), Vulcano Schinkenmanufaktur

402 HERRENHOF LAMPRECHT
www.herrenhof.net

Pöllau 43
8311 Markt Hartmannsdorf

47°03'15.2"N 15°48'19.2"E

ANMELDUNG:
Gottfried Lamprecht
0699/17149689

P1 10m >3,5t WC

Der Herrenhof ist ein alter ehemaliger Besitz des Stiftes Vorau. Unsere Familie hat im Jahr 2006 begonnen, die alte Lage direkt vor dem Hof mit Reben zu bepflanzen. Unsere Arbeit im Weingarten und Weinkeller geschieht absolut natürlich, traditionell und daher zertifiziert biologisch. Wenn Sie Gusto auf Weine und andere Produkte haben, freuen wir uns auf Ihren Besuch.

Aufenthalt:	maximal 24 Stunden
Geschlossen:	Sonntag; Feiertage, Weihnachtsferien
Ab-Hof-Verkauf:	Montag bis Freitag von 9 - 12 Uhr und 13 - 18 Uhr, Samstag von 9 - 12 Uhr und 13 - 16 Uhr
Produkte:	Weißburgunder, Sauvignon Blanc, Furmint, Riesling, Gemischter Satz, Grauburgunder, Pinot Noir, Blaufränkisch, Verjus, Aroniasaft, Marmeladen
Umgebung:	Riegersburg, Vulcano Schinkenmanufaktur, Zotter Schokoladenfabrik, Gölles Schnaps und Essig, Bienengarten Edelsbach

403 NATUR.GUT.GERSTL

www.natur-gut-gerstl.at

Pöllau 45
8311 Markt Hartmannsdorf

47°03'21.2"N 15°48'40.8"E

ANMELDUNG:
Gerda u. Patritz Gerstl
0664/2532826

Wir sind aus großer Überzeugung ein kleiner Familienbetrieb und legen besonderen Wert auf die Erhaltung unserer regionalen Vielfalt. In unserem landwirtschaftlichen Bio-Betrieb gedeihen viele unterschiedliche Kulturen und Pflanzen nebeneinander: Kräuter, Streuobst, Beeren, Rosenbäumchen und auch einige der ersten steirischen Bio-Mandel-Bäume. Der „Grund und Boden" - unsere wertvolle (Lebens-)Grundlage - liegt uns sehr am Herzen und wir möchten „LEBENSmittel" ursprünglich und naturnah produzieren und weiterverarbeiten.

Aufenthalt: maximal 24 Stunden
Geschlossen: 20. Dezember bis 20. Jänner
Ab-Hof-Verkauf: geöffnet bei Bedarf
Produkte: Bio-Mandeln, Bio-Kräuterprodukte (Tees, Sirupe, Kräuter-Gewürzmischungen, Kräutersalze uvm.), Bio-Fruchtaufstriche, Bio-Rosenbäumchen, Kunsthandwerk aus Holz, nachhaltige Geschenksboxen und Arrangements
Umgebung: Literaturbrunnen, Erlebnispark - Obstlehrpfad, Erlebnisfreibad im Ort, Radfahren (Apfelblütentour, Hügeltour, Kernöltour), zahlreiche Wanderwege

404 WEINHOF + BUSCHENSCHANK SCHELLAUF

www.buschenschank-schellauf.at

Graberberg 101
8323 St. Marein bei Graz

47°01'07.3"N 15°43'22.5"E

ANMELDUNG:
Gerald Schellauf
03119/2453

Dem Weinbau widmen wir uns schon seit mehreren Generationen. Die gesamte Ernte keltern wir selbst und vermarkten sie anschließend. Unser als Meisterbetrieb geführte Weinbau unterliegt strengsten Qualitätskontrollen, so garantieren wir ausgezeichnete Weine. Unser oberstes Gebot ist es, unseren Gästen nur Produkte, die von uns selbst hergestellt werden, anzubieten.

Aufenthalt: maximal 24 Stunden
Ab-Hof-Verkauf: geöffnet bei Bedarf, Selbstbedienungsautomat
Produkte: Welschriesling, Rivaner, Weißburgunder, Riesling, Sauvignon Blanc, Muskateller, Sylvaner, Zweigelt, Blauburger, Muskateller Frizzante, Rosé Frizzante, Most; alle unsere Buschenschankjausen als Take Away
Bewirtung: Buschenschank, Öffnungszeiten siehe Webseite
Aktivitäten: Weinverkostung, Hofführung
Umgebung: Naturbadeteich Lilienbad, Farmersgolf, Gsellmanns Weltmaschine, Riegersburg, Graz mit Altstadt, Ausflug nach Gleisdorf, Thermen

405 TIEBER - NATÜRLICHER ÖLGENUSS

www.oel-genuss.com

Oberdorf am Hochegg 2
8324 Kirchberg an der Raab

46°58'40.4"N 15°43'30.9"E

ANMELDUNG:
Dipl.-Ing. Michael Tieber
0664/1654310

Unser landwirtschaftlicher Betrieb in der 4. Generation der Viehzucht liegt in dem schönen steirischen Vulkanland zwischen Weinbergen und dem Thermenland. Neben unseren Mastschweinen haben wir uns der großartigen Vielfalt an natürlichen und gesunden Ölen verschrieben. Die Rohstoffe werden sorgfältig und handverlesen auserwählt. Unsere Öle haben durch die große Anzahl an mehrfach ungesättigten Fettsäuren einen gesundheitsfördernden Effekt und werden von einer unabhängigen Jury bei der „Ab Hof Messe" in Wieselburg prämiert.

Aufenthalt: maximal 24 Stunden
Anreise bis: 20 Uhr
Ab-Hof-Verkauf: geöffnet bei Bedarf
Produkte: Premium Kürbiskernöl aus dem Familienbetrieb, griechisches Olivenöl vom Bio-Landwirt aus Pillion, Premium Rapsöl
Aktivitäten: Produktverkostung
Umgebung: Urlas Höhlensystem, Dorfmuseum Fladnitz, Dreiländereck, Aussichtsplattform Raab, Kirchberger Seerosenbad

406 RAABAUER EISVOGEL

www.raabauer-eisvogel.at

Raabau 168
8330 Feldbach

46°57'40.0"N 15°55'17.4"E

ANMELDUNG:
Wilma Kaufmann
0650/8632646

Wir kultivieren auf unserem Bio-Betrieb Ribisel, Aroniabeeren, Holunderblüten und -beeren, Äpfel, Birnen und Ölkürbisse. 1.000 Damaszener-Rosen bereichern unseren Betrieb. Die Blüten der Rosen sind von Ende Mai bis Mitte Juni zu bewundern. Außerdem betreiben wir eine kleine Imkerei. Wir bewohnen ein Holzhaus, das am Waldrand liegt. Direkt am Haus führt der Vulkanwanderweg vorbei. Wald und Wiesen laden zu herrlichen Spaziergängen ein.

Aufenthalt: maximal 24 Stunden
Ab-Hof-Verkauf: Mittwoch von 8 - 12 Uhr und 14 - 18 Uhr, Freitag von 8 - 12 Uhr, zusätzlich bei Bedarf
Produkte: Bio-Fruchtsirupe, Rosensirup und Rosengelee, Rosenzucker, Rosensalz, Rosenküsse (Windgebäck), Aronia-Direktsaft, Aronia-Apfel-Fruchtaufstrich, Kernöl, Honig
Aktivitäten: Hofladenbesichtigung mit Verkostung, Besichtigung der Trockenanlagen für Rosen, Besichtigung der Felder, direkt am Hof führt der Vulkanwanderweg vorbei
Umgebung: Zotter Schokoladenfabrik, Gölles Schnäpse, Vulcano Schinkenmanufaktur, Lava Bräu, Schloss Kornberg

407 WEINGUT HUTTER

www.hutter-wein.at

Reiting 2
8330 Feldbach

46°55'20.2"N 15°52'10.5"E

ANMELDUNG:
Franz J. Hutter
0664/3238023

Regional, natürlich und nachhaltig, so lautet das Motto unseres Familienbetriebs. Inmitten des steirischen Thermenlandes und Vulkanlandes befindet sich unser wunderschön gelegenes Weingut mit 9 ha Rebfläche. Der Hof liegt in den Weingärten auf einer Anhöhe und ist sehr gut erreichbar. Unsere Weine gedeihen auf unterschiedlichsten Böden.

Aufenthalt: maximal 24 Stunden
Anreise bis: 20 Uhr
Ab-Hof-Verkauf: Montag bis Samstag von 8 - 12 Uhr und 13 - 18 Uhr
Produkte: Welschriesling, Weißburgunder, Gelber Muskateller, Sauvignon Blanc, Muscaris, Souvignier gris, Cuvée, Chardonnay, Cabernet Jura, Blauer Zweigelt, Merlot, Shiraz, Süßweine, Frizzante, Sekt, Verjus, Fruchsäfte, Naturalweine
Aktivitäten: Weinverkostung
Umgebung: Schloss Kornberg, Riegersburg, Museum im Tabor, Sternwarte Auersbach, Raabtalradweg, Themenwege zum Wandern, Besichtigung von Schaugärten

408 VULKANLAND - FISCHZENTRUM

Untergiem 56
8330 Mühldorf

46°55'27.1"N 15°53'59.3"E

ANMELDUNG:
Petra List, Oliver Pilzek
0699/19567533
0699/10509470

Das Vulkanland-Fischzentrum ist eine im Familienbetrieb geführte Teichwirtschaft im Herzen des Vulkanlandes. 8 Teiche mit insgesamt mehr als 4 ha Wasserfläche werden zur Zucht von Fischen, zur natürlichen Vermehrung von Krebsen, Molchen, verschiedenen heimischen Wassertieren sowie zum Befischen genutzt. Durch die alternative Teichwirtschaft bieten sich unterschiedliche Möglichkeiten im Bezug auf Zucht, Hege und Vermarktung.

Aufenthalt: maximal 24 Stunden
Anreise bis: 19 Uhr
Ab-Hof-Verkauf: Dienstag bis Sonntag von 7 - 20 Uhr
Produkte: Speisefisch - Karpfen, Forelle, Amur; Raubfisch - saisonal im Ganzen oder als Filet; Fischlaibchen, Fischstäbchen, Kaviarnockerl, Fonds, Suppeneinlage, Karpfen-Chili, Räucherfisch, Fischsalate, Aufstriche, eingelegte Karpfen
Bewirtung: Frühstück, Mittagessen, Abendessen nach Voranmeldung
Aktivitäten: Tageskarten zum Fischen im Vulkanland-Fischzentrum vor Ort erhältlich
Umgebung: Nostalgiewelt Posch, Feldbach, Styrassic Park, Freilichtmuseum Trautmannsdorf
Hinweis: Die Produkte werden tagesfrisch angeboten, wir ersuchen um Vorbestellung.

409 GSELLMANNS WELTMASCHINE

www.weltmaschine.at

Kaag 12
8332 Edelsbach

47°00‘59.2“N 15°49‘15.4“E

ANMELDUNG:
Sabine Gruber
0664/4566370

1958 besuchte der Edelsbacher Bauer Franz Gsellmann das Atomium in Brüssel. Fasziniert von dessen Gestalt begann er in einem Zimmer seines Hofes mit der Errichtung „der Maschin“. Auf einem Bauernhof in Kaag begeistert sie heute Jung und Alt: die Weltmaschine des Franz Gsellmann. Die Weltmaschine ist sein Lebenswerk, an dem er 23 Jahre lang unermüdlich arbeitete. Alles dreht sich, alles bewegt sich, alles leuchtet und blinkt bei der Gsellmanns Weltmaschine.

Aufenthalt: maximal 24 Stunden
Geschlossen: Montag, Dienstag; bei winterlichen Straßenverhältnissen
Ab-Hof-Verkauf: Mittwoch bis Sonntag von 10 - 17 Uhr
Produkte: Schafwollprodukte, Honig, Schnaps, Kernöl, Marmeladen, Weine aus der Umgebung; ein Kaffeeautomat steht zur Verfügung
Aktivitäten: Besichtigung der Weltmaschine gegen Gebühr (derzeit € 5)
Umgebung: Österreichisches Brückenbaumuseum Edelsbach, Riegersburg, Schloss Kornberg Zotter Schokoladenfabrik, Vulcano Schinkenmanufaktur

410 BIOMANUFAKTUR PESTONARRISCH

www.rosen-garten.at

Alter Bad Weg
8333 Riegersburg

47°00‘05.0“N 15°56‘25.5“E

ANMELDUNG:
Sabine Brändle
0699/81315522

Mein Bio-Permakulturgarten ist über 1 ha groß. Ich verkaufe Pflanzen und Produkte aus meiner pestonarrischen Produktpalette. Durch einzigartige Rezepturen produzieren wir das beste Pesto. Mein Motto: think global - eat global. Ich biete Workshops und Führungen an, zusätzlich stelle ich Frühstücks- und Picknickkörbe zusammen. Es ist möglich, in einer Jurte zu übernachten oder im Garten zu grillen.

Aufenthalt: maximal 24 Stunden
Ab-Hof-Verkauf: Montag, Dienstag auf Anfrage, Mittwoch bis Sonntag von 13 - 18 Uhr im Geschäft (Riegersburg 26); Selbstbedienungshütte beim Stellplatz
Produkte: Pflanzen, pestonarrische Produkte wie Pesto, Salze und Marmeladen
Bewirtung: Frühstück, Mittagessen, Abendessen nach Voranmeldung
Aktivitäten: Produktverkostung, Führungen, Workshops, Klanganwendung
Umgebung: Seebad Riegersburg, Schloss Riegersburg, Schloss Kornberg, Genusswanderwege

411 FRÜHWIRTS

Saaz 20
8341 Paldau

46°57‘13.8“N 15°49‘03.9“E

ANMELDUNG:
Rene Frühwirt
0664/2420010

Vor zwanzig Jahren haben wir unseren Schweine- und Hühnerbetrieb zu einem kleinen und feinen Bauernhof umstrukturiert. Dabei geht es uns nicht um das Motto "Weniger ist mehr", sondern vielmehr um ein „Weniger, aber besser". Unser Ziel ist das Zusammenspiel von Qualität und Leistbarkeit. Wir streben nach höchster Qualität und wollen diese Vision im Einklang mit der Natur erreichen.

Aufenthalt: maximal 24 Stunden
Ab-Hof-Verkauf: geöffnet bei Bedarf
Produkte: Honig; hauseigene, verführerische edle Gourmetsäfte; auf Anfrage: würziges Holzofenbrot, Mehlspeisen
Bewirtung: Frühstück mit traditionellen Schmankerln nach Voranmeldung
Aktivitäten: Hofführung im Nutz- und Bauerngarten sowie Besichtigung unserer Freiland-Schweine und Freiland-Hühner
Umgebung: Paldauer Freibad, Österreichisches Brückenbaumuseum, Styrassic Park, Heimatmuseum Feldbach, Therme Bad Gleichenberg

412 URLAUB AM BAUERNHOF UNGER

www.uab-unger.at

Grabersdorf 59
8342 Gnas

46°50‘26.4“N 15°49‘03.3“E

ANMELDUNG:
Eva u. Alfred Unger
0664/1312093

Mitten im südoststeirischen Thermenland, umringt von grünen Wiesen und Wäldern, Mais und Rapsfeldern, liegt unser Bauernhof auf 300 Meter Seehöhe in der kleinen Ortschaft Grabersdorf. Wir sind ein „Urlaub am Bauernhof"-Betrieb mit einem großen Spielplatz. Wir haben über 20 verschiedene Tierrassen auf dem Hof, von klein bis groß - alles was auf Hufen, Beinen, Läufen oder Krallen unterwegs ist.

Aufenthalt: maximal 24 Stunden
Anreise bis: 20 Uhr
Geschlossen: Weihnachtsferien
Bewirtung: Frühstück, Mittagessen, Abendessen nach Voranmeldung
Aktivitäten: Pool mit Liegewiese, großer Kinderspielplatz
Umgebung: Freilichtmuseum Stübing, Wanderungen auf und um den Schöckl, Bärenschützklamm, Styrassic Park, Therme Bad Gleichenberg

413 LAMMFLEISCHMANUFAKTUR PUCHER

Kohlberg 78
8342 Gnas

46°54'09.4"N 15°48'33.4"E

ANMELDUNG:
Marlies Pucher
0664/9135538

Wir sind ein kleiner Direktvermarkter im steirischem Vulkanland. Auf einem Höhenrücken mit Fernsicht in unser Hügelland steht unser Betrieb. Neben Lammfrischfleisch (auf Bestellung oder tiefgekühlt) gibt es Salami, Selchwürstel und Rohschinken von Schaf und Schwein. Weiters gibt es frische Eier von unseren glücklichen Hühnern und ab November kommen die Weidegänse in den Verkauf.

Aufenthalt: maximal 24 Stunden
Anreise bis: 20 Uhr
Ab-Hof-Verkauf: geöffnet bei Bedarf
Produkte: Lammfrischfleisch, Salami, Selchwürstel, Rohschinken von Schaf und Schwein, Eier
Aktivitäten: Hofführung mit Produktverkostung
Umgebung: Thermen in der näheren Umgebung: Bad Gleichenberg, Bad Radkersburg, Loipersdorf; Styrassic Park, Graz mit Besichtigung der Altstadt

414 ALTMÜLLER

www.altmueller-vulkanland.at

Trössing 42
8342 Gnas

46°49'46.6"N 15°49'23.1"E

ANMELDUNG:
Elisabeth Rauch
0664/2388410

Wir sind ein Familienbetrieb und bewirtschaften aus Überzeugung und Leidenschaft unseren Betrieb in Trössing bei Gnas. Unsere Freilandhühner genießen es, sich zwischen den Aroniasträuchern frei zu bewegen. Aus den Aroniabeeren produzieren wir Saft, Essig und viele weitere tolle Produkte. Die Eier von unseren Hühnern verwenden wir zur Herstellung von verschiedenen Nudelsorten. Unser Kürbiskernöl wird regelmäßig frisch aus den eigenen Kürbiskernen gepresst.

Aufenthalt: maximal 24 Stunden
Anreise bis: 21 Uhr
Ab-Hof-Verkauf: Selbstbedienungsautomat 0 - 24 Uhr
Produkte: Freilandeier, Nudeln, Aroniaprodukte, Kräuterprodukte, Kürbiskernprodukte
Aktivitäten: Produktverkostung und Hofführung
Umgebung: gut ausgebaute Radwege, Wanderwege wie der Kaskögerlweg, Aussichtswarte St. Peter am Ottersbach, Ottersbachmühle in St. Peter, Zotter Schokoladenfabrik, Vulcano Schinkenmanufaktur, Stradner Kirche, Weinland Straden

415 24H SB - LADEN KNITTELFELDER

Wörth 9
8342 Gnas

46°54‘14.7“N 15°46‘07.5“E

ANMELDUNG:
Christoph Knittelfelder
0664/2340914

Wir sind ein kleiner Betrieb, der in der Südoststeiermark beheimatet ist. Mit der Eröffnung unseres 24h-Selbstbedienungsladens möchten wir unseren Kunden eine gute Auswahl an verschiedenen Produkten aus dem Gemüsegarten ermöglichen. Wir legen Wert auf Qualität, der Höchstertrag steht nicht im Vordergrund. Die Verarbeitung unserer Produkte mit viel Liebe, nach dem Motto „Liebe geht durch den Magen“, liegt uns am Herzen.

Aufenthalt:	maximal 24 Stunden
Anreise bis:	20 Uhr
Geschlossen:	Sonntag
Ab-Hof-Verkauf:	Selbstbedienungsautomat
Produkte:	Kernöl, Käferbohnen, Essig, Gemüse nach Saison, Sauergemüse, Fruchtaufstriche, Eier, Honig, Fruchtsäfte, Dinkelprodukte, Nudeln, Milchprodukte und diverse Fleischprodukte.
Aktivitäten:	Produktverkostung, Hofführung
Umgebung:	Styrassic Park, Therme Bad Gleichenberg, Schloss Kornberg, Burg Riegersburg

416 WOLF SCHENKE

www.wolf-buschenschank.at

Trautmannsdorf 40
8343 Bad Gleichenberg

46°51‘27.8“N 15°52‘36.8“E

ANMELDUNG:
Martina Wolf
0664/3402219

Unser Betrieb liegt mitten im Grünen in besonders ruhiger Lage etwas außerhalb der Therme Bad Gleichenberg. Für Wohnmobilisten bieten wir Stellplätze auf Schotter- oder Wiesenflächen an. 2004 haben wir unseren Heurigen eröffnet und servieren Ihnen in gemütlicher Atmosphäre herzhafte Brettljausen und kulinarische Leckerbissen. Besuchen Sie uns und fühlen Sie sich wohl.

Aufenthalt:	maximal 24 Stunden
Anreise bis:	19 Uhr
Geschlossen:	Montag; Weihnachten
Ab-Hof-Verkauf:	Selbstbedienungsautomat, Donnerstag bis Samstag von 16 - 23 Uhr, Sonntag von 11 - 20 Uhr
Produkte:	Brot, Geselchtes, Würsteln, Jausenplatten, Most, Wein
Bewirtung:	Frühstück, Mittagessen und Abendessen nach Voranmeldung
Umgebung:	Museen: Curmuseum, Freilichtmuseum; Spazieren im Kurpark, Styrassic Park, Gleichenberger Bahn, Schlösserstraße, viele Wander- und Radwege

417 WEINGUT KAPPER

www.weingut-kapper.at

Brunn 14
8350 Fehring

46°57'23.6"N 16°00'04.0"E

ANMELDUNG:
Franz Kapper
0664/4765722
03155/2417

Wein ist seit Generationen ein Teil unserer Familie und unsere Leidenschaft. Bis zur Ernte benötigen unsere Weine viel Handarbeit. Wir pflegen unsere Böden nachhaltig und schonend und ernten unsere Trauben händisch. Mit viel Feingefühl und schonender Kellertechnik veredeln wir unsere Weine und präsentieren unseren Kunden feine Qualitätsweine. Diese lassen sich bei einem Sonnenuntergang mit Panoramablick genießen.

Aufenthalt: maximal 24 Stunden
Anreise bis: 18 Uhr, später nur nach Rücksprache
Geschlossen: Weihnachtsferien
Ab-Hof-Verkauf: Montag bis Freitag von 13 - 18 Uhr, Samstag von 9 - 12 Uhr und 13 - 17 Uhr, Sonntag auf Anfrage
Produkte: Welschriesling, Riesling, Weißburgunder, Gelber Muskateller, Scheurebe, Chardonnay, Sauvignon Blanc, Grauer Burgunder, Rosé Cuvée, Blauer Zweigelt, Pinot Noir, Frizzante, Traubensaft
Aktivitäten: Weinverkostung gegen Voranmeldung
Umgebung: Raabtalradweg, Kunst-Panorama-Weg, Riegersburg, Therme Loipersdorf

418 KÜRBISHOF KOLLER

www.kuerbisatelier.at

Weinberg an der Raab 78
8350 Fehring

46°57'38.6"N 16°02'03.0"E

ANMELDUNG:
Julia u. Johann Koller
03155/3414

Wir sind ein kleiner landwirtschaftlicher Betrieb, der sich auf den Anbau und die Veredelung von Kürbisprodukten spezialisiert hat. Seit über 30 Jahren wird auf unserem Hof der steirische Ölkürbis angebaut. Wir legen viel Wert auf Qualität und arbeiten mit sehr viel Freude, Idealismus und Liebe mit unseren Erzeugnissen. So wird unser Kürbiskernöl in kleinen Mengen das ganze Jahr über frisch gepresst.

Aufenthalt: maximal 24 Stunden
Ab-Hof-Verkauf: Mittwoch bis Freitag von 9 - 14 Uhr, Samstag von 10 - 13 Uhr; und bei Bedarf
Produkte: steirisches Kürbiskernöl, steirische Knabberkerne, Kürbiskernpesto, Schmalzdelikatessen, Kürbis-Chutney, Kürbismarmelade, eingelegter Kürbis, Kürbiskernmehl, Kürbiskernsenf, Kürbis-Nudeln, Käferbohnen, Brände, Liköre
Aktivitäten: Verkostung und Einkauf im Kürbisatelier
Umgebung: Vulkanarena und Waldkapelle, Greifvogelwarte Riegersburg, Freibad Rosenbad Fehring, Genusswanderweg Riegersburg, Berghofer-Mühle

419 APFELHOF AUER

www.apfelhof-auer.at

Kapfenstein 38
8353 Kapfenstein

46°53'09.7"N 15°58'28.5"E

ANMELDUNG:
Franz Auer
03157/2282
0664/2606305

Wir am Apfelhof Auer sind spezialisiert auf Direktvermarktung. Unser Hof liegt mitten im Zentrum von Kapfenstein am Fuß des Schlosses Kapfenstein. Wir bewirtschaften etwa 8 ha Land für den Obstanbau (Äpfel und Pfirsiche), 2 ha Acker (Kürbis) und 3 ha Wald. In unserem Hofladen verkaufen wir unsere eigenen Produkte und zusätzlich Spezialitäten aus der Region.

Aufenthalt: maximal 24 Stunden
Anreise bis: 17 Uhr
Geschlossen: Sonntag
Ab-Hof-Verkauf: Montag bis Freitag von 8 - 12 Uhr und 13:30 bis 18 Uhr, Samstag von 8 - 12 Uhr
Produkte: ganzjährig frische Äpfel, Pfirsiche nach Saison, Kürbiskernöl, Essige, Säfte, Most, Nudeln, Honig, Saucen, Chili, Schafkäse, Wurstprodukte, Aufstriche und vieles mehr
Umgebung: Radwege und Wanderwege in der Region, Schloss Kapfenstein, Geo-Trail, Styrassic Park Bad Gleichenberg, Aussichtswarte Vulkanland, Therme Bad Gleichenberg

420 WEINGUT TRIEBL

www.triebl.com

Gießelsdorf 42
8354 St. Anna am Aigen

46°49'49.6"N 15°56'04.8"E

ANMELDUNG:
Franz Triebl
0664/9980661

Das Weingut Triebl hat sich dem natürlichen Weinbau verschrieben. Wir verfolgen seit mehr als 20 Jahren unser Programm für nachhaltige Landwirtschaft und Naturschutz. Das Hauptaugenmerk legen wir dabei auf die Gesundheit unserer Mitarbeiter, den Umweltschutz und die ständig wachsende Traubenqualität. Nur so können wir beste Qualitätsweine herstellen.

Aufenthalt: maximal 24 Stunden
Anreise bis: 20 Uhr
Ab-Hof-Verkauf: geöffnet bei Bedarf
Produkte: Rosé, Welschriesling, Riesling, Sämling 88, Sauvignon Blanc, Gewürztraminer, Weißburgunder Morillon, Grauburgunder, Zweigelt
Aktivitäten: Weinverkostung
Umgebung: Weinweg der Sinne, Radweg Panorama-Tour, FB5 Weintour, Therme Bad Gleichenberg, Aussichtswarte in Frutten-Gießelsdorf, Höllisch Graben, Oldtimer Museum Legenstein

421 WEINBAU + GÄSTEHAUS GRIESSBACHER

www.weinbau-griessbacher.at

Jamm 64
8354 St. Anna am Aigen

46°51'29.4"N 15°56'57.0"E

ANMELDUNG:
Karin u. Josef Grießbacher
0664/3953795

Was die Natur uns schenkt, kultivieren wir zu edlen Wein. Unseren Familienbetrieb in St. Anna am Aigen, mitten im steirischen Vulkanland, bewirtschaften wir mit Liebe und Leidenschaft für den Weinbau. Freuen Sie sich auf Weine mit typischem Charakter der südoststeirischen Landschaft und auf ein nettes Gespräch mit der Winzerfamilie.

Aufenthalt: maximal 24 Stunden
Anreise bis: 20 Uhr
Ab-Hof-Verkauf: Montag bis Samstag von 8 - 18 Uhr, Sonntag von 9 - 12 Uhr
Produkte: Welschriesling, Muskateller, Sämling 88, Weißburgunder, Chardonnay, Sauvignon Blanc, Traminer, Rosé, Rosé Frizzante, Blauer Zweigelt, Merlot, steirisches Kürbiskernöl g.g.A.
Umgebung: Weinweg der Sinne, viele Radwege in der Umgebung, 40 Meter hohe Aussichtswarte in Frutten-Gießelsdorf, Höllisch Graben Sankt Anna am Aigen, Gesamtsteirische Vinothek St. Anna am Aigen

422 MILCHMÄDCHEN ZIEGENHOF

www.genuss-abhof.at

Risola 4
8354 St. Anna am Aigen

46°48'54.1"N 15°58'02.7"E

ANMELDUNG:
Sonja Trummer
0664/4018601

Mit leidenschaftlichem bäuerlichen Handwerk führen wir den größten Ziegenhof in der Südoststeiermark. Rund 40 Ziegen und der dazugehörige Nachwuchs im Frühjahr werden von uns liebevoll versorgt. Von März bis November wird die Heumilch unserer vierbeinigen „Mitarbeiterinnen" zu köstlichen Ziegenmilchspezialitäten verarbeitet. Zudem produzieren wir noch schwarzen Holunder, welcher zu Blüten- und Beerensirup veredelt wird.

Aufenthalt: maximal 24 Stunden
Anreise bis: 16 Uhr
Geschlossen: November bis Ende Februar
Ab-Hof-Verkauf: Selbstbedienungsautomat 0 - 24 Uhr
Produkte: frische Ziegenmilch, Topfen, Joghurt, Ziegenkäsebällchen, schnittfester Frischkäse, Salzlakenkäse, geräucherter Ziegenkäse, Frischfleisch vom Milchkitz im Frühjahr, Fleisch vom Weidekitz im Herbst, Holundersirup, Holundergelee
Aktivitäten: Verkostungen mit Hofführung gegen Anmeldung; Katzen, Hunde und Ziegen streicheln ist natürlich inbegriffen
Umgebung: Weinweg der Sinne, viele Radfahrstrecken, Gesamtsteirische Vinothek

423 KOBATL.WINE - BIOHOF FAMILIE GANGL

www.kobatl.at

Pichla bei Radkersburg 31
8355 Tieschen

46°47'31.4"N 15°57'21.9"E

ANMELDUNG:
Anton Gangl
0664/1449351

Wir bezeichnen uns nicht als Weinmacher, sondern wir lassen Wein werden. Die Trauben können zeigen, was sie von der Natur bekommen haben. Wir sind ein Bio-Weinbaubetrieb, der sich ganz den PIWI (pilzwiderstandsfähigen) Rebsorten widmet. Bei Verkostungen und Führungen erfahren Sie alles über die natürlichste Art, Wein werden zu lassen, von klassik bis natural.

Aufenthalt: maximal 24 Stunden
Anreise bis: 21 Uhr
Ab-Hof-Verkauf: geöffnet bei Bedarf, Selbstbedienungsautomat
Produkte: Bio-Weine aus PIWI-Sorten von Klassik bis Natural Wein, Pet Nat, Orange, Kürbiskernöl, Essig, Säfte und Handgemachtes
Bewirtung: Jause nach Voranmeldung, auf Wunsch in Verbindung mit einer Weinverkostung
Aktivitäten: Führung und Weinverkostungen. Die Kobatls haben ein vielseitiges Wissen.
Umgebung: Burgruine Klöch, Museum im alten Zeughaus, wunderschöne Radrouten, zum Wandern: Weinlehrpfad, TAU-Weg, Sonnengesangsweg, Basaltspalte
Hinweis: Für Hundebesitzer: Wir haben einen gutmütigen Hund (Rüden), er ist ein Husky-Schäfer Mischling. Eine Waschmaschine ist vorhanden.

424 WEINBAU & BUSCHENSCHANK EBERHART

www.eberhartweine.at

Pichla bei Radkersburg 16
8355 Tieschen

46°47'21.2"N 15°57'12.6"E

ANMELDUNG:
Johanna Eberhart
0664/5115949

Wir, Thomas und Johanna mit Tochter Laura, führen den Weinbaubetrieb in der vierten Generation. Wir verarbeiten unsere eigenen Trauben zu Wein und Saft. Nebenbei gibt es auch gute Produkte von Aronia (Aronia-Holundersirup) und Holunder (Holundersirup). Unser Ziel ist es, mit einer konsequenten und naturnahen Weinverarbeitung sowie mit professioneller Kellerarbeit die Weine stets auf den höchsten Qualitätsstandard zu halten. Der charakteristische Vulkanboden ist ein weiterer Faktor für unsere Qualitätsprodukte.

Aufenthalt: maximal 24 Stunden
Anreise bis: 21 Uhr
Ab-Hof-Verkauf: ganztägig von Montag bis Sonntag
Produkte: Welschriesling, Morillon, Sauvignon Blanc, Sämling, Blauer Zweigelt, Grüner Sylvaner, Weißburgunder, Säfte und Edelbrände
Bewirtung: Buschenschank, täglich (außer Donnerstag) ab 16 Uhr geöffnet
Aktivitäten: Hofführung und Einblicke in den Weinbau sowie Obstbau
Umgebung: Freibad Tieschen, Parktherme Bad Radkersburg, Therme Bad Gleichenberg, Handwerkerdörfl Pichla bei Mureck, Weinwanderweg „Weg der Riede"

425 DEVIN SPIRITS

www.devin-gin.at

Ödgraben 8
8361 Fehring

47°00‘22.3“N 16°00‘33.5“E

ANMELDUNG:
Lisa Bauer
03387/20309

Wir, Lisa und Georg von DeVin Spirits, führen seit 2016 unsere Brennerei mit viel Liebe zum Detail und kreieren Gin & Wermut. Bei uns entstehen edle Geister mit tollem Wiedererkennungswert. Gin & Wermut sind unsere derzeitigen Hauptsorten, je nach Jahreszeit gesellt sich noch der ein oder andere Geist hinzu. Wir freuen uns riesig, euch willkommen zu heißen.

Aufenthalt: maximal 24 Stunden
Anreise bis: 18 Uhr
Geschlossen: Sonntag, Montag, Dienstag
Ab-Hof-Verkauf: Mittwoch bis Freitag von 9 - 12 Uhr und 15 - 18:30 Uhr, Samstag von 9 - 12:30 Uhr
Produkte: Gin, Wermut, Bitter, Frizzante
Aktivitäten: kleine Verkostung derzeit € 7, große Verkostung derzeit € 13
Umgebung: Meine Eltern führen unweit der Brennerei eine Buschenschank, hier könnt ihr eine gute steirische Jause & Wein genießen. Riegersburg,Therme Loipersdorf
Hinweis: Wir legen Wert auf ein ruhiges Zusammenleben und harmonisches Auskommen mit den Nachbarn, Partys sind ausgeschlossen. Hunde sind willkommen, wir haben selbst einen Hund, der frei lebt. Leinenpflicht während der Öffnungszeiten.

426 WEINGUT WALDMANN

www.weingut-waldmann.at

Aschbach 2
8362 Söchau

47°02‘30.0“N 16°00‘23.2“E

ANMELDUNG:
Ilona u. Stephan Waldmann
0664/1385979

Wir arbeiten nach den Richtlinien der biologisch-dynamischen Wirtschaftsweise. Der fachlich optimal ausgebildete Winzer, Bio-Berater, Esel-Liebhaber und Vollblutmusiker spielt als studierter Musiker professionell Geige und Gitarre - sowohl im Weingarten, als auch im Weinkeller. Unser Grundstück wurde vom Land Steiermark als Biotop eingestuft. Der Schutz von Fauna, Flora und Wasser sowie das Einsparen von wertvollen Ressourcen sind wesentliche Bestandteile unserer ganzheitlichen Sichtweise bei der Erzeugung biologischer Lebensmittel. Zudem haben wir unzählige Vogelnistkästen, da wir uns intensiv ornithologisch einsetzen.

Aufenthalt: maximal 24 Stunden
Anreise bis: 17 Uhr
Ab-Hof-Verkauf: geöffnet bei Bedarf
Produkte: Wein, Saft, Schnaps, Äpfel, Pfirsiche, Tafeltrauben, Walnüsse, Honig aus eigener Imkerei, Weinessig, Apfelessig
Bewirtung: Frühstück und Jause nach Voranmeldung, nur vegetarisch
Aktivitäten: Hofführung, Weingartenführung
Umgebung: Riegersburg, Thermen, Wandern und Radfahren in der Umgebung

427 WEINGUT LENHARD

www.weingut-lenhard.at

Göttling 16
8403 Lang

46°51‘05.6“N 15°29‘53.7“E

ANMELDUNG:
Gerhard Lenhard
0680/5554334

Eine Aussicht, die Weitblick schafft und grüner, unberührter Wald. Da sind wir zuhause und da wächst unser Wein am besten. Wir versuchen das Besondere und Edelste aus jeder Traube heraus zu holen. An 365 Tagen arbeiten wir mit viel Know-How und Herzblut, damit unsere Weine am Ende etwas ganz Einfaches tun – nämlich schmecken.

Aufenthalt: maximal 24 Stunden
Geschlossen: November bis März
Ab-Hof-Verkauf: Donnerstag, Freitag von 16 - 22 Uhr, Samstag von 14 - 22 Uhr
Produkte: Welschriesling, Weißburgunder, Sauvignon Blanc, Gelber Muskateller, Morillon, Zweigelt, Zweigelt rosé, Muskateller Frizzante, Rosé Frizzante, Säfte
Aktivitäten: Weinverkostungen, Weingarten- und Kellerführungen
Umgebung: Tierpark Preding, Tempelmuseum Frauenberg, Ausflug nach Leibnitz, Radfahren und Wandern in der Umgebung, Golfplatz Murstätten

428 LABUGGERS KERNÖL

www.labuggers-kernoel.at

Dorfstraße 38
8403 Lebring

46°51‘38.8“N 15°31‘23.3“E

ANMELDUNG:
Franz Labugger
03182/48847
0664/5116444

In unserer Landwirtschaft produzieren wir den steirischen Ölkürbis und die steirische Käferbohne. In unserer Ölmühle veredeln wir die Kerne zu Kürbiskernöl. Der gesamte Prozess ist umweltbewusst, energieschonend und wurde nach neuesten lebensmitteltechnischen Erkenntnissen konzipiert. Unser Betrieb ist CO2-neutral.

Aufenthalt: maximal 24 Stunden
Anreise bis: 18 Uhr
Ab-Hof-Verkauf: Montag bis Freitag von 8 - 17 Uhr, Samstag und Sonntag bei Bedarf
Produkte: steirisches Kürbiskernöl, Produkte rund um den steirischen Ölkürbis, Produkte lokaler Produzenten wie Wein, Schnäpse, Säfte, Marmeladen und vieles mehr
Aktivitäten: 1) Rundgang durch den Betrieb mit Ölverkostung inkl. Einkaufsmöglichkeit (gratis); 2) Führung durch die Ölmühle, Film in 3D (12 Minuten), Verkostung und Einkaufsmöglichkeit (derzeit € 5 pro Person, Kinder frei); 3) Schul- und Puppenmuseum (derzeit € 4 pro Person)
Umgebung: Pumptrack, Golfclub Gut Murstätten, Kulturpark Hengrist, verschiedene Wanderwege wie Buchkogel-Runde oder Naturfreunde Rundweg, Murradweg

429 HOF JOSEF SCHWEIGLER

Wolfsberg 66
8421 Schwarzautal

46°50‘33.9“N 15°39‘48.0“E

ANMELDUNG:
Ing. Josef Schweigler
0676/9366650

Als Nebenerwerbslandwirt betreue ich rund 100 Mutterschafe und kümmere mich um die dazugehörige Mastlammproduktion. Wir leben in komplett ruhiger Lage und trotzdem nur 400 Meter vom Ortszentrum entfernt, das viele Möglichkeiten bietet: Gastronomie, Lebensmittelhandel, Post, Arzt und vieles mehr.

Aufenthalt: maximal 24 Stunden
Anreise bis: 20 Uhr
Aktivitäten: Bei uns gibt es viele schöne Wanderwege, über die ich als Amtsleiter unserer Gemeinde natürlich sehr gerne informiere.
Umgebung: Leibnitz, Kreuzkogel Aussichtswarte, Schloss Laubegg, Wildon mit Badesee und Burgruine, Golfclub Gut Murstätten

430 MONSCHEIN BAUERNSPEZIALIÄTEN

www.steirischgut.at

Maggau 3
8421 Wolfsberg im Schwarzautal

46°52‘19.6“N 15°39‘05.4“E

ANMELDUNG:
Alois Monschein
03184/2388

Wir sind ein Bio-Betrieb mit Freilandschweinen und Ackerbau. Unser Schwerpunkt liegt in der Direktvermarktung von Schweinefleisch und Produkten aus Hanf und Kürbis. Wir haben einen Hofladen. Unsere Produkte bekommt man auch im Bauernladen Wildon, am Bio-Bauernmarkt Graz Grottendorf und am Bauernmarkt in Gamlitz, zusätzlich im steirischen Lebensmittelhandel. Wir bieten ein Bio-Catering an (Feinkostplatten, Brötchen, Grillbuffet, gefülltes Grillschwein).

Aufenthalt: maximal 24 Stunden
Ab-Hof-Verkauf: Montag bis Freitag von 8 - 15 Uhr, Samstag und Sonntag auf Anfrage
Produkte: breite Palette an Bio-Schweinefleischprodukte wie Aufstriche, Wurstwaren, Schinken und Speck, Frischfleisch, Bio-Hanf- und Kürbiskernöl, Knabberkerne, Hanfbier, geschälter Hanf, Hanfmehl
Bewirtung: Frühstück, Mittagessen, Abendessen nach Voranmeldung
Aktivitäten: Produktverkostung, Hofführung
Umgebung: Murturm, Schiffsmühle Mureck, Schauweingarten Ehrenhausen, Aussichtswarte Vulkanland

431 ÖLMÜHLE NEUHOLD - STEIRAÖL

www.steiraoel.at

Drassling 88
8422 St. Veit in der Südsteiermark

46°48'33.8"N 15°39'04.3"E

ANMELDUNG:
Johannes Neuhold
03184/2138
0664/1602275

Wir haben eine Kürbiskern-Ölmühle und erzeugen frisches Kürbiskernöl, wobei uns Besucher gerne über die Schulter schauen dürfen. Bei uns können Sie verschiedene Öle verkosten. Neben dem Kürbiskernöl verkaufen wir auch Balsamico Essig, Knabberkerne, Schnäpse, Käferbohnen und frischen Fisch. Im Jahr 2020 haben wir eine Indoor-Fischzuchtanlage für Welse in Betrieb genommen.

Aufenthalt:	maximal 24 Stunden
Anreise bis:	17 Uhr
Geschlossen:	Dezember bis Februar
Ab-Hof-Verkauf:	Montag bis Freitag von 7 - 17 Uhr
Produkte:	Steirisches Kürbiskernöl g.g.A., Öle, Essige, Knabberkerne, Geschenkboxen mit steirischen Schmankerln, Fische im Ganzen oder als Filet
Bewirtung:	Buschenschank, Frühstück und Abendessen nach Voranmeldung
Aktivitäten:	Hofführung, Produktverkostung
Umgebung:	Planksee, Handwerkerdörfl Pichla, Schloss Gamlitz, Bärenhof Berghausen, Schiffsmühle Mureck, Red Bull Ring

432 WEINHOF + BUSCHENSCHANK TROPPER

www.weinbau-tropper.at

Hütt 19
8422 St. Veit in der Südsteiermark

46°47'11.2"N 15°39'34.1"E

ANMELDUNG:
Franz Tropper
0664/1219425

Wir sind ein Familienbetrieb mit Weinbau und Landwirtschaft. In unserem Hofladen verkaufen wir unseren Wein, Produkte vom Schwein, Edelbrände und natürlich das steirische Kürbiskernöl. Unsere Buschenschank lädt ein zum gemütlichen Gustieren und zum Verkosten unserer Produkte. Gerne geben wir Ihnen einen Einblick in die Arbeit unseres Betriebes.

Aufenthalt:	maximal 24 Stunden
Geschlossen:	Weihnachten bis Anfang März
Ab-Hof-Verkauf:	Montag, Freitag und Samstag von 15 - 23 Uhr, Dienstag und Donnerstag von 8 - 18 Uhr, Sonntag von 15 - 22 Uhr
Produkte:	Wein, Fruchtsäfte, Destillate, Fleisch, Wurstwaren, Bauernbrot, steirisches Kürbiskernöl, Kernölprodukte
Bewirtung:	Buschenschank, Abendessen nach Voranmeldung
Umgebung:	Südsteirische Weinstraße, Wakeboarden am Planksee, Pfarrkirche St. Veit, Bärenhof Berghausen, Vinofaktur Genussregal Südsteiermark, Motorikpark Gamlitz

433 JAGA'S STEIRERЕI

www.steirerei.st

Leitersdorf 8
8422 St. Veit in der Südsteiermark

46°48'25.0"N 15°38'07.0"E

ANMELDUNG:
Christina Neuhold
03184/2475

Das Wort Jaga stammt von unserem Vulgo-Namen, also dem Hausnamen der Familie. Die Namensschöpfung Steirerei ergab sich dann aus der Präsentation der Steirischen Vielfalt im Betrieb. Unseren Hof führen wir als Schweinemastbetrieb, zusätzlich haben wir Forstwirtschaft, Ackerbau und gewinnen unsere Energie aus Sonnenkraft. Seit 1995 bildet die Direktvermarktung den Schwerpunkt unserer Arbeit.

Aufenthalt:	maximal 24 Stunden
Geschlossen:	Sonntag; Weihnachtsferien
Ab-Hof-Verkauf:	Dienstag und Mittwoch von 8 - 12 Uhr, Donnerstag und Freitag von 8 - 12 Uhr und 13 - 17 Uhr
Produkte:	Frischfleisch von Schwein, Rind, Huhn und Wild, Selchfleischspezialitäten und Wurstwaren vom Schwein, Brot, Mehlspeisen, Wein, Säfte, Schnaps, Kernöl, Essig, Obst, Gemüse und Eier
Aktivitäten:	Unsere Schweine bewohnen einen Tierwohlstall, der auch zur Besichtigung zur Verfügung steht. Vorreservierungen sind erbeten.
Umgebung:	Schloss Ehrenhausen, Handwerkerdörfl Pichla, Schloss Weinburg am Saßbach

434 WEINGUT + BUSCHENSCHANK GRABIN

www.grabin.at

Hauptstraße 40
8423 Labuttendorf

46°47'18.4"N 15°38'17.0"E

ANMELDUNG:
Rosina Grabin
03184/2324

Mit Freude und Hingabe betreiben wir als Familie unser Weingut mit Buschenschank. Die Trauben für unsere ausgezeichneten Weine reifen auf 8 ha sonniger Rebfläche im Sulztal sowie in Ratsch an der Weinstraße. Traditionell zu bleiben und innovativ zu sein ist uns wichtig. Große Sorgfalt bei der Produktion hochwertiger, landwirtschaftlicher Produkte ist unser Prinzip. Dieses Lebensgefühl, das Handwerk und die Leidenschaft sollen Sie bei uns genießen und schmecken.

Aufenthalt:	maximal 24 Stunden
Geschlossen:	Montag; Weihnachtsferien, Osterferien, Allerheiligen
Ab-Hof-Verkauf:	Dienstag bis Sonntag von 8 - 19 Uhr
Produkte:	Qualitätsweine, Wermut, Fruchtsäfte, Edelbrände, div. Fleischprodukte und Aufstriche, hausgemachte Marmeladen, steirisches Kürbiskernöl, Essige, Knabberkerne, Kürbiskernpesto, Nudeln, Honig
Bewirtung:	Mittagessen, Abendessen
Aktivitäten:	Weinverkostung
Umgebung:	Ausflug nach Maribor, Thermenbesuch in Bad Radkersburg, Murturm, Ausflüge nach Leibnitz und Graz, Bärenhof Berghausen

435 WEINGUT POTZINGER
www.potzinger.at

Gabersdorf 12
8424 Gabersdorf

46°46'59.8"N 15°35'19.3"E

ANMELDUNG:
Heidi u. Stefan Potzinger
0664/5216444

Unser Weingut liegt direkt neben der wunderschönen Wallfahrtskirche zum Heiligen Leonhard in der schönen Südsteiermark. Der Weinbau in unserer Familie hat eine 160-jährige Tradition. Mit dem Ziel, noch bessere Weine zu keltern, habe ich mit 22 Jahren das elterliche Weingut übernommen und konnte es zu einem Leitbetrieb in der Region entwickeln. Wir bieten einen Ab-Hof-Verkauf mit der Möglichkeit, die Gutsweine zu verkosten.

Aufenthalt: maximal 24 Stunden
Ab-Hof-Verkauf: Montag bis Freitag von 8 - 12 Uhr und 13 - 17 Uhr, Samstag und Sonntag von 10 - 12 Uhr nach Voranmeldung
Produkte: Sauvignon Blanc, Weißburgunder, Gelber Muskateller, Scheurebe, Frizzante Rosé, Welschriesling, Gemischter Satz, Grauburgunder, Blauer Zweigelt, Riesling, Kürbiskernöl, Kürbiskerne, Olivenöl, prämierte Säfte, Balsamessig, Weine aus Frankreich und Deutschland
Aktivitäten: Weinverkostung
Umgebung: Südsteirische Weinstraße, Schloss Seggau, Motorikpark Gamlitz, Grottenhof in Kaindorf, Kanufahren auf der Sulm, Handwerkerdörfl

436 WEINGUT FRÖHLICH
www.weingut-froehlich.at

Altenberg 62
8434 Tillmitsch

46°47'58.1"N 15°29'51.8"E

ANMELDUNG:
Anton Fröhlich
0664/9142521

Zusammen mit meiner Frau Barbara führe ich unseren Familienbetrieb weiter. Gemeinsam konnten wir bereits einige große Ziele verwirklichen. Unsere sorgsam bewirtschafteten Weingärten sind großteils mit weißen Rebsorten bepflanzt. Wir legen großen Wert auf gesunde Böden, die unser wertvollstes Gut auch für künftige Generationen darstellen. In unserer Buschenschank servieren wir herzhafte Jausen und ausgezeichneten Wein aus unserem Weinkeller.

Aufenthalt: maximal 24 Stunden
Anreise bis: 20 Uhr
Geschlossen: Samstag, Sonntag; Dezember bis Februar
Ab-Hof-Verkauf: Montag bis Donnerstag von 15 - 22 Uhr, zusätzlich bei Bedarf
Produkte: frisch gebackenes Brot auf Vorbestellung, steirische Buschenschankjause auf Vorbestellung, Wein, Säfte, Destillate, Selchwaren, Marmeladen
Bewirtung: Buschenschank, Öffnungszeiten siehe Webseite
Aktivitäten: Kinderspielplatz
Umgebung: Schloss Seggau, Südsteirisches Weinmuseum Kitzeck, Tillmitscher Rundwanderweg

437

IMKEREI MAYER

www.mayer-honig.at

Gleinstätten 38
8443 Gleinstätten

46°45'23.0"N 15°21'51.7"E

ANMELDUNG:
Anton Mayer
0664/9953771

Unsere Imkerei wird als Familienbetrieb geführt. Wir legen viel Wert auf naturnahe Handarbeit und erzeugen ausgezeichnete Sortenhonige wie Akazien-, Blüten-, Linden-, Kastanien- und Waldhonige. Unsere Honige tragen die Qualitätsmarke Südsteiermark und können im Hofladen neben weiteren bäuerlichen Produkten rund um die Uhr erworben werden. Wir freuen uns auf Ihren Besuch!

Aufenthalt: maximal 24 Stunden
Anreise bis: 21 Uhr
Ab-Hof-Verkauf: Selbstbedienungsautomat 0 - 24 Uhr
Produkte: Akazienhonig, Blütenhonig, Lindenblütenhonig, Kastanienblütenhonig, Waldhonig, Cremehonig, Honigspezialitäten, Kernöl
Aktivitäten: Honigverkostung
Umgebung: Rad- und Wanderwege in der Umgebung, Naturbadeteich Gleinstätte mit LandArt Schlosspark, Panoramasteg Sausal

438

WEINGUT SCHATZ

www.weingut-schatz.at

Fahrenbacherstraße 155
8451 Heimschuh

46°43'55.3"N 15°28'51.5"E

ANMELDUNG:
Andrea Schatz
0664/1350780

Wir sind ein Familienbetrieb mitten in den Weinbergen. Von unserem Weingut aus können Sie Wanderungen oder Biketouren starten – oder Sie lassen einfach die Seele baumeln! Unseren 2 ha großen Weingarten bearbeiten wir mit viel Ehrgeiz und Liebe zur Natur. Beim Sortenspiegel konzentrieren wir uns auf das „Steirische". Wir empfehlen Ihnen auf jeden Fall unseren herrlich frischen Frizzante.

Aufenthalt: maximal 24 Stunden
Anreise bis: 18 Uhr
Ab-Hof-Verkauf: geöffnet bei Bedarf
Produkte: Welschriesling, Weißburgunder, Sauvignon Blanc, Gelber Muskateller, Blauer Zweigelt, Frizzante
Bewirtung: Frühstück, Abendessen nach Voranmeldung
Umgebung: Ölmühle Hartlieb, Kreuzkogelwarte Leibnitz, Schloss Seggau, Tempelmuseum Frauenberg, Sulmsee Leibnitz, Naturpark Südsteiermark - Besucherzentrum Grottenhof

439 WINZERHOF GREBENZ

www.grebenz.at

Kleinklein 10
8452 Großklein

46°44‘19.5“N 15°25‘36.7“E

ANMELDUNG:
Bernadette Grebenz
0664/6589573

Eingebettet im Naturpark Südsteirisches Weinland liegt unser Weingut und Gästehaus mit eigenem Naturpool und lädt fernab vom Alltagsstress zum Genießen ein. Wenn Sie möchten, verwöhnen wir Sie am Morgen mit einem hausgemachten Frühstücksbüfett. Abends können Sie unsere ausgezeichneten Weine aus unserem Weinkeller verkosten und genießen. Lust auf mehr? Wir freuen uns auf Ihren Besuch.

Aufenthalt: maximal 24 Stunden
Anreise bis: 18 Uhr
Geschlossen: Weihnachtsferien
Ab-Hof-Verkauf: geöffnet bei Bedarf, Selbstbedienungsautomat
Produkte: Cuvée, Welschriesling, Weißburgunder, Sauvignon Blanc, Gelber Muskateller, Riesling, Morillon, Zweigelt Rosé, Zweigelt, Schaumweine, Kernöl, Edelbrände
Bewirtung: Frühstück, Abendessen nach Voranmeldung
Umgebung: Ölmühle Kremsner, Kreuzbergwarte, Schloss Ottersbach, Regionalmuseum für Archäologie, Radwege, Wanderwege, Schloss Seggau

440 WEINGUT KOPF, VGL FORSTNER

www.weingutkopf.at

Oberfahrenbach 38
8452 Großklein

46°42‘33.9“N 15°28‘31.4“E

ANMELDUNG:
Christian Kopf
0664/2371722

Wir sind ein Familienbetrieb und leben in der Südsteiermark. Wir betreiben Wein- und Obstbau. Unser Betrieb liegt in ruhiger Lage und doch sind wir umgeben von zahlreichen Buschenschanken und Wanderwegen. Bei den Weinen konzentrieren wir uns auf den typisch steirischen Sortenspiegel. Wir haben eine große Freude, wenn unsere Obstbäume zu blühen beginnen und wir die Äpfel und Weichselkirschen ernten und zu weiteren Produkten verarbeiten können.

Aufenthalt: maximal 24 Stunden
Ab-Hof-Verkauf: geöffnet bei Bedarf
Produkte: Wein, Apfelmost, Apfelsaft, Traubensaft, Sirup, Likör, Obst nach Saison
Aktivitäten: Produktverkostung
Umgebung: Kreuzbergwarte, Ölmühle Kremsner, Eichbergradweg, Hallstattzeitliches Museum Großklein, Oldtimermuseum

441 BUSCHENSCHANK LABANZ

www.labanz.at

Oberhaag 34
8455 Oberhaag

46°40'45.5"N 15°20'07.1"E

ANMELDUNG:
Peter Labanz
03455/6172
0664/3403956

Wir sind ein Buschenschankbetrieb mit Weinbau. Unser Familienbetrieb liegt auf einer leichten Anhöhe mit Ausblick in das schöne Saggautal. Insgesamt bewirtschaften wir eine Weinbaufläche von 7,2 ha. Dabei konzentrieren wir uns auf die typischen steirischen Sorten und haben natürlich auch einen Schilcher in unserem Weinangebot. Die Fleisch- und Selchwaren, die wir Ihnen als steirische Brettljause in unserer Buschenschank servieren, werden bei uns am Hof verarbeitet.

Aufenthalt: maximal 24 Stunden
Anreise bis: 20 Uhr
Ab-Hof-Verkauf: Mittwoch bis Sonntag von 13 - 23 Uhr
Produkte: Rotwein Cuvée, Blauer Zweigelt, Gelber Muskateller, Grauburgunder, Morillon, Sauvignon Blanc, Weißburgunder, Schilcher, Welschriesling, Schnäpse, Säfte, Jause zum Mitnehmen
Bewirtung: Buschenschank, Mittagessen und Abendessen
Aktivitäten: kommentierte Weinverkostung, Spielplatz am Hof
Umgebung: Altenbachklam, Hopfenmuseum, Grenztisch, UrKräuterweg am Remschnigg, Naturbadeteich Oberhaag, Greith-Haus

442 WEINGUT KÄSTENBURG

www.kaestenburg.at

Ratsch an der Weinstraße 66
8461 Ehrenhausen

46°41'08.4"N 15°33'27.2"E

ANMELDUNG:
Ilse Jakope
03453/2565

Wir bewohnen das älteste Weingut der Region mit dem wohl schönsten Ausblick. Bei uns ist jeder herzlich willkommen, der wie wir die Natur und deren Produkte wertschätzt. Neben den Weißweinen sind besonders die ausgezeichneten Rotweine und Sekte eine Spezialität unseres Kultur-Weinguts. Wir leben die Gastfreundschaft in unserem Wirtshaus und freuen uns auf euch.

Aufenthalt: maximal 24 Stunden
Anreise bis: 18 Uhr
Geschlossen: wochentags im Dezember
Ab-Hof-Verkauf: Montag ab 17 Uhr, Dienstag ab 12 Uhr, Freitag bis Sonntag ab 12 Uhr, zusätzlich bei Bedarf
Produkte: Brot (wenn Backtag), Wein, Sekt, Säfte, Edelbrände, Marmeladen, Kernöl, Essige, Jause und Backhenderl to go
Bewirtung: Frühstück, Mittagessen, Abendessen nach Voranmeldung
Aktivitäten: Weinverkostung, Kellerschauen, Picknickkörbe auf Bestellung
Umgebung: Schloss Ehrenhausen, Aussichtswarte am Platschberg, Önologium am Weingut Georgiberg, Herzerlstraße

443

WEINGUT LUDWIGSHOF

www.ludwigshof.net

Eckberg 25
8462 Gamlitz

46°42'06.8"N 15°33'11.1"E

ANMELDUNG:
Klaus Zierer
0681/10726589

P3

In der Nähe von Gamlitz inmitten von Weingärten liegt unser Ludwigshof. Wir konzentrieren uns auf die Vermarktung unserer Weine und bauen diese in der typisch steirischen, duftig-fruchtigen Linie aus. Unter fachkundiger Pflege entstehen bei uns südsteirische Spitzenweine. Insgesamt wachsen bei uns um die 25.000 Rebstöcke auf einer Fläche von sechs Hektar. 11 Rebsorten werden sortenrein gekeltert.

Aufenthalt:	maximal 24 Stunden
Geschlossen:	November bis März
Ab-Hof-Verkauf:	geöffnet bei Bedarf
Produkte:	12 sortenspezifische Weiß-, Rot- und Roséweine in unterschiedlichen Qualitätsstufen, Frizzante, weißer und roter Traubensaft
Aktivitäten:	Produktverkostung im Weinkiosk mit Selbstbedienung, kommentierte Weinprobe auf Voranmeldung
Umgebung:	Minigolf, Motorikpark, Weinmuseum Schloss Gamlitz, Kultur-Genussreigen jeden letzten Donnerstag im Monat

444

WEINGUT KARL RIEGELNEGG

www.riegelnegg-karl.at

Sernau 21
8462 Gamlitz

46°42'00.5"N 15°30'52.3"E

ANMELDUNG:
Karl Riegelnegg
03454/490

P1 >3,5t

Unser Familienweingut liegt am Sernauberg in Gamlitz in der Südsteiermark. Wir bieten ein umfangreiches Sortiment an steirischen Weinen, welche mit Sorgfalt und Liebe auf dem Weg vom Weingarten in den Keller begleitet werden. Weinmachen ist für uns das Natürlichste auf der Welt.

Aufenthalt:	maximal 24 Stunden
Geschlossen:	Sonntag
Ab-Hof-Verkauf:	täglich von 9 - 18 Uhr
Produkte:	Steirischer Junker, Welschriesling, Weißburgunder, Gelber Muskateller, Morillon, Sauvignon Blanc, Ruländer, Rivaner, Karls Vielfalt (Cuvée), Sämling 88, Traminer, Muskateller, Rosé, Schlanggl, Blauer Zweigelt, Cabernet Sauvignon, Blauer Wildbacher
Aktivitäten:	Weinverkostung im Gewölbekeller
Umgebung:	Gamlitz Naturparkwanderweg, viele Rundwanderwege in Gamlitz, Landschaftsteiche Gamlitz, Radtouren an der Südsteirischen Weinstraße, Wasserturm Weinleiten, Cäcilien Rosenweg, Weinmuseum Schloss Gamlitz

445 WEINGUT ADAM-SCHERERKOGL
www.adam-schererkogl.at

Steinbach 53
8462 Gamlitz

46°42'16.3"N 15°31'53.0"E

ANMELDUNG:
Andrea u. Gerald Adam
03453/3830

Unser Weingut befindet sich in Gamlitz inmitten des Naturparks Südsteirisches Weinland. Wir laden Sie recht herzlich zu einem der schönsten Plätze in der Südsteiermark ein. Lassen Sie sich von uns mit hausgemachter Jause und edlen Weinen verwöhnen. Genießen Sie unter einer der ältesten Linden der Umgebung die herrliche Aussicht über unsere sonnig gelegenen Weingärten.

Aufenthalt: maximal 24 Stunden
Anreise bis: 18 Uhr
Geschlossen: Ende Oktober bis Anfang April
Ab-Hof-Verkauf: geöffnet bei Bedarf
Produkte: Welschriesling, Weißburgunder, Grauburgunder, Scheurebe, Gelber Muskateller, Sauvignon Blanc, Morillon, Blauer Zweigelt, Traubensaft, Essig
Bewirtung: Buschenschank, Öffnungszeiten siehe Webseite
Umgebung: Naturparkwanderweg „Über Stock & Wein", Gamlitzwanderweg Nr. 1, Motorikpark Gamlitz, Weinmuseum Schloss Gamlitz, Wasserturm Weinleiten

446 WEINGUT KLUG
www.weingut-klug.at

Eichberg-Trautenburg 18
8463 Leutschach a. d. Weinstraße

46°42'16.9"N 15°27'07.6"E

ANMELDUNG:
René Klug
03454/6163

Unser Weingut liegt in Eichberg-Trautenburg und wird als Familienbetrieb geführt. Wir bewirtschaften rund 8 ha Rebfläche. Die gesamte steirische Rebsortenpalette steht unseren Gästen zur Auswahl. Sie haben die Möglichkeit unsere Weine in der Buschenschank oder auf unserer herrlichen Terrasse zu genießen. Gleichzeitig können Sie sich mit einer traditionellen Brettljause stärken.

Aufenthalt: maximal 24 Stunden
Geschlossen: Mittwoch, Donnerstag
Ab-Hof-Verkauf: Montag, Dienstag, Freitag und Samstag von 12 - 22 Uhr, Sonntag von 12 - 20 Uhr
Produkte: Welschriesling, Weißburgunder, Sämling 88, Gelber Muskateller, Grauburgunder, Sauvignon Blanc, Blauer Zweigelt, Sekt, Frizzante, Edelbrände
Bewirtung: Buschenschank
Umgebung: Heiligengeistklamm Schlossberg, Altenbachklamm Oberhaag, E-Bike-Verleih Leutschach, Kernölpresse Resch - Schaupressen, Kreuzbergwarte

447 WEINGUT + BUSCHENSCHANK REITERER

www.weingut-reiterer.at

Eichberg-Trautenburg 36
8463 Leutschach a. d. Weinstraße

46°41'25.4"N 15°27'16.4"E

ANMELDUNG:
Susanne u. Alois Reiterer
03454/6492

Inmitten von Weinbergen geben wir Ihnen die Gelegenheit, Gaumen und Seele zu verwöhnen. Zu unseren hauseigenen Qualitätsweinen servieren wir Ihnen leichte Jausenteller, urige Köstlichkeiten oder etwas Süßes zum Verwöhnen. Für jeden Gusto und Geschmack findet man bei uns Spezialitäten aus Küche und Keller, selbstverständlich aus eigener Erzeugung.

Aufenthalt:	maximal 24 Stunden
Anreise bis:	20 Uhr
Ab-Hof-Verkauf:	April bis November: Dienstag bis Sonntag ab 14 Uhr, Dezember bis März: Freitag bis Sonntag ab 14 Uhr
Produkte:	klassische und kräftige Weißweine und Rotweine, Säfte und Schnäpse, Steirische Buschenschank-Jause
Bewirtung:	Frühstück und Abendessen nach Voranmeldung
Aktivitäten:	Produktverkostung, Wanderwege und Radwege
Umgebung:	Motorikpark Gamlitz, Freibad Leutschach, Weinkulturgarten, Kreuzbergwarte

448 FAMILIENWEINGUT OBERER GERMUTH

www.weingut-germuth.com

Glanzer Kellerstraße 34
8463 Leutschach a. d. Weinstraße

46°40'27.2"N 15°32'28.8"E

ANMELDUNG:
Herbert Germuth
03454/6734

Wenn landschaftliche Schönheit, edler Wein, kulinarische Köstlichkeiten und freundliche Menschen irgendwo in einer perfekten Symbiose zusammenfinden, dann sind Sie am Familienweingut Oberer Germuth richtig. Seien Sie unser Gast - im modernen Weinkeller, im großzügigen Verkostungsraum, oder auf der sonnigen Sitzterrasse. In der Buschenschank werden Sie morgens mit einem reichhaltigen Frühstücksbüfett mit regionalen Köstlichkeiten verwöhnt und können gestärkt die Südsteiermark entdecken.

Aufenthalt:	maximal 24 Stunden
Anreise bis:	17 Uhr
Geschlossen:	Dezember bis Februar
Ab-Hof-Verkauf:	Montag - Mittwoch von 8 - 12 Uhr, Donnerstag - Sonntag von 8 - 12 Uhr u. 13 - 17 Uhr
Produkte:	Weißburgunder, Sauvignon Blanc, Gelber Muskateller, Sämling 88, Blauer Zweigelt, Morillon, Grauburgunder, Gewürztraminer, Beerenauslese, Schaumweine
Bewirtung:	Buschenschank von Donnerstag bis Sonntag
Aktivitäten:	Weinverkostungen
Umgebung:	Heiligengeistklamm, Weinwandern, Kreuzbergwarte

449 WIESER WEINE
www.wieser-weine.at

Kranach 10
8463 Leutschach a. d. Weinstraße

46°40'55.1"N 15°28'39.2"E

ANMELDUNG:
Gertrud Wieser
03454/359

Unser Weingut in der Südsteiermark verfügt über Weingärten, Wald- und Wiesenflächen mit Ausblick über die südsteirischen Hügel. Auf unserem Areal haben wir außerdem unser G'wölb, unsere Buschenschank, die vom ersten Samstag nach Ostern bis Allerheiligen geöffnet hat. Direkt an einem Wanderweg gelegen ist unser Standort ideal für Touristen.

Aufenthalt: maximal 24 Stunden
Anreise bis: 18 Uhr
Geschlossen: Sonntag; Dezember, Jänner
Ab-Hof-Verkauf: Montag bis Freitag von 8 - 12 Uhr und 13 - 16 Uhr, Samstag von 8 - 16 Uhr
Produkte: Cuvée, Blauer Zweigelt, Chardonnay, Muskateller, Riesling, Sämling 88, Sauvignon Blanc, Traminer, Weißburgunder, Welschriesling, Rosé, Schilcher, Likör, Schnaps, Gin, Glühwein, Sturm, Traubensaft
Bewirtung: Abendessen nach Voranmeldung
Aktivitäten: Verkostungen (Wein und/oder Gin) nach Voranmeldung möglich
Umgebung: größte Weintraube der Welt, Grenztisch, Südsteirische Weinstraße, Kreuzbergwarte, Altenbachklamm

450 WEINGUT STELZL-MARIENGARTEN
www.weingutstelzl.at

Schloßberg 87
8463 Leutschach a. d. Weinstraße

46°39'02.4"N 15°28'09.6"E

ANMELDUNG:
Alfred Stelzl
03454/441
0664/9176137

Mein Weingut befindet sich auf einer Anhöhe, etwa zwei Kilometer südlich von Leutschach. Romantisch gelegen, umgeben von Weingärten ist es zurzeit in vierter Generation im Besitz der Familie Stelzl. Die unglaubliche Schönheit des südsteirischen Weinlandes und unzählige, in naher Umgebung gelegene, urige Buschenschänken laden zum Verweilen und Genießen ein und machen einen Besuch meines Weingutes unvergesslich.

Aufenthalt: maximal 24 Stunden
Anreise bis: 19 Uhr
Ab-Hof-Verkauf: geöffnet bei Bedarf
Produkte: Welschriesling, Weißburgunder, Chardonnay, Sauvignon Blanc, Gelber Muskateller, Blauer Zweigelt, Pinot Noir, Schilcher
Aktivitäten: Weinverkostung, Hofführung
Umgebung: gekennzeichnete Wanderwege (Heiligengeistklamm), Buschenschanken, Freibad Leutschach, Schlossbergwarte am Montikogel, historische Krennmühle

451 KERNÖL WOLF

Ratschendorf 103
8483 Deutsch Goritz

46°45‘11.8“N 15°48‘37.6“E

ANMELDUNG:
Josef Wolf
0664/2747033

Ich wohne in der Südoststeiermark in Deutsch Goritz. Die Region wird auch steirisches Vulkanland genannt. Bei mir am Hof erzeuge ich echtes steirisches Kürbiskernöl, das ich gerne an meine Besucher verkaufe. Gerne können bei mir am Hof und im Garten Camper ihre Wohnwägen und Wohnmobile abstellen. Bei uns in der Region gibt es vieles zu entdecken.

Aufenthalt: maximal 24 Stunden
Ab-Hof-Verkauf: geöffnet bei Bedarf
Produkte: Kernöl
Umgebung: Wallfahrtskirche Maria Helfbrunn, Römermuseum Ratschendorf, 7 Quellenweg, Handwerkerdörfl Pichla

452 MOSTSCHENKE IM GEWÖLBE

www.pechmanns-alte-oelmuehle.at

Ratschendorf 188
8483 Deutsch Goritz

46°45‘05.8“N 15°48‘43.1“E

ANMELDUNG:
Thomas Schober
0664/5550698

Wir haben einen Bauernhof, einen Gastronomiebetrieb und eine Ölmühle. Die Attraktion auf unserem Hof sind natürlich die Kamele. Wir sind stolz auf unsere Kamelherde, die aus 13 Kamelen und 5 Dromedaren besteht. Zusätzlich wohnen noch Kühe, Schweine und Wasserbüffel bei uns am Hof. Nach alter Tradition veredeln wir in unserer Ölmühle Kürbiskerne zu wertvollem steirischen Kürbiskernöl.

Aufenthalt: maximal 24 Stunden
Geschlossen: Montag, Dienstag, Mittwoch, Donnerstag; Mitte November bis Anfang März
Ab-Hof-Verkauf: Freitag bis Sonntag ab 9 Uhr
Produkte: Kürbiskernöl, Kürbiskerne zum Knabbern, Kamelmilchschokolade, Honig, Wein
Bewirtung: Mittagessen und Abendessen
Aktivitäten: bei uns am Hof gibt es viel zu sehen
Umgebung: Handwerkerdörfl Pichla, Römerzeitliches Museum Ratschendorf, Fußspurenwanderweg, Murturm, Schiffmühle Mureck, Parktherme Bad Radkersburg

453 BAUMGARTNER

P2 | 10m | >3,5t

Weixelbaum 15
8483 Deutsch Goritz

46°44'21.2"N 15°52'22.9"E

ANMELDUNG:
Sebastian Baumgartner
0664/2004128

Wir sind ein kleinstrukturierter Familienbetrieb. Bei der Herstellung von Kürbiskernöl zählen wir auf nachhaltige Produktion. Auf unserem Hof sind vier Generationen aktiv, was einen hohen Wissensstand bedeutet. Bei uns am Hof gibt es immer viel zu sehen und zu erleben.

Aufenthalt:	maximal 24 Stunden
Ab-Hof-Verkauf:	geöffnet bei Bedarf
Produkte:	Kürbiskernöl, Kürbiskerne, Käferbohnen, Gemüse nach Saison
Umgebung:	Römerzeitliches Museum Ratschendorf, 7 Quellenweg, Fußspurenwanderweg, Murturm, Schiffmühle Mureck, Bad Radkersburg

454 BÄCKSTEFFL BAUERNSPEZEREIEN

www.baecksteffl.at

P1 | 10m | >3,5t | WC

Dietzen 32
8492 Halbenrain

46°42'44.7"N 15°56'40.1"E

ANMELDUNG:
Michaela Summer
0664/4151989

Als regionaler Spezialitätenbetrieb im Süden der Steiermark unweit von Bad Radkersburg, veredeln wir leidenschaftlich gerne unsere eigenen Lebensmittel. Unsere Produktauswahl ist vielfältig. Sie reicht von Sonnenkeksen über Kürbiskern-Pesto bis zu selbst gerösteten Knabberkernen. Unser neuester Zugang ist der Steirer Quinoa. Zu unseren Klassikern zählen die Steirische Käferbohne g.U. und unser vielfach ausgezeichnetes Steirisches Kürbiskernöl g.g.A. (17 Mal!).

Aufenthalt:	maximal 24 Stunden
Anreise bis:	20 Uhr
Ab-Hof-Verkauf:	Mittwoch bis Freitag von 14 - 18 Uhr und bei Bedarf, Selbstbedienungsautomat
Produkte:	Steirisches Kürbiskernöl, Knabberkerne, Kürbiskernpesto, Steirische Käferbohne - trocken oder essfertig, Käferbohnenmarmelade, Heckenklescherfrizzante, Essig, Säfte, Steirer Quinoa, Sonnenkekse, Nudeln, uvm.
Umgebung:	Schloss Ehrenhausen, Aussichtswarte am Platschberg, Önologium am Weingut Georgiberg, Herzerlstraße

455 WEINBAU LAMPRECHT

www.weinbau-lamprecht.at

Hürth 37
8492 Halbenrain

46°45'23.3"N 15°56'09.0"E

ANMELDUNG:
Beatrix Lamprecht
0664/3522080

Unser Betrieb befindet sich am Fuße vom Klöchberg und ist ein reiner Weinbau- und Familienbetrieb. Sonnige Südhänge in den Klöcher Weinbergen und deren sorgfältige Pflege sind die Voraussetzungen für höchste Güte unserer Trauben. Wir bewirtschaften eine Rebfläche von 5 ha, auf der fast das ganze steirische Sortiment gepflanzt ist. Zwei unserer Spezialitäten sind der „Klöcher Traminer" und „Die Rosi".

Aufenthalt: maximal 24 Stunden
Anreise bis: 18 Uhr
Geschlossen: Sonntag, Feiertage
Ab-Hof-Verkauf: geöffnet bei Bedarf
Produkte: Welschriesling, Sämling 88, Gelber Muskateller, Weißburgunder, Morillon, Chardonnay, Blauer Zweigelt, Traminer, Spätlese, Frizzante, Traubensaft
Aktivitäten: Weingartenführung inkl. kommentierter Weinverkostung nach Voranmeldung
Umgebung: Traminerwanderweg, K13 Wanderweg, Vinothek und Weinbaumuseum Klöch, Kultursommer Burgruine Klöch, Golfclub Traminergolf Klöch, Radfahren entlang der Weinberg-Tour

456 OBST- & WEINBAU TOMASCHITZ

www.tomaschitz.cc

Deutsch Haseldorf 17
8493 Klöch

46°47'04.3"N 15°58'44.2"E

ANMELDUNG:
Diana u. Hans Peter Tomaschitz
0676/9330045

Am Rande des Klöcher Weinlandes liegt unser Betrieb. Den Schwerpunkt setzen wir auf Obstbau, wir bewirtschaften aber auch gut 1 ha Rebfläche. Aus den Trauben kreieren wir qualitativ hochwertigen Wein. Wir verkaufen frisches Obst je nach Saison, ganzjährig verschiedene Apfelsorten sowie Marmeladen, Apfelchips, Kernöl und Essig.

Aufenthalt: maximal 24 Stunden
Anreise bis: 19 Uhr
Ab-Hof-Verkauf: Selbstbedienungsladen 0 - 24 Uhr
Produkte: Wein, Frizzante, Äpfel, Apfelchips, Fruchtaufstriche, Apfelsaft, Tee, Eistee, Kernöl, Weinessig, Obst nach Saison (Pfirsich, Zwetschken, Brombeeren, Himbeeren, Stachelbeeren, Kirschen)
Bewirtung: Buschenschank, Öffnungszeiten siehe Webseite
Aktivitäten: Produktverkostung, Weinverkostung, Fische füttern und relaxen mit Grillmöglichkeit am hauseigenen Teich (4 km entfernt) gerne möglich
Umgebung: Thermenradweg R12, Wanderweg Weg der Freundschaft, Golfresort Klöch, Traminerwanderweg, Parktherme Bad Radkersburg

457 SEMLITSCH NATURPRODUKTE

www.semlitsch-naturprodukte.at

Deutsch Haseldorf 2
8493 Klöch

46°47'23.1"N 15°58'48.1"E

ANMELDUNG:
Maria Gertrude Semlitsch
0664/4264290

Wir sind ein Obst- und Weinbaubetrieb. Wir veredeln unsere Produkte zu prämierten Säften und Weinen. International sind wir mit unseren Edelbränden bekannt. Von unserem Betrieb aus hat man eine wunderbare Aussicht bis ins Nachbarland Slowenien. Gerne führen wir interessierte Besucher durch unseren Betrieb und durch die Schaubrennerei.

Aufenthalt:	maximal 24 Stunden
Anreise bis:	19 Uhr
Ab-Hof-Verkauf:	geöffnet bei Bedarf
Produkte:	Kürbiskernöl, Wein, Edelbrände, Liköre, Marmelade, Knabbereien, Säfte, Nektar, Most, Cider, Frizzante, Äpfel ganzjährig, ansonsten Obst nach Saison
Aktivitäten:	Schaubrennerei, Hofführungen und Produktverkostungen
Umgebung:	Burgruine Klöch, Golfresort Klöch, Parktherme Bad Radkersburg, Therme Bad Gleichenberg

458 TSCHIGGERL'S HOFLADEN

www.hofladen-tschiggerl.com

Pölten 40
8493 Klöch

46°44'32.6"N 15°58'59.1"E

ANMELDUNG:
Renate u. Karl Tschiggerl
0664/6329347

Unser Herzstück ist unser 100% reines Kürbiskernöl, das bereits über Generationen bei uns am Hof hergestellt wird. Mit viel Leidenschaft verarbeiten wir auch unser Obst, das aus alten Apfelsorten besteht. Zusätzlich zu unseren Edelbränden und Fruchtsäften bieten wir euch in unserem Hofladen Naturprodukte und Köstlichkeiten aus der Region an. 2018 haben auch Alpakas am Hof Einzug gehalten, die gerne mit unseren Gästen spazieren gehen.

Aufenthalt:	maximal 24 Stunden
Anreise bis:	20 Uhr
Geschlossen:	Sonntag
Ab-Hof-Verkauf:	Montag bis Samstag von 8 - 11 Uhr und 14 - 18 Uhr
Produkte:	Kernöl, Schnäpse, Fruchtsäfte, Produkte aus Isabella-Trauben
Umgebung:	Weinweg der Sinne, Aussichtswarte Vulkanland, Burgruine Klöch, Klöcher Traminerweg, Parktherme Bad Radkersburg, Murtum, Schiffsmühle Mureck, Traminer Golfplatz

459 FERIENHOF WEBER
www.ferienhof-weber.at

Pölten 6
8493 Klöch

46°44'34.2"N 15°58'58.3"E

ANMELDUNG:
Karin u. Christian Weber
0664/4756077

Wir sind ein familienfreundlicher Bauernhof und vermieten auch Zimmer an unsere Gäste. Wir haben einen Hofladen, wo wir Naturprodukte aus eigener Erzeugung verkaufen. Wir bauen Kürbisse, Süßkartoffeln und Kren an. Die Kürbiskerne verarbeiten wir weiter zu echtem steirischen Kürbiskernöl. Unser Hof ist ein guter Ausgangspunkt für Ausflüge in die Umgebung.

Aufenthalt: maximal 24 Stunden
Anreise bis: 17 Uhr
Geschlossen: Oktober bis Mai
Ab-Hof-Verkauf: geöffnet bei Bedarf
Produkte: steirisches Kürbiskernöl, steirische Käferbohnen, steirischer Kren, Knabberkerne natur und mit Geschmack, Apfelsaft, Traubensaft, Speisekürbisse, Süßkartoffeln
Umgebung: Traminerwanderweg, Weg der Freundschaft, Alpakas beim Nachbarn, Golfplatz, Parktherme Bad Radkersburg

460 TEMMELHOF
www.temmelhof.at

Packer Straße 147
8501 Lieboch

46°58'33.1"N 15°19'46.8"E

ANMELDUNG:
Kerstin u. Walter Temmel
0664/73343697

Wir sind ein Familienbetrieb mit Legehennen-Freilandhaltung. Unsere eigene Nudelmanufaktur gibt es seit dem Jahr 2006. Unser Sortiment besteht aus 47 verschiedene Nudelsorten, von der klassischen Suppennudel bis hin zu Spaghetti, Vollkorn- und Kräuternudel. In unserem Bauernladen gibt es mehr als 200 saisonale und regionale Produkte. Wir kennen alle unsere Lieferanten persönlich.

Aufenthalt: maximal 24 Stunden
Anreise bis: 15 Uhr
Geschlossen: Sonntag
Ab-Hof-Verkauf: Montag bis Samstag von 8 - 18 Uhr, Küche: Mittwoch bis Samstag von 16 - 21 Uhr
Produkte: Nudeln, Brot, Germ-Mehlspeisen, Essig, Getreide und Mehl, Naturkosmetik, Fleisch und Wurst, Müsli, Liköre, Edelbrände, Gin, Chili Produkte, Salz, Pesto, Milchprodukte, Kernöl, Wein, Aufstriche, Honig, jeden Donnerstag Fisch
Bewirtung: Frühstück, Mittagessen, Abendessen nach Voranmeldung
Aktivitäten: Produktverkostung
Umgebung: Eisenbahnmuseum Lieboch, Wanderweg St. Josef Theaterweg, Österreichischer Skulpturenpark, Ausflug nach Graz

461 SCHEIFLER

Pöls 5
8504 Dobl Zwaring

46°54'04.4"N 15°24'17.8"E

ANMELDUNG:
Denise Scheifler
0664/5459120

Von Donnerstag bis Sonntag betreiben wir ein steirisches Landgasthaus. Direkt am Parkplatz haben wir einen Selbstbedienungs-Kühlschrank stehen. Gefüllt ist er mit regionalen Produkten, die in der umliegenden Region hergestellt werden. Somit können Sie sich mit den wichtigsten Lebensmitteln wie Eier, Milch, Joghurt, Speck, Würstel, Käse und vielem mehr versorgen.

Aufenthalt: maximal 24 Stunden
Ab-Hof-Verkauf: Selbstbedienungsautomat
Produkte: Eier, Milch, Joghurt, Käse, Topfen, Kernöl, Honig, Marmeladen, Aufstriche, Würstel, Wurst, Speck
Bewirtung: Mittagessen, Abendessen im Gasthof
Umgebung: Rundwanderweg Dobl, Kneipp Rundwanderwege in Zwaring, Kainachtalradweg R14, Alpakafarm in Bad Gams, Ausflug nach Graz mit vielen Sehenswürdigkeiten

462 WEINGUT + BUSCHENSCHANK HÖFER

www.buschenschank-hoefer.at

Mitteregg 20
8505 St. Nikolai im Sausal

46°48'12.6"N 15°26'51.6"E

ANMELDUNG:
Michael Höfer
0664/1293160

Wir bewirtschaften einen Familienbetrieb in der Südsteiermark mit den Schwerpunkten Weingut und Buschenschank. Am Hügel gelegen, eingebettet in die schönen Landschaft des Sausals, begrüßen wir seit 2021 gerne Wohnmobile auf unserem Parkplatz. Wir freuen uns auf einen Besuch von Ihnen.

Aufenthalt: maximal 24 Stunden
Geschlossen: Mittwoch, Donnerstag; Dezember
Ab-Hof-Verkauf: geöffnet bei Bedarf
Produkte: hofeigene Weine: Weißburgunder, Sauvignon Blanc, Muskateller, Grauburgunder
Bewirtung: Mittagessen und Abendessen in der Buschenschank
Umgebung: Hausbrauerei Löscher mit Brauereiführung, Schloss Flamhof, Waldschachersee, Tierpark Preding, Leibnitz

463 WEINGUT PICHLER-SCHOBER
www.pichler-schober.at

Mitteregg 26
8505 St. Nikolai im Sausal

46°48'09.0"N 15°27'02.9"E

ANMELDUNG:
Sabine Pichler
03456/3471

In unserer Buschenschank verwöhnen wir Sie mit Räucherspezialitäten und vielen weiteren Schmankerln. Von uns aus gibt es eine wunderbare Aussicht auf die Weinberge, mit beeindruckendem Panoramablick von Kitzeck über den Demmerkogel bis nach Graz. Auf den Hügeln der Lage Mitteregg und Nebenegg wachsen die Trauben auf den Sausaler Urgesteinsböden. Nachhaltige und sorgfältige Arbeit im Weingarten bilden die Grundlage unserer Weine.

Aufenthalt:	maximal 24 Stunden
Anreise bis:	23 Uhr
Geschlossen:	Weihnachten bis Ende Jänner
Ab-Hof-Verkauf:	Mai bis November: Mittwoch bis Sonntag ab 14 Uhr, Dezember bis Februar: Freitag bis Sonntag ab 14 Uhr
Produkte:	Weißweine, Rotweine, Roséweine, Frizzante, Sekt, Fruchtsäfte, Edelbrände, Liköre, Gärungsessig, Marmeladen, Kernöl
Bewirtung:	Buschenschank, Mittagessen und Abendessen nach Voranmeldung
Aktivitäten:	Weinverkostung, Kellerführung
Umgebung:	Waldschachersee, Tier-, Wild- und Spielpark Preding, Tempelmuseum Frauenberg

464 SCHLOSSBLICK STROHMEIER
www.schlossblick-strohmeier.at

Engelweingartenstraße 56
8510 Stainz

46°53'35.0"N 15°14'44.4"E

ANMELDUNG:
Helga Strohmeier
0664/9114634

Mitten im Schilcherland, in Stainz in der Weststeiermark, betreiben wir unseren Hof mit großer Sorgfalt nachhaltig im ökologischen Anbau. Denn wir wollen das Beste für Natur, Mensch und Umwelt. Mit Leidenschaft, Begeisterung und Freude betreuen wir unsere Alpakas, unsere Felder, Wiesen und Wälder, unsere Christbaumkulturen und unsere Hof-Boutique. Für unsere Kunden sind wir vollen Herzens da!

Aufenthalt:	maximal 24 Stunden
Anreise bis:	21 Uhr
Geschlossen:	10. November bis 1. März
Ab-Hof-Verkauf:	Samstag von 9 - 16 Uhr und bei Bedarf
Produkte:	Alles vom Alpaka wie Kleidung, Schuhe, Seifen, Wolle, Bettwaren; Kürbiskernöl, Christbäume
Umgebung:	Freibad Stainz, Jagd- und Landwirtschaftsmuseum, Traktormuseum, Schloss Stainz, Flascherlzug, Stainzer Warte

465 WEINBAU VOLLMAIER VLG. WIESER

www.steirischerschilcher.at

Gundersdorf 45
8511 Gundersdorf

46°57'28.0"N 15°14'34.7"E

ANMELDUNG:
Martin Vollmaier
0664/1343081

Wir sind ein kleiner Weinbaubetrieb in St. Stefan ob Stainz. Somit liegen wir im Herzen des Schilcherlandes. Unser Betrieb ist umgeben von Wiesen, Wäldern und Weingärten. Unser Hauptaugenmerk legen wir auf den Anbau von Schilcherreben, die wir nach der Ernte zu erlesenen Weinen verarbeiten. An unserem Anwesen führt ein Wanderweg vorbei. Wir freuen uns auf euren Besuch.

Aufenthalt: maximal 24 Stunden
Ab-Hof-Verkauf: geöffnet bei Bedarf
Produkte: Schilcher, Weißburgunder, Honig, Kürbiskernöl, Schnäpse
Umgebung: Spielzeugmuseum, Keltenkreis im Zachgraben, Museum Waldglashütte, Schloss Stainz, Traktormuseum Stainz, Stainzer Warte, Stainzer Flascherlzug

466 WEINGUT MACHATER

www.machater.at

Gundersdorf 3
8511 St. Stefan ob Stainz

46°56'45.7"N 15°14'03.7"E

ANMELDUNG:
Stephanie Putz-Machater
03463/81649

Wir sind ein Weingut mit Heurigenbetrieb im schönen Schilcherland. Man kann bei uns auf eine gute Jause mit einem feinen Glaserl Wein bei herrlicher Aussicht einkehren oder unsere Schmankerl mit nach Hause nehmen. Fast alle unsere Produkte sind aus Eigenanbau oder Eigenverarbeitung. Spezialitäten, die wir nicht selbst erzeugen, werden von regionalen Lieferanten bezogen. Gerne begrüßen wir Sie in unserem Betrieb.

Aufenthalt: maximal 24 Stunden
Anreise bis: 20 Uhr
Geschlossen: Montag, Dienstag, Mittwoch, Donnerstag; November bis März
Ab-Hof-Verkauf: Freitag bis Sonntag von 12 - 21 Uhr
Produkte: Weine, Schaumwein, Schilerol, Destillate, Säfte, Selchfleisch, Hauswürstel, Grammelschmalz, Marmeladen, Honig, Kräutersalze, Kernöl, Essig
Bewirtung: Heuriger, Mittagessen und Abendessen nach Voranmeldung
Umgebung: Keltenkreis im Zachgraben, Museum Waldglashütte, Heilquelle Bad Sauerbrunn, Stainzer Flascherlzug, Traktormuseum

467 WEIN- UND GENUSSLADEN KLEINDIENST

www.wein-genussladen.at

Gundersdorf 9
8511 St. Stefan ob Stainz

46°56‘51.8“N 15°14‘01.8“E

ANMELDUNG:
Familie Kleindienst
0664/3937370

Von Hand. Von Herzen. Von Uns. In unserem Betrieb legen wir großen Wert auf Handarbeit. Wir beginnen mit dem Schneiden und Binden der Rebstöcke, ab Mai kommt die Laubarbeit und später das Ausdünnen hinzu. Im Herbst erfolgt schließlich die hoffentlich reiche Ernte. Doch damit ist die Arbeit noch nicht getan, denn die Trauben müssen noch weiter verarbeitet werden. Mit Fingerspitzengefühl und ganz viel Freude am Ausprobieren keltern wir Weine mit gutem Trinkfluss.

Aufenthalt:	maximal 24 Stunden
Anreise bis:	19 Uhr
Ab-Hof-Verkauf:	geöffnet bei Bedarf
Produkte:	Schilcher, Schilcherfrizzante, Sauvignon Blanc, Gelber Muskateller, Muskateller Frizzante, Schilcher Tresterbrand, Schilcher-Likör, süße und pikante Wein- und Fruchtgelees, Blütensirup, Blüten- und Kräutersalze, Traubensaft
Aktivitäten:	Produktverkostungen
Umgebung:	Keltenkreis im Zachgraben, Waldglashütte auf der Glaserwiese, Historisches Spielzeugmuseum, Schloss Stainz - Jagdmuseum und Landwirtschaftsmuseum

468 WEINGUT FAMILIE HIDEN

www.weingut-hiden.at

Hochgrail 66
8511 St. Stefan ob Stainz

46°55‘16.5“N 15°14‘24.0“E

ANMELDUNG:
Stephan Hiden
03463/81817

Unser Weingut liegt mitten in den Weinbergen von Hochgrail. Das Weingut wird als Familienbetrieb seit 1820 geführt und ist für seine hoch qualitativen Weine und die Buschenschank bekannt. Eigentlich wird unser Weingut als gemischter landwirtschaftlicher Betrieb geführt, doch die große Liebe gehört natürlich dem Schilcher. Ein Besuch in unserer Buschenschank „Höllerhansl“ beginnt mit einem wunderschönen Ausblick auf St. Stefan, bei klarem Wetter lässt sich Slowenien erkennen.

Aufenthalt:	maximal 24 Stunden
Ab-Hof-Verkauf:	täglich von 8-18 Uhr
Produkte:	Schilcher, Welschriesling, Weißburgunder, Chardonnay, Grauburgunder, Sämling 88, Gelber Muskateller, Sauvignon Blanc, Gewürztraminer, Riesling
Bewirtung:	Buschenschank, Öffnungszeiten siehe Webseite
Aktivitäten:	Weinverkostung, Kellerführung, Picknickkörbe auf Bestellung
Umgebung:	Schloss Stainz, Weingärten Hochgrail, Keltischer Baumkreis, Historisches Spielzeugmuseum

469 BIOALM WASSERMANN-WIRT
www.wassermann-wirt.at

Sommereben 8
8511 St. Stefan ob Stainz

46°56'20.1"N 15°11'11.6"E

ANMELDUNG:
Lydia u. Anton Wassermann
03143/8113

Wir liegen auf ca. 900 m Seehöhe im ruhigen und wanderbaren Reinischkogelgebiet. Wir betreiben einen Gasthof mit zertifizierter Biolandwirtschaft. Auf 10 ha Grünland weiden Rothirsche, deren Fleisch wir teilweise im Gasthof, aber auch in Form von Frischfleisch, Salami und Trockenwürstel ab Hof vermarkten. Seit Generationen gehört auch ein Weingarten mit uraltem Winzerhaus zu unserem Besitz.

Aufenthalt: maximal 24 Stunden
Ab-Hof-Verkauf: geöffnet bei Bedarf
Produkte: Frischfleisch, Salami und Trockenwürstl vom Bio-Rothirsch
Bewirtung: Mittag- und Abendessen im eigenen Restaurant mit Hirschspezialitäten
Umgebung: Keltenkreis im Zachgraben, Museum Waldglashütte, Weingärten, Hochgrail, viele Wanderwege in der Umgebung, Schloss Stainz, Höllerhansl Grotte

470 BAUERNHOF ERMI
www.bauernhof-ermi.at

Petzelsdorfstraße 14
8522 Groß St. Florian

46°49'48.9"N 15°19'12.6"E

ANMELDUNG:
Anita Pracher
0650/2901664

Unser Bauernhof liegt auf 330 Meter Seehöhe inmitten einer traumhaften Naturlandschaft und doch nahe am Ortszentrum Groß St. Florian. Gerne könnt ihr uns bei der Arbeit am Hof über die Schulter schauen oder auch mithelfen. Mit unseren Ziegen, Schweinen, Hühnern, Enten und Katzen wird auch den Kindern nicht langweilig. Samstags – an unserem Backtag – zeigen wir euch, wie wir unser hauseigenes Brot und Gebäck herstellen.

Aufenthalt: maximal 24 Stunden
Anreise bis: 19 Uhr
Ab-Hof-Verkauf: täglich von 6 - 20 Uhr
Produkte: Kernöl, Knabberkerne, Säfte, Marmeladen, Nudeln, Honig, Wein, Cider, Tee und Essig; Brot und Gebäck (samstags oder gegen Vorbestellung)
Umgebung: Stainzer Flascherlzug, Tierpark Preding, Feuerwehrmuseum, Burgmuseum Deutschlandsberg, Schloss Stainz

471 ALBRECHERHOF

www.albrecherhof.at

Unterbergla 10
8522 Groß St. Florian

46°48'36.4"N 15°18'51.6"E

ANMELDUNG:
Elke Fritz
0676/9636376

Neben unseren Ziegen, die uns täglich frische Milch liefern, bewohnen wir unseren Hof mit vielen anderen Tiere, die sich immer auf eine Streicheleinheit freuen. Eselwandern ist unsere große Leidenschaft. Wandern Sie mit unseren Eseln Emil, Emma und Simba rund um Groß St. Florian vorbei an Teichen, Wein- und Obstgärten. Ponyreiten ist ebenfalls möglich. Oder spazieren Sie einfach durch unsere Weingärten.

Aufenthalt: maximal 24 Stunden
Anreise bis: 16 Uhr
Ab-Hof-Verkauf: Selbstbedienungsautomat
Produkte: Hühnereier, Wachteleier, Ziegenmilch, Ziegenkäse, Nudeln, Kernöl, Säfte und Marmeladen.
Aktivitäten: Ponyreiten, Eselwandern mit Buschenschank-Jause, Streichelzoo
Umgebung: Steirisches Feuerwehrmuseum, Stainzer Flascherlzug, Burg Deutschlandsberg, Burgmuseum Archeo Norico, Deutschlandsberger Klause

472 WEINGUT + BUSCHENSCHANK FELLNER

www.buschenschank-fellner.at

Schambergerstraße 29
8523 Frauental

46°50'55.0"N 15°14'55.6"E

ANMELDUNG:
Stephan Fellner
0664/73425328

Umgeben vom Weinberg mit einem weitreichenden Ausblick laden wir Sie in unser Weingut & Buschenschank zum Verweilen in urig-moderner Atmosphäre ein. Genießen Sie bei uns steirische Gastfreundlichkeit. Neben den hausgemachten kulinarischen Spezialitäten bieten wir vor allem eine traditionelle Auswahl an ausgezeichneten Qualitätsweinen, Likören und Edelbränden, Apfelweinen, Apfelmost und Fruchtsäften.

Aufenthalt: maximal 24 Stunden
Ab-Hof-Verkauf: geöffnet bei Bedarf
Produkte: Weine, Fruchtsäfte, Edelbrände, Liköre, Kernöl, Marmeladen, Honig, Nudeln, Eier, Milch, Butter, Joghurt, Topfen, Käse, Gebäck auf Vorbestellung
Bewirtung: Buschenschank, Öffnungszeiten siehe Webseite
Umgebung: Burg Deutschlandsberg mit Burgmuseum, Erlebnisbad Aqua Fun Frauental, Golfplatz Schloss Frauenthal, Spaziergang an der Deutschlandsberger Klause

473 FARMER-RABENSTEINER VLG. GRAF
www.kuerbiskernoel.at

Furth 8
8524 Bad Gams

46°51'49.9"N 15°13'46.5"E

ANMELDUNG:
Christine Rabensteiner
03463/3107

Am Genusshof Farmer-Rabensteiner kann man miterleben, wie aus den Kürbiskernen unser prämiertes Steirisches Kürbiskernöl gewonnen wird. Im größten Essigkeller im Schilcherland reifen die unterschiedlichsten Essige in Glasballons und in über 350 verschiedenen Holzfässern. Im Schilcherkeller (gemeinsame Vermarktung der Weinbauern) lagert die Spezialität aus der Region. Starten Sie mit uns eine Rundreise durch unsere Genuss- und Erlebniswelt.

Aufenthalt: maximal 24 Stunden
Ab-Hof-Verkauf: Montag bis Sonntag von 8 - 18 Uhr
Produkte: Steirisches Kürbiskernöl, Knabberkerne, Essig, Pesto, Öl, Marmeladen, Geschenksideen, Keramik, Schilcher, Weißweine, Säfte, bäuerliches Handwerk
Aktivitäten: Produktverkostungen, Betriebsführungen
Umgebung: Heilquelle Bad Gams, Naturbadesee Gamsbad, Weinbergwarte, Alpakahof, Traktormuseum Stainz, Burg Deutschlandsberg, Schloss Stainz

474 WEINBAU+ FISCHBUSCHENSCHANK PETER
www.weinbautonipeter.at

Gersdorf 21
8524 Bad Gams

46°51'09.3"N 15°14'44.2"E

ANMELDUNG:
Toni Peter
0676/4041164

Seit 1750 baut unsere Familie die blaue Wildbachertraube (Schilcher) an. Aus dem harmonischen Zusammenspiel von Traubenmaterial, Erfahrung und innovativen Tätigkeiten wird diese Traube zu den verschiedensten Variationen verarbeitet und auch zu Weißwein gekeltert. Neben dieser besonderen Traube keltern wir auch Weißburgunder und Muskateller. Zum Weinbaugebiet gehört auch ein kleiner See.

Aufenthalt: maximal 24 Stunden
Ab-Hof-Verkauf: geöffnet bei Bedarf
Produkte: Schilcher trocken, Schilcher lieblich, Schilcherfrizzante, Traubensaft, Weißburgunder, Muskateller, Muskatellerfrizzante, Apfelsaft, Balsamico von Schilcher und Weißburgunder
Bewirtung: Buschenschank, Öffnungszeiten siehe Webseite
Aktivitäten: frisches Gebäckservice zum Frühstück nach rechtzeitiger Voranmeldung während der Buschenschank-Öffnungszeiten, Wandern und Radfahren ab dem Stellplatz
Umgebung: Freibad in Bad Gams, Golfplatz Schloss Frauenthal, Burg Deutschlandsberg
Hinweis: Grau- und Schwarzwasserentsorgung möglich

475 WEINGUT KOLLER
www.koller-wein.at

Feldbaum 35
8524 Deutschlandsberg

46°51'06.3"N 15°11'44.1"E

ANMELDUNG:
Ilse Koller
0664/4444809

In Wildbach, der Heimat des Schilchers, befindet sich unser traditionsreiches Weingut. Genießen Sie bei uns die Ruhe und den wunderschönen Ausblick in das Wildbachtal, dem Ursprung des Schilchers sowie in die Weingärten und umliegenden Wälder. Neben unserer Hauptsorte, dem Schilcher, vinifizieren wir auch verschiedene Weißweine wie Weißburgunder, Grauburgunder oder Gelber Muskateller.

Aufenthalt: maximal 24 Stunden
Ab-Hof-Verkauf: geöffnet bei Bedarf
Produkte: Weißburgunder, Grauburgunder, Muscaris, Gelber Muskateller, Schilcher Klassik, Schilcher Ried Schoberberg, Schilcher Spätblauer, Muskateller Frizzante, Schilcher Frizzante, Schilchersekt, Blanc de Noirs, naturtrübe Säfte, Traubenkern-gewürze, Schilchertee, Schilcheressig, Schnäpse und Edelbrände
Aktivitäten: Produktverkostungen und Hofführungen sind gegen einen Unkostenbeitrag jederzeit möglich
Umgebung: Burg Deutschlandsberg, Theaterzentrum Deutschlandsberg, Wanderwege in der Umgebung, Deutschlandsberger Klause, Schloss Stainz

476 WEINERLEBNIS DEUTSCH-MAIER
www.deutsch-maier-wein.at

Wildbachberg 16
8524 Deutschlandsberg

46°51'03.3"N 15°13'15.3"E

ANMELDUNG:
Monika Deutsch
0664/2843329

In unseren Produkten spiegelt sich unsere Liebe zur Natur und zur Arbeit in unserem Weingarten wider. In unserem Betrieb liegen die Pflege des Weingartens, die händische Weinlese, die Arbeiten im Keller, die Abfüllung und der Verkauf in eigener Hand. Unsere Leidenschaft gehört der traditionellen Sorte Blauer Wildbacher, besser bekannt als Schilcher. Weißburgunder und Chardonnay ergänzen unser Angebot.

Aufenthalt: maximal 24 Stunden
Anreise bis: 21 Uhr
Ab-Hof-Verkauf: Montag bis Samstag von 8 - 19 Uhr, Sonntag von 8 - 11 Uhr
Produkte: Chardonnay DAC, Weißburgunder DAC, Schilcher Klassik DAC, Schilcher Harmonie, Blauer Wildbacher gleichgepresst, Schilcher Frizzante, Kernöl, Edelbrände
Aktivitäten: Weinverkostung, Erklärung im Weingarten und im Keller
Umgebung: Burg Deutschlandsberg, Erlebnisfreibad Aqua Fun Frauental, Bauernmuseum Herkhof, Weinbergwarte Bad Gams, Traktormuseum Stainz, Badesee in Bad Gams, Radweg Schilcher Tour Süd, Schilcher Kellerrundwanderweg

477 WEINGUT JAUK-WIESER
www.winzerstube-jauk-wieser.at

Schloßweg 51
8530 Deutschlandsberg

46°48'53.5"N 15°11'60.0"E

ANMELDUNG:
Monika Heß-Jauk-Wieser
03462/2889

Seit Generationen wird das Weingut Jauk-Wieser als landwirtschaftlicher und gastronomischer Familienbetrieb geführt. In Summe kommen wir auf 4 ha Weinanbaufläche. Neben der weststeirischen Hauptsorte Schilcher werden auch die Sorten Welschriesling, Weißburgunder, Sauvignon Blanc und Muskateller gekeltert. Die Weingärten bearbeitet Hausherrin Monika gemeinsam mit Tochter Lisa-Maria, im Keller hat Quereinsteiger und Autodidakt Norbert das Sagen.

Aufenthalt: maximal 24 Stunden
Geschlossen: Donnerstag
Ab-Hof-Verkauf: geöffnet bei Bedarf
Produkte: Schilcher, Welschriesling, Weißburgunder, Muskateller, Sauvignon Blanc, Prosecco, Traubensaft
Bewirtung: Buschenschank, Öffnungszeiten siehe Webseite
Umgebung: Burg Deutschlandsberg, Burgmuseum Archeo Norico, Deutschlandsberger Klause, Ölmühle Hamlitsch, Weinlehrpfad Deutschlandsberg

478 NATURPRODUKTE IMHOF
www.naturprodukte-imhof.at

Freidorf 5
8542 St. Peter

46°45'10.9"N 15°16'05.0"E

ANMELDUNG:
Alexander Imhof
0664/1792967

Wir haben uns auf den Anbau und die Verarbeitung von alten Getreidesorten (Emmer, Einkorn, Sulmtaler Sterz) spezialisiert. Auch regionaltypische Produkte wie steirisches Kürbiskernöl g.g.A. und die Käferbohne g.U. bauen wir an. Alle Produkte bieten wir in unserem neu gebauten Verkaufsraum an.

Aufenthalt: maximal 24 Stunden
Anreise bis: 21 Uhr
Geschlossen: Dezember bis Februar
Ab-Hof-Verkauf: Montag bis Samstag von 8 - 18 Uhr
Produkte: Sulmtaler Sterz, Emmer (Mehl, Nudeln), Einkorn (Mehl, Nudeln), Waldstaudenroggen (Mehl), steirisches Kürbiskernöl g.g.A., steirische Käferbohne g.U., Apfelsaft, Produkte anderer Direktvermarkter aus der Umgebung
Aktivitäten: Hofführung
Umgebung: freistehender Glockenturm und Pfarrkirche, Heimatmuseum, Naturlehrpfad im Ort, Wandergebiet Koralpe (30 min. Autofahrt entfernt), Radwege direkt in der Umgebung

479 WEINGUT + KÜRBISKERNÖL BRAUCHART

www.brauchart.st

St. Peter im Sulmtal 23
8542 St. Peter im Sulmtal

46°45‘05.1“N 15°14‘41.5“E

ANMELDUNG:
Norbert u. Daniel Brauchart
0650/8008460
0664/1443387

Unser Familienbetrieb befindet sich im schönen Blumendorf St. Peter im Sulmtal an der beliebten Schilcherweinstraße. Somit sind wir nur 10 Autominuten von der Stadt Deutschlandsberg entfernt. Unser Hof in ruhiger Lage ist umgeben von Weingärten, Kastanien- und Streuobstwiesen und lädt zum Entspannen und Erholen ein. In unserem Hofladen können Sie neben unseren Weißweinen auch den typischen, roséfarbenen Schilcher verkosten.

Aufenthalt:	maximal 24 Stunden
Anreise bis:	20 Uhr
Ab-Hof-Verkauf:	Montag bis Samstag ab 8 Uhr, Sonn- und Feiertage auf Anfrage
Produkte:	Steirisches Kürbiskernöl g.g.A., Knabberkerne, Schilcher, Schilcher exklusiv, Weißburgunder, Sauvignon Blanc, Schilcherfrizzante, Schilcherlikör, Edelbrände, Schilchertraubensaft, Apfelsaft
Aktivitäten:	Besichtigung der hofeigenen Ölmühle auf Anfrage, Produktverkostungen
Umgebung:	Spaziergang durch das Blumendorf mit Petruspark und Mariengrotte, Kinderspielplatz, Heilmoorbad und Freibad Bad Schwanberg, Burg Deutschlandsberg

480 WEINGUT KUNTNER

www.trinkgenuss.at

Obergreith 48
8544 St. Ulrich in Greith

46°42‘45.7“N 15°20‘16.8“E

ANMELDUNG:
Thomas Kuntner
0699/17324116

Unser Weingut liegt idyllisch eingebettet auf den Weinbergen am Schnittpunkt zwischen Süd- und Weststeiermark. Auf den Rieden wachsen typisch steirische Trauben, wie zum Beispiel der Welschriesling. Ebenso widmen wir uns den Spezialitäten wie dem Schilcherfrizzante oder dem Trebener vom Schilcher, sozusagen dem »Grappa der Steirer«.

Aufenthalt:	maximal 24 Stunden
Anreise bis:	20 Uhr
Ab-Hof-Verkauf:	geöffnet bei Bedarf
Produkte:	Weißweine, Rotweine, Schilcher, Frizzante, Essig-Spezialitäten, Schilchertraubensaft, Edelbrände, Wein-Probierpakete
Aktivitäten:	Weinverkostung am Hof
Umgebung:	Naturbadeteich Oberhaag, Wanderwege, Geowanderweg, Mineralienschau, Genussradeln 2-Flüsse-Tour

481 SCHILCHEREI WEINGUT JÖBSTL

www.joebstl.eu

Am Schilcherberg 1
8551 Wies

46°43'02.3"N 15°12'00.6"E

ANMELDUNG:
Aloisia Jöbstl
03466/43210

Am Ende der Schilcherstraße sind wir Jöbstls zu Hause - Am Schilcherberg 1. Unsere Familie veredelt seit 1984 die eigenen Früchte auf unserem Hof. Dabei gehört unsere Leidenschaft der Schilchertraube. Über die Jahre sind wir zum Betrieb mit der größten Schilchervielfalt in der Weststeiermark geworden. Unser Sortiment reicht von fruchtig trockenen Weinen über verführerische Frizzante und hochwertige Prädikatsweine bis zu opulenten Geschmackserlebnissen.

Aufenthalt:	maximal 24 Stunden
Anreise bis:	18 Uhr
Geschlossen:	Jänner, Februar
Ab-Hof-Verkauf:	Mittwoch bis Samstag von 10 - 12 Uhr und 14 - 17 Uhr
Produkte:	Weine, Schilcher, Frizzante, Sekt, Süßweine, Fruchtsäfte, Schilcherschokolade, weitere Produkte aus der Region
Aktivitäten:	Produktverkostung, Kellerführung
Umgebung:	Wandermöglichkeiten, sehr viele Panorama-Radrouten, Heilmoorbad Schwanberg, Kindererlebnisbad, Sulmwasserfall

482 BRENNEREI WALTRAUD JÖBSTL

www.joebstl-shop.at

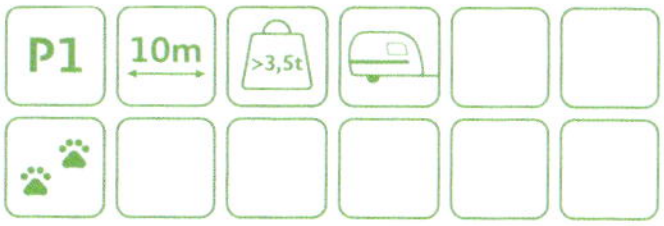

Am Schilcherberg 2
8551 Wies

46°43'03.6"N 15°12'02.1"E

ANMELDUNG:
Waltraud Jöbstl
03466/423791
0664/2827332

In den vergangenen Jahren hat sich unser südweststeirischer, traditioneller Bauernhof zu einer sehenswerten, hochprämierten und international anerkannten Brennerei entwickelt. In unserer Brennerei bieten wir nicht nur ein breitgefächertes Sortiment an Schnäpsen, sondern auch die Möglichkeit verschiedener Verkostungen. Als besonderes Highlight offerieren wir eine Führung durch das hofeigene Brennereimuseum.

Aufenthalt:	maximal 24 Stunden
Anreise bis:	17 Uhr
Geschlossen:	Montag, Dienstag, Sonntag; Feiertage
Ab-Hof-Verkauf:	Mittwoch bis Samstag von 9 - 12 Uhr und 14 - 17 Uhr, zusätzlich nach Voranmeldung
Produkte:	Kernobst Brände, Steinobst Brände, Wein- und Bierbrände, Beeren Brände, angesetzte Brände, Frizzante, Schilchersekt
Aktivitäten:	Produktverkostung
Umgebung:	Erlebnis-Bergbaumuseum, Gesteinswelt Wielfresen, Barfußweg - Bloßfiaßig der Sulm entlang, Glashüttenweg, Welschlauf am ersten Mai Wochenende

483 GARBER PATRICK WEINE
www.wein-garber.at

Etzendorf 32
8551 Wies

46°43'38.3"N 15°14'00.6"E

ANMELDUNG:
Patrick Garber
0664/5340061

Wir sind ein kleinstrukturierter Weinbaubetrieb an der Schilcherweinstraße. Persönlich und mit viel Sinn für das Traditionelle wird bei uns Wein direkt am Hof produziert und verkauft. Um Weine zu kreieren, die unverwechselbar sind, muss man seinen Wein nicht nur von Grund auf kennen, sondern im wahrsten Sinne des Wortes auch begreifen. Darum bin ich selbst täglich im Weingarten, hege und pflege die Weinstöcke von Hand und feile am Ergebnis.

Aufenthalt: maximal 24 Stunden
Ab-Hof-Verkauf: geöffnet bei Bedarf
Produkte: Blauer Wildbacher, Gelber Muskateller, Muscaris, Sauvignon Blanc, Weißburgunder, Muskateller Frizzante, Schilcher Frizzante, Schilcher Klassik, Schilcher halbtrocken, Auslese Schilcher, Weinpakete
Aktivitäten: Weinverkostung, Weingartenwanderung auf Anfrage
Umgebung: Erlebnis - Bergbaumuseum Limberg, Hohlkogel Wielfresen, Strutz Mühle, Sulmwasserfall, WIP - Erlebnisbad Wernersdorf, Josefikirche Schwanberg

484 WEINGUT WIEDERSILLI
www.wiedersilli.at

Gaißeregg 38
8551 Wies

46°43'32.7"N 15°15'34.4"E

ANMELDUNG:
Alexandra Müller
0664/9221127

Unser Weingut befindet sich am Ende der Schilcherweinstraße. Von uns aus hat man einen schönen Blick auf die Koralpe sowie über die Südsteiermark. Um unseren Hof herum liegen rund 5 ha Weingartenfläche. Bei uns reifen die Sorten Weißburgunder, Morillon, Sauvignon Blanc, Muskateller und natürlich der Schilcher. Der Schilcher ist die typischste Sorte der Weststeiermark.

Aufenthalt: maximal 24 Stunden
Ab-Hof-Verkauf: Montag bis Freitag von 9 - 12 Uhr und 13 - 17 Uhr, Samstag von 9 - 12 Uhr und 13 - 16 Uhr, Sonntag von 9 - 11 Uhr
Produkte: Weißburgunder, Morillon, Sauvignon Blanc, Gelber Muskateller, Schilcher, Edelbrände, Kürbiskernöl g.g.A., Kürbisknabberkerne, Essig, Säfte
Bewirtung: Buschenschank, Frühstück und Abendessen nach Voranmeldung
Aktivitäten: Weinverkostung, Picknick im Weingarten
Umgebung: Erlebnis-Bergbaumuseum, Gesteinswelt Wielfresen, Aussichtswarte Buchenberg, Naturbadeteich Kipferlbad, Wandern am Weingartenweg, Ausflug zur Strutzmühle

485 WEINGUT PAURITSCH
www.pauritsch.com

Kogl 29
8551 Wies

46°43'20.6"N 15°12'35.3"E

ANMELDUNG:
Stefan Pauritsch
0664/3518582

Unser junger Familienbetrieb ist spezialisiert auf den Ausbau der steirischen Aromasorten. Vor allem Sauvignon Blanc, Gelber Muskateller und natürlich der Schilcher gehören zu unseren wichtigsten Weinen auf dem Weingut. Die handverlesenen Trauben werden sorgfältig selektioniert, um dann von Kellermeister Stefan veredelt zu werden.

Aufenthalt:	maximal 24 Stunden
Geschlossen:	Sonntag und Feiertage; Dezember bis Februar
Ab-Hof-Verkauf:	Montag bis Samstag von 10 - 18 Uhr
Produkte:	Welschriesling, Weißburgunder, Blauer Wildbacher, Sämling 88, Sauvignon Blanc, Gelber Muskateller, Burgundercuvée, Schilcher, Blauer Zweigelt, Frizzante, Sekt, Säfte, Essige, Schnäpse
Bewirtung:	Buschenschank von Mai bis Oktober; Mo., Di., Fr. und Sa., jeweils von 14 - 22 Uhr
Aktivitäten:	Weinverkostungen, Hofführungen, Besichtigung unseres Rotwildgeheges
Umgebung:	Strutzmühle, Freibad Wernserdorf, Stausee Soboth, Wanderwege, Radwege
Hinweis:	Es gibt 2 Zufahrtsmöglichkeiten zum Betrieb. Wir ersuchen um kurzen Anruf, um Ihnen den geeigneten Weg für Ihr Fahrzeug erklären zu können.

486 GENUSSHOF JÖBSTL STAMMHAUS
www.joebstl-stammhaus.at

Aibl 8
8552 Eibiswald

46°41'16.0"N 15°12'17.4"E

ANMELDUNG:
Martin Jöbstl
0664/2341344

Unser Genusshof liegt in der südlichen Weststeiermark, in Eibiswald. Hier am Fuße der Koralpe bewirtschaftet unser Familienbetrieb Obst- und Weinbaukulturen. Ehrliche Weine zu kreieren, bedeutet nicht, dass man nicht auch experimentieren und mit den natürlichen Potenzialen spielen darf, welche die einzelnen Rebsorten hergeben. Zusätzlich brauen wir Bier in unserer eigenen kleinen Hofbrauerei. All unsere Produkte können Sie bei uns verkosten und ab Hof erwerben.

Aufenthalt:	maximal 24 Stunden
Anreise bis:	20 Uhr
Ab-Hof-Verkauf:	geöffnet bei Bedarf
Produkte:	Weißburgunder, Sauvignon Blanc, Welschriesling, Gelber Muskateller, Schilcher, Schilcher Frizzante, Muskateller Frizzante, Bier, Edelbrände, Gin, Essig, Fruchtsäfte, Nektar, Kernöl, Honig
Aktivitäten:	Hofführungen mit Produktverkostung
Umgebung:	Wein- und Lavendellabyrinth, idyllischer Teich mit Hütte zum Baden, Wander- und Radwege mit Start direkt vom Hof, Erlebnisbad Eibiswald, Stausee Soboth, Wasserfall Hadernigg

487 HOF JOHANNES SILLI

Hörmsdorf 75
8552 Eibiswald

46°41‘56.9“N 15°16‘14.2“E

ANMELDUNG:
Johannes Silli
0664/73496670

Mein „Hof zum Wohlfühlen“ liegt in ruhiger Lage in der Gemeinde Eibiswald. Auf einer Fläche von rund 1,5 ha baue ich Kürbisse und Weizen an. Das Wirtschaftsgebäude wurde zu einer Schlosserei umfunktioniert. Ab September 2022 baue ich einen Teil der Freifläche zu einem Heim für 6 Pferde um. Zusätzlich entsteht ein Reitplatz.

Aufenthalt:	maximal 24 Stunden
Ab-Hof-Verkauf:	geöffnet bei Bedarf
Produkte:	Steirisches Kürbiskernöl
Aktivitäten:	Nutzung des Kaffeeautomaten
Umgebung:	Erlebnisbad Eibiswald, Weitwandermuseum, Aussichtsturm St.Pongratzen, Weinbaumuseum Glirsch, Pumptrack neben dem Erlebnisbad
Hinweis:	Da ich vor Ort einen Schlossereibetrieb habe, kann ich auch Reparaturen/Instandsetzungsarbeiten anbieten, z. B. Nietmuttern anbringen oder Schweißen von Aluminium und Stahl. Reparieren ist besser als wegwerfen!

488 BACHBAUER

www.bachbauer.com

Oberlatein 32
8552 Eibiswald

46°40‘41.3“N 15°16‘54.7“E

ANMELDUNG:
Erich Wechtitsch
0664/2246203

Wir tragen die Tradition unserer Vorfahren weiter. Mit uns am Hof leben Schweine, Schafe, Weidegänse, Weideputen und Hühner. Das Steirische Kürbiskernöl ist fixer Bestandteil unseres Sortiments. Bei uns wird das „schwarz-grüne Gold“ laufend frisch gepresst. Unsere Kürbiskerne stammen aus eigenem, naturnahen Anbau von unseren Feldern rund um den Betrieb.

Aufenthalt:	maximal 24 Stunden
Anreise bis:	18 Uhr
Ab-Hof-Verkauf:	Selbstbedienungsautomat 0 - 24 Uhr
Produkte:	Geselchtes, Trockenwürstel, Salami, Kernöl, Wein, Honig, Käferbohnen, Kürbisknabberkerne, Kürbiskernschokolade, verschiedene Essigsorten
Aktivitäten:	Hofführungen mit Verkostung
Umgebung:	Jöbstl Schaubrennerei und Museum, viele Wanderwege, Mountainbike- und E-Bike-Strecken
Hinweis:	Anfahrt über Bischofegg

489 WEINHOF-DESTILLERIE DA FINZ

www.da-finz.at

Schilcherstraße 3
8562 Mooskirchen

46°57‘43.9“N 15°16‘00.3“E

ANMELDUNG:
Peter Bäuchel
0660/4677768

Unser traditioneller Familienbetrieb in Kniezenberg bei Mooskirchen ist immer einen Ausflug wert. Unser Betrieb umfasst eine Rebfläche, wo für Schilcher, Weiß- und Rotwein die besten Trauben wachsen und in sorgfältiger Arbeit zu Wein vinifiziert werden. Wir bieten Ihnen ein 24-Stunden-Einkaufserlebnis an unserem Selbstbedienungsautomaten an. Gefüllt ist dieser mit Köstlichkeiten aus der Region und Produkten von unserem Hof.

Aufenthalt: maximal 24 Stunden
Ab-Hof-Verkauf: Selbstbedienungsladen 0 - 24 Uhr
Produkte: Qualitätsweine, Edelbrände, Natursäfte, Frizzante, Kernöl, Essigsorten, Knabberkerne, Marmeladen, Süßes, Trockenwürstel, Geselchtes, Eier, Butter, Joghurt, Milch, Nudeln, Erdäpfel und zahlreiche andere Produkte
Aktivitäten: Verkostungen, Hofführung, Picknick im Weingarten
Umgebung: Lipizzanergestüt Piber, Freilichtmuseum Stübing, Burgruine Obervoitsberg, Erzherzog-Johann Sinnes- und Genussgarten, Arik-Brauer Rathaus, Glasmuseum in Bärnbach

490 HAUS SAGBAUER

www.sagbauer.at

Massing 10
8670 Krieglach

47°35‘13.6“N 15°32‘37.7“E

ANMELDUNG:
Karl Gutschlhofer
0650/9820172

Unser Hof Sagbauer ist ein kleiner Familienbetrieb, gelegen in der romantischen Massing, ein Seitental von Krieglach. Das Haus ist umgeben von Wald und Wiesen, der Massingbach fließt direkt am Haus vorbei. Da wir selbst gerne mit unserem Wohnmobil „Fridolin“ unterwegs sind und unkomplizierte Plätze schätzen, möchten wir Gästen mit Wohnmobilen auf Anfrage die Möglichkeit geben bei uns Zeit zu verbringen.

Aufenthalt: maximal 24 Stunden
Aktivitäten: Lagerfeuerplatz, Spielwiese
Umgebung: Rosegger-Museum in Krieglach, Brahms-Museum in Mürzzuschlag, Wasser- und Naturerlebnisbad in Krieglach, Burg Hohenwang in Langenwang

491 BIOHOF KROISLEITNER
www.biohof-kroisleitner.at

Steinhöf 29
8673 St. Jakob im Walde

47°28'13.3"N 15°43'31.3"E

ANMELDUNG:
Viktoria u. Martin Kroisleitner
0676/7058431

Unser biologisch geführter Betrieb liegt mitten in der Region Joglland-Waldheimat auf ca. 1.000 m Seehöhe. Unsere Familie ist sehr tierliebend und wir versuchen im Einklang und Rhythmus der Natur zu leben. Auf unserem Hof gibt es Alpakas, Wensleydale Schafe, Hühner, Katzen und Meerschweinchen. Das von uns selbst angebaute und vermahlene Bio-Getreide sowie die Wollprodukte unserer Alpakas und Schafe sind in unserem Hofladen erhältlich.

Aufenthalt: maximal 24 Stunden
Ab-Hof-Verkauf: geöffnet bei Bedarf
Produkte: Dinkelmehl, Roggenmehl, sowie Produkte aus Alpaka- und Schafwolle wie Hauben, Handschuhe, Felle, Schuheinlagen, Bettdecken und vieles mehr
Aktivitäten: Alpakaspaziergang, Hofbesichtigung, Filzkurse
Umgebung: Langlaufloipe, Schilifte, Reiten, Peter Rossegger Geburtshaus und Waldschule, Kräftereich St. Jakob im Walde, Generationenspielplatz, Wandern, Radfahren und Mountainbiken „Der große Jogl", Augustiner Chorherrenstift Vorau, Klangtunnel Birkfeld

492 BIOHOF BRANDNER
www.biohof-brandner.at

Schoberegg 35
8741 Weißkirchen

47°08'17.9"N 14°45'51.0"E

ANMELDUNG:
Desiree u. Kai Behrens
0650/7609370

Wir, Desiree und Kai, sind Bio-Bauern aus Leidenschaft! Denn Bio bedeutet für uns weit mehr als die vorgegebenen Standards. Es ist eine nachhaltige und faire Lebensweise, die uns in unserem Wirken und Tun tagtäglich antreibt. Wir setzten dabei auf Ehrlichkeit und Respekt. Respekt der Natur und unseren Tieren gegenüber. Ehrlichkeit bei der Erzeugung und dem Geschmack unserer Produkte. Wir befinden uns auf ca. 850 Meter Seehöhe umgeben von Wald und Wiesen. Unser Hof ist ca. 5 Minuten vom nächstgelegenen Ort Weißkirchen in der Steiermark entfernt.

Aufenthalt: maximal 24 Stunden
Ab-Hof-Verkauf: geöffnet bei Bedarf
Produkte: Bio-Geflügelfleisch (Bio-Hendl), Schaffleischraritäten (nur bei Überschuss), selbstgemachte Marmeladen, Säfte, Sirupe, Kräutersalze, Obstbaumraritäten und Beerenfrüchte der Saison
Aktivitäten: Hofführung
Umgebung: Aqualux Therme Fohnsdorf, Wipfelwanderweg Rachau, Schlossberg Rattenberg, Schaubergwerk Oberzeiring, Eisenbahnmuseum Knittelfeld
Hinweis: Im Frühjahr, wenn es taut, gibt es eine 3,5 Tonnen Beschränkung

493 BIO HOF PFEFFER
www.biohofpfeffer.at

Ossach 20
8742 Obdach

47°07'05.7"N 14°37'57.7"E

ANMELDUNG:
Claudia Reiter-Steinbach
0664/3868393

Mit Herz und Verstand bewirtschaften wir unseren Bio-Betrieb im Murtal. Unsere Bio-Milchkühe und die Bio-Masthühner bekommen die bestmögliche artgerechte Haltung. Gäste können bei uns einen wundervollen Einblick in das Leben als Bäuerin und Bauer bekommen, sowohl bei der Übernachtung in unserer Almhütte als auch bei der Benützung des Stellplatzes am Hof.

Aufenthalt:	maximal 24 Stunden
Ab-Hof-Verkauf:	geöffnet bei Bedarf
Produkte:	Milch, Hühner, Eier
Aktivitäten:	Hofführung, gerne Mithilfe am Hof
Umgebung:	Naturlehrpfad Granitzenbach, Burgruine Eppenstein, Schaubergwerk Oberzeiring, Wipfelwanderweg Rachau, Red Bull Ring

494 BIOHOF FORCHER VLG. PICHLER
www.sunhendl.at

Möschitzgraben 34
8755 St. Peter

47°09'56.7"N 14°33'29.4"E

ANMELDUNG:
Karin u. Gerhard Forcher
03579/20037

1633 von Mathes Pichler erbaut, bis heute in Besitz unserer Familie, liegt unser Biohof auf 1.033 m Seehöhe in Alleinlage am Hang in Möschitzgraben. Mit uns am Hof leben Oma und Opa, unsere Kinder, eine Mutterkuhherde und unsere Bio-Hendl. Lassen Sie sich morgens von der Sonne wecken, umgeben von sattem Grün und erleben Sie unseren Bauernalltag. Sehen Sie unseren Kühen beim Grasen und den Hendln beim Sonnenbaden zu.

Aufenthalt:	maximal 24 Stunden
Anreise bis:	20 Uhr
Geschlossen:	Mittwoch
Ab-Hof-Verkauf:	geöffnet bei Bedarf
Produkte:	küchenfertige Biohendl, frische Gebirgsforellen, Apfelsaft, Most, Schnaps
Aktivitäten:	Nach der Hofführung helfen wir Ihnen gerne beim Zubereiten eines Hendls oder einer Forelle. Der natürliche Geschmack unserer Produkte wird Sie begeistern.
Umgebung:	Red Bull Ring, Milcherlebniswelt in Knittelfeld, Wipfelwanderweg, Murtaler Radweg, Märchenwald St. Georgen, Puch Museum in Judenburg, Sternenturm
Hinweis:	wegen unserer Hühner bitte Hunde an die Leine; 12% Steigung, enge Kurven

495 ANDERLBAUER

Mosing 1
8761 Pöls-Oberkurzheim

47°14'00.5"N 14°34'06.7"E

ANMELDUNG:
Sandra u. Reinhard Pöllauer
0664/4617944
0664/4210101

Unsere Familie betreibt einen Bio-Milchviehbetrieb mit Forstwirtschaft. Auf unserem Hof leben außer unseren Kühen noch Pferde, Hühner, Katzen und Hunde. Der Betrieb liegt in der Gemeinde Pöls-Oberkurzheim im Pölstal, in der schönen Ortschaft Mosing. Bei uns in der Region wird gerne gewandert und zur Burgruine Offenburg ist es von unserem Hof nicht allzu weit.

Aufenthalt:	maximal 24 Stunden
Anreise bis:	18 Uhr
Geschlossen:	Weihnachtsferien
Ab-Hof-Verkauf:	geöffnet bei Bedarf
Produkte:	Milch, Käsekugeln, Käsewürfel, Apfelsaft, Sirup, Marmeladen, Obst und Gemüse nach Saison, Rindfleisch nach Anfrage, Frühstückskorb auf Wunsch
Bewirtung:	Frühstück nach Voranmeldung
Aktivitäten:	Hofführung auf Anfrage
Umgebung:	Schloss Hanfelden, Familien-Freizeit-Park Märchenwald, Burgruine Frauenburg, Aqualux Therme Fohnsdorf, Red Bull Ring

496 GEIGERHOF

www.geigerhof.at

Gföllgraben 18
8762 Oberzeiring

47°14'01.8"N 14°25'51.6"E

ANMELDUNG:
Maria u. Herbert Wiesnegger
03571/2112
0676/4836950

Wir sind ein Bergbauernhof im Murtal. Unser Hof besteht seit dem 16. Jahrhundert und ist seit 1826 im Besitz der Familie Wiesnegger. Im Jahr 2007 habe ich mit meiner Familie den Hof von meinen Eltern übernommen. Wir sind ein Familienbetrieb und erzeugen gemeinsam gesunde Lebensmittel aus eigener Schweine- und Rinderhaltung. Die einzigartige Qualität unserer Produkte ist auf die sorgfältige Verarbeitung sowie auf die naturnahe und artgerechte Haltung der Tiere zurückzuführen.

Aufenthalt:	maximal 24 Stunden
Anreise bis:	19 Uhr
Geschlossen:	November bis März
Ab-Hof-Verkauf:	geöffnet bei Bedarf
Produkte:	Bauchspeck, Wiener Wurst, Karreespeck, Schnäpse, Hauswürstl, Selchwaren, Brot und Edelbrände
Umgebung:	Schaubergwerk Museum Oberzeiring, Tabakmuseum Oberzeiring, Schloss Hanfelden, Familien-Freizeit-Park Märchenwald Steiermark, Hochseilgarten Oberwölz
Hinweis:	Anfahrt über Schotterstraße mit starker Steigung

497 BIO BAUERNHOF ADELWÖHRER

www.adelwoehrer.com

Kroisenbach 7
8763 Pölstal

47°16‘23.2“N 14°29‘26.3“E

ANMELDUNG:
Alexandra u.
Philipp Steiner
0677/61400361

Einfach zeitlos, mit diesen Worten begrüßen wir unsere naturverbundenen Gäste bei uns am Biobauernhof Adelwöhrer. Es gibt einen 24h-Hofladen mit Selbstbedienung, schöne Spazier- und Wanderwege, Einkaufsmöglichkeiten sowie ein zu Fuß erreichbares Restaurant. Genießt die vielfältigen Ausflugsmöglichkeiten in der Erlebnisregion Murtal. Wir freuen uns auf euren Besuch.

Aufenthalt: maximal 24 Stunden
Ab-Hof-Verkauf: Selbstbedienungsladen 0 - 24 Uhr
Produkte: Eiscreme, Kräuterprodukte, Bio-Austernpilze, Bio-Honig, Brot und Gebäck, Bio-Eier, Bio-Milchprodukte, Bio-Fleisch- und Wurstwaren, Fisch, Bio-Gemüse, Bio-Säfte, Wollprodukte, verschiedenste Handarbeitarbeiten
Umgebung: Schloss Hanfelden, Freizeitanlage Möderbrugg, Ruine Reifenstein, Aqualux Therme Fohnsdorf, Museum Murtal
Hinweis: Stellplatzuntergrund ist eine Wiese, diese ist über eine Schotterstraße erreichbar.

498 BIOHOF PRÄTHAL

St. Veit in der Gegend 20
8820 Neumarkt in der Steiermark

47°02‘13.3“N 14°28‘39.6“E

ANMELDUNG:
Christine u. Alfred
Timmerer-Maier
0650/3873327
0650/3842621

Unser Biohof ist ein Bergbauernhof auf 1000 m Seehöhe in der Mühlner Hochebene. Der Biohof ist auf Milchwirtschaft und Schweinehaltung mit Direktvermarktung ausgerichtet. Nicht nur die atemberaubende Berglandschaft der Niederen Tauern, sondern auch die freie Sicht auf den Zirbitzkogel macht Berglust auf mehr. Der über einen Fußweg erreichbare Mühlner Badesee bietet die Möglichkeit ein paar Runden zu schwimmen.

Aufenthalt: maximal 24 Stunden
Anreise bis: 17 Uhr
Geschlossen: Sonntag
Ab-Hof-Verkauf: geöffnet bei Bedarf
Produkte: verschiedene Frischfleischprodukte vom Schwein sowie Salami und Speck, Wurstvariationen
Aktivitäten: Produkte können im Rahmen eines Verkaufs verkostet werden.
Umgebung: Badesee in der Umgebung, Graggerschlucht, Hörfeldmoor, Tauernblick, Naturpark Zirbitzkogel - Grebenzen, Schloss Murau, Murauer Brauerei

499 UUELIZA HOF

Schöttl 28
8832 Oberwölz

47°15‘10.0“N 14°16‘08.7“E

ANMELDUNG:
Carmen Kaiser
0681/81683626

Altes Handwerk und Tradition liegen uns besonders am Herzen, weshalb wir auf unserem Hof diese Werte leben und nach außen tragen. Inmitten der Wölzer Tauern auf 1230 Meter Seehöhe bauen wir Gemüse an, verarbeiten die Schätze der Natur zu hochwertigen Produkten und leben in Harmonie mit unseren Tieren. Wir bieten vor Ort auch Workshops zu verschiedenen Themen wie Schnitzen, Spinnen und Pflanzenfärben an. Rund ums Jahr gibt es zahlreiche Veranstaltungen.

Aufenthalt: maximal 24 Stunden
Anreise bis: 19 Uhr
Ab-Hof-Verkauf: geöffnet bei Bedarf
Produkte: Bio Leinenkleidung, handgesponnene Wolle, handgeschnitzte Holzlöffel, handgerührte Naturkosmetik, handgefertigter Kupferschmuck
Bewirtung: Frühstück, Mittagessen, Abendessen nach Voranmeldung
Umgebung: Wander- und Schigebiet Lachtal, Hochseilgarten, Freizeitzentrum, Schwimmbad in Oberwölz, zahlreiche Wanderrouten auch um den Hof
Hinweis: für Hunde gilt Leinenpflicht

500 HOFMOLKEREI HALSMAYER

www.feineziege.at

Großreifling 78
8931 Landl

47°39‘58.5“N 14°43‘19.9“E

ANMELDUNG:
Ulrike Halsmayer
0664/75003655

Wir leben mit unseren Kindern und mit vielen Ziegen mitten im Grünen. Mit Elan und viel Freude bewirtschaften wir unseren Bauernhof. Aus der täglich handgemolkenen Ziegenmilch produzieren wir die köstlichsten Produkte wie Molkegetränke, Joghurt, Aufstriche und vieles mehr. Wir sind kreativ und probieren immer wieder neue Geschmacksrichtungen aus. Gerne versenden wir die bestellte Ware in einer gekühlten Isolierbox zu Ihnen nach Hause (innerhalb Österreich).

Aufenthalt: maximal 24 Stunden
Ab-Hof-Verkauf: täglich von 7 - 19 Uhr
Produkte: Naturmilch, Kakaomilch, Erdbeermilch, Kaffeemilch, Mangomolke, verschiedene Joghurtsorten, Topfen, handgeschlagene Ziegenbutter, Topfenaufstrich, Ziegenkäsewürfel, Ziegenkugerl, Steirerherzen, Ziegenschnittkäse
Aktivitäten: Produktverkostung, angrenzender Wald zum Spazierengehen, Gehweg ins Ortszentrum Landl (20 Minuten Gehzeit)
Umgebung: Badeteich Landl, Forstmuseum Silvanum in Großreifling, Burgruine Gallenstein
Hinweis: Zufahrt über Schotterstraße mit kurzer, leichter Steigung; telefonische Kontaktaufnahme bitte 1 Stunde vor Ankunft

501 BIO SONNENHOF SEEBACHER

www.sonnenhofseebacher.com

Aich 16/1
8943 Aigen am Puttterersee

47°31'38.6"N 14°09'27.3"E

ANMELDUNG:
Thomas Seebacher
0676/7340490

Der Bio-Bauernhof liegt auf einer leichten Anhöhe, umgeben von Berglandschaft mit saftigen Wiesen. Er bietet drei Stellplätze mit traumhaftem Ausblick auf den Grimming, der zu den markantesten Bergen im Herzen Österreichs zählt. Im Sommer gibt es bei uns unzählige Möglichkeiten zum Wandern, Klettern und Radfahren. Als besonderes „Schmankerl" bieten wir eine Lagerfeuerstelle, eine Fassschaukel, einen Kinderspielplatz, Stallführungen, Heuhüpfen und ein Hofmuseum an. Regelmäßig werden Ausflüge auf unsere Alm gemacht, wo man am Lagerfeuer sitzend das atemberaubende Panorama der umliegenden Alpen in sich aufnehmen kann. An heißen Tagen empfehlen wir als Abkühlung den Sprung in den Putterersee, den wärmsten Alpenmoorsee der Steiermark, der nur wenige Minuten von uns entfernt ist.

Aufenthalt: maximal 24 Stunden
Anreise bis: 20 Uhr
Ab-Hof-Verkauf: geöffnet bei Bedarf, Selbstbedienungsautomat
Produkte: Milch, Säfte, Schnaps
Aktivitäten: Produktverkostung, Stallführung, Hofmuseum
Umgebung: Putterersee, Schloss Trautenfels, Salza Wasserfall, Burgruine Wolkenstein

502 HARMERALM

www.harmeralm.at

Dörfl 9
8961 Sölk

47°25'36.6"N 13°56'32.7"E

ANMELDUNG:
Gundi u. Albert Binder
03685/22551
07203/49145 (Alm)

Unser Harmerhof liegt am Anfang des Kleinsölktals im Naturpark Sölktal auf etwas 800 Meter Seehöhe. Das Gebiet gehört zur Urlaubsregion Schladming-Dachstein. Wir empfehlen eine Wanderung zu unserer hofeigenen Alm, die am idyllischen Schwarzensee liegt. Die Entfernung zur Alm beträgt etwa 20 km. Anreise zur Alm: Parken Sie am Parkplatz Breitlahnalm. Von hier geht es ca. 30 Minuten zu Fuß bis zum Wegweiser Harmeralm am Schwarzensee. Von dort führt ein uriger Steig direkt zur Hütte.

Aufenthalt: maximal 24 Stunden
Anreise bis: 19 Uhr
Geschlossen: außerhalb der Almsaison (etwa 10. Oktober bis 24. Mai)
Ab-Hof-Verkauf: auf der 20 Kilometer entfernten Harmeralm
Produkte: Almkäse, Almbutter, Almjause
Bewirtung: Bewirtung auf der Harmeralm
Aktivitäten: Wanderung zur eigenen Harmeralm
Umgebung: Wasserschaupfad um den Schwarzensee, Wanderung zum Säussenbach Wasserfall

503 ABENTEUERHOF | SPECKHÜTTE SCHIEFER
www.abenteuerhof.at

Weissenbach 17
8967 Haus im Ennstal

47°25‘33.2“N 13°46‘34.4“E

ANMELDUNG:
Corbinian Schiefer
0664/4327608

Wir wohnen in Weißenbach bei Haus im Ennstal in der Steiermark auf 720 m Seehöhe. Hier bewirtschaften wir unsere 3 ha Wiesen und das zugepachtete Grünland. Auf unseren Wiesen weiden Pferde, Ponys und Ziegen. Mit uns am Hof leben Schafe, Schweine, Enten, Gänse, Hühner, Katzen, Hasen, Meerschweinchen und zwei Hunde, die uns und den Streichelzoo bewachen.

Aufenthalt: maximal 24 Stunden
Anreise bis: 21:30 Uhr
Geschlossen: Juli, August
Ab-Hof-Verkauf: täglich ab 16 Uhr
Produkte: Apfelsaft, Selchwürste, Marmelade, Honig, Eier
Bewirtung: Abendessen, wenn Gastronomie geöffnet ist
Aktivitäten: Reiten, Fischen und Bogenschießen am Bauernhof gegen Gebühr
Umgebung: Erlebnisfreibad Haus, Steirischer Bodensee, Kneippanlage Weissenbach, Bogenschießen im 3D Parcours, Themenwanderwege

504 WALCHERHOF
www.walcherhof.at

Schildlehen 10
8972 Ramsau am Dachstein

47°25‘44.3“N 13°36‘56.5“E

ANMELDUNG:
Herbert Walcher
0664/5146369

Unser Hof liegt inmitten der Region Schladming Dachstein auf etwa 1.200 Meter Seehöhe. Der Hof ist ein idealer Ausgangspunkt für Wanderungen im Sommer. Im Winter begrüßen wir Langläufer und Skifahrer. Bei uns am Hof leben viele Tiere (Pferde, Rinder, Schweine, Hühner, Hasen, Meerschweinchen, Katzen, Hunde und Ziegen), die sich auf Streicheleinheiten von Kindern freuen. Zusätzlich gibt es ein Damwildgehege und einen Fischteich.

Aufenthalt: maximal 24 Stunden
Anreise bis: 22 Uhr
Ab-Hof-Verkauf: geöffnet bei Bedarf
Produkte: Milchprodukte und Fleisch
Bewirtung: Frühstück, Abendessen
Aktivitäten: Käsereiführung, aber nur wenn Almbetrieb ist; Saunabesuch nach Voranmeldung möglich
Umgebung: alles, was man in den Bergen so macht: Wandern, Klettern, Skifahren, Langlaufen, Bogenschießen

505 ALPAKALAND ÖSTERREICH
www.alpakaland.at

Wörschachwald 30a
8982 Stainach-Pürgg

47°33'34.2"N 14°03'55.6"E

ANMELDUNG:
Thomas Pötsch
03688/20088
0664/4263042

Im Herzen von Österreich, am Fuße des mächtigen Grimming, befindet sich das Alpakaland Österreich. Auf rund 20 ha Weideland, hoch über dem Ennstal, genießen etwa 100 Alpakas die frische Bergluft. Die Tiere leben im Paradies mitten in der friedvollen Natur. Lernen Sie unsere liebsten Gefährten persönlich kennen und lieben und erfahren Sie alles über die Herkunft und Lebensweise.

Aufenthalt: maximal 24 Stunden
Ab-Hof-Verkauf: geöffnet bei Bedarf
Produkte: In unserem Hofladen finden Sie alles was das Alpakaliebhaberherz höher schlagen lässt, vom eleganten Damenmantel bis zur sportlichen Haube, vom Poncho bis zur Bettdecke.
Aktivitäten: Führung im Alpakaland
Umgebung: Schloss Trautenfels, Wörschachklamm, Wasserfall Lessern, Wandern auf der Tauplitz, Ausflug nach Liezen
Hinweis: Hunde nur an der Leine

506 KNÖDL-ALM
www.urig.at

Knoppen 3
8984 Bad Mitterndorf

47°34'13.9"N 13°51'58.5"E

ANMELDUNG:
Sandra Pohn
03624/21132

50 Schafe und Lämmer befinden sich auf unseren saftigen Weiden oder im gemütlichen Stall. Rund 30 Hühner decken den laufenden Bedarf an Eiern für Knödel und Süßspeisen ab. Einige streichelbedürftige Katzen, eine wachsame Gänseschar und der Hahn Peter gehören ebenfalls zu unserem Bio-Bauernhof. Die Obst-, Salat- und Kräutergärten versorgen uns mit hochwertigen Grundprodukten zur weiteren Veredelung.

Aufenthalt: maximal 24 Stunden
Ab-Hof-Verkauf: geöffnet bei Bedarf
Produkte: Bio-Zirbenschnaps und viele weitere Bio-Edelbrände und Ansätze, Säfte, Knödelspezialitäten und Bio-Lammfleisch
Bewirtung: Abendessen nach Voranmeldung, Mittagessen an Sonntagen
Umgebung: Naturerlebnis Ödensee, Obersdorfer Rundweg, viele Radwege, Skulpturenpark Bad Mitterndorf, Salza-Stausee, Salzwelten Altaussee

Notizen:

TIROL

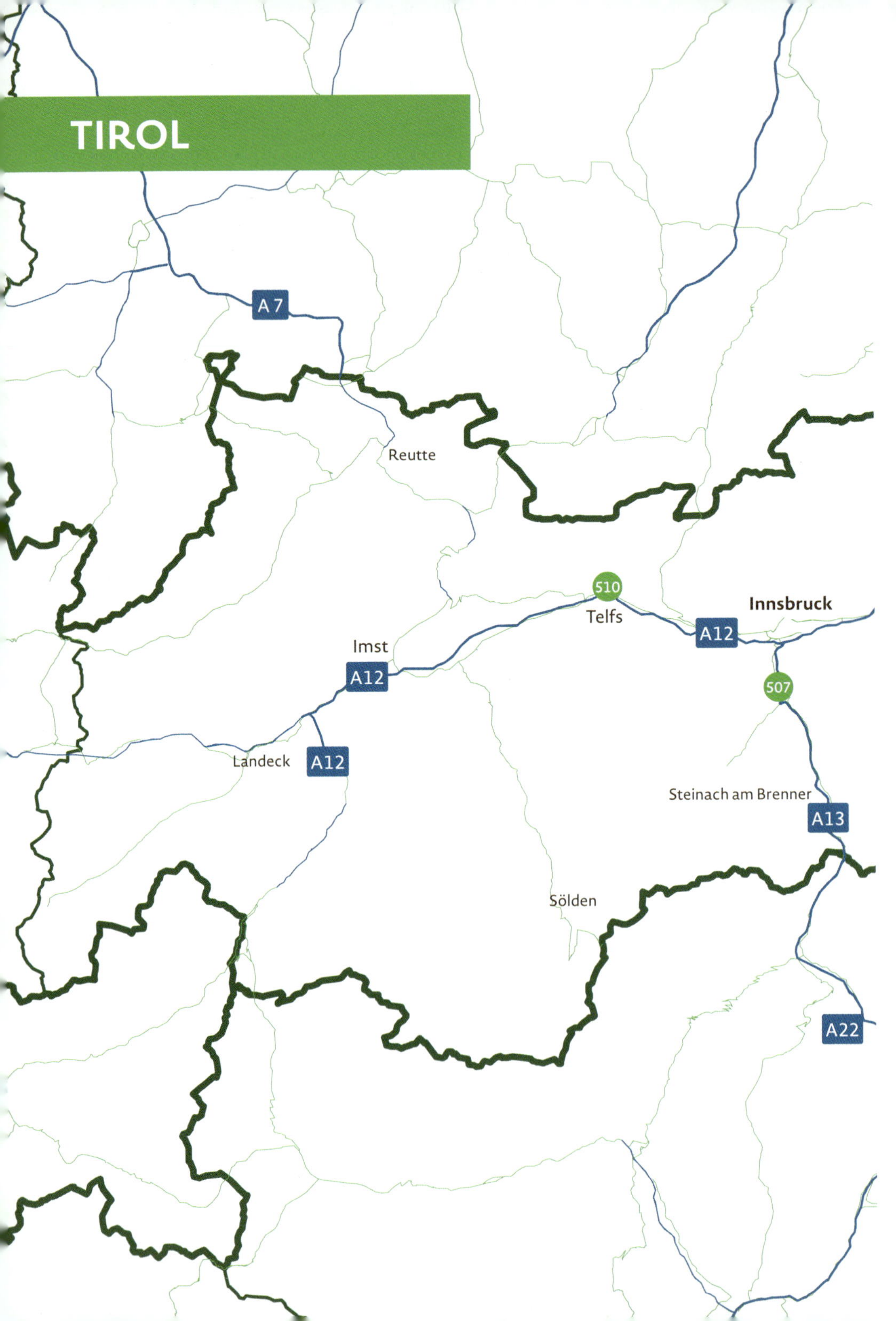
A7
Reutte
510
Telfs
Innsbruck
A12
Imst
A12
507
Landeck
A12
Steinach am Brenner
A13
Sölden
A22

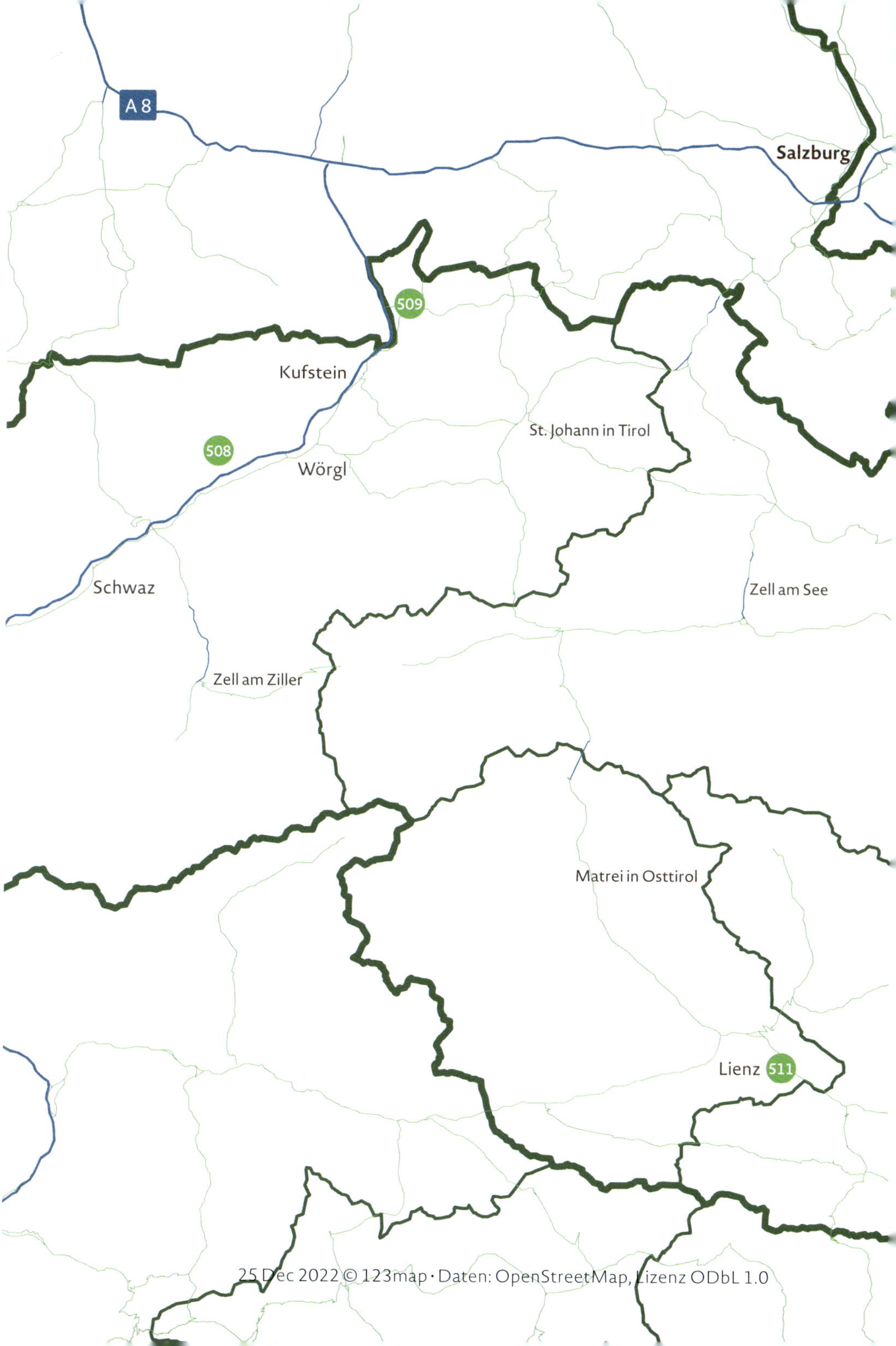
A 8
Salzburg
509
Kufstein
St. Johann in Tirol
508
Wörgl
Schwaz
Zell am See
Zell am Ziller
Matrei in Osttirol
Lienz
511
25 Dec 2022 © 123map · Daten: OpenStreetMap, Lizenz ODbL 1.0

507 AHRNHOF

www.ahrnhof.at

Ahrn 1
6082 Patsch

47°12‘45.0“N 11°24‘05.3“E

ANMELDUNG:
Angelika Schloffer
0664/73905176

Unser Hof liegt ideal für einen Zwischenstopp in Richtung Süden. Neben Kühen und Kälbern, Hühnern, Hasen und Pferden gibt es bei uns auch eine Hundezucht, sodass auch ein Abrichtplatz - nach Rücksprache - zur Verfügung steht. Zu unserem Hof gehört ein Hofladen, wo man sich mit Reiseproviant und Köstlichkeiten der Region versorgen kann.

Aufenthalt: maximal 24 Stunden
Ab-Hof-Verkauf: Unser Hofladen wird auf Vertrauensbasis mit Selbstbedienung geführt.
Produkte: Eier, Brot, Speck- und Wurstwaren, Käse, Suppen, Knödel, Kartoffeln, Wein, Säfte, Marmeladen, Honig, Liköre, Kräutertees
Umgebung: Innsbruck ist ca. 10 km entfernt, Wanderungen und Radtouren in der Umgebung, Patscherkofel, Stubaital, Schloss Ambras, Naturschutzgebiet Rosengarten

508 VEREIN TIROLER KRÄUTERWISSEN

www.gertrude-messner.com

Brandenberg 120
6234 Brandenberg

47°30‘00.8“N 11°55‘36.8“E

ANMELDUNG:
Gertrude Messner
0650/4300205

Seit 36 Jahren führen wir unseren Hof biologisch-organisch, dynamisch und schon immer mit Klimaverstand. Unsere Tees sind einzigartig. Wir verarbeiten die Kräuter auf dem Neuschwendthof nach alten Traditionen. Unsere Kräuter pflanzen und ernten wir in liebevoller Kleinarbeit per Hand. In naturbelassenen Körben tragen wir sie vom Kräuterfeld und lagern sie zum Trocknen im Stadel, bevor sie zu einzigartigen Produkten veredelt werden.

Aufenthalt: maximal 24 Stunden
Anreise bis: 21 Uhr
Ab-Hof-Verkauf: geöffnet bei Bedarf
Produkte: Kräutertees, Kräutersalze
Aktivitäten: Kräuterwanderung
Umgebung: Reintalersee, Tiefenbachklamm, Kaiserklamm, Mountainbiketouren in verschiedenen Schwierigkeitsgraden, Adlerweg - Tirols bekanntester Weitwanderweg, Hochseilgarten Kramsach, Museum Tiroler Bauernhöfe in Kramsach, Skulpturenpark Kramsach, Museumsfriedhof (lustiger Friedhof), Naturrodelbahn im Winter
Hinweis: Anreise im Winter nur mit Schneeketten möglich

509 ERBHOF MITTERTHREY
www.mitterthrey.at

P1 | 10m | >3,5t

Gränzing 4/2
6346 Niederndorferberg

47°40'05.1"N 12°14'58.4"E

ANMELDUNG:
Andrea u. Anton Schwaiger
0676/841640623

Seit 1990 führen wir unseren Erbhof mit 16 ha Grund als Bio-Betrieb. Wir konzentrieren uns dabei auf unsere 19 Milchkühe (Jersey-Rasse). Unsere Kälber leben artgerecht in einem Stall mit Strohnest und haben einen Auslauf, den sie immer benützen können. Unser Hof liegt auf 800 m Seehöhe umgeben von ein paar Steilflächen, die ebenfalls von uns bewirtschaftet werden. Auch unsere Schweine und Hühner genießen die Aussicht zum Kaisergebirge und die ruhige Lage am Niederdorfernberg. Der Käse wird mit viel Liebe bei uns am Hof selbst erzeugt und das schmeckt man auch. Die Marmeladen werden selbst eingekocht und stammen aus Früchten aus dem eigenen Garten.

Aufenthalt: maximal 24 Stunden
Geschlossen: Im Winter ist unsere Straße eingeschränkt befahrbar
Ab-Hof-Verkauf: geöffnet bei Bedarf
Produkte: verschiedene Käsesorten, Frischkäse, Topfen, Butter, Eier, Aufstriche, Speck, Wurst, Marmeladen, Sirupe und vieles mehr
Umgebung: Wildpark Wildbichl, Ausflug zum Walchsee, Golfplatz Moarhof, Raritätenzoo Ebbs, Bergbahnen Kössen, Ausflug zum Chiemsee nach Deutschland, Erlebnisberg Hocheck in Deutschland

510 ROPFERHOF
stellplatz.ropferhof.at

P3 | 10m | >3,5t

Buchen 6
6410 Telfs-Buchen

47°19'52.8"N 11°06'36.3"E

ANMELDUNG:
Landgasthof Ropferstubm
05262/65949

Zwischen Telfs und Leutasch steht unser Ropferhof mit einem atemberaubenden Blick auf das Tal. Auf unserem Hof befinden sich ein Kneippbadl und ein Spielplatz. In unserem Wirtshaus Ropferstubm bewirten wir Sie mit authentischer Tiroler Küche. Den Großteil unserer Produkte beziehen wir direkt vom Erzeuger aus der Umgebung. Nehmen Sie Platz auf unserer Sonnenterrasse mit Blick über das Inntal und lassen Sie sich kulinarisch verwöhnen.

Aufenthalt: maximal 24 Stunden
Anreise bis: 18 Uhr
Geschlossen: Montag
Bewirtung: Restaurant Ropferstubm: Mittagessen, Abendessen, Öffnungszeiten siehe Webseite
Umgebung: Drei-Seen-Wanderung am Seefelder Plateau, mit den Bergbahnen zu wunderschönen Wanderungen, abwechslungsreiche Bike- & E-Bike-Routen in diversen Schwierigkeitsgraden, Wallfahrtskirche St. Oswald, Besuch der berühmten Kirche Seekirchl im Olympiaort Seefeld, Skigebiete Rosshütte und Gschwandtkopf
Hinweis: Hunde nur angeleint; Anreise über Bergstraße

511 FOHLENHOF ASTNER

www.fohlenhofastner.at

Lengberg 16
9782 Nikolsdorf

46°47'55.4"N 12°52'55.7"E

ANMELDUNG:
Sylvia Astner
0664/3836858

Der Fohlenhof in Nikolsdorf bei Lienz wird heute in der dritten Generation geführt. Die ersten Jahrzehnte standen ganz im Zeichen der Norikerzucht, worauf der Name „Fohlenhof" gründet. Ackerbau und Viehhaltung prägen seit Generationen das Leben des vielfältigen Familienbetriebes. Als Bio-Betrieb und gemeinwohlbilanzierendes Unternehmen steht der Blick auf das große Ganze im Zentrum unserer Aufmerksamkeit.

Aufenthalt: maximal 24 Stunden
Ab-Hof-Verkauf: geöffnet bei Bedarf
Produkte: Hanfsamenöl, Hanfsamen geschält, Hanfmehl, Polenta, Roggenmehl, Buchweizenmehl, Speisekartoffeln
Aktivitäten: Hofführung, Verkostung, Felderbegehung
Umgebung: Wanderungen in den Lienzer Dolomiten, Tristacher See, Sommerrodelbahn, Schloss Bruck, Skifahren in den Skigebieten Zettersfeld und Hochstein, Langlaufen

SUNLIVING

VORARLBERG

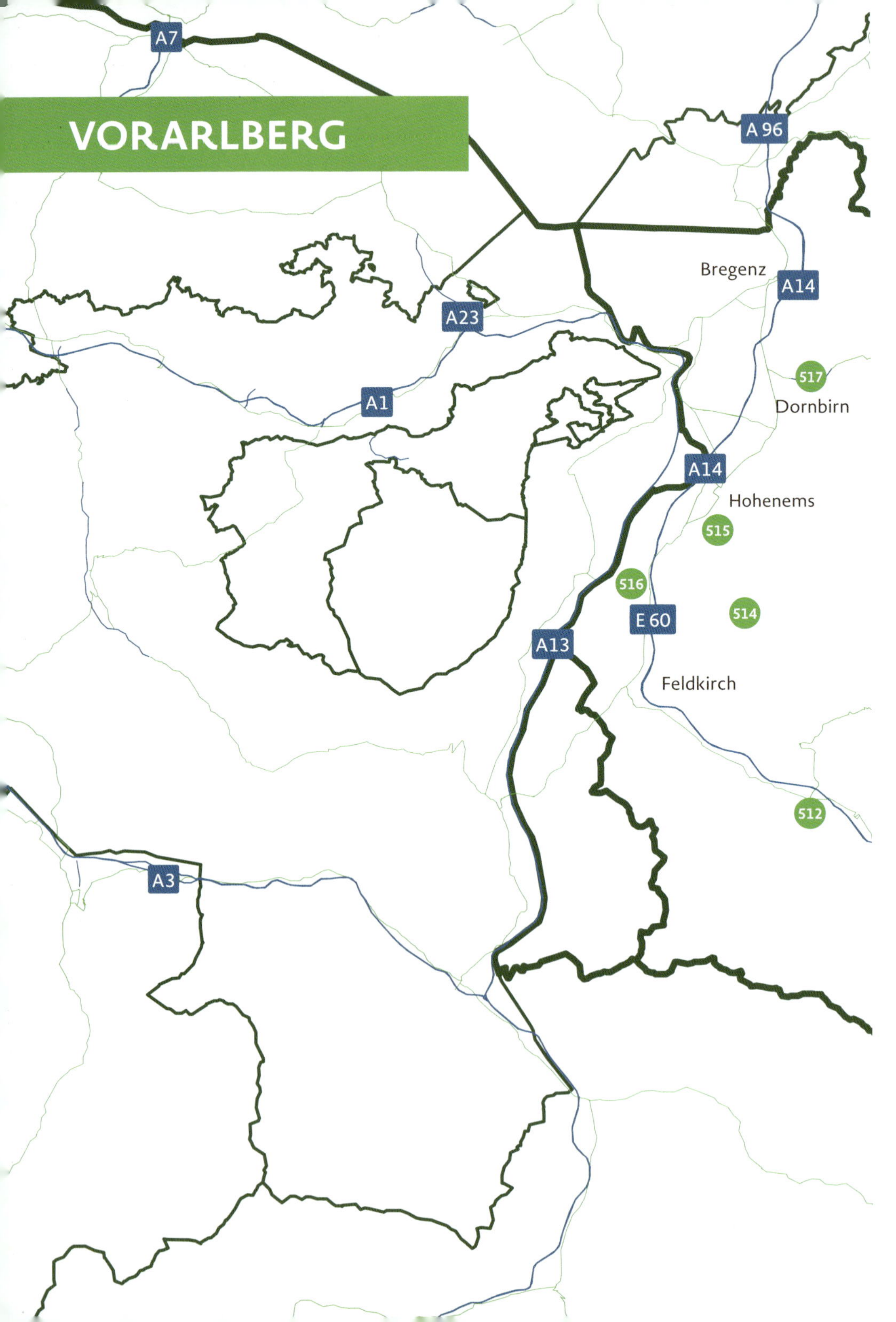
A7
A 96
Bregenz
A14
A23
517
Dornbirn
A1
A14
Hohenems
515
516
514
E 60
A13
Feldkirch
512
A3

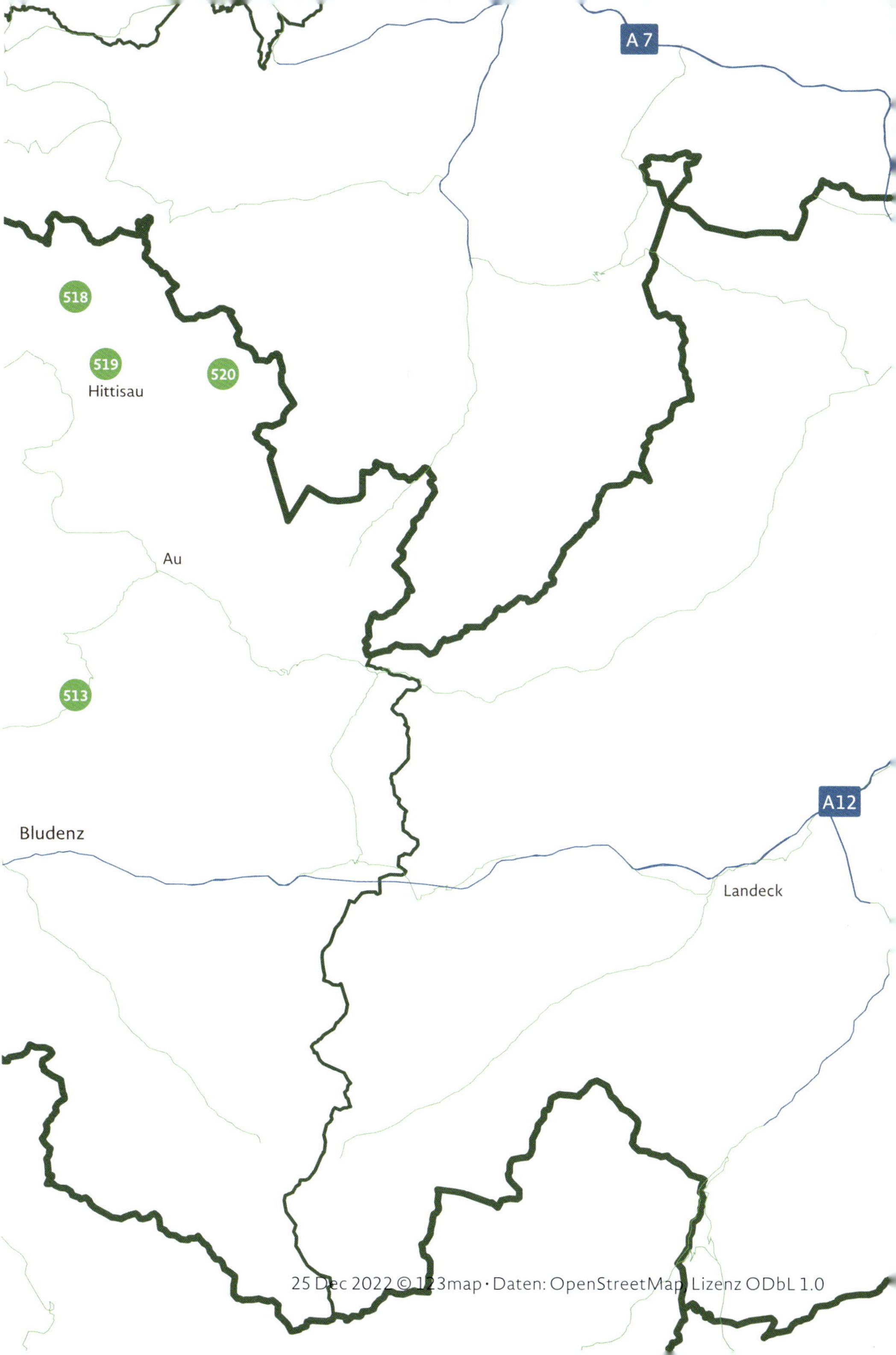
A7
518
519
Hittisau
520
Au
513
Bludenz
A12
Landeck
25 Dec 2022 © 123map · Daten: OpenStreetMap, Lizenz ODbL 1.0

512 HUMMELHOF
www.hummelhof.at

Ausserberg 33
6707 Bürserberg

47°09‘22.0“N 9°46‘27.9“E

ANMELDUNG:
Tanja Moser
0650/2174000

Der Hummelhof liegt im Brandnertal am Bürserberg, auf rund 900 m Seehöhe. Wir leben knapp 2 km außerhalb vom Dorf in idyllischer und ruhiger Lage. 40 Mohairziegen und etwa 8 originalbraune Rindviecher samt Katz und Hund und ein paar Bienen bevölkern mit uns den Hof. Der Bio-Hof ist extensiv bewirtschaftet und wir freuen uns vor allem über unser kleines Tal oberhalb des Hauses, welches sich durch eine besonders hohe Biodiversität auszeichnet.

Aufenthalt: maximal 24 Stunden
Geschlossen: Sonntag; Mitte Dezember bis Ende März
Ab-Hof-Verkauf: Selbstbedienungsautomat und geöffnet bei Bedarf
Produkte: handgefärbte Ziegenwolle von unseren Ziegen, Ziegenmilchseife, Bergkäse von unserer Alpe, saisonal auch Wurstprodukte, Ziegenmilchprodukte gibt es beim Nachbarbauern
Aktivitäten: Hofführung; auf Anfrage auch Glasschmelzkurs, Seifesieden, Wollefärben und Yogaeinheiten
Umgebung: Bikepark Brandnertal, Hochplateau Tschengla, Kneippanlage, Steinkreise, Wanderrouten, Alpe Rona mit Schausennerei, Museum Paarhof Buacher

513 FAMILIENBAUERNHOF BURTSCHER
www.bergerhof-urlaub.at

Mittelberg 4
6733 Fontanella

47°14‘41.3“N 09°54‘07.2“E

ANMELDUNG:
Gerlinde u. Georg Burtscher
0664/4232451

Unser Bauernhof ist im Biosphärenpark Großes Walsertal angesiedelt. Der Hof steht auf der Sonnenseite des Tals mit einer grandiosen Aussicht auf das Lechquellengebirge. Im Sommer sind unsere Tiere auf unserer Alm und freuen sich auf Besuch. Auf der großen Spielwiese mit Trampolin, Rutsche, Schaukel und Sandkasten direkt beim Haus können sich die Kinder so richtig austoben. Wir empfehlen Ausflüge zum Walderlebnispfad und Blumenlehrpfad sowie zum Seewaldsee.

Aufenthalt: maximal 24 Stunden
Anreise bis: 20 Uhr
Ab-Hof-Verkauf: geöffnet bei Bedarf
Produkte: Eier, Käse, Almbutter und frische Brötchen
Bewirtung: Brötchenservice auf Anfrage
Umgebung: Wanderung zum Seewaldsee, Blumenwanderlehrpfad in Faschina, Walderlebnispfad Marul, großer Dorfrundweg Damüls, Skiregion Damüls-Mellau-Faschina

514 MADLENSERHOF

Madlens 4
6835 Zwischenwasser

47°17'10.6"N 09°42'45.2"E

ANMELDUNG:
Peter Maier
0664/4606932

Wir bewirtschaften einen Bio-Bergbauernhof. Mit uns am Hof leben Kühe, Kälber, Esel, Ziegen, Hühner und Gänse. Wir genießen unsere idyllische Lage mit schöner Aussicht bis zu den Schweizer Bergen. Wir bieten frische und hochwertige Bio-Produkte an. Bei einer Eselwanderung vergeht die Zeit wie im Flug. Wir freuen uns auf euren Besuch!

Aufenthalt: maximal 24 Stunden
Geschlossen: November bis Februar
Ab-Hof-Verkauf: geöffnet bei Bedarf
Produkte: Wurst und Speckwaren, Heublumenbäder
Bewirtung: Mostbuschenschank; Frühstück, Mittagessen, Abendessen nach Voranmeldung
Aktivitäten: geführte Eselwanderungen
Umgebung: zahlreiche Wander- und Radwege, Basilika Rankweil, Wildpark Feldkirch, Naturschutzgebiet Bangs-Matschels, Tabakmuseum Frastanz, Freilichtmuseum Römervilla Rankweil

515 BIOHOF SPALLEN

www.spallenhof.at

Spallenweg 7
6840 Götzis

47°20'24.3"N 09°41'11.2"E

ANMELDUNG:
Marco Wohlgenannt
05523/51734
0650/4421285

Wir sind ein Bio-Bergbauernhof in Götzis. Der Hof liegt auf 1.050 Meter Seehöhe. Auf unserem Hof halten wir Milch- und Mutterkühe, Muttersauen, Mastschweine und Masthühner. Unsere Tiere werden am Hof geschlachtet, verarbeitet und in unserem Gasthof serviert. Den Sommer verbringen unsere Tiere auf der eigenen Alpe.

Aufenthalt: maximal 24 Stunden
Anreise bis: 21 Uhr
Geschlossen: Montag, Dienstag; November bis März
Ab-Hof-Verkauf: geöffnet bei Bedarf
Produkte: Rindfleisch, Landjäger, Kaminwurzen, Schweinefleisch, Sulz, Speck, Milch, Käse, Grillhühner, Butter
Bewirtung: Gasthof, Öffnungszeiten siehe Webseite
Aktivitäten: Wanderungen ab Hof, 3D Parcours für Bogen- und Armbrust, Klettersteig in der Nähe
Umgebung: Örflaschlucht, Wanderwege, Rundgang in Götzis, Burgruine Neumontfort
Hinweis: starke Steigung, einspurige Bergstraße, maximale Höhe 3 Meter

516 BIOLADEN + BIOGEMÜSEBAU WEGWARTE

www.wegwarte.at

P2

Kiesweg 7
6842 Koblach

47°19'02.5"N 09°35'54.7"E

ANMELDUNG:
Stefan Keckeis
0650/2003022

Es ist uns wichtig, Biogemüse vielfältig und nachhaltig anzubauen, sowie unseren Kunden ein breites Sortiment an ausgesuchten Bioprodukten anbieten zu können. Dank des Einsatzes von Kompost nach der CMC-Methode (kontrollierte mikrobielle Kompostierung) und dem aufgebauten Wissen in mehr als 40 Jahren können sich unsere Kunden gerne vor Ort ein Bild machen, wie gut biologischer Gemüsebau funktioniert.

Aufenthalt: maximal 24 Stunden
Ab-Hof-Verkauf: Dienstag von 9 - 12 Uhr u. 15 - 19 Uhr, Freitag von 9 - 19 Uhr, Samstag von 9 - 12 Uhr
Produkte: Im Biolädile gibt es mehr als 600 Bioprodukte, von Grundnahrungsmitteln wie Obst, Gemüse, Milchprodukte, Getränke, Gewürze, Fleisch bis hin zu Kosmetik und Tiernahrung. Außerdem im Angebot: über 100 Gemüsesorten und über 140 Kräuter sowie essbare Blüten.
Aktivitäten: Gartensitzplätze zum Genuss von Kaffee und Kuchen (nur Freitag) beim Lädile zu den Lädile-Öffnungszeiten
Umgebung: großer Kinderspielplatz mit Grillplatz am Rhein, Burgruine Neuburg, Museum Urgeschichte Koblach, Wildpark Feldkirch, Nähe zu Liechtenstein

517 BIOHOF HÖFLE

P1

Jennen 4
6850 Dornbirn

47°26'21.4"N 9°46'36.8"E

ANMELDUNG:
Petra Maria Höfle
0664/88330766

Wir führen unseren Milchviehbetrieb im Vollerwerb und selbstverständlich biologisch. Mit Blick auf das Rheintal, die Schweizer Berge und den Bodensee arbeiten wir auf einem Drei-Generationen-Bauernhof. In unserem Wald produzieren wir vom anfallenden Brennholz Holzkohle zum Grillen und zur Bodenverbesserung.

Aufenthalt: maximal 24 Stunden
Anreise bis: 20 Uhr
Ab-Hof-Verkauf: geöffnet bei Bedarf
Produkte: Wir verkaufen Produkte, die unser Hof, der Acker, die Streuobstwiesen und unser Beerengarten zur jeweiligen Jahreszeit gerade hergeben.
Umgebung: Dornbirn mit vielen Sehenswürdigkeiten und Museen, Rappenlochschlucht, Karrenseilbahn, Ausflug nach Bregenz oder auch in die Schweiz

518 BIOHOF LINGENHEL

www.biohof-lingenhel.at

Huban 35
6933 Doren

47°29‘46.0“N 09°54‘02.9“E

ANMELDUNG:
Laura Lingenhel
05516/2527
0664/4520254

Inmitten einer schönen Bergwelt bewirtschaften Agathe und Karl Lingenhel mit Familie einen Biobauernhof. Bio aus Liebe, Verantwortung und Tradition. Ein Biohof mit Eigenheiten. Wir setzen nachhaltige Impulse für die kommenden Generationen. Kühe mit Hörnern, der Erhalt von altem Kulturgut wie Original Braunvieh Kühe und Hochstammbäume liegen uns am Herzen. Daraus entstehen hochwertige Produkte. 2017 entstanden ein Bioladen, ein Seminarraum und eine Erlebnisküche.

Aufenthalt: maximal 24 Stunden
Anreise bis: 16 Uhr
Geschlossen: Montag; im Winter
Ab-Hof-Verkauf: SB-Bereich tägl. von 6 - 21 Uhr; Bioladen: Fr. von 14 – 18 Uhr, Sa. von 8 -12 Uhr
Produkte: Milchprodukte: Joghurt, Topfen, Frischkäse, Romadur Käse und Hofkäse; Schnäpse und Liköre wie Husbira, Zwetschkenbrand, Mirabellenbrand, Sanddornlikör, Zwetschkenlikör, Schlehe-Mirabellenlikör, Mirabellenlikör; verschiedene Marmeladen, verschiedene Sirupe, am Wochenende frisches hausgemachtes Brot
Aktivitäten: für größere Gruppen gerne Hofführung mit Verkostung
Umgebung: Lesewanderweg, Naturpark Nagelfluhkette, Dörnlesee, Rickenbachwasserfall

519 RAMONA & KLAUS KOHLER

Finken 171
6951 Lingenau

47°27‘12.9“N 09°55‘45.0“E

ANMELDUNG:
Klaus Kohler
0664/2627201

Wir leben auf unserem frisch bezogenen Hof, den wir jetzt immer mehr mit Tieren und Pflanzen beleben wollen, damit wir uns selbst und andere versorgen können. Angefangen haben wir mit Alpakas, mal schauen, was sonst noch alles kommt. Wir haben eine schöne Aussicht auf die Berge des Bregenzerwaldes.

Aufenthalt: maximal 24 Stunden
Aktivitäten: Hofführung
Umgebung: Quelltuffweg, Rotenberg-Waldweg, High5 Outdoorcenter, Natur.Museum Lingenau, Dörnlesee, Naturpark Nagelfluhkette, Drahtsteg zwischen Lingenau und Egg

520 ALPE GERISGSCHWEND

www.gerisgschwend.at

P1 >3,5t

Gerisgschwend 282
6952 Hittisau

47°27'11.4"N 10°02'55.3"E

ANMELDUNG:
Claudia Schwärzler
0664/4913136

Wir bewirtschaften unsere Alpe von Mai bis Ende September. Wir haben Kühe, Kälber, Schweine, Ziegen, Hühner und Katzen bei uns am Hof. Unsere Kühe befinden sich täglich von morgens bis abends auf der Wiese, um frische Gräser und Kräuter zu fressen. Wir verarbeiten den ganzen Sommer über die Milch zu Käse und Butter. Die Besucher dürfen bei uns dem Käser über die Schultern schauen.

Aufenthalt:	maximal 24 Stunden
Geschlossen:	Oktober bis Mai
Ab-Hof-Verkauf:	geöffnet bei Bedarf
Produkte:	Alpkäse, Alpbutter, Milch, Wurst- und Speckwaren, Eier, Brot, Kräutertee
Aktivitäten:	Alpsennereiführung, Hofbesichtigung
Umgebung:	Angelika Kauffmann Museum, Frauenmuseum, Käsestraße, Lecknertal, viele Wanderwege in der Region, Bregenz und Dorbirn sind nicht weit
Hinweis:	Teer und Schotterweg mit leichter Steigung

RANGER
Ford

Seite	Hofname	PLZ und Ort	Bundesland
129	Weinbau Hörth	3495 Rohrendorf bei Krems	Niederösterreich
129	Weingut Sepp Moser	3495 Rohrendorf bei Krems	Niederösterreich
130	Weingut Geppel-Mayer	3508 Krustetten	Niederösterreich
130	Winzerhof Zeilinger	3511 Furth/Palt	Niederösterreich
131	Weinbau Aschauer	3512 Bergern/Dunkelsteinerwald	Niederösterreich
131	Familie Rauscher	3532 Rastenfeld	Niederösterreich
132	biolindner	3533 Friedersbach	Niederösterreich
132	Weingut am Berg	3550 Langenlois	Niederösterreich
133	Bioweingut Gruber43	3550 Langenlois	Niederösterreich
133	Weinbau Stauder	3550 Langenlois	Niederösterreich
134	Weinhof Simlinger	3552 Droß	Niederösterreich
134	Weingut Andreas Schuster	3552 Lengenfeld	Niederösterreich
135	Asbacher Klosterkeller Stradinger	3552 Stratzing	Niederösterreich
135	WEINerLEBEN Czipin	3552 Stratzing	Niederösterreich
136	Weingut Steinschaden	3553 Schiltern	Niederösterreich
136	Weingut Peter Schweiger	3561 Zöbing	Niederösterreich
137	Winzergut Prabatsch-Aichinger	3561 Zöbing	Niederösterreich
137	Weingut Oskar Hager	3562 Mollands	Niederösterreich
138	Weingut Familie Leopold	3562 Schönbergneustift	Niederösterreich
138	Winzerhof Supperer	3602 Rossatz	Niederösterreich
139	Weingut Mayer	3620 Spitz	Niederösterreich
139	Bienenhof Kolm	3653 Weiten	Niederösterreich
140	Ab-Hof-Verkauf Familie Rameder	3664 Martinsberg	Niederösterreich
140	Buchbergerhof	3691 Nöchling	Niederösterreich
141	Weingut Koch	3701 Großweikersdorf	Niederösterreich
141	Weinbaufamilie Schmid	3701 Heldenberg	Niederösterreich
142	Winzerhof Mantler	3702 Niederrußbach	Niederösterreich
142	Weingut Baier	3702 Niederrußbach	Niederösterreich
143	Winzerhof Kamptner	3710 Ziersdorf	Niederösterreich
143	Weinhof Arocker	3712 Maissau	Niederösterreich
144	Weingut + Buschenschank Humer	3712 Maissau	Niederösterreich
144	Weingut Altenburger	3714 Braunsdorf	Niederösterreich
145	Biohof Lembacher	3714 Sitzendorf an der Schmida	Niederösterreich
145	Weingut Zöchmeister	3714 Sitzendorf an der Schmida	Niederösterreich
146	Weingut Beyer	3714 Sitzendorf an der Schmida	Niederösterreich
146	Biribauer	3720 Ravelsbach	Niederösterreich
147	Weingut Stopfer	3720 Ravelsbach	Niederösterreich
147	Weingut Gruber	3721 Niederschleinz	Niederösterreich
148	Weingut Gutmayer	3721 Unterdürnbach	Niederösterreich
148	Weingut Greil	3722 Straning	Niederösterreich
149	Bioweinhof Toni Schmid	3722 Straning	Niederösterreich
149	Weinhof Döller	3741 Pulkau	Niederösterreich
150	Weingut Schneider	3741 Rohrendorf an der Pulkau	Niederösterreich
150	Weingut Frischauf	3743 Röschitz	Niederösterreich
151	Winzerhof Stift	3743 Röschitz	Niederösterreich
151	Weinbau Bauer	3743 Röschitz	Niederösterreich
152	Respiz-Hof Kölbl	3743 Röschitz	Niederösterreich
152	Weingut Regina & Martin Weineck	3743 Röschitz	Niederösterreich
153	Wegwartehof	3800 Göpfritz an der Wild	Niederösterreich
153	Familienbetrieb Mendlig	3823 Weikertschlag	Niederösterreich
154	Bio Hof St. Nikolaus	3841 Windigsteig	Niederösterreich
154	Bio Imkerei Stögerer	3841 Windigsteig	Niederösterreich
155	Reitstall Familie Inghofer	3860 Heidenreichstein	Niederösterreich

GENUSS-STELLPLATZ 2023
eat & sleep
ÖSTERREICH
Stellplätze für autarke Wohnmobile
bei 115 Gasthäusern und Hotels